上海市政工程设计研究总院（集团）有限公司
现代桥梁技术丛书

桥梁预制拼装技术

BRIDGE
PREFABRICATION AND ASSEMBLY TECHNOLOGY

卢永成
黄 虹　吴东升　编著
王冠男　戴建国

邵长宇　　　主审

人民交通出版社股份有限公司
北京

内 容 提 要

本书为预制拼装桥梁方面的专著,基于上海市政工程设计研究总院(集团)有限公司多年来在预制拼装桥梁的基础研究与工程实践的部分成果编著而成。全书共分为7章,介绍了国内外预制拼装桥梁技术发展概况、预制拼装桥梁的技术特点、5个整跨预制拼装梁桥实例、4个节段预制拼装梁桥实例、6个钢-混凝土组合梁桥实例、预制构件连接技术试验研究、信息化技术应用等内容。

本书可供桥梁设计、施工、监理、建设、运营管理和科研人员参考使用,也可作为高等院校桥梁工程相关专业师生教学参考书。

图书在版编目(CIP)数据

桥梁预制拼装技术 / 卢永成等编著. —— 北京:人民交通出版社股份有限公司, 2021.2
ISBN 978-7-114-17073-7

Ⅰ.①桥… Ⅱ.①卢… Ⅲ.①预应力混凝土桥—桥梁施工 Ⅳ.①U448.35

中国版本图书馆 CIP 数据核字(2021)第 027504 号

上海市政工程设计研究总院(集团)有限公司
现代桥梁技术丛书
Qiaoliang Yuzhi Pinzhuang Jishu

书　　名：	桥梁预制拼装技术
著 作 者：	卢永成　等
责任编辑：	卢俊丽
责任校对：	席少楠
责任印制：	张　凯
出版发行：	人民交通出版社股份有限公司
地　　址：	(100011)北京市朝阳区安定门外外馆斜街3号
网　　址：	http://www.ccpcl.com.cn
销售电话：	(010)59757973
总 经 销：	人民交通出版社股份有限公司发行部
经　　销：	各地新华书店
印　　刷：	北京武英文博科技有限公司
开　　本：	787×1092　1/16
印　　张：	25.25
字　　数：	604 千
版　　次：	2021年3月　第1版
印　　次：	2021年3月　第1版　第1次印刷
书　　号：	ISBN 978-7-114-17073-7
定　　价：	150.00 元

(有印刷、装订质量问题的图书,由本公司负责调换)

序

面向加快生态文明建设、推动新型工业化发展、建设绿色城市等国家发展战略需求，推动交通基础设施建设方式变革、减少污染物和废弃物排放、提高劳动生产率成为桥梁技术发展的当务之急。在相关政策的推动下，以全预制、快速施工为特征的桥梁预制拼装技术在桥梁建设中得到快速推广。

法国工程师在20世纪40年代首次采用预制节段施工法进行预应力混凝土主梁施工，开了预制拼装施工混凝土桥梁的先河。20世纪80年代桥梁下部结构的预制节段拼装施工技术在美国开始得到应用。我国在桥梁预制拼装技术领域的研究与实践起步相对较晚，特别是在全面推广应用方面，与欧洲、美国、日本等国家或地区相比还存在明显不足。随着发展理念的转变，以桥梁工业化建造为特征的技术研发在全国各地如火如荼地展开，在桥梁预制拼装技术方面已经取得了阶段性成果。我国地域辽阔、人口众多，交通基础设施建设仍然面临繁重任务，在研发适合工业化建造的新型结构、编制预制拼装桥梁标准体系、开发智能化的施工装备、培养现代管理人才等方面，仍然有大量的工作要做。

为适应新形势，上海市政工程设计研究总院(集团)有限公司(以下简称上海市政总院)十余年来积极开展桥梁预制拼装技术研究与实践，舍弃、改进一些传统的预制拼装预应力混凝土上部结构，研发了一系列预制拼装上下部混凝土及预应力混凝土结构，开发了适合快速施工、可靠、耐久的连接技术，率先在上海乃至全国各地高架、桥梁等工程中推广应用，对桥梁预制拼装技术的发展起到了推动作用。桥梁工业化建造技术涉及多方面的工作，预制拼装技术是其中的重要内容。上海市政总院充分注意到桥梁预制拼装技术并不是将传统现浇结构简单采用预制拼装施工工艺，而是应该遵循桥梁工业化建造的内在规律与要求，以标准化设计、工厂化制造、装配化施工、信息化管理为目标，着力研发新的结构形式与构造以及制造工艺、安装方法等；充分注意到组合结构桥梁更符合桥梁工业化建造的内涵要求，其不仅发展前景广阔，而且是不可或缺的重要组成部分，大力推动基于工业化建造的组合结构桥梁技术的研究与应用，并且展现了其经济上的竞争优势；同时也充分注意到预制拼装技术的发展离不开规范标准体系的健全和完善，历时5年，在大量研究与实践的基础上主编了住房和城乡建设部立项的行业标准《节段预制混凝土桥梁技术标准》。

卢永成总工凭借丰富的工程实践经验，深入研究了桥梁预制拼装技术，结合上海市政总院在桥梁预制拼装基础研究与工程应用方面的部分成果编著了本书。本书主要选取已经得到成功应用的城市与公路桥梁实例，一批彰显工业化特征的桥梁新技术因为工程尚未建成未予纳入，留待后续进一步总结、交流。技术的发展与创新是一个持续的过程，需要相互借鉴、互为阶梯，希望本书的出版能对推动我国桥梁工业化发展有所裨益。

2020 年 8 月

前　言

随着我国经济发展方式的转变和"以人为本""绿色环保"理念的倡导,预制拼装桥梁技术在我国公路、铁路与城市桥梁建设中正得到越来越多的推广应用,在提高工程质量、加快建设速度、减少环境污染、降低交通影响,以及提升工程的社会效益、经济效益等方面的积极作用日益显著。

20世纪40年代法国学者Eugene Freyssinet在设计的预应力混凝土梁桥Luzancy桥中首次采用节段预制拼装技术,距今已70余年。如今,节段间接缝的剪力键构造、匹配预制、体外预应力、施工工艺等技术已日趋成熟。钢-混凝土组合梁是在钢结构和混凝土结构基础上发展起来的一种新型结构,欧洲、美国及日本等国家或地区从20世纪50年代起就开展了组合梁基础性理论研究和试验,之后组合梁桥得到广泛的应用。1987年美国建造了世界第一座预制拼装混凝土桥墩的桥梁—Linn Cove高架桥,标志着预制拼装技术在桥梁工程中的全面应用。

我国混凝土梁预制拼装技术是从20世纪60年代开始的。近年来,随着节段梁、组合梁及桥梁下部结构预制拼装技术研究与工程应用日益广泛,我国桥梁全预制拼装技术日趋成熟。

自2010年以来,上海市政总院在吸取国外经验的基础上,积极开展桥梁全预制拼装技术研究,并完成了二十余项全预制拼装桥梁工程设计。在上海市区首个全预制拼装桥梁——中环国定路匝道的建设中,桥梁立柱、盖梁、混凝土箱梁与钢梁采用预制拼装技术,构件之间的连接采用新型波纹钢管锚固连接新技术,仅用26个晚上就完成了传统施工工艺需要3个月才能完成的工作;上海S3公路先期实施段工程的6车道主线桥与匝道桥桩基、立柱、盖梁、混凝土箱梁、混凝土护栏成功应用了预制拼装技术、钢筋套筒连接与UHPC(超高性能混凝土)连接技术,实现3km高架100天完成预制构件安装、6个月建成通车的建设目标;上海S7公路项目在S3公路的基础上,又开发应用了钢-混凝土组合结构、分段预制拼装盖梁、多节墩柱预制拼装、预制装配桥台与挡土墙等新技术,是目前我国全预制拼装技术应用最为全面的桥梁,预制装配率达95%;在上海轨道交通17号线工程中,标准段应用了新型U形预制梁,大跨径梁桥中应用了预制节段悬臂拼装技术;在南昌洪都大道中心城区高架桥梁中首次全面(包括标准段、变宽段、超高过渡段、路口大跨等)采用预制节段拼装箱梁结构,以体外预应力为主,架桥机逐跨或悬臂拼装施工。

针对目前小跨径预制梁存在的问题,借鉴国外同类结构经验,结合我国设计规范、应用条件,基于工业化建造的需求、设计和制造协同的理念,研发了先张法折线预应力混凝土双T形梁。

我国地震高烈度区较多,但缺乏高烈度区预制拼装桥梁结构抗震的相关研究,在陆续开展抗震研究设计的基础上,以呼和浩特南北高架工程为背景,对8度高烈度区预制拼装桥梁的抗震性能展开试验研究与应用,给工程建设提供了技术支撑。

随着信息化技术的发展以及国家政策的引导,信息化技术作为一种新技术在桥梁工程方面的应用日益广泛,特别是将信息化技术与桥梁预制拼装技术相结合,可以进一步推动预制拼装桥梁建设向高水平发展。

本书基于上海市政总院多年来在预制拼装桥梁的基础研究与工程实践的部分成果编著而成,全书共分为7章。第1章介绍国内外预制拼装桥梁技术发展概况;第2章介绍预制拼装桥梁的技术特点;第3章介绍5个整跨预制拼装梁桥实例;第4章介绍4个节段预制拼装梁桥实例;第5章介绍6个钢-混凝土组合梁桥实例;第6章介绍预制构件连接技术试验研究;第7章介绍信息化技术应用。

本书由卢永成、黄虹、吴东升、王冠男、戴建国编著,上海市政总院总工程师、全国工程勘察设计大师邵长宇主审。第1章由卢永成、费夏编著;第2章由吴东升、卢永成、黄虹、苏俭、王冠男、陈明、周伟翔、沈维芳、张春雷、李国平、牛长彦、朱世峰编著;第3章由沈维芳、陈明、卢永成、黄虹、张剑英、朱鸿欣、黄华琪、李永君、黄巍峰、许树壮、田周松编著;第4章由吴东升、卢永成、张剑英、王猛、齐新、郭济、张智然、任才、赵晨、张辉、宋炜编著;第5章由卢永成、王冠男、俞明德、周海峰、王博编著;第6章由沈维芳、徐俊、王志强、李国平、卢永成、李洞明、王明晔编著;第7章由戴建国、沈维芳、张磊、陈旺、徐赛英编著。本书部分插图由许可绘制。

上海公路建设投资发展有限公司、同济大学、上海浦东工程建设管理有限公司、上海临港新城投资建设有限公司、上海市政预制技术开发有限公司、无锡市公共工程建设中心、南昌城市建设投资发展有限公司等单位为本书出版提供了大力支持与帮助,本书还参考了国内外学者与技术人员的部分研究与工作成果,在此一并向他们表示感谢。

希望本书对于正在大力推进的我国桥梁预制拼装技术的发展有所裨益。由于编著者水平有限,书中难免有不妥之处,诚请读者不吝批评、指正。

编著者

2020年8月

目 录

1 预制拼装技术发展概况 1
  1.1 概述 1
  1.2 上部结构 3
  1.3 下部结构 22
  1.4 桥梁快速施工技术 26

2 预制拼装桥梁的技术特点 32
  2.1 概述 32
  2.2 上部结构 33
  2.3 下部结构 75
  2.4 桩基础 98
  2.5 防撞墙 100
  2.6 混凝土结构承载能力及计算分析 102

3 整跨预制拼装梁桥实例 114
  3.1 公路高架桥梁工程(上海 S7 公路) 114
  3.2 公路高架桥梁工程(上海 S3 公路) 127
  3.3 繁忙商业区新增匝道工程(上海市中环国定路匝道) 139
  3.4 中心城区新增匝道工程(上海市南北高架中兴路匝道) 151
  3.5 城市轨道交通 U 形梁(上海市轨道交通 17 号线) 157

4 节段预制拼装梁桥实例 166
  4.1 双箱(多箱)整幅梁(南昌市洪都大道快速路改造工程) 166
  4.2 双箱分幅箱梁(G40 高速公路上海长江大桥工程) 200
  4.3 轨道交通异型梁(上海市轨道交通 17 号线工程) 208
  4.4 大悬臂复合截面节段梁(深圳市海滨大道高架) 216

5 钢-混凝土组合梁桥实例 225
  5.1 多主梁组合钢箱梁(无锡市江海西路高架) 225
  5.2 多主梁组合钢板梁(上海市军工路高架) 230
  5.3 双主梁组合钢板梁与组合钢箱梁(上海 S7 公路) 238
  5.4 组合钢箱梁桥(银川市滨河黄河大桥) 246
  5.5 整孔预制吊装组合钢箱梁(上海市长江大桥非通航孔桥) 254

  5.6 大悬臂组合钢箱梁桥（杭州市钱塘江九堡大桥）……267
6 预制构件连接技术试验研究……278
  6.1 桥面板湿接缝连接技术试验研究……278
  6.2 灌浆金属波纹管锚固性能试验研究……303
  6.3 7度区预制桥墩连接技术试验研究……332
  6.4 8度区预制桥墩连接技术试验研究……352
7 信息化技术应用……368
  7.1 概述……368
  7.2 预制拼装桥梁BIM模型创建……374
  7.3 BIM应用实例……377
后记……390
参考文献……392

1 预制拼装技术发展概况

1.1 概　　述

改革开放 40 余年来,我国交通行业与经济发展相协调,国家经济的快速增长促进了交通行业的不断发展,同时交通行业的发展也给国家经济的发展做出了贡献。我国在交通基础设施建设领域蓬勃发展,取得举世瞩目的成绩。一大批桥梁的建设,标志着我国已成为名副其实的建桥大国。据 2019 年交通运输行业发展统计公报,我国公路桥梁数量达到 87.83 万座,另外还有众多的城市与铁路桥梁,桥梁总数为世界第一,其中 20～50m 的中小跨径桥梁数量占到 90% 以上。从 20 世纪 60 年代起我国中小跨径桥梁的上部结构形式主要为预制装配式结构,如预应力混凝土空心板梁、预应力混凝土 T 形梁、预应力混凝土小箱梁等。为适应当时的国情,满足工程建设经济性的要求,此类结构尺寸往往较小、连接较弱,预制构件的制作偏差大,现场连接施工的质量控制难度大,影响了桥梁结构耐久性与使用寿命。20 世纪 90 年代,随着我国国民经济的发展,城市的交通量迅速增长,为缓解道路交通拥堵现象,完善城市道路交通体系,一些城市相继建设快速路高架桥、立交桥等,桥梁主要结构形式以预应力混凝土小箱梁和现浇预应力混凝土连续箱梁为主,其中为满足城市景观要求,建设了大量预应力混凝土连续箱梁桥,采用满堂支架、现场绑扎钢筋、浇注混凝土的施工方法(图 1.1-1)。这种施工方法也被称为湿法施工,在我国城乡交通基础设施建设快速发展中发挥了重要作用,但预应力混凝土连续箱梁桥采用满堂支架湿法施工的弊端亦非常突出,主要包括钢材与水泥浪费严重、用水量过大、对现场交通影响大、质量通病严重以及工地脏乱差,此外还有劳动力成本高、招工难、管理难、质量控制难等问题。

图 1.1-1　现场满堂支架施工

党的第十八届五中全会提出了"创新、协调、绿色、开放、共享"的发展理念,以实现高质量、高效率、可持续发展。2016年,《国务院关于进一步加强城市规划建设管理工作的若干意见》提出,以贯彻"适用、经济、绿色、美观"的建筑方针,着力转变城市发展方式、塑造城市特色风貌、提升城市环境质量、创新城市管理服务,走出一条中国特色城市发展道路。大力推广装配式建筑,加大政策支持力度,力争用10年左右时间,使装配式建筑占新建建筑的比例达到30%。

2016年,交通运输部印发《关于实施绿色公路建设的指导意见》,明确了绿色公路的发展思路和建设目标,提出了五大建设任务,决定开展五个专项行动,推动公路建设发展转型升级。《关于实施绿色公路建设的指导意见》指出,绿色公路建设坚持可持续发展、统筹协调、创新驱动、因地制宜的原则,明确到"十三五"末绿色公路建设理念深入人心,全国建成一批绿色公路示范工程,形成一套可复制、可推广的经验。同时,针对公路建设实际,开展绿色公路示范工程建设,推出"零弃方、少借方""实施改扩建工程绿色升级""积极应用建筑信息模型(BIM)新技术""推进绿色服务区建设""拓展公路旅游功能"等五个专项行动,以行动促转型,以行动促落实。

2016年,交通运输部印发《关于推进公路钢结构桥梁建设的指导意见》以提升公路桥梁品质,发挥钢结构桥梁性能优势,助推公路建设转型升级。决定推进钢箱梁、钢桁梁、钢混组合梁等公路钢结构桥梁建设。从工程可行性研究阶段开始,综合考虑桥梁建设成本、安全耐久、管理养护等方面的因素,加强对混凝土桥梁和钢结构桥梁方案进行比选论证,鼓励择优选用钢结构桥梁,推出一批钢结构桥梁示范工程。

2016年,上海市交通委员会发布《上海市交通建设装配式技术应用推广方案(2016—2018年)》,着力转变城乡交通建设方式向环境友好发展,主动适应上海现代化国际大都市防治大气污染、缓解交通拥堵和文明施工的要求。聚焦上海市交通建设工程领域,充分发挥建设、设计、施工、监理、构件生产等参建各方在装配式技术应用推广中的主体作用,按照"试点、拓展、推广"相结合的要求,围绕"推广目录、示范试点、标准定额、信息平台、激励考核",分阶段推进装配式技术的应用。促进装配式技术和BIM技术的融合发展,健全装配式技术应用的配套政策和标准体系。

在交通基础设施建设中践行绿色、可持续发展理念,首先要转变建造方式,推进全预制拼装桥梁的建设,从而最大限度地降低城市桥梁建设对市民生活造成的干扰、减少城市桥梁建设对大气环境和道路交通的影响,提升施工水平和工程品质、缩短施工周期。

上、下部结构的构件主要采用工厂预制、现场拼装施工技术的桥梁称为全预制拼装桥梁。它的主要特点:机具、设备一次性投入,重复使用,节约资源和费用,机械化程度高,劳动强度下降,劳动力减少,现场施工周期缩短,对周边环境污染减少,与传统施工方式相比节水节电,对施工现场交通影响小,事故发生风险减小,施工质量易保证,规模化建设可以使工程费用进一步降低。

从2015年起上海市积极推进桥梁全预制拼装技术的科技创新,强化基础性理论研究和工程关键技术攻关,先后建成国定路匝道、S3公路、中兴路匝道、S7公路等全预制拼装桥梁,并总结形成可推广的经验,编写相关标准,促进了交通基础设施建设中装配式技术的广泛应用和产业发展。目前,除上海外,桥梁全预制拼装技术在我国沿海及内陆地区也相继得到应用和发展。

1.2 上部结构

1.2.1 整跨预制拼装梁

1.2.1.1 国外概况

第二次世界大战后的重建和经济发展为预应力混凝土技术发展提供了机遇。预应力混凝土桥梁在法国、比利时、英国、德国、瑞士、荷兰等国迅速发展。伴随预应力技术发展产生的施工方法也促成了混凝土桥梁设计新思想的产生。20世纪40年代后期标准设计的预应力混凝土简支梁得到了较大发展,更大跨径的桥梁预制梁(件)也被预制预应力混凝土协会PCI(Precast/Prestressed Concrete Institute)和预制混凝土协会PCA(Precast Concrete Association)推荐。

目前,国外中小跨径桥梁的整跨预制拼装梁的类型有实心板梁[图1.2-1a)]、空心板梁[图1.2-1b)]、小箱梁[图1.2-1c)]、I形梁[图1.2-1d)]、双T形梁、混凝土组合T梁、混凝土组合小箱梁、混凝土宽翼组合I形梁、整体式T形梁等。其中以美国预制梁的种类较多。下面介绍几种有特点的预制梁。

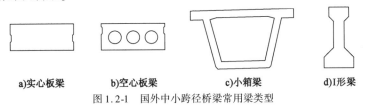

图1.2-1 国外中小跨径桥梁常用梁类型

1)双T形梁

双T形梁是一种适用跨径12～26m的小跨径结构。其主要有两种类型,全部采用先张直线预应力钢筋混凝土结构。

(1) AASHTO/PCI双T形梁。AASHTO/PCI双T形梁属于腹板尺寸相对较小的一种结构(图1.2-2)。预制梁按荷载大小分为重型梁与轻型梁,轻型梁的高度(H)为58～90cm、宽度(W)为1.5～2.45m,适用最大跨径约12m;重型梁的高度(H)为53～90cm、宽度(W)为1.5～2.45m,适用最大跨径约26m。

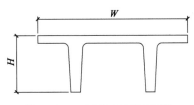

图1.2-2 AASHTO/PCI双T形梁

双T形梁采用先张法预应力技术,预应力钢筋采用钢绞线。轻型梁和重型梁的区别为腹板宽度不同,钢绞线布置的数量也不同,轻型梁和重型梁分别采用竖向一列和竖向两列均匀布置,因双T形截面的形心偏上,钢绞线几乎布置到梁顶(图1.2-3)。

(2) NEXT双T形梁。NEXT双T形梁是美国东北部预制预应力混凝土协会PCIN(Precast/Prestressed Concrete Institute Northeast)研发的,是NORTHEAST EXTREME TEE BEAM的简称。PCINE研发NEXT双T形梁,主要是为了解决空心板梁封闭的内腔无法检查、板壁构造尺寸小、耐久性差、制造过程复杂等问题,以寻找一种便于检查、便于快速施工、耐久性优良的结构。

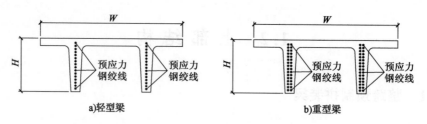

图 1.2-3 AASHTO/PCI 双 T 形梁

NEXT 双 T 形梁的适用跨径为 13~26m,分为 F 型梁、E 型梁、D 型梁三种类型(图 1.2-4),其中:F 型梁的顶板以现浇为主,仅预制用作现浇顶板混凝土模板的厚度,适用于平曲线变化及桥面横向高程变化大的桥梁;E 型梁的顶板部分预制、部分现浇,适用于竖曲线变化及桥面横向高程变化大的桥梁;D 型梁的顶板全预制,最适合快速施工的桥梁。

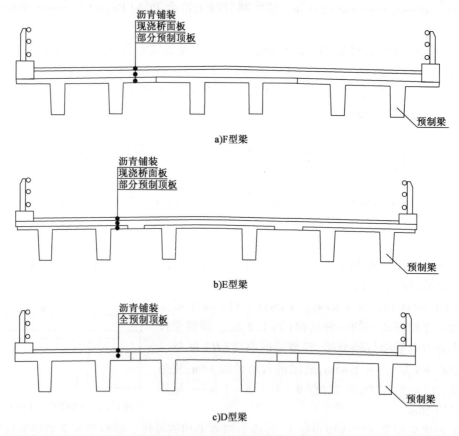

图 1.2-4 NEXT 双 T 形梁横截面布置

NEXT 双 T 形梁外形简洁,跨间无横梁,梁底外观好;腹板尺寸大,为平直面,混凝土施工方便,质量容易控制;梁体表面平整,无钢筋外伸,适合采用大型整体模板(图 1.2-5)。

2) 宽翼组合 I 形梁

宽翼组合 I 形梁是美国加利福尼亚等州的一种地方标准梁,适用于 25~55m 的中等跨径桥梁。宽翼组合 I 形梁是一种薄腹、宽下翼板的组合结构,采用全先张预应力或先、后张混合

a)钢筋与模板

b)桥梁建成

图1.2-5 NEXT双T形梁

预应力。先张预应力钢绞线主要布置在下翼板,加之梁间距大、梁数减少,表现出较好的经济性;还因有较大的下翼板,在运输和安装时稳定性好(图1.2-6)。

a)预制梁存放

b)预制梁移位

c)预制梁安装完成

图1.2-6 宽翼组合I形梁

宽翼组合I形梁的预制高度为122~305cm,用作简支梁时的高跨比约为1/22,用作连续梁时的高跨比约为1/25;上翼板部分预制、后现浇混凝土,预制宽度约为122cm(全先张预应力)或126cm(先、后张混合预应力);下翼板宽度约为114cm(全先张预应力)或118cm(先、后张混合预应力);腹板宽度为16.5cm(全先张预应力)或20.5cm(先、后张混合预应力)。

宽翼组合I形梁(图1.2-7)的梁间距可根据需要变化,最大能达到约4m;支点处采用现浇横梁或钢桁连接构造,跨间设置少量(或不设置)钢桁连接构造。相邻梁的上翼板之间搁置预制混凝土模板、布置钢筋后现浇整体混凝土桥面板,两侧桥面的外悬臂板通过固定在边梁上临时支撑浇筑混凝土。

图1.2-7 宽翼组合I形梁吊装

宽翼组合I形梁(图1.2-8)采用全先张预应力时,对应腹板的钢绞线弯起;采用先、后张混合预应力时,后张预应力钢束布置于腹板位置并弯起,先张预应力钢绞线呈直线布置。

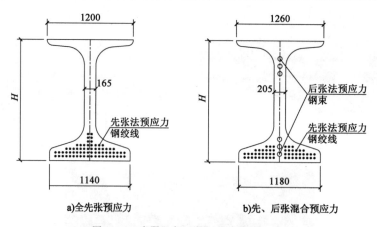

图1.2-8 宽翼组合I形梁(尺寸单位:mm)

3)其他类型梁

美国除上述标准预制梁还有如下几种类型:预制I形梁的组合T梁、预制槽形梁的组合小箱梁、预制带马蹄T形梁的组合T梁、带马蹄整体预制T梁等,采用AASHTO标准或州地方标准设计。

(1)预制I形梁的组合T梁。预制I形梁的组合T梁,是一种适用跨径15~35m的先张预应力结构,预制I形梁与预制桥面板通过预留钢筋、灌注高性能混凝土结合为整体,也可以采用现浇桥面板形成组合梁,后者适合桥面变宽或横向高程变化大的情况;梁间采用型钢或钢桁构造连接(图1.2-9、图1.2-10)。

(2)预制槽形梁的组合小箱梁。预制槽形梁的组合小箱梁,是一种适用跨径25~40m的先张或先、后张混合预应力结构,预制槽形梁与预制桥面板通过预留钢筋(剪力钉)、灌注高性能混凝土结合为整体,也可以采用现浇桥面板形成组合梁,后者适合桥面变宽或横向高程变化大的情况;梁间不设钢桁构造连接(图1.2-11、图1.2-12)。

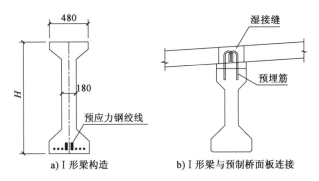

a) I形梁构造　　　　　　b) I形梁与预制桥面板连接

图1.2-9　预制I形梁的组合T梁(尺寸单位:mm)

图1.2-10　预制I形梁吊装

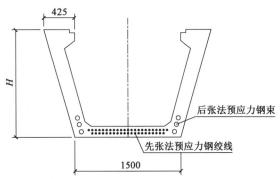

图1.2-11　预制槽形梁构造(尺寸单位:mm)

a) 预制槽形梁吊装完成

b) 预制桥面板运输

图1.2-12　预制槽形梁

（3）预制带马蹄T形梁的组合T梁。预制带马蹄T形梁的组合T梁,是一种适用跨径25～45m的先张或先、后张混合预应力结构,预制带马蹄T形梁与预制桥面板通过预留钢筋(或剪力钉)、灌注高性能混凝土结合为整体,也可以采用搁置混凝土模板后现浇桥面板形成组合梁,后者适合桥面变宽或横向高程变化大的情况;梁间采用型钢或钢桁构造连接(图1.2-13、图1.2-14)。

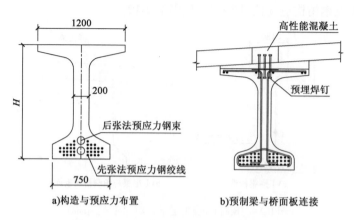

图 1.2-13 预制带马蹄 T 形梁(尺寸单位:mm)

图 1.2-14 预制带马蹄 T 形梁的组合 T 梁

(4)带马蹄整体预制 T 梁。

带马蹄整体预制 T 梁,是一种适用跨径 25～55m 的先张预应力结构,梁间采用型钢或钢桁构造连接(图 1.2-15、图 1.2-16)。

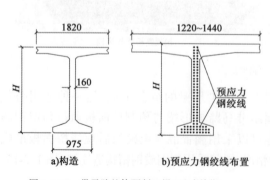

图 1.2-15 带马蹄整体预制 T 梁(尺寸单位:mm)

图 1.2-16 带马蹄整体预制 T 梁安装完成

1.2.1.2 国内概况

20世纪60年代开始,我国在铁路和公路混凝土桥梁的建造中,逐渐发展了预制拼装技术。我国中小跨径的整跨预制拼装桥梁的主要形式有空心板梁、T梁和小箱梁,应用在占比达90%的公路和城市道路中小跨径桥梁中。

1)空心板梁

混凝土空心板梁通常用于跨径22m以内的简支梁桥(图1.2-17)。

空心板梁采用整跨预制、现场吊装的施工方式,有钢筋混凝土和预应力混凝土两种结构,跨径大于10m时常采用先张预应力混凝土结构,预制板梁横向都采用现浇混凝土铰缝(小铰或大铰)连接,故又称为铰接板梁。

在车辆荷载下混凝土铰接板梁的整体变形伴有板间横向的弯曲变形,导致混凝土铰与板的连接拉松、错动,最终使混凝土铰破坏而单板受力、相邻板梁错位,铺装渗水且防水破坏。为了解决空心板梁桥横向连接构造的缺陷,近年来横向刚接式空心板梁桥开始逐渐得到应用。

先张预应力混凝土空心板梁的预应力钢筋采用直线布置,在靠近支点区段因预应力产生的预弯矩过大而不得不将部分预应力钢筋与混凝土隔离。这种预应力构造不仅减少了通过支点的有效钢筋数量,而且无法利用预应力对梁产生的有利作用,从而使高强材料的利用率下降。

2)T梁

T梁通常用于跨径不大于50m的简支或先简支后连续梁桥,是一种在跨径上能与空心板梁衔接的结构(图1.2-18)。

图1.2-17 空心板梁桥

图1.2-18 T梁

T梁采用整跨预制、现场吊装的施工方式,有钢筋混凝土和预应力混凝土两种结构,跨径大于16m时常采用后张预应力混凝土结构,相邻梁间的桥面板、横梁的连接段采用现浇混凝土(早期采用预埋钢板焊接)刚接构造,故又称为刚接T梁。

在T梁广泛应用的前期,预埋钢板焊接是T梁横向连接构造的主要形式,在车辆荷载反复作用下桥面板和横梁的连接破坏是一种常见的破坏形式。20世纪80年代后期,新建T梁桥的桥面板与横梁逐渐改用了现浇混凝土的构造形式,从而基本避免了上述问题。但是,由于每跨桥梁的T梁和横梁的数量较多,横梁采用现浇混凝土后,横向钢筋焊接量和现浇混凝土量增加,降低了施工便捷性。

T梁在几十年的应用过程中,在构造和施工方面已得到不断优化,经济性也得到了广泛认可。虽然高强、高性能混凝土材料在逐步推广使用,但若T形梁仍采用后张预应力工艺,其截面尺寸几乎没有进一步优化的可能,况且过小的截面尺寸也不利于混凝土浇筑和质量控制。

T梁虽然在竖向抗弯性能方面的优势大,但梁的中距较小、腹板薄、梁高相对大,性能的发挥需要足够的横向连接构造,导致桥下外观较差。

3)小箱梁

混凝土小箱梁通常用于跨径25~35m的简支或先简支后连续梁桥,是一种在跨径上能与空心板梁衔接的结构(图1.2-19)。

小箱梁采用整跨预制、现场吊装的施工方式,为后张预应力混凝土结构,相邻梁间的桥面板、横梁的连接段采用现浇混凝土刚接构造。

小箱梁与T形梁有较大范围的跨径重叠区,但采用箱形截面构造,结构刚度大;小箱梁的单梁宽度大,在桥宽相同的情况下预制梁数量少,梁下外观优于T梁,故20世纪90年代后成为城市与公路桥梁中主要预制梁类型。

近年来,上海市对小箱梁的设计改进主要是将原先需要预制的横隔板改为预留钢筋连接器,现场现浇;另外将箱梁间接缝改为宽度30~40cm的窄缝(图1.2-20),环筋错缝布置,浇筑C60钢纤维混凝土、C80混凝土或UHPC。窄缝优点是消除现场焊接作业及现场钢筋绑扎作业、减小现场混凝土作业量、加快施工进度、提高现场安全性,但对制作、安装精度要求高。

图1.2-19 小箱梁桥

图1.2-20 小箱梁窄缝

针对目前小跨径预制梁存在的问题,借鉴国外同类结构经验,上海市政总院结合我国设计规范、应用条件,基于工业化建造的需求和设计、制造协同的理念,研发了先张法折线预应力双T梁。

双T梁采用开口截面,沿纵向等截面,仅在支座处设置横梁。其构造简单,施工方便,便于运营期检查、维护。梁高与常规空心板设计保持一致,具有梁高小的特点。充分利用工厂预制的条件,将混凝土强度等级提高到C60,以节省混凝土用量。采用先张法折线预应力,与后张法预应力相比,节省了锚具等材料,免去了灌浆工序,且预应力施工质量更可靠。针对双T梁开发了钢绞线弯折工艺和配套下压锚具,具有操作方便、费用节省的优点。双T梁间接缝采用UHPC连接。对22m跨径先张法折线预应力双T梁新型结构开展了结构性能分析与足尺模型试验研究,并应用于上海龙东大道工程(图1.2-21)。30m先张法双T梁的研发正在开展中。

图 1.2-21　上海龙东大道双 T 梁吊装

1.2.2　节段预制拼装梁

1.2.2.1　国外概况

桥梁节段预制拼装技术是将梁体沿桥梁纵向划分为若干个节段,节段依次在预制场匹配预制后,运输至桥位现场拼装,再通过施加预应力使各个节段形成一个整体。

桥梁节段预制拼装技术起源于欧洲,是在第二次世界大战前后逐渐发展起来的。该技术首先在桥梁的上部结构中得到应用。1941—1945 年,法国学者 Eugene Freyssinet 在其设计的预应力混凝土桥 Luzancy 桥(图 1.2-22)中首次采用节段预制拼装技术。

a)节段预制

b)现场节段拼装

c)桥梁建成

图 1.2-22　Luzancy 桥

1952 年,Eugene Freyssinet 设计的一座单跨桥梁中第一次采用了节段密接匹配预制法,节段的结合面设置了剪力键,用后张法预应力将各节段组合在一起。

1952年，Jean Muller设计了美国第一座节段预制拼装桥梁——位于美国纽约州的Shelton桥，该桥沿纵向划分为3个节段，采用干接缝，用后张法预应力使各节段形成一个整体。

1962年，Jean Muller在法国巴黎塞纳河上设计了第一座节段悬臂拼装连续梁桥Choisy-le-Roi桥(图1.2-23)，采用了单键剪力键构造(图1.2-24)。

图1.2-23 Choisy-le-Roi桥

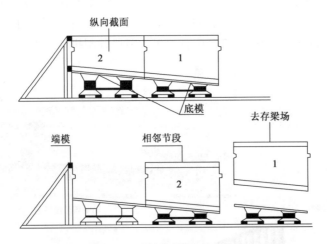

图1.2-24 单键剪力键构造示意图

1974年巴西建成的Rio-Niterói桥首次采用了复合剪力键构造(图1.2-25)。

20世纪70年代起，体外预应力技术得到推广，美国相继建成两座著名节段预制拼装桥梁——Long Key桥(长礁桥，见图1.2-26)和Seven Mile桥(七英里大桥，见图1.2-27)。Long Key桥长约3.7km，跨径布置为101跨36m，是世界上第一座采用节段预制拼装技术的体外预应力桥梁。Seven Mile桥跨径布置为266跨41m，也采用体外预应力。该桥是新一代节段预制拼装预应力混凝土桥梁，采用了标准化分段、系列化预制方法和体外预应力技术，逐跨拼装，在现场施工环境较差的情况下，利用现代化架桥设备，保证了桥梁施工质量，同时大大提高了施工速度，桥梁平均施工速度达到了每星期2.5跨，并把对环境的不利影响降到最低。之后，结合节段拼装预应力技术和先进架桥设备的标准化节段预制拼装施工技术在全世界得到了发展。随后建造的 Channel Five 桥及 Sunshine Skyway 桥的引桥也采用了与 Long Key 桥相似的施工方法。

a)节段拼装

b)桥梁建成

图 1.2-25　Rio-Niterói 桥

图 1.2-26　Long Key 桥(长礁桥)

图 1.2-27　Seven Mile 桥(七英里大桥)

1989年,美国成立了节段式桥梁协会ASBI(American Segmental Bridge Institute),该协会制定了《AASHTO-PCI-ASBI逐跨施工和平衡悬臂施工的节段箱梁标准》,推进了节段预制拼装混凝土桥梁设计的标准化。同年,美国州际公路和运输工作者协会(AASHTO)发布《节段式混凝土桥梁设计和施工指导性规范》,对预应力节段式混凝土桥梁设计与施工进行了明确的规定。此后,美国许多大跨径预应力混凝土梁桥建设中采用了桥梁节段预制拼装技术。

1995年,马来西亚吉隆坡建造的长度为6km的高架道路,包括一个高架收费站、5个12条匝道的互通式立交,采用了胶接缝节段施工预应力混凝土梁桥结构。

2000年,由Jean Muller国际公司和德国Bilfinger + Berger公司联合设计,在泰国曼谷建成了世界上最长及最大预制作业的Bang Na高速公路高架桥(图1.2-28)。该桥平均跨径为42m,桥面宽27m,全长55km,耗资10亿美元建成,是当时世界上规模最大的节段预制拼装混凝土桥梁。该桥运用了短线匹配预制、干接缝、全体外预应力等多项技术。之后,在西欧、北美、东南亚等地,节段预制拼装施工工艺得到工程界普遍认可,并在实际工程中得到越来越广泛的应用。

澳大利亚南方高速公路(图1.2-29)建于2014年,项目包括一座2.8km长的节段拼装高架桥,桥面设双向八车道。该高架桥采用预应力混凝土连续刚构,双主梁单箱单室截面,主梁与Y形桥墩固结。一般路段主梁节段采用短线法预制,平面交叉桥梁节段采用长线法预制,主梁采用节段预制平衡悬臂拼装。桥梁4~5跨一联,每联长度为240~320m。为了适应上部结构的伸缩,在每联中跨设置了长13.5m的针形梁伸缩装置(刚性铰),如图1.2-30所示。

图1.2-28 泰国Bang Na高速公路高架桥

图1.2-29 澳大利亚南方高速公路

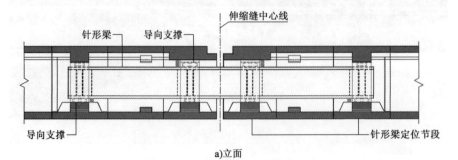
a)立面

图 1.2-30

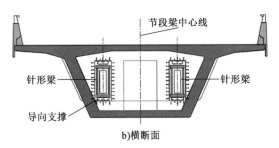

图 1.2-30　针形梁伸缩装置(刚性铰)构造示意图

1.2.2.2　国内概况

我国节段预制拼装预应力混凝土桥梁的工程应用始于 20 世纪 60 年代。在铁路桥梁方面,1966 年竣工的成昆线旧庄河一号桥(图 1.2-31)是国内首座采用节段预制悬臂拼装技术施工的桥梁。

2014 年建成的黄韩侯铁路芝水沟特大桥全长 1608.9m,其中 19 孔 64m+2 孔 48m 简支箱梁采用了胶接缝全体内预应力节段预制逐跨拼装施工技术,如图 1.2-32 所示。

图 1.2-31　成昆线旧庄河一号桥

图 1.2-32　黄韩侯铁路芝水沟特大桥

1980 年建成的上海曹杨路桥为国内第一座节段预制拼装城市桥梁(图 1.2-33)。该桥节段采用现场长线法预制。

1988 年建成的广东南海九江大桥为预应力混凝土独塔斜拉桥(图 1.2-34),主跨 2 孔长 160m,采用节段长线预制,体内预应力结构。

图 1.2-33　上海曹杨路桥

图 1.2-34　广东南海九江大桥

我国公路最早采用预制节段逐跨拼装施工法的是1990年通车的福建洪塘大桥引桥（图1.2-35），31孔跨径40m的预应力混凝土连续箱梁桥，采用了与Long Key桥类似的体外预应力结构，节段采用长线法预制。

1996年建成的佛开高速公路九江大桥（图1.2-36），其主跨3×160m节段拼装变截面连续箱梁，采用了体内预应力结构。

图1.2-35 福建洪塘大桥引桥

图1.2-36 佛开高速公路九江大桥

2001年竣工的上海嘉浏高速公路浏河大桥（图1.2-37），主桥3孔42m预应力混凝土简支箱梁，是我国首次采用专用架桥机实现逐跨拼装施工的高速公路桥梁，采用了胶接缝多重剪力键构造，体内与体外混合预应力体系，节段长线法预制。

21世纪以来我国建设了多座节段预制拼装桥梁，相关技术日趋成熟。2008年建成的苏通长江大桥引桥，跨径70m（图1.2-38），2009年建成的上海长江大桥引桥，跨径60m（图1.2-39），2011年建成的崇启长江大桥引桥，跨径50m，采用了体内与体外混合预应力体系，短线法节段预制拼装施工工艺。苏通长江大桥引桥、上海长江大桥引桥采用上行式架桥机悬臂拼装，崇启长江大桥引桥采用上行式架桥机逐跨拼装。

图1.2-37 上海嘉浏高速公路浏河大桥

图1.2-38 苏通长江大桥引桥

2018年建成的芜湖长江二桥引桥（图1.2-40），标准跨径为30m，采用薄壁大悬臂预应力混凝土连续箱梁，首次采用了全体外预应力系统，短线法节段预制，下行式架桥机或上行式架桥机安装节段梁。

图 1.2-39　上海长江大桥引桥

图 1.2-40　芜湖长江二桥引桥

在城市轨道交通高架桥方面，桥梁节段预制拼装技术也得到了发展，如建成 10 多年的广州地铁 4 号线胶接缝节段预制拼装简支梁；2016 年建成的上海轨道交通 17 号线主跨 70m 三跨连续梁（图 1.2-41），采用了胶接缝节段预制悬臂拼装技术。

a)节段预制

b)节段悬臂拼装

图 1.2-41　上海轨道交通 17 号线连续梁桥

近年来，节段预制拼装技术在我国桥梁建设中不断进步，得到越来越广泛的应用，近期完成与在建的大型城市桥梁工程还有多个，如 2019 年初建成的南昌洪都大道高架桥，全长 7.6km，主梁主要采用预应力混凝土连续梁，以体外预应力为主，该项目是国内首次在中心城区的桥梁中全面应用节段预制拼装技术，首次在道路变宽段采用节段预制拼装技术，首次采用大悬挑横梁与分体式主梁的结构；郑州四环高架桥全长超过 40km，大部分桥梁采用节段预制拼装混凝土连续梁，并且采用架桥机悬臂拼装等多种施工方法；深圳海滨人桥在海上宽桥建设中首次采用了新型大挑臂复合截面节段梁，使结构更加轻巧，经济合理，便于施工。

1.2.3　钢-混凝土组合梁

1.2.3.1　国外概况

钢-混凝土组合梁是在钢结构和混凝土结构基础上发展起来的一种新型主梁结构，通常采用钢梁与混凝土板，以抗剪连接件连接形成整体而共同受弯的一种结构构件。钢-混凝土组合梁具有结构高度小、自重轻、承载力高、刚度大、节省支模工序和模板、减少现场作业量、施工速度快、综合效益好等显著优点。多年来,钢-混凝土组合梁在各国的应用实践表明,它不仅可以很好地满足结构的功能要求,而且具有良好的技术、经济效益,在建筑、桥梁结构等领域体现出广阔的应用前景。

钢-混凝土组合梁形式很多,常用的钢-混凝土组合梁有钢板组合梁、钢箱组合梁、钢桁组合梁和波形钢腹板组合梁。组合梁桥最初多应用于简支梁结构,因为简支的上缘受压、下缘受拉,能充分发挥混凝土受压与钢结构受拉的材料性能。连续组合梁负弯矩区由于混凝土受拉,传统做法采用张拉预应力、支点顶升或堆载等方法来限制混凝土开裂。近年来,随着组合梁技术的不断发展,对连续组合梁负弯矩区混凝土桥面板开裂机制进行了深入研究,连续组合梁负弯矩区混凝土桥面板通过采用配置普通钢筋限制裂缝的方法,大大简化了施工繁杂程度。

欧洲、美国、日本等国家或地区自20世纪50年代起开展了组合梁基础性理论研究和试验,至今已建立了一些新的设计方法与施工方法,并制定了设计指南或规范,如EURO CODE、BS 5400、DIN、AASHTO等规范中都包含组合结构设计内容,促进了组合结构桥梁的发展。

在欧美发达国家或地区,组合梁在桥梁建设中得到了广泛应用。20世纪末在法国建造的跨径为40～100m的公路桥中,组合结构桥梁已经超过85%,其中90%为结构形式更为简单的钢板组合梁,德国、美国及日本的组合结构桥梁应用也很多。1990年建成的法国Hopital桥(图1.2-42)采用小横梁的组合钢板梁结构体系,跨径为59m + 2×64m + 33m,桥面宽22.6m,两片主梁之间的距离为12.6m。Nive桥则是一座采用大横梁的组合钢板梁桥,跨径为68.04m + 94.50m + 56.70m,桥面宽21m,两片主梁之间的距离为8.9m。

日本传统的组合钢板梁采用多主梁形式,改进后的设计减少了主梁数量,并对横梁、横联等结构进行简化和省略,从而降低工程费用,提高桥梁的耐久性,减少维护与管理费用,使组合梁优势更明显,从而得到广泛应用,如图1.2-43所示。

图1.2-42 法国Hopital桥

a)传统

b)改进后

图1.2-43 日本组合梁桥

德国于1993年建成了Nantenbach双线铁路桥,由于桥位处条件限制,该桥需设置1.25%的纵坡和半径2650m的平曲线。设计师从经济、生态与美学角度考虑,采用了3跨连续钢桁架与混凝土桥面板组合体系,跨径布置为83.2m+208m+83.2m。建成效果如图1.2-44所示。

图1.2-44 德国Nantenbach桥

1.2.3.2 国内概况

在我国,组合结构桥梁最具影响力的突破是大跨径斜拉桥的建设,1990年建成的上海黄浦江南浦大桥的主跨423m斜拉桥主梁与1993年建成的上海黄浦江杨浦大桥的主跨602m斜拉桥主梁均采用组合梁。组合梁由钢筋混凝土桥面板与钢梁格通过焊钉剪力键与钢筋混凝土湿接缝组合而成。其中的平面钢梁格由两个钢工字形主梁(南浦大桥)或箱形主梁(杨浦大桥)、车行道横梁、小纵梁、人行道悬臂梁组成。桥面板采用C60混凝土,除接缝采用少量现浇混凝土外,均采用预制构件现场安装。

2009年,上海长江大桥在建设中采用了全预制拼装组合梁桥技术。在主航道桥两侧各700m范围引桥中,首次采用了主跨105m钢-混凝土组合连续梁。主梁采用预制场整孔预制、大型浮吊水上运输至现场整孔架设、先简支后连续的施工工法,如图1.2-45所示。

a)组合梁预制

b)现场安装

图1.2-45 上海长江大桥105m跨组合梁

2012年建成的杭州钱塘江九堡大桥(图1.2-46)全长1.9km。大桥全部采用组合结构与顶推法施工,其中主航道桥采用3×210m连续钢拱组合梁,南北引桥采用跨径85m大悬臂宽幅钢混组合连续梁。桥梁首次采用步履式多点同步顶推法施工。主桥钢拱与钢主梁采用整体顶推施工,主桥顶推前用钢斜撑将钢拱与钢主梁连成整体,210m跨设一个临时墩;引桥也采用槽形钢梁顶推施工,85m跨无临时墩。顶推就位后安装预制混凝土桥面板。引桥组合梁与同等跨径预应力混凝土箱梁相比节省造价3%。

a)顶推法施工

b)桥梁建成

图1.2-46　杭州钱塘江九堡大桥

2012年,上海市政总院设计的银川滨河大桥水中引桥采用6×80m(西侧引桥)和5×80m(东侧引桥)组合梁桥。桥面全宽为34.5m,双向八车道,采用分幅布置。主梁为等高度单箱室组合梁(图1.2-47),钢梁采用无临时墩顶推法施工,然后安装预制桥面板,并进行湿接缝施工。

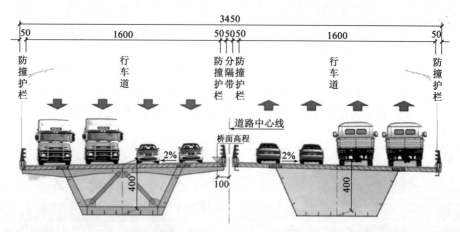

图1.2-47　银川滨河大桥水中引桥(单位:cm)

2015年,济南至祁门高速公路淮南至合肥段淮河特大桥(图1.2-48)11km引桥工程设计中,桥梁上部结构采用双主梁钢板组合梁桥形式,标准跨径分别为30m和35m,3~4跨一联,桥面全宽为26.5m,双向四车道,采用分幅布置。35m钢板组合梁桥包含钢主梁、钢横梁加劲板、钢横梁、混凝土桥面板等构件。钢板梁采用支架安装就位后,吊装预制桥面板并浇筑湿接缝混凝土完成共同受力。按直接建设成本计,35m钢板梁结构比传统的小箱梁结构造价低10%。

2018年,上海市政总院在上海、昆明等地设计多座双主梁钢板或钢箱组合梁。上海S7工程跨宝安公路采用跨径45m+65m+45m双窄箱组合梁和跨径30m+3×40m+30m双主梁钢板组合梁(图1.2-49),单行桥梁宽度为13.5m,采用预制桥面板和集簇式焊钉连接;钢梁采用无支架安装。昆明嵩昆大道军长立交的跨径36m+48m+36m主桥和3×32m引桥均采用双主梁钢板组合梁(图1.2-50),单行桥梁总宽12.75m,钢梁采用少支架施工、预制桥面板和分布式焊钉连接。

图1.2-48 济南至祁门高速公路淮南至合肥段淮河特大桥

a)钢梁安装

b)桥梁建成

图1.2-49 上海S7工程跨宝安公路组合梁

a)钢梁安装

b)桥梁建成

图1.2-50 昆明嵩昆大道军长立交组合梁

1.3 下部结构

1.3.1 国外概况

在预制拼装桥梁建造技术中,下部结构预制拼装技术也是其重要的组成部分。

图 1.3-1 和图 1.3-2 分别是 1987 年建成的美国北卡罗来纳州的 Linn Cove 高架桥和 1999 年建成的美国科罗拉多州的 Vail Pass 桥,两座桥都以生态环境保护为首要考虑因素,采用预制节段拼装技术建造桥墩,桥墩预制节段采用有黏结后张预应力筋连接,节段间接缝采用环氧树脂以改善防水能力,提高耐久性。

a)预制节段立柱拼装　　　　　　　　b)预制节段梁拼装

图 1.3-1　美国 Linn Cove 高架桥

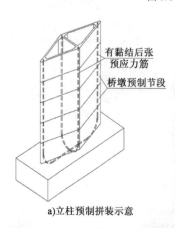 

a)立柱预制拼装示意　　　　　　　　b)桥梁建成

图 1.3-2　美国 Vail Pass 桥

1994 年在美国得克萨斯州 Redfish Bay 桥项目中,采用了一种插槽式连接构造(Pocket)来进行墩身与预制盖梁的连接(图 1.3-3)。2002 年在 SH 66 over Lake Ray Hubbard 桥上,预制盖梁与现浇墩身之间采用了大直径粗钢筋和金属波纹管的连接构造(图 1.3-4)。

美国佐治亚州 Interstate 85 Interchange 桥梁,位于地震危险性较低的地区,该桥的桥墩立柱和盖梁均为预制构件,单节段的墩柱、承台与盖梁通过灌浆套筒连接方式连为整体(图 1.3-5 和图 1.3-6)。

图1.3-3 插槽式连接构造

图1.3-4 金属波纹管连接构造

a)立柱安装

b)盖梁安装

c)立柱与盖梁套筒连接

图1.3-5 佐治亚州 Interstate 85 Interchange 桥梁桥墩拼装

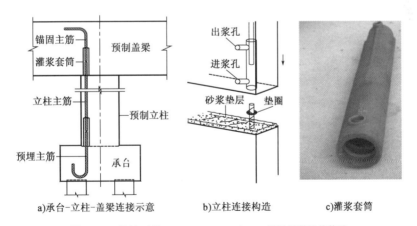

a)承台-立柱-盖梁连接示意　　b)立柱连接构造　　c)灌浆套筒

图1.3-6 佐治亚州 Interstate 85 Interchange 桥梁桥墩连接构造

美国 I-5 Grand Mount to Maytown I/C2-span Precast Girder 桥于2011年夏天完工,该桥位于华盛顿州,属于高地震危险区域,是一座考虑抗震性能的采用预制拼装技术建造桥墩的桥梁。预制立柱划分为3个节段,立柱节段采用大直径钢筋通过灌浆套筒连接形成整体,但立柱节段与承台、立柱节段与盖梁之间则是采用金属波纹管连接(图1.3-7)。

a)I-5盖梁拼装　　　　　　　　b)立柱-盖梁金属波纹管连接　　　　　　c)立柱拼装

图 1.3-7　I-5 Grand Mount to Maytown I/C2-span Precast Girder 桥墩预制拼装

2015年建设的新加坡大士西延长线高架桥为双层桥梁,上层通行轨道交通,下层通行公路交通。公路高架桥盖梁尺寸与重量很大,无法采用大节段整体吊装,设计中采用巨型薄壁盖梁壳模结构分段预制,分成1个中间段和2个边段。中间段质量约为120t,边段单个质量约为90t。在预制场内先分段预制,达到龄期后再运输至施工现场通过湿接缝进行悬空拼接成型(图1.3-8)。盖梁壳模预制技术指标执行欧洲标准,在东南亚地区尚属首例。施工采用湿接法虚拟匹配预制,盖梁长17m、高4.5m、宽3.5m,盖梁空心壳体壁厚0.25m,施工难度高。巨型薄壁盖梁壳模结构预制技术具有对交通影响极小、施工成本较低、施工工期较短的优势。该桥公路高架桥上部结构采用节段梁悬臂架设拼装成桥(图1.3-9)。

图 1.3-8　巨型薄壁盖梁预制壳模安装　　　　　　图 1.3-9　高架桥节段梁悬臂架设

1.3.2　国内概况

20世纪90年代,我国在北京积水潭桥工程的五座桥梁建设中率先采用承插式连接技术对桥墩立柱进行了装配式施工的试验性应用。

进入21世纪,我国跨海桥梁建设推进了桥梁全预制拼装技术的发展。2005年建成的上海东海大桥为我国首座跨外海桥梁,全长为32.5km。海上段桥梁的桩基、承台、立柱、主梁等均采用大型预制构件工厂整体制作、海上安装的施工工艺,最大限度地减少了海上工作量、海上作业时间和海上施工工序,提高了施工质量与效率,确保施工安全。其中,海上段非通航孔桥上部结构采用主跨60m、70m整孔预制混凝土梁海上架设,下部结构采用钢管桩、预制承台套箱和预制墩柱+现浇混凝土接头等预制拼装技术(图1.3-10),实现了海洋环境下高效、优质、耐久的建设要求,为后续跨江海大桥建设提供了宝贵经验。

a)墩柱预制

b)预制承台套箱安装

图1.3-10 上海东海大桥下部结构

2016年,上海国定东路下匝道工程首次实现了在中心城区桥梁中全面采用预制拼装技术,预制装配率达到80%(图1.3-11)。桥梁总长约500m,施工区域商铺林立,周围道路人车密集。桥梁墩柱与承台、盖梁采用2mm壁厚的灌浆波纹钢管连接,并对灌浆波纹钢管连接进行了钢筋拉拔试验与7度区抗震性能试验。为减小对交通与环境的影响,桥梁构件现场吊装安排在凌晨0—5时进行,仅用26天完成所有预制构件安装工作,使绿色工程建设成为现实,为行业技术提升呈现了广阔的前景。桥梁预制拼装技术与BIM等信息化技术的融合,也使设计与施工管理更加有序、高效。

2016年,上海S3公路先期实施段工程为迪士尼交通配套工程,拟为迪士尼的极端客流提供必要保障,桥梁长约3.1km,双向六车道。该项目桩基、立柱、盖梁、混凝土箱梁均采用装配式快速施工技术(图1.3-12),预制装配率达到90%。该桥墩柱与承台、盖梁采用灌浆套筒连接。在混凝土小箱梁的纵向接缝中采用了环筋+UHPC连接技术。高架工程仅用166天建成通车。

图1.3-11 上海国定东路下匝道墩柱安装

图1.3-12 上海S3公路预制盖梁安装

桥梁预制拼装技术

图1.3-13 上海南北高架中兴路匝道预制挡土墙

2017年,上海南北高架中兴路匝道位于市中心上海火车站附近。该项目除了桩基、立柱、盖梁、钢梁采用全预制拼装技术外,桥台、挡土墙(图1.3-13)也采用了预制拼装技术。桥梁预制装配率达到95%。

2019年,上海S7公路全长约8km,该项目在全预制拼装技术上又有了新的提升,预制装配率达到95%。桩基采用预制PHC管桩和钢管桩;立柱、盖梁、主梁全部采用预制拼装技术,并在高立柱中采用分段预制拼装工艺;首次在宽桥盖梁中采用节段预制拼装工艺(图1.3-14),避免设置传统落地支架;首次在桥台预制拼装中采用插槽式连接技术。

a)盖梁拼接面

b)分段预制盖梁拼装

图1.3-14 上海S7公路分段预制盖梁

1.4 桥梁快速施工技术

1.4.1 ABC技术

ABC(Accelerated Bridge Construction)技术从20世纪90年代前后开始在美国加速发展。美国联邦公路局(The Federal Highway Administration,简写为FHWA)给出了ABC的定义:ABC是在新建桥梁或替换和修复现状桥梁中,为了减少现场施工的时间,安全且经济地使用创新的计划安排、设计、材料和施工方法。

ABC技术由基础和挡墙、结构安装方法、快速路堤施工、预制桥梁构件与体系(Prefabricated Bridge Elements and Systems,简写为PBES)、快通道合同等5个部分组成。ABC技术采用创新的规划、设计、材料以及安全高效的施工方法,减少桥梁新建或维修中的现场施工时间,与新装备、新材料、新管理方法密切结合。

ABC技术在美国的主要发展脉络如下:

1985年前,美国常见的预制构件有工字梁、箱梁、U形梁和板梁,以及刚开始使用的新兴预制构件,例如预制桥面板、预制防撞栏杆等。当时美国大约有15%的桥梁使用预制构件。而在1985年,当NCHRP(美国国家合作公路研究计划)发布报告,对PBES进行定义,把工字梁等预制混凝土上部结构和钢梁都归为传统施工方法,并准备大力发展其他的桥梁预制构件和体系。自此,ABC技术开始在美国加速发展,不仅包括上述提到的预制桥面板和预制防撞护栏,还有预制盖梁、预制立柱等。

2003年,NCHRP再次发布报告,报告提出美国桥梁工程对减少现场施工的需求日益增加,NCHRP将着力研究全预制桥面板体系、强震区预制盖梁体系、预制箱梁湿接缝。同年6月,第一届ABC技术大会顺利召开,大会除了对案例和施工需求进行了讨论,还对桥面板、盖梁、桥墩等预制构件进行了研究。2004年,AASHTO、FHWA和TRB(美国运输研究委员会)联合成立了国际调研小组,分别在日本和欧洲针对PBES技术进行了专门调研。而后就ABC技术在运输吊装方法、桥面板结构、上部结构、下部结构的使用形成了一整套的先进技术及体系,同时总结已有经验并对关键技术进行推广。

从2006年至2012年,在FHWA的Hfl(公路全寿命计划)中,投入资金专门用于研究ABC技术,其中包括桥面板和主梁整体预制、预制桥台、预制桥墩和用于快速更换桥梁构件的新型运输吊装机。2013年,由政府提供资金成立ABC技术大学研究中心。一方面对新的ABC技术进行研究,另一方面整理已运用ABC技术的工程,成立数据库以供桥梁工作者使用,包括预制桥梁栏杆、强震区连接段等内容。2015年,TRB的SHRP2(公路战略研究计划),在关于ABC技术方面推出便于实际操作的ABC技术工具包,主要包含标准设计细节、规范和方法、使用手册、设计案例等。

ABC技术实际应用的两个案例如下。

案例1:位于波多黎各圣胡安的巴尔多里奥迪大道(Baldorioty de Castro Avenue)立交桥工程建于1992年,是一个全面采用预制桥梁体系实现快速施工的极佳例子。桥梁所处的道路日交通量超过10万辆。为改善交通拥堵现象,需在道路交叉口建设四座跨线桥,桥长213～274m。为了最大限度地减少施工期间对交通的影响,该项目施工分两个阶段实施:首先进行桥梁下部结构打桩和现浇混凝土承台施工,同时在预制厂进行墩柱、盖梁和箱梁预制构件的制作;然后在现场用起重机先后安装预制墩柱、预制盖梁,预制墩柱及预制盖梁安装完成后通过张拉预应力进行连接;两个桥墩安装完成后,安装33m(100英尺)长的上部结构箱梁(图1.4-1)。四座桥的现场安装施工时间分别为36h、21h、23h、22h。

a)预制盖梁安装

b)预制梁安装

图 1.4-1

c)桥梁建成

图 1.4-1　巴尔多里奥迪大道立交桥工程

案例2：2000年，瑞典Rokan河BD1883号桥的换梁工程(图1.4-2)，采用侧向顶推施工技术，从老桥封交拆除至新桥就位开放交通仅耗时30h。整个换梁过程如表1.4-1所示。

a)桥面板安装

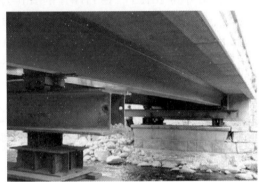
b)桥梁安装完成

图 1.4-2　瑞典 Rokan 河 BD1883 号桥的换梁工程

瑞典 Rokan 河 BD1883 号桥换梁　　　　　表 1.4-1

日　　期	时　　间	工　作　内　容
第一天	19:00	对现状道路采取封断交通
	22:00	用两台吊机移走老桥。拆除老桥工作直至第二天18:00完成
	00:00	拆除老桥台，挖出桥台后填土，并用碎石回填
第二天	09:00	将基础放至新的碎石层
	10:00	首先用了将近4h安装新桥上部结构，然后对其进行侧向顶推，顶推仅用时10min
	18:00	安装支座，对挡土墙台后进行回填土
第三天	01:00	新桥竣工，开放交通

1.4.2　使用自行式模块运输车施工

自行式模块运输车，也称自行式液压模块运输车，英文简写为 SPMT(Self-propelled modular transporter)，是一种自带驱动单元的超大件工程物流运输装备。自进入21世纪以来，欧美各国在桥梁快速施工技术中大量运用了 SPMT。以德国 Scheuerle、荷兰 Mammoet、比利时 Sairens 公司为代表的知名大型机械制造商依托其强大的研发和生产能力,进行了多座桥梁的改造。美国桥梁界采用 SPMT,自 2007 年至 2011 年的 5 年间已完成 100 多座桥的施工。美国犹他州已将 SPMT 列为推荐施工方法,并制定了以它为核心的《使用 SPMT 移动桥梁手册》(*Manual on Use of Self-propelled Modular Transporters to Move Bridges*),逐渐形成了桥梁快速施工技术体系,带来了显著的经济和社会效益。

SPMT 主要由动力头也称动力单元(PPU)和带有驱动车桥的液压挂车组合而成。SPMT 单车有四轴线单元和六轴线单元两种,轴线如图 1.4-3 所示,可以反向转动、90°横向移动、任意角度的斜向移动和 360°转动。通过轴线不同方向的移动和转动,SPMT 可以直行、斜行、横行、中心回转、摆转等。此外,不同单元可以沿横向和纵向拼接,并且所有轴线都能够同步移动。在桥梁移动过程中,如果地面发生沉降,液压系统将自动补偿地面的高差,以确保在通过不平地面或过坡时,平台仍保持水平。

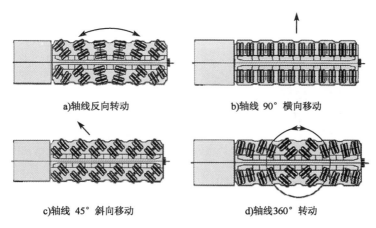

图 1.4-3 SPMT 移动和转动

SPMT 用于桥梁大件运输的优点:

①载重量大。SPMT 可视需要做单元组拼,每轴线静荷载能力为 24～30t,其理论负载可达万吨,通常用于 200～300t 重物(桥梁)的运输。在美国犹他州 SPMT 曾被用于运输 Providence 大桥,总重达到 2700t。

②行驶平稳。SPMT 的悬挂系统可视地面高度自动调整,以保证 SPMT 平台的平整,进而保证运输物的安全与稳定。

③对路面压力无特殊要求。借液压系统 SPMT 可调节轮压至均匀,并控制在一般路面允许承压范围之内。

④可作纵行、横行、斜行和就地 360°转动。

⑤借助 SPMT 平台上的顶升设备,可垂直起降重物。

SPMT 可以大大减少施工现场作业时间,减少施工作业对交通的干扰,施工封闭交通时间大为缩短。SPMT 在几分钟或几小时内即可移动、安装桥梁的技术能力,大大减小了交通干扰,缩短了交通恢复时间,提高了工地安全,降低了环境影响,提高了施工效率,降低了寿命成本。对于承包商的益处还包括可以在现场附近的预制场使用传统方法建造桥梁。不限工时的工作带来灵活性,远离正在运行的交通线路施工,也会提高安全性、降低风险。实际使用案例如下。

案例1:美国1号高速公路Trenton桥,老桥为预应力混凝土梁桥,桥下净空控制严,交通繁忙。新结构采用组合梁,整桥使用SPMT进行运输,1个晚上便完成了换梁工作(图1.4-4)。

a)主梁病害

b)SPMT移运组合梁

c)组合梁安装

d)换梁完成

图1.4-4　美国1号高速公路Trenton桥换梁

案例2:荷兰巴特霍芬多普高速公路桥梁跨径118.9m,总重达到3600t。使用SPMT在2h内移梁就位,如图1.4-5所示。

a)SPMT移梁

b)移梁即将就位

图1.4-5　荷兰巴特霍芬多普高速公路桥梁

案例3：北京三环路三元桥换梁工程是我国快速桥梁施工技术应用的成功案例。2015年，北京三环路三元桥因主梁及桥面板损坏严重，拟将上部结构更换为钢箱梁。换梁过程中采用了两台"千吨级驮运架一体机"。换梁前，将长55m、宽45m、重1300t的新梁制作完成，安放在老桥侧面的临时桥墩上；换梁时，先切割掉老桥两侧的桥面，用吊车吊走，再用驮梁车分两次将剩余既有桥面从原桥墩平移至老桥侧面的临时桥墩上；然后将新桥面从临时桥墩驮运至原桥墩，并完成新桥面与现有路段的连接。三元桥换梁工程现场施工历时仅43h（图1.4-6）。三元桥换梁工程在我国大城市重要交通节点上一次性完成了大型桥梁的整体置换架设，在国内属首次。

a) 钢箱梁拼装

b) 钢箱梁平移就位

图1.4-6　北京三环路三元桥桥面整体置换

综上所述，到目前为止国内外的全预制拼装桥梁的基本特点是，主要构件如上部结构的梁体、下部结构的墩柱和盖梁等均已实现预制拼装快速施工，但上部结构与下部结构的拼装施工是相对独立、分开进行的。这种施工方法在运输和吊装条件相对较好的地区能形成灵活多点的施工面，具有一定的优势。

预制拼装桥梁技术在我国的系统研究与应用还处于起步阶段，我们积极开发与推广应用新技术、新材料、新设备、新工艺，开展预制构件新结构、新型连接技术与高地震烈度区域等全预制拼装桥梁关键技术研究。通过集成建造技术的系统创新，以桥梁设计标准化、构件生产工厂化、现场施工装配化、过程管理信息化等手段，推进传统建造方式向工业化建造方式转变，从而全面提升全预制拼装桥梁工程的品质与效益。

2 预制拼装桥梁的技术特点

2.1 概 述

预制拼装桥梁的建造是全过程协调建设、设计、制造、施工等各方关系，以及全专业配合的系统工程，并应符合标准化设计、工厂化生产、装配化施工和信息化管理的工业化桥梁特征。

为便于工业化生产，预制拼装桥梁的预制构件设计应体现标准化设计理念，一般需满足构件标准化、尺寸模数化，以及制造、运输、安装等施工要求。标准化、系列化的构件因采用同一模数协调尺寸，具有规格少、组合多、通用性强、重复率高的特点，更有利于施工标准化，提高效益，降低成本。

预制拼装混凝土桥梁应根据结构特点、使用年限、环境条件、施工条件等进行耐久性设计。接缝是混凝土结构受力性能和耐久性能的薄弱部位，对于承受作用较为不利的节段预制拼装混凝土桥梁的上部结构，通常按全预应力构件设计，以免因接缝部位受拉或过早开裂而降低对环境腐蚀的抵抗作用。此外，应特别重视预制构件连接(拼接)部位的耐久性技术措施，通过拼缝形式、连接构造、主筋连接方式、材料要求等设计，使拼缝部位达到与一般部位结构相同的耐久性设计目标。对材料的耐久性基本要求除应包含混凝土、普通钢筋、预应力钢筋外，还应对体外预应力体系进行专门的耐久性设计，在恶劣环境下还应提出合理的防腐蚀附加措施或多重防护策略。

不同于现浇桥梁，预制拼装桥梁设计还应包括预制构件运输、安装过程中的重要受力部位和受力状态，如吊点或吊孔、临时预应力锚固块、多层堆放时支点的设置、预制墩柱翻转时的受力状态等，都需要根据施工过程的受力要求进行构造设计，以满足结构构件各工况下的结构安全性，必要时，还应根据实际工况条件开展结构安全性验证试验。

为确保预制拼装桥梁在设计使用年限内处于良好的工作状态，便对桥梁进行正常的养护和管理，对于封闭或半封闭的箱体结构，应根据结构的特点设置检修通道，检修通道应有必要的检修、养护以及更换部件所需的空间，并设置通风、排水设施。

对于预制拼装桥墩而言，接缝设计是确保抗震性能的关键，美国、新西兰、日本等国家在这方面的研究与实践走在前列，我国相关研究起步较晚，工程实践及经验主要集中于中、低地震烈度区域的桥梁工程。因此，现有的相关标准、规程一般适用于地震基本烈度 7 度以下(含 7 度)地区，8 度以上地区的预制拼装桥梁则应做专项研究与设计。

预制拼装桥梁施工前应根据技术条件和特点编制针对性施工组织设计和专项施工技术方案，内容应包括构件制作、运输、安装的施工方案，质量管理及安全措施等。拼装设备、支撑等临时结构的安装、调试、使用、拆除等应编制专项施工技术方案，并应制定相应的安全生产应急预案。

预制构件在预制场内的移运宜采用跨式搬运机、门式起重机等移动起吊装置。大型综合构件预制厂的存放区应根据构件类别、移运设备、移运线路、养护要求、存放周期、出运条件等统筹分区规划。预制构件移运、存放时,混凝土的强度、预应力孔道压浆浆体强度、吊点和支点位置、叠放层数等均应符合设计要求。一般符合工厂化、专业化、规模化的预制厂,其一种类型预制构件的存放能力需满足不少于 28 天的产量,而除特殊情况外,预应力混凝土梁、板在预制厂的存放时间也不宜超过 3 个月。

预制构件的运输需要根据预制场地的地理位置,结合实际运输通道条件、构件质量、构件尺寸、架设现场条件等因素选择合适的预制构件出运设备。同时,应制定合理的运输组织方案和运输保护方案,包括运输时间、运输方向、运输次序、运输线路、构件吊点设置、构件翻身处理、构件固定、支承点设置、成品保护、交验记录等。当构件属超高、超宽、形状特殊的大型构件时,还应制定专门的运输方案和安全保证措施。预制构件运输线路可采用陆路运输和水路运输的方式,当采用陆路运输时,应根据道路限高、限宽、限载条件及道路的最大纵坡、最小转弯半径等合理选择运输路线,同时应对沿线桥涵的承载力进行复核,尤其应重视对病害桥梁的监测、保护,必要时应进行加固处理。预制构件采用水路运输时,应结合水位条件勘察运输线路上的桥孔通航限高条件,同时运输出航前,应根据气象、水文条件确认是否满足船舶出航运输的要求。

预制拼装桥梁的安装施工总体应能满足与工程设计、构件生产、构件运输等各环节的协调配合与组织管理要求。预制构件拼装作业前,应根据现场情况编制专项拼装施工方案,应在结构设计和构件预制施工前确定施工设备和工艺、架桥设备的拼装和移动、施工顺序和流程,以及因施工工艺需要在预制和现浇结构上设置的预埋件、预留孔及局部加固构件、临时预应力锚固块等临时措施,并应根据各施工工况对桥梁的上、下部结构进行安全性验算。拼装设备针对不同的桥型、构件重量、构件尺寸、现场条件、桥下通行要求等确定,一般而言,混凝土预制板、空心板梁、T 梁、小箱梁、双 T 梁等可采用履带吊、汽车吊、架桥机等吊装设备,节段箱梁拼装可采用架桥机、桥面吊机、起重机等架设设备;下部结构墩柱、盖梁可采用双台吊机等。有支承转换要求的桥梁施工,宜采用具备支承转换功能的架桥设备。

测量控制是预制拼装施工的关键,测量控制系统的合理设置和施工精度会直接影响箱梁节段预制线形控制和预制桥墩安装精度,因此,对构件预制阶段和构件拼装阶段进行全过程测量控制,对预制拼装桥梁施工而言是必不可少的。构件预制前,在预制场地内应建立精密测量的平面控制网和高程控制网,以保证构件的预制精度。

预制拼装桥梁的建设应在工程的设计、预制、施工、运维阶段采用信息化技术,通过对BIM、互联网、物联网、移动通信、地理信息系统(GIS)、云技术等信息化技术的集成应用,实现工程设计、预制生产、物流运输、施工建造、运维管理等环节的协同工作,从而达到适用、可靠、高效、先进、精细化的总体要求。

2.2 上部结构

2.2.1 整跨预制拼装梁

整跨预制拼装梁主要有混凝土空心板梁、小箱梁、T 梁等常用的预制装配式桥梁结构形式，交通运输部和上海、广东等地都有成熟的设计标准图集，适用于不同的跨径、桥宽和荷载标准。标准图集对于推进装配式桥梁的标准化、模数化、工厂化起到了积极的作用，取得了良好的社会效益和经济效益。

空心板梁的标准跨径有 6m、8m、10m、13m、16m、18m、20m、22m，预制板宽度有 1m 和 1.25m；预应力混凝土 T 梁的标准跨径有 20m、25m、30m、35m、40m，预制梁顶宽有 1.5m 和 1.7m；预应力混凝土小箱梁的标准跨径有 20m、25m、30m、35m、40m，交通运输部小箱梁通用图预制梁顶宽 2.4m、底宽 1m，上海市小箱梁通用图底宽 1.5m。

2.2.1.1 空心板梁

预应力混凝土铰接空心板梁结构是我国地面道路跨河中小桥采用最多的结构形式，在城市及公路的高架和跨线桥中也被大量使用，代表类型有交通运输部的大铰缝空心板梁[图 2.2-1a)、图 2.2-2、图 2.2-3]和上海的小铰缝空心板梁[图 2.2-1b)、图 2.2-4]。两种铰接空心板梁的特点如表 2.2-1 所示。

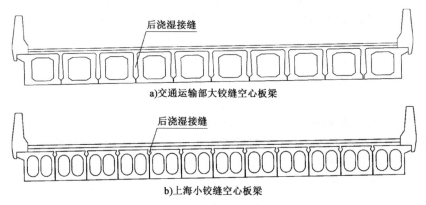

a)交通运输部大铰缝空心板梁

b)上海小铰缝空心板梁

图 2.2-1 铰接空心板梁横截面

铰接空心板梁的预制梁之间留 1cm 间隙并设置铰缝，铰缝只传递剪力不传递弯矩。由于铰缝尺寸较小，混凝土浇捣质量难以保证。铰缝连接性能较差，在重载交通反复作用下易损坏失效，导致单梁受力结构破坏。在实际工程中，铰接空心板的行车条件、耐久性和整体性较差，病害较多。《上海市城市道路和公路设计指导意见》已明确限制预制装配式铰接空心板梁在高等级公路和城市道路上的使用，国内其他地区也有类似的管理规定。

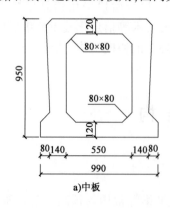

a)中板

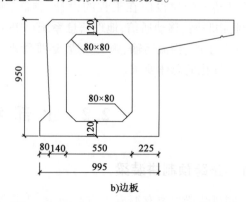

b)边板

图 2.2-2

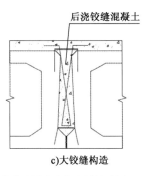

图 2.2-2 交通运输部的大铰缝先张法预应力空心板梁,板宽1m,标准跨径$L=20$m(尺寸单位:mm)

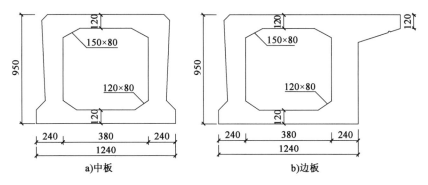

图 2.2-3 交通运输部的大铰缝后张法预应力空心板梁,板宽1.25m,标准跨径$L=20$m(尺寸单位:mm)

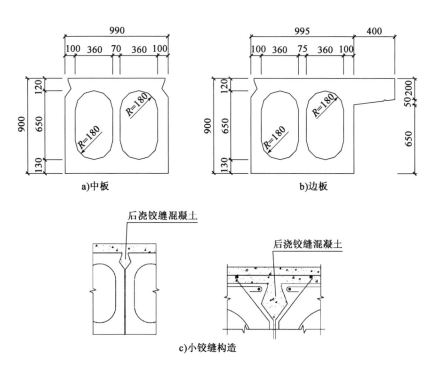

图 2.2-4 上海的小铰缝先张法预应力空心板梁,板宽1m,标准跨径$L=20$m(尺寸单位:mm)

两种铰接空心板梁的特点   表 2.2-1

项目	交通运输部版	上海版
铰缝形式	大铰缝	小铰缝
预应力方式	先张法、后张法	先张法
结构形式	简支、先简支后连续	简支
内模截面	大方孔	双(腰)圆孔
内模形式	木模、钢模	胶囊
板宽	1m、1.25m	1m
材料指标	较高	较低

近年来，上海市政总院开发了刚接空心板梁以替代铰接空心板梁(图 2.2-5)。刚接空心板梁在原铰接空心板梁的基础上，将板梁之间的铰缝连接改为桥面板刚性连接的一种结构形式。其结构高度、制作工艺等与铰接空心板梁相同。由于空心板梁之间采用了刚性连接，结构整体受力性能和耐久性能得到提高。20 世纪 90 年代初，上海市政总院在上海市内环高架桥中首次应用了刚接空心板梁(图 2.2-6)，该结构在 2012 年后得到推广使用，并编制了上海地区的标准图集。

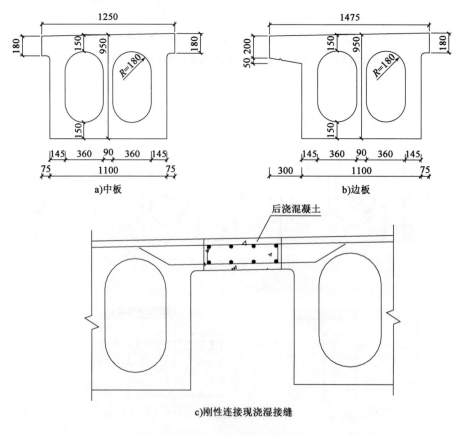

图 2.2-5　先张法刚接双圆孔空心板梁，标准跨径 $L=20\mathrm{m}$(尺寸单位：mm)

图 2.2-6 先张法刚接双圆孔空心板梁最早应用照片(上海市内环高架路)

后张法刚接大孔空心板梁是由先张法刚接双圆孔空心板梁改进而成的(图2.2-7),其内腔为单个大方孔截面,采用一次性模块或钢模作为内模形式,于2012年研发成功,并于2014年在上海迪士尼配套市政项目——上海申江路高架工程的地面桥梁中应用,此后又在上海S7公路新建工程(图2.2-8)、G320公路工程、龙东大道快速路工程等项目中推广使用。

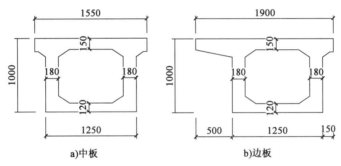

图 2.2-7 后张法刚接大孔空心板梁,标准跨径 $L=20\mathrm{m}$(尺寸单位:mm)

a)板梁预制

b)板梁安装完成

图 2.2-8 上海 S7 公路后张法刚接大孔空心板梁

两种刚接空心板的特点见表2.2-2。

两种刚接空心板梁的特点   表2.2-2

项目	先张法刚接双圆孔空心板梁	后张法刚接大孔空心板梁
横向连接方式	通过后浇湿接缝刚接	通过后浇湿接缝刚接
预应力方式	先张法	后张法
预制场地	需要先张法台座	预制场或现场预制
内模截面	双(腰)圆孔	大方孔
内模形式	胶囊	一次性模块或钢模
底宽	1.1m	1.25m

空心板梁现场安装通常采用履带吊、汽车吊或架桥机吊装,见图2.2-9。

a)汽车吊安装

b)架桥机安装

图2.2-9 空心板梁现场安装

2.2.1.2 小箱梁

小箱梁结构形式简单,结构刚度较大,抗扭性能较好,经济指标较低,可在工厂或施工现场预制,安装完成后现浇横向接缝,形成整体桥面,对于变宽段适应性强。小箱梁适用跨径一般为25~40m、一般采用后张法预应力的混凝土结构,结构体系可采用简支结构或先简支后连续结构。从预制、运输、安装等设备考虑,预制梁质量宜控制在150kN以内,一般高架或跨线桥梁通常采用30m作为标准跨径。

1)结构体系

小箱梁按结构体系分为简支结构和先简支后连续结构。这两种小箱梁结构形式,在截面、预制梁、横向现浇湿接缝、运输吊装等方面都是基本相同的,区别主要在于墩顶位置的结构连接。

简支小箱梁一般采用结构简支、桥面连续的做法,没有墩顶连接和体系转换的工序,所以施工快速、简便,对弯道和变宽段的适应力强。但在重车作用下,桥面连续缝处容易产生裂缝和漏水现象。

目前已有交通运输部及地方小箱梁标准设计图集。上海地方标准设计30m小箱梁构造见图2.2-10。

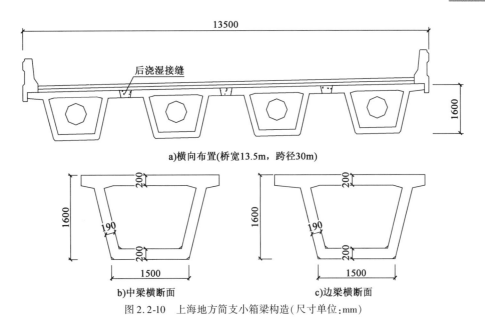

图 2.2-10 上海地方简支小箱梁构造(尺寸单位:mm)

先简支后连续小箱梁结构的预制梁安装完成后,浇筑墩顶现浇段,形成连续结构,然后浇筑横向接缝,形成整体桥面。相较于简支结构,其结构性能和行车条件优,但施工工序多,施工速度较慢,造价略高。

2) 横向连接

小箱梁的横向连接通过现浇钢筋混凝土湿接缝实现。常规做法是将预制梁做成等宽梁,通过湿接缝变宽来适应不同桥面宽度。湿接缝宽度一般在 0.5~1.0m 之间。预制梁吊装就位后,焊接相邻小箱梁预留的横向钢筋,并绑扎纵向钢筋,浇筑混凝土形成接缝连接。这种连接方式的现场钢筋焊接与混凝土浇筑工作量大。

为了改进以上连接方式,近年来在多个高架桥梁工程中,小箱梁采用了等宽混凝土湿接缝、环形钢筋交错布置的横向连接方式。接缝为顶宽 40cm、底宽 30cm 的倒梯形截面(图 2.2-11)。在环形钢筋交错布置的核心区内,布置一定数量的纵向钢筋。湿接缝采用不低于 C60 的高性能钢纤维混凝土。这种连接方式,避免了现场大量的钢筋焊接工作,减少了混凝土现场作业量。但其对构件的制作、安装的精度要求很高,对施工管理水平提出了更高的要求。

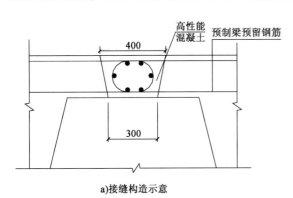

a) 接缝构造示意

b) 接缝施工现场

图 2.2-11 小箱梁环形钢筋湿接缝连接(尺寸单位:mm)

小箱梁的安装可采用履带吊、门式起重机以及架桥机,施工速度快,对地面交通影响较小(图2.2-12)。

a)履带吊安装

b)门式起重机安装

c)架桥机安装

图2.2-12 小箱梁安装

2.2.1.3 T梁

T梁桥设计和施工经验成熟,跨越能力较大,最大跨径达50m左右。T梁开放式截面预制构造简单,施工方便(图2.2-13)。T梁建筑高度较大,纵、横梁密布,景观效果较差。T梁在我国公路上修建得最多,特别是在20世纪50—60年代,T梁在改善我国公路交通建设中起到了相当大的作用。

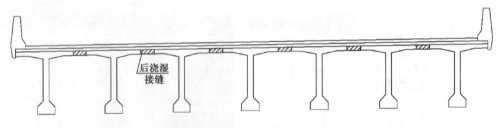

图2.2-13 T梁一般横截面(跨中)

交通运输部通用图中T梁结构体系分为装配式预应力混凝土T梁简支桥面连续体系、装配式预应力混凝土T梁先简支后连续体系。为方便标准化施工,预制梁宽尽可能相同,通过调整悬臂间湿接缝宽度来适应各种宽度的桥梁。

2.2.1.4 双T梁

1）背景

中小跨径预制装配式预应力混凝土梁因结构简单、施工速度快、造价低等优势,得到广泛的应用。预制装配式预应力混凝土空心板是10~22m跨径范围桥梁常用的结构形式,具有梁高小、造价低的特点。由于空心板为小尺寸闭口截面,内模是预制工艺中的难点。在实践中,部分工程采用充气胶囊内模,装拆方便、造价低,但定位困难,梁体浇筑质量难以控制;部分工程采用钢内模,质量控制较好,但工序复杂、造价高。而国外小跨径预制梁越来越多地采用开口截面,如美国应用较多的工字梁、PCI Northeast 开发的快速施工双T梁等。在预应力设计方面,小跨径采用后张法预应力或先张法直线预应力较多,先张法折线预应力因增加了钢绞线弯折工艺而应用较少。

针对目前小跨径预制梁存在的问题,借鉴国外同类结构经验,上海市政总院结合我国设计规范、应用条件,基于工业化建造的需求和设计、制造协同的理念,研发了先张法折线预应力双T梁(图2.2-14)。

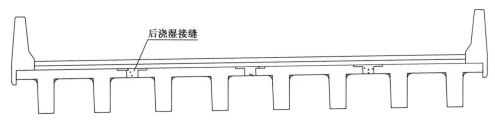

图 2.2-14 双T梁横向布置图

2）技术特点

①采用开口截面,沿纵向为等截面,仅在支座处设置横梁。构造简单,施工方便,便于运营期检查、维护。

②采用先张法折线预应力。与后张法预应力相比,节省了锚具等材料,免去了灌浆工序,且预应力施工质量更可靠。针对双T梁开发了钢绞线弯折工艺和配套下压锚具,具有操作方便、费用节省的特点。

③充分利用工厂预制的条件,将混凝土强度等级提高到C60,以节省混凝土用量。

④梁高与常规空心板设计保持一致,具有梁高小的特点。

3）结构设计

双T梁的横截面由顶板和两道腹板组成,如两个并列的"T",如图2.2-15所示。一片预制双T梁的腹板间距为1.25m,腹板中心线至梁边缘距离 C 可调,以适应不同桥宽。预制梁宽度 B 通常为1.95~2.7m。不同跨径的双T梁梁高 H 如表2.2-3所示。双T梁顶板厚0.2m,腹板顶部厚0.385m,向下以3%的斜率逐渐变窄,以便于脱模。不同梁高的双T梁可以采用同样的模板进行预制,通过腹板底部垫块来调节梁高。

双T梁跨径与梁高(单位:m) 表2.2-3

跨径	10	13	16	18	20	22
梁高 H	0.55	0.62	0.85	0.85	0.95	0.95

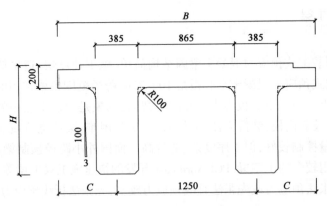

图 2.2-15 双 T 梁横截面图(尺寸单位:mm)

双 T 梁采用先张法预应力,部分钢绞线采用折线布置。跨径 22m 的双 T 梁预应力布置如图 2.2-16 所示。共布置 46 根钢绞线,钢绞线间距为 52.5mm,其中 12 根钢绞线弯起,弯起点的位置距跨中 2m。

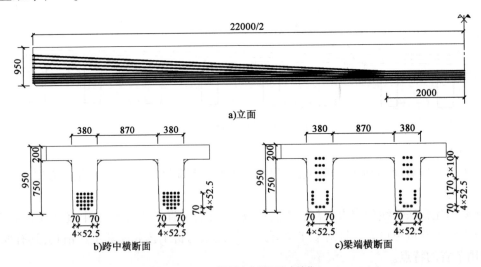

图 2.2-16 双 T 梁预应力图(尺寸单位:mm)

相邻两片双 T 梁之间的现浇接缝,从工业化生产的角度考虑,推荐采用 UHPC 接缝。现浇接缝处采用直钢筋搭接,不设弯钩,搭接长度为 10 倍钢筋直径。当钢筋直径为 20mm 时,UHPC 现浇接缝宽度可取为 250mm。

一片双 T 梁可以设置三个或四个支座。设置三个支座时,一端两个支座分别设置在两道腹板处,另一端一个支座设置在两道腹板中间的端横梁上。设置四个支座时,四个支座均设置在腹板处,支座安装时应采取灌浆调节等措施确保各支座均匀受力。

4)施工工艺

双 T 梁预制工艺流程:①安装、清理模板;②绑扎并安装腹板钢筋;③安装端模;④安装钢绞线;⑤钢绞线张拉至控制应力的 20%;⑥在钢绞线弯起点安装下压锚具;⑦在下压锚具上施加竖向力,使钢绞线折弯,并锚固保持;⑧绑扎并安装顶板钢筋;⑨张拉钢绞线至控制应力;

⑩浇筑混凝土;⑪养护至满足钢绞线放张条件;⑫解除钢绞线下压锚具竖向力锚固装置;⑬钢绞线放张;⑭拆除端模;⑮构件脱模、起吊。

跨径在22m以下的双T梁质量最大约60t,可采用常规的运梁车、汽车吊等设备进行运输、架设。

在上海龙东大道工程中应用了跨径22m的双T梁,如图2.2-17所示。

a)双T梁吊装

b)双T梁UHPC接缝

图2.2-17 上海龙东大道双T梁桥

2.2.2 节段预制拼装梁

2.2.2.1 工程应用概况

节段预制拼装梁是在工厂或现场预制,沿纵向划分成混凝土箱梁节段,再通过可靠的连接方式拼装而成的混凝土桥梁,简称节段梁。

节段梁适用的桥型较为广泛,目前已建成的桥型有梁桥、拱桥、斜拉桥、悬索桥等,本书主要探讨梁桥。国内外部分已建节段梁(梁桥)工程案例如表2.2-4所示。

国内外部分已建节段梁(梁桥)工程案例   表2.2-4

工程名称	建成时间	跨径(m)	梁高(m)	梁宽(m)	截面形式	预应力体系	施工方法
美国Long Key桥	1980年	36	2.13	11.7	单箱单室	全体外	逐跨拼装
泰国曼纳高速	2000年	44.4	2.6	27.2	单箱单室	全体外	逐跨拼装(简支梁)
马来西亚Sungai Prai大桥	2006年	50	3	27.8	单箱三室	全体内	逐跨拼装
文莱PMB大桥	2018年	60	3.85	23.6	单箱单室	混合束	悬臂拼装
成昆线旧庄河一号桥	1966年	48	2-4.4	—	单箱单室	全体内	悬臂拼装
福州洪塘大桥	1990年	40	2.2	5.1	双箱单室	全体外	逐跨拼装
上海沪闵高架二期	2003年	30/35	2.1	25	单箱多室	混合束	逐跨拼装(简支变连续)
苏通长江大桥引桥	2008年	75	4	17	单箱单室	混合束	悬臂拼装
上海长江大桥引桥	2009年	60	3.6	16.95	单箱单室	混合束	悬臂拼装
上海崇启大桥引桥	2011年	50	3	15.5	单箱单室	混合束	逐跨拼装
南京长江四桥引桥	2012年	50	2.9	15.8	单箱单室	混合束	逐跨拼装(简支变连续)

续上表

工程名称	建成时间	跨径（m）	梁高（m）	梁宽（m）	截面形式	预应力体系	施工方法
嘉绍大桥引桥	2012年	70	3	19.8	单箱双室	混合束	悬臂拼装
泉州湾跨海大桥引桥	2014年	50	2.8	16.3	单箱单室	混合束	逐跨拼装
芜湖长江二桥引桥	2018年	30/40/55	2.5	16.5	单箱单室	全体外	逐跨拼装
乐清湾大桥引桥	2018年	60	3.6	16.25	单箱单室	混合束	悬臂拼装
舟山鱼山大桥、舟岱大桥	2018年	50/70	3/4	16.5/12.55	单箱单室	混合束	逐跨拼装（50m跨）/悬拼拼装（70m跨）
舟山秀山大桥引桥	2018年	40	—	—	单箱单室	混合束	逐跨拼装
南昌洪都大道	2019年	30/35	1.8	25~47	单箱双室	混合束	逐跨拼装
广东虎门二桥引桥	2019年	62.5	3.6	20	单箱双室	混合束	逐跨拼装
郑州四环高架	2019年	36~46	2.2	16.5	单箱单室	全体内	悬臂拼装
珠海洪鹤大桥引桥	2019年	60	3.5	16.05	单箱单室	混合束	悬臂拼装

2.2.2.2 结构体系

节段梁结构体系通常可分为简支体系、连续梁体系、连续刚构体系三种。

简支体系由于各跨结构不连续，行车舒适性较差，在城市桥梁中较少采用（图2.2-18）。

图2.2-18 三跨简支梁桥结构体系简图

连续梁体系在国内城市高架桥中广泛应用，具有结构性能优、行车舒适性好等优点；对于节段梁，连续梁体系由于在墩顶设置支座，架桥机架梁施工期间需设置临时固结措施（图2.2-19）。

图2.2-19 三跨连续梁桥结构体系简图

连续刚构体系与连续梁体系的主要区别在于连续刚构桥墩梁固结，可节省支座费用，便于桥梁维护，施工中不需要设置临时固结措施（图2.2-20）。

2.2.2.3 截面形式

节段梁的截面形式多种多样，如单箱单室截面、单箱双室截面、带肋截面、带内撑截面、带外撑截面以及大悬臂复合截面等，如图2.2-21所示。

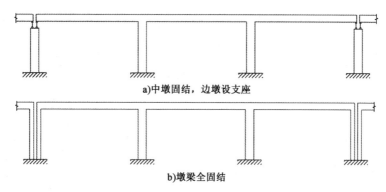

a) 中墩固结,边墩设支座

b) 墩梁全固结

图 2.2-20 三跨连续刚构桥结构体系简图

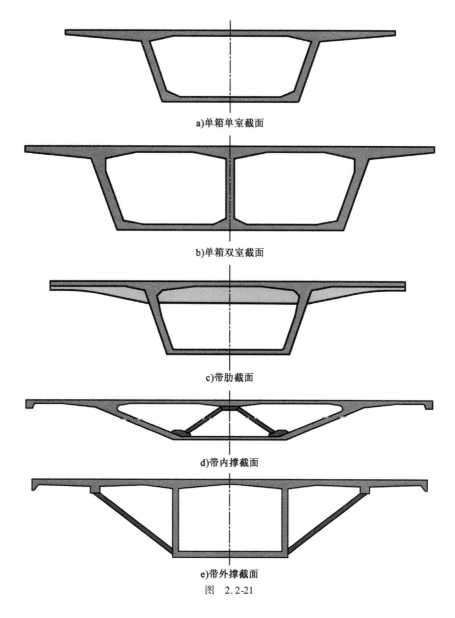

a) 单箱单室截面

b) 单箱双室截面

c) 带肋截面

d) 带内撑截面

e) 带外撑截面

图 2.2-21

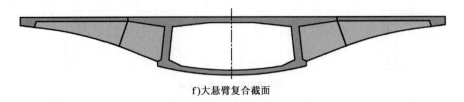

f)大悬臂复合截面

图 2.2-21　节段梁截面形式示意

单箱单室截面[图2.2-21a)]所能适应的桥面宽度可以达到20m以上,其经济合理性主要与桥梁跨径有关。当桥梁跨径较大时,结构的纵向受力需要有较大的截面尺寸,不仅梁高较大,而且顶底板及腹板厚度也较大,相应可以满足较大桥面宽度截面的横向受力需要。当桥梁跨径较小时,特别是城市高架桥梁,经济跨径通常为30~40m。桥面宽度达到15~20m甚至更宽时,采用单箱单室截面箱梁经济性下降,可以采用如图2.2-21b)、c)所示的单箱双(多)室截面和带肋截面。单箱双(多)室截面依靠增加腹板数量解决箱梁顶底板受力问题,但预制拼装的工作量和难度略有增加,难以取得最优的材料用量指标。另一种方法是在单箱单室截面的基础上增加横肋支撑顶板,从而可以用较小的代价满足顶板受力要求,箱梁截面尺寸可以根据总体受力需要合理选择;横肋可以在箱内或箱外设置,也可以全宽设置,箱梁设置横肋后的预制难度略有增加,但并无大的影响,因此对较宽桥面而言是一种经济合理的截面形式。

当桥面宽度达到20~30m甚至30m以上,而桥下空间需要利用时,可以通过减小箱室宽度或底板宽度、设置横向支撑杆件的方法,满足结构受力,实现结构轻型化。图2.2-21d)、e)所示分别为设置内撑杆和外撑杆的单箱单室截面。这两种截面形式可以取得较好的材料用量指标,但因为设置了撑杆且节段质量较大,所以节段预制相对复杂,运输与吊装难度也相对加大。对于宽桥面桥梁,还可以考虑另一种解决方案,即图2.2-21f)所示的大悬臂复合截面。该截面由中心箱梁和外侧带肋大悬臂组成,中心箱梁和外侧带肋大悬臂分别进行节段预制,施工时先安装中心箱梁节段,再安装外侧悬臂节段,如此可以解决全宽截面梁节段由尺寸和质量过大引起的运输和安装困难的问题,当然预制拼装的工作量和难度也会相应增加。

单箱单室截面形式是节段预制拼装桥梁最常用的形式,其结构形式与构造简单,方便标准化设计、预制及运输安装。对于桥面较宽的桥梁,如六车道以上的城市桥梁和公路桥梁,多采用两个单箱单室的箱梁分开预制与安装。城市桥梁多采用整幅截面布置,两个单箱单室箱梁分别预制安装后,再将桥面板悬臂处及支点横隔板通过现浇混凝土连接;公路桥梁多采用分幅截面布置,两幅桥梁相互独立。桥梁截面整幅和分幅布置情况如图2.2-22所示。

国内外部分代表性节段梁工程截面形式如图2.2-23所示。

a)双箱整幅截面

图　2.2-22

b)双箱分幅截面

图 2.2-22　桥梁截面整幅与分幅布置示意

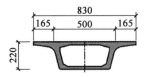

a)南昌洪都大道匝道(跨径30m)

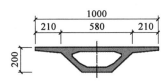

b)广州地铁十四号线(跨径30~40m)

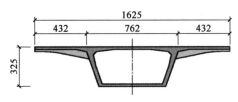

c)芜湖长江二桥(跨径55m)

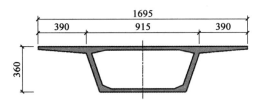

d)上海长江大桥(跨径60m)

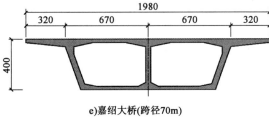

e)嘉绍大桥(跨径70m)

图　2.2-23

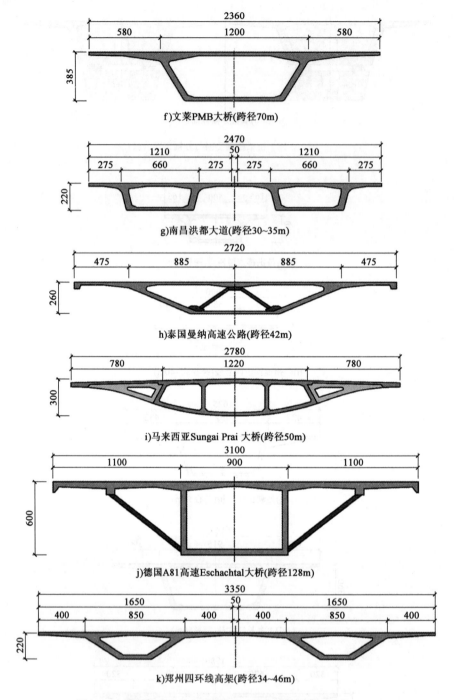

图 2.2-23 国内外部分代表性节段梁工程截面形式(尺寸单位:mm)

2.2.2.4 构造

1) 节段划分与类型

全桥各跨节段的划分应做到标准化、模数化,并考虑节段制作、运输、安装等条件。节段标准长度通常可取 2.5~3.5m。

预制节段箱梁,一般由端锚节段、标准节段、转向节段、锚固节段及墩顶节段组成(图 2.2-24)。其中锚固节段为设置体内预应力锚块的节段,转向节段为设置体外预应力转向构造的节段,也可以考虑将锚块和转向块合并在同一节段设置。

图 2.2-24 箱梁预制节段划分与组合示意
JA-端锚节段;S-标准节段;D-转向节段;A-锚固节段;P-墩顶节段

2) 梁高

节段梁的梁高与现浇梁基本一致。其中等高度的连续梁梁高通常取 $(1/18 \sim 1/16)L$,其中 L 为桥梁跨径,但在跨径较小时,一般取大值。对于小跨径($L \leq 35$m)体外预应力节段梁,可适当增加梁高以提高体外预应力效率并增加箱室内部张拉、检修空间。从施工操作的便利性考虑,建议箱梁梁高不小于 2.0m(箱室内部净高不小于 1.55m),有条件时不小于 2.2m(箱室内部净高不小于 1.75m)。

3) 主要构造尺寸

节段梁顶板、底板厚度及构造应满足纵向受力、横向受力及预应力钢筋布置要求,且厚度不应小于 200mm。

节段梁腹板厚度需考虑受力和钢束布置的需求,宜符合下列要求:①腹板内不布置体内纵向和竖向预应力钢筋时,腹板厚度不小于 200mm;②腹板内只布置体内纵向或竖向预应力钢筋时,腹板厚度不小于 300mm;③腹板内布置体内纵向和竖向预应力钢筋时,腹板厚度不小于 380mm。具体构造尺寸应根据计算需要确定。

体外预应力结构中预应力钢筋布置在混凝土之外,可以使顶板、底板以及腹板的尺寸不必满足布束需要,从而做得更加轻薄,减轻结构自重。

为便于节段标准化制作,底板和腹板厚度的变化宜采取突变的方式。

4) 接缝形式

我国推荐使用的节段梁接缝形式有环氧胶接缝和现浇混凝土接缝两种。

环氧胶接缝节段梁承载能力极限状态性能较好、正常使用阶段接缝受力较均匀,可配置体内预应力钢筋,接缝具有抗环境耐久性和抗化学作用耐久性。

现浇混凝土接缝主要用于节段梁合龙段或为修正拼装误差而设置的调节接缝。当不设置纵向普通钢筋时,其接缝宽度不大于 200mm,不宜小于 100mm;当设置体内预应力管道时,其接缝宽度不宜小于 150mm。

5) 剪力键构造

为了在接缝处能够传递剪力,节段间设置由凹槽与凸块形成的剪力键,既包括混凝土剪力键也包括钢制剪力键;剪力键根据数量可分为单键与密键。腹板内剪力键,主要用于承受与传递接缝截面在正常受力情况下的剪力;顶板内剪力键,主要用于传递接缝位置桥面车辆荷载引起的剪力,协助节段拼装时的对接定位;底板内剪力键,主要用于协助节段拼装时的对接定位;

腹板与顶板和底板结合区的剪力键,主要用于因超载等造成接缝开展后的剪力传递;此外,剪力键还具有抗扭转作用。环氧胶接缝节段梁若无体内预应力钢束通过,应在腹板与顶板、底板结合区设置剪力键,尤其在梁跨中区段的腹板与顶板结合区、连续梁近中墩区段的腹板与底板结合区,其主要用于因超载等造成接缝开展后的剪力传递。

节段梁剪力键的尺寸应满足如下规定:

①腹板内的剪力键应在腹板全高度范围布置,布置范围不宜小于梁高 h 的75%(图2.2-25),剪力键的横向宽度 b_1 宜为腹板厚度 b 的75%;

②键块(槽)应采用梯形或圆角梯形截面,倾角约为45°,高度 h_1 应大于混凝土最大集料粒径的2倍且不小于40mm;顶板、底板及腹板内键块(槽)的高度 h_1 与其平均宽度 b_2 之比可取为1:2[图2.2-25c)];

③腹板与顶板、底板结合区如无体内预应力钢筋通过,应设置剪力键(图2.2-25和图2.2-26);

④采用环氧胶接缝时键槽应设置出胶槽(图2.2-26)。

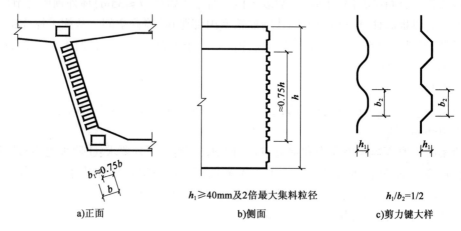

图2.2-25 剪力键构造尺寸示意

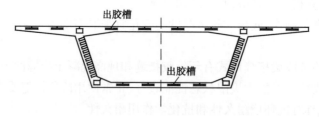

图2.2-26 剪力键(键槽)布置示意

6)节段梁拼装线形

按照预制要求尽量减少模板种类,提高模板利用率。当节段位于道路平曲线、竖曲线、加宽段、超高段,或因结构受力要求板厚变化时,应采取构造措施以保证施工标准化。

节段梁位于道路平曲线或竖曲线区段内时,应采用节段设计长度割线划分梁的平面轴线或立面轴线,将割线作为轴线形成平面或立面折线形的节段梁,并使各节段一端的接缝与割线轴线垂直。节段梁位于道路组合曲线区段内时,综合采用上述方法进行设计,保证节段一端的接缝(结合面)与折线形轴线垂直,并保证梁顶面接缝处的横坡与设计值一致(图2.2-27)。

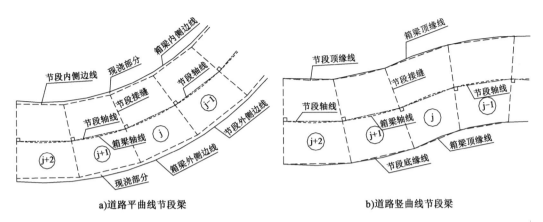

图 2.2-27 平曲线和竖曲线内预制节段梁划分示意

节段梁位于道路平曲线加宽段时,应根据平曲线半径采用内侧或两侧加宽悬臂板的方式改变宽度。悬臂板底面横向应采用折线变化,变宽的等厚度段可部分采用现浇施工方法。预制节段式混凝土箱梁位于小半径平曲线超高段时,采用节段相对扭转的方式调整桥面横坡(图 2.2-28)。

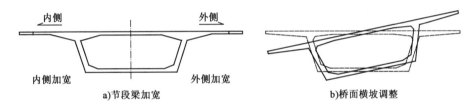

图 2.2-28 箱梁节段构造调整方法示意

2.2.2.5 预应力体系

节段梁采用纵向、横向、竖向等多向预应力体系。其中纵向预应力有全体内束、混合配束和全体外束三种配置方式。

体外预应力结构在 20 世纪 70 年代末期得到快速发展,大量的体外预应力混凝土桥梁建成。国内体外预应力桥梁起步较晚,近年来,体外预应力在苏通大桥、上海长江大桥、芜湖长江二桥、南昌洪都大道等一大批大型工程中得以应用。

体外预应力施工速度快,节段构造简单、预制便捷,能减小构造尺寸,能减轻结构自重,运营过程中钢束可检可更换,但是由于体外预应力钢束抗力偏心距较小,因而体外预应力钢束极限承载能力效率相对体内预应力钢束低。体内预应力钢束极限承载能力的效率高,但是钢束平竖弯造成每个节段的预埋管道位置及剪力键设置均不同,锚固齿块也较多,降低节段梁的标准化程度,增加节段预制难度,体内束穿索压浆等工序影响拼装速度,对节段预制精度要求高。

混合配束节段梁可集两种预应力钢束之所长,体外束构造简单、施工速度快;体内束承载能力效率高,可减少钢束用量,同时截面也具有更好的延展性。

体外预应力系统一般包括四个基本部分:体外预应力索、锚固系统、转向装置及减振装置,如图 2.2-29 所示。

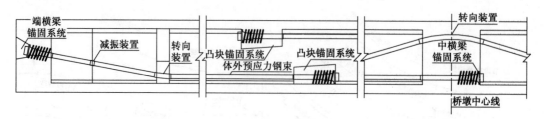

图 2.2-29　体外预应力体系结构及组成

1) 体外预应力索

体外预应力索由预应力钢束及与其配套的防腐体系（包括外护套和填充料）组成。目前工程中常用的体外预应力索包括普通钢绞线、镀锌钢绞线、环氧钢绞线和外包聚乙烯（PE）的单根无黏结钢绞线等（图 2.2-30）。

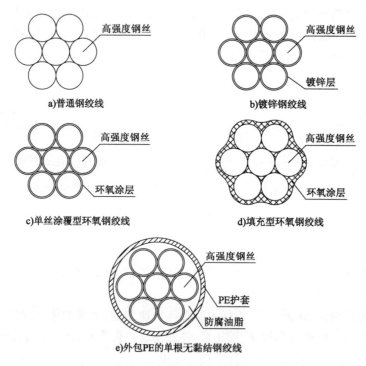

图 2.2-30　体外预应力索类型

2) 锚固系统

体外预应力钢束的锚固系统由锚具和锚固构造组成，钢束的锚固作用通过锚固构造传递至梁体，常见的锚固构造有锚固横梁、锚固凸块等形式（图 2.2-31）。

同传统体内预应力体系不同，体外预应力完全依靠锚具锚固，一旦锚固失效，则预应力完全丧失，因此，体外预应力的锚固构造是保证体外预应力体系安全的关键构造。

体外预应力结构应预留换索施工的空间。

3) 转向装置

体外预应力钢束的转向装置由转向器和转向构造组成，钢束的弯曲段由转向器直接支承，并通过转向构造将作用传递到梁体。转向构造有块式、底横肋式、竖肋式、竖横肋式等形式(图2.2-32)。锚固横梁的厚度、锚固凸块的长度均不宜小于1000mm,转向块的设置根据结构受力计算和箱梁节段构造需要综合考虑确定。

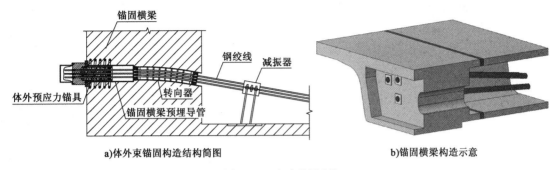

图2.2-31 钢束锚固系统

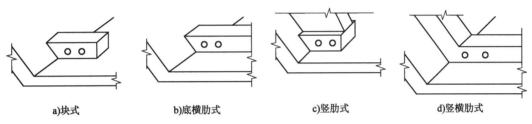

图2.2-32 转向和定位构造示意

体外预应力钢束的转向器可采用集束式转向器[图2.2-33a)]、散束式转向器[图2.2-33b)]、整体式转向器[图2.2-33c)]。体外预应力钢束穿过转向器时的最小弯曲半径应符合规范要求。

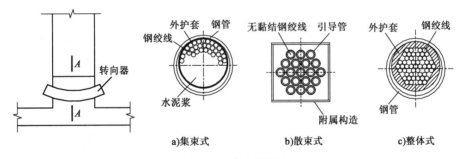

图2.2-33 转向器类型

4)减振装置

体外预应力索与普通预应力梁不同,体外预应力索的振动涉及两方面的问题:梁的振动和体外预应力索的振动,当二者的振动频率接近时可能会产生共振现象。因此在结构设计时,要使梁和体外预应力索的固有频率有一定的差异,以防止梁与体外预应力索产生共振。

体外预应力索的减振装置由可调螺杆、索夹、减振管、减振块等组成,间距一般设置为6～8m(图2.2-34)。

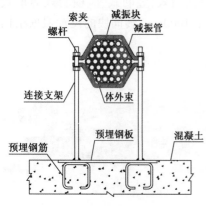

图 2.2-34　减振装置示意图

2.2.2.6　检修、养护构造

体外预应力钢束是否处于良好的工作状态直接关系节段梁整体受力是否安全,因此在节段梁的运营过程中需要对体外预应力钢束的工作状态进行监控、监测。同时,体外预应力钢束的设计使用年限往往低于节段梁混凝土结构的设计使用年限,节段梁在生命周期内会存在更换体外预应力钢束的需求。基于以上原因,节段梁在设计时需要考虑后期体外预应力钢束监测、检测、更换等需求,在构造上应设置畅通的检修通道,为体外预应力钢束的张拉及更换预留足够的操作空间。图 2.2-35 所示为节段梁端部预留的体外预应力张拉更换的操作空间及检修人孔构造。

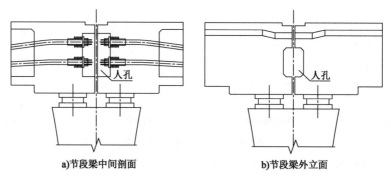

图 2.2-35　节段梁端部预留的体外预应力张拉更换的操作空间及检修人孔构造

2.2.2.7　预制施工工艺

节段梁预制施工工艺主要有长线法和短线法两种。

1)节段工厂预制

(1)长线法。长线法是将混凝土梁沿纵向划分成若干节段,以构件长度作为预制台座长度,在台座上按一定次序逐段匹配制作的预制施工方法(图 2.2-36)。长线法制作场地占地面积大,模板重复利用率低。目前,长线法主要用于主梁不规则的地方,诸如复杂的几何形状、变截面等。

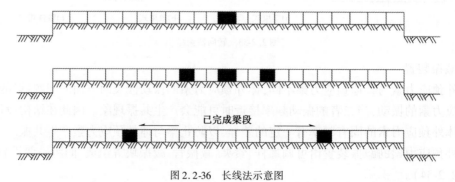

图 2.2-36　长线法示意图

(2)短线法。短线法是将混凝土梁沿纵向划分成若干节段,在台座上用固定的模板,依次将已浇筑好的节段作为匹配节段,逐段流水制作的预制施工方法。

短线法的优势在于节段生产周期短,能适用于各种跨径的桥梁,对节段数量很多的多跨长桥和有水平曲线的桥梁具有优势。由于内外模板均可方便地移动,故短线法一般采用在钢筋胎架上预制节段的钢筋骨架再整体吊入台座。与长线法相比,短线法将绑扎钢筋这一工序由顺序工作改为并行工作,大大缩短了节段的预制周期,生产效率比长线法高1倍左右。但短线法预制精度要求高,需有计算机和专用程序辅助工作,用高精度仪器进行线形测量时,调整模板的工作量较大。

短线法节段预制施工的操作程序如下:

①立模,测量调整定位模板,吊装钢筋骨架,浇筑首段 A 节段混凝土。

②拆除 A 节段模板,将 A 节段移出作为匹配梁,立模,吊装钢筋骨架,浇筑 B 节段混凝土。

③拆除 B 节段模板,将 A 节段与 B 节段分离,并将 A 节段移至修整台座或存梁区。

④将 B 节段移出至匹配位置作为匹配梁,同时进行养护;立模,测量调整定位模板,吊装钢筋骨架,浇筑 C 节段混凝土。

⑤按以上步骤循环依次完成整孔梁的预制(图 2.2-37)。

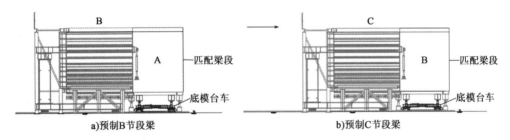

图 2.2-37 短线法预制示意

节段梁一般采用叠层放置,叠层数量根据地基承载力确定,不宜超过三层。节段梁的存放时间一般不少于 28 天,以减小收缩徐变效应。

2)节段梁预制厂设计

节段梁预制厂对整个工程进度具有关键性的作用。预制厂的规划、建设、生产都需要进行研究论证,以达到优质、高效、及时供梁的目标。

节段梁预制厂应有八大功能区:钢筋加工区、钢筋绑扎区、节段梁预制区、节段梁修整区、节段梁存放区、混凝土拌和区、存料区及现场办公区(图 2.2-38)。

钢筋车间需具备钢筋加工和钢筋绑扎能力。每条生产线配置制梁台座、节段梁修整台座、存梁台座,还需配置吊节段钢筋的小型门式起重机和吊节段梁的大型门式起重机,以及运梁车等。

节段梁预制厂的制梁能力(包括制梁质量、精度与供梁速度)和现场拼装施工能力是工程顺利建成的关键因素。节段梁预制厂预制能力与现场拼装条件密切相关,节段梁预制厂设计时,需结合现场拼装施工需求和设计存梁期要求,合理确定制梁台座、存梁台座、生产线数量,确保节段梁预制厂供梁能力满足现场拼装速度和精度要求。

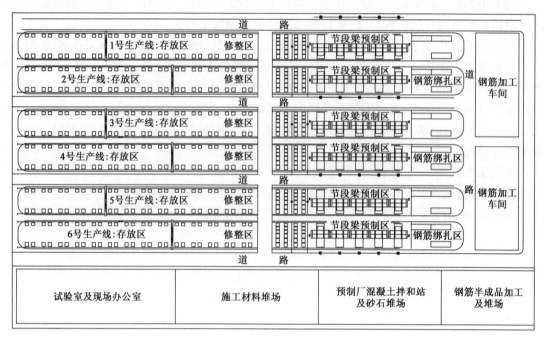

图 2.2-38　节段梁预制厂平面布置图

节段梁运输设备主要有重型牵引车、运梁台车等(图 2.2-39)。

a)重型牵引车

b)运梁台车

图 2.2-39　节段梁运输设备

2.2.2.8　拼装施工工艺

节段梁拼装施工工艺可分为逐跨拼装和悬臂拼装两种。

逐跨拼装的架桥机形式分为上行式架桥机和下行式架桥机。逐跨拼装的支架拼装形式则较为灵活,有少支架和满堂支架等多种形式[图 2.2-40a)]。

悬臂拼装可分为架桥机悬臂拼装、桥面吊机悬臂拼装[图 2.2-40b)]或地面吊机悬臂拼装等施工工艺。相应地,梁段的吊装设备有架桥机天车起吊、桥面吊机、移动式吊车、缆索起重机、门式起重机、浮式起重机等。

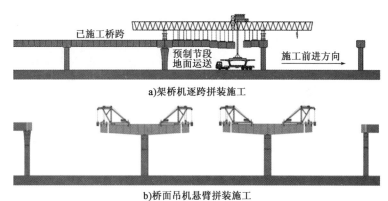

图 2.2-40 节段预制拼装法施工示意图

1) 逐跨拼装施工法

逐跨拼装施工法,是由架设梁支承一跨内的全部节段,一次架设成一跨,再依次移动架设梁架设下一跨的方法。逐跨拼装施工架桥机规格与整孔梁吊重成正比,逐跨拼装施工法架设主梁的跨径通常在50m以下。

逐跨拼装施工法有上行式架桥机及下行式架桥机两种架梁设备(图2.2-41)。上行式架梁设备具有可以从桥下起吊节段也可梁上运梁、桥墩处不用做大型的临时支架等优点,一般需要每一孔设一个湿接缝。下行式架梁设备可不用每孔设湿接缝、操作相对简单,但需要在每个桥墩处设置临时支腿以及从桥上喂梁。架梁设备的选型需根据每座桥的建设特点确定。

a) 上行式架桥机

b) 下行式架桥机

图 2.2-41 节段拼装架桥机

逐跨拼装施工法施工速度快,国外逐跨拼装施工法平均架梁的速度通常为(4~5)天/孔,国内逐跨拼装施工法平均架梁的速度通常为(5~7)天/孔。

以上行式逐跨拼装架桥机为例,架桥机由主桁结构、支承结构、起重天车三大部分组成,其中支承结构包含前支腿、前中支腿、后中支腿、后支腿四大部件。剩余部分具体还包括端吊挂、中吊挂、辅助天车、液压系统、电气系统等(图2.2-42)。

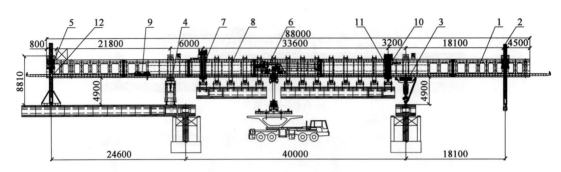

图 2.2-42 节段梁架桥机总体结构示意图(尺寸单位:mm)

1-主桁架;2-前支腿;3-前中支腿;4-后中支腿;5-后支腿;6-起重天车;7-端吊挂;8-中吊挂;9-辅助天车;10-附属结构;11-液压系统;12-电气系统

2)悬臂拼装施工法

悬臂拼装施工法最常用的是对称悬臂拼装施工法,其适用的桥梁跨径范围较广,跨径不受架桥设备的限制。其架梁设备有很多,如架桥机天车起吊、桥面吊机、移动式吊车、缆索起重机、门式起重机、浮式起重机等(图2.2-43),它们分别适用于不同的施工场合。在江、河、湖、海上修建节段预制拼装桥梁时,用得较多的节段采用驳船从预制厂运到工地,利用浮式起重机或桥面吊机进行悬臂拼装;除浮式起重机外,其他吊装方式均适用于陆上施工。

a)上行式架桥机

b)桥面吊机

c)浮式起重机

图 2.2-43 悬臂拼装架梁设备

对称悬臂拼装施工法的特点是能跨越较大的跨径、所需架梁设备较轻、拼装方便等。对称悬臂拼装施工法施工速度较快,单个T构平均每天可拼1对节段左右。

对称悬臂拼装施工法对节段梁制作与墩顶块安装的精度等要求较高。

架桥机及桥面吊机悬臂拼装见图2.2-44。

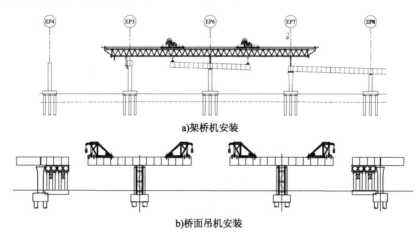

图 2.2-44 悬臂拼装示意图

3）施工方法选择

逐跨拼装架桥机承受整跨桥梁的质量,架桥机设备要求高,架桥机规格与单孔跨径成正比;而悬臂拼装的架桥机或桥面吊机只承受当前吊装的一对节段的质量,架桥机设备要求低,轻便灵活,且与单孔跨径关系不大。因此,悬臂拼装施工法的适用跨径大于逐跨拼装施工法:逐跨拼装施工法适用于小于或等于50m的较小跨径,悬臂拼装施工法适用于大于50m的较大跨径(表2.2-5)。具体选用何种拼装施工方法需要针对每座桥的特点,根据桥梁跨径、规模、架设条件等因素综合确定。

逐跨拼装施工法与悬臂拼装施工法比较表　　表2.2-5

项　　目	逐跨拼装施工法	悬臂拼装施工法
跨径适应能力	架桥机设备能力要求与跨径成正比,跨径通常小于50m	架桥机设备规格与跨径关系不大,跨径不受架桥机设备能力限制
拼装效率	每台架桥机(5~7)天/跨	每台桥面吊机1天/节段
施工难度	拼装难度较小,施工控制较简单,线形偏差调整方便	拼装难度较小,但施工控制难度大,线形偏差调整不方便
工期进度	需逐跨推进,拼装顺利时工期基本固定	工期安排适应性强,可增加桥面吊机多点同步作业以压缩工期
环境适应性	基本不受桥下环境的影响	基本不受桥下环境的影响
施工成本	架桥机造价较高,工程规模较大时成本较低	桥面吊机造价较低,工期允许可增加周转次数以降低成本
绿色环保	施工期间对环境影响较小	施工期间对环境影响较小

2.2.3 钢-混凝土组合梁

2.2.3.1 概述

钢-混凝土组合梁桥(以下简称组合梁桥)是指将钢梁和混凝土桥面板通过剪力连接件连接成整体并考虑共同受力的结构形式,其发挥了钢结构和混凝土结构受力特点的优势,具有良好的受力性能和经济性;而且施工费用低、施工速度快、现场安装质量高,非常适合工业化生产。国外研究和统计表明,组合梁桥对中小跨径和大跨径桥梁都有很好的适应性。

组合梁桥应用广泛,类型众多,本章节仅限于对梁式桥并集中于使用范围最广、更适合预制拼装技术的组合钢板梁桥和组合钢箱梁桥进行探讨。

2.2.3.2 总体布置

1)跨径布置

组合梁桥的边中跨比分布在 0.5～1.0 的较大范围,但常用范围在 0.6～0.8 之间,连续梁的最大跨径受制于可布置的桥墩数量,如图 2.2-45 所示。当采用更大的边中跨比值时,将会因为结构受力的不合理而影响经济性。当跨越道路、河流等较为平坦的地形时,正常情况下组合梁桥的边中跨比以 0.6 左右较为合理,若设置支点竖向调节装置边中跨比甚至可以降低到 0.5,这可以使结构总长达到最小,如图 2.2-46 所示。组合梁桥和大多数混凝土桥不同,跨径布置弹性很大,这种结构更能适应不规则的跨径布置。

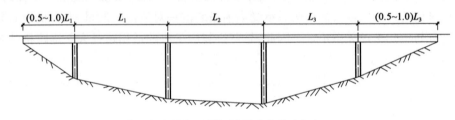

图 2.2-45 组合梁桥跨径布置示意

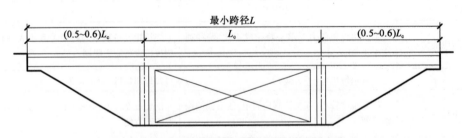

图 2.2-46 墩位固定并带有短边跨的跨径布置示意

组合梁桥的钢梁内部沿桥梁纵向以一定间距设置有横隔系,横隔系的间距全桥都应尽可能相等,跨径布置时应该尽可能保持跨径与横隔系间距的倍数关系。特别是具有横向加劲肋和加劲撑的大悬臂横截面组合梁桥,保持跨径与横隔系间距的倍数关系,对于桥梁的美学效果尤为重要。

2)立面布置

等高组合梁是最常见的结构形式,这种结构形式有利于工厂化制造,经济性好,也方便钢梁的运输与安装施工,顶推法施工时采用等高组合梁是最合适的选择,如图2.2-47所示。对于中小跨组合梁,只有在特殊的情况下才使用变高组合梁,如有净空和建筑高度限制,采用变高组合梁才能同时满足结构受力和限制条件;或者从环境等条件考虑,需要采用变高组合梁来满足美观方面的要求。

图2.2-47 等高组合梁立面布置

对于大跨径桥梁,在不适合顶推法施工时,可以采用各跨均变高的结构,梁底曲线可以是抛物线、圆曲线或直线(图2.2-48)。尽管钢梁制造不如等高组合梁简单,但是可以有效减少用钢量,总体造价可能更具优势。

图2.2-48 变高组合梁立面布置

等高组合梁桥高跨比通常在1/28~1/24的范围,跨径越小,高跨比越大。对于变高组合梁桥高跨比,跨中为1/40~1/35,中间支点为1/25~1/20。

3)横截面布置

(1)组合钢板梁桥。

①双主梁组合梁(小横梁)。不与桥面板连接、不支撑桥面板的横梁,称为小横梁。小横梁双主梁组合梁横截面如图2.2-49所示,两片钢板梁腹板的中心距约为桥面宽度的55%,双主梁间的小横梁通常采用工字钢横截面。

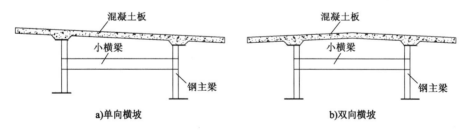

图2.2-49 小横梁双主梁组合梁横截面示意

支点位置的横梁,由于要承受主梁传递的竖向荷载,通常梁高更大并采用焊接结构形式。混凝土桥面板厚度在纵向通常保持不变,在横向需要根据受力情况进行一定的变化,通常变化的范围在24~40cm之间,桥面板与钢梁通过钢梁上翼缘顶面的焊钉连接成整体。当桥宽不超过15m时,桥面板通常采用钢筋混凝土结构,当桥宽更大时则需配置横向预应力钢筋。

②双主梁组合梁(大横梁)。与桥面板连接、支撑桥面板并共同受力的横梁,称为大横梁,如图2.2-50所示。两片钢板梁腹板的中心距同小横梁。大横梁双主梁的组合钢板梁通常在桥面板重量显著增加时采用,比如桥面板宽度较大或者桥梁跨径较大时。少数桥梁从景观角度考虑,优先采用大横梁结构。

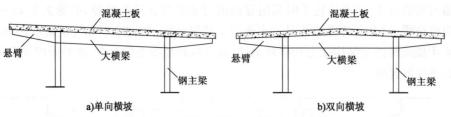

图 2.2-50 大横梁双主梁组合梁横截面示意图

桥面板通常采用普通钢筋混凝土结构,厚度一般为 24~30cm,在工字形钢主梁和大横梁的上翼缘设有焊钉连接件与桥面板结合。

当桥面为双向横坡时,主梁之间的横梁高度呈线性变化并在桥面板跨中达到最大,悬臂支撑横肋高度呈线性变化。当桥面为单向横坡时,大横梁随桥面的倾斜而倾斜,主梁中间部分的横梁高度保持不变,悬臂支撑横肋的高度呈线性变化,如图 2.2-50 所示。当悬臂不设置支撑横肋时,悬臂长度宜控制在 2m 左右,这就需要相应增加钢主梁的中心距。

③多主梁组合梁。当桥面较宽时,组合钢板梁可以采用多主梁结构。多主梁结构的中间梁需要设置横梁及相应的竖向加劲肋,在一般情况下要比双主梁的造价指标高。因此只有在桥面宽度大于 20m、梁高较低、现场吊装能力受限等情况下才会使用多主梁结构。

对于多主梁组合梁,主梁的根数与间距直接影响主梁的受力大小与截面尺寸。桥面板直接支承于主梁上时,主梁的间距即为桥面板的跨径,主梁间距过大时,桥面板的跨径增大导致桥面板厚度增加,往往不得不设置纵梁或很密的横向联系梁来减小桥面板的跨径。另外,主梁的位置还会影响桥面板的受力,当车道的轮迹位于主梁之间时,桥面板所受的弯矩大、频次多,影响桥面板的使用寿命。当车道的轮迹主要集中在主梁中心附近时,可以大大改善桥面板的受力情况,提高桥面板的使用寿命。因此,横截面的布置不仅要考虑主梁受力,还要尽可能地兼顾桥面板的受力。组合钢板梁主梁间距小于 3.5m 时,桥面板悬臂长度一般在 1m 以内,这样的主梁间距可以把桥面板布置成等厚,板厚控制在 26cm 以内,如图 2.2-51 所示;组合钢板梁主梁间距大于 3.5m 时,若横梁与桥面板不结合,一般将桥面板布置成变厚或施加横向预应力,如图 2.2-52 所示。

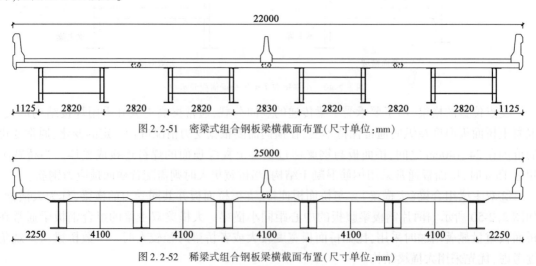

图 2.2-51 密梁式组合钢板梁横截面布置(尺寸单位:mm)

图 2.2-52 稀梁式组合钢板梁横截面布置(尺寸单位:mm)

（2）组合钢箱梁桥。组合钢箱梁桥的抗扭刚度大,较工字形截面组合梁具有更高的稳定性,适用于跨径较大或扭矩效应明显的桥梁。组合钢箱梁可分为开口组合钢箱梁和闭口组合钢箱梁两种形式。

①开口组合钢箱梁。采用开口槽形钢梁的组合钢箱梁,结构简洁、受力明确,是组合钢箱梁桥最常用的形式。根据其横向支撑体系的不同,开口组合钢箱梁又可细分为无横向支撑组合梁、无外加劲肋横向支撑组合梁以及带外加劲肋横向支撑组合梁。

开口钢梁、桥面板无横向支撑(图 2.2-53)是最常用的组合钢箱梁横截面形式。槽形钢梁通过上翼缘的连接件与混凝土桥面板结合形成整体,通常中心钢箱的上缘宽度约为桥面宽度的一半,箱梁的钢底板通常小于桥面宽度的1/2。这种结构形式的桥面板为横向承重,随着桥面宽度的增加,桥面板的厚度也要相应增加,这样即使在配置预应力钢筋的情况下,桥面板厚度的增加所带来的结构自重增加,将成为结构的沉重负担并失去经济上的优势。根据大量的实践经验,这种结构可适应的桥面宽度约为20m。

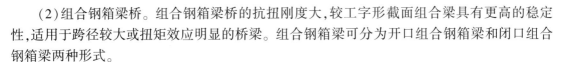

图 2.2-53　桥面板无横向支撑组合钢箱梁横截面

为了减小桥面板的横向受力,降低桥面板厚度,在开口钢梁的中间设置小纵梁并使之与桥面板结合,形成对桥面板的支撑,可有效减小桥面板的横向受力,其横截面形式如图 2.2-54a)所示;或是在箱内设置横肋直接支撑桥面板,箱中间桥面板为纵向承重,以减小桥面板厚度、降低结构自重,其横截面形式如图 2.2-54b)所示。通常采用在内部设置横肋或小纵梁支撑桥面板加大钢箱梁宽度的方法,因为箱梁外侧没有钢横肋与斜撑,在箱梁内部设置除湿系统的条件下,养护与维修更加方便。

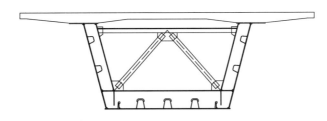

a)小纵梁支撑桥面板　　　　b)横肋支撑桥面板

图 2.2-54　内部有小纵梁或横肋支撑桥面板的组合钢箱梁横截面

对于宽桥面整幅桥梁,钢梁两侧桥面板悬臂的合理长度是有限的,而依靠增加钢箱宽度来减小桥面板的悬臂长度将导致钢材用量增加。通过在桥面板悬臂位置设置较弱的小横肋辅以斜撑加劲或外伸大横肋,使混凝土桥面板在横肋的支撑下满足受力要求并合理控制桥面板的厚度,如此可以形成具有大悬臂的组合横截面形式,如图 2.2-55 所示。这种大悬臂横截面形式的中心钢梁上部腹板的间距通常为桥面宽度的1/3 左右,钢梁底板宽度通常小于桥面宽度的 1/3，这种结构形式以其技术与经济上的合理性成为很有竞争力的新结构，即使对于桥面宽度小于 20m 和大于 30m 的桥梁也都有应用。

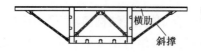 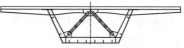

a)外加小横肋辅以斜撑支撑桥面板　　　b)外伸大横肋支撑桥面板

图 2.2-55　外加小横肋辅以斜撑或外伸大横肋支撑桥面板的组合梁横截面

②闭口组合钢箱梁。对于弯桥、施工过程扭矩比较大等情况，组合钢箱梁可采用闭口钢梁的横截面形式。相对于开口钢梁，闭口钢梁的上缘是封闭的，相应地在顶板设有横肋及纵向加劲肋，与顶板、腹板、底板相对应的加劲肋及箱内加劲撑共同构成横隔系，该横隔系沿桥梁纵向以一定间距布置。这种组合钢箱梁通过设置于钢梁顶板的连接件与混凝土板结合，它的连接件主要设置于对应腹板的顶板带状范围，是钢结构与混凝土板结合传力的主体；在顶板的其他范围设置有较稀疏的连接件，使上翼缘钢板与混凝土板形成组合板共同受力。相对于开口钢梁，闭口钢梁具有更好的密闭性和施工期的稳定性，但闭口钢梁用钢量较高，一般用于曲线桥梁或在施工等方面有特殊需求的桥梁。

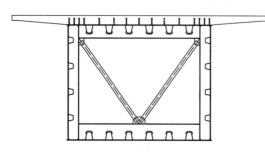

图 2.2-56　无外加劲肋的单室闭口组合钢箱梁截面

图 2.2-56 所示为无外加劲肋的单室闭口组合钢箱梁，可以适应约 20m 的桥面宽度。对带有长悬臂的闭口组合钢箱梁，同样可采用设置外加劲肋或外加撑的方式来满足受力要求，如图 2.2-57 所示。

国外针对城市高架小跨径桥梁开发窄幅闭口箱梁，该箱梁便于运输与安装，并可以为随后的桥面板现浇施工提供支撑平台。由于箱体宽度太小，单片梁难以满足运营期间结构抗扭需要，这一结构特点决定了窄幅箱梁常以多片梁的形式出现，如图 2.2-58 所示。和宽幅钢箱梁相比，窄幅箱梁的构造简单，钢梁制造及安装简单，桥面板施工方便，而且具有较好的经济性。

图 2.2-57　有外加撑的闭口组合钢箱梁　　　图 2.2-58　窄幅箱梁

2.2.3.3 钢梁形式

1)组合钢板梁

钢板梁桥的主梁,通常采用轧制工字钢、焊接工字钢等形式(图2.2-59),主梁与主梁之间采用横梁形成整体受力结构。轧制工字钢通常为等截面形式,与焊接工字钢相比,具有结构简单、工业化程度高、造价低等优点。但是受工厂轧制能力的限制,目前国内工字钢最大高度为110cm,只能满足一些小跨径桥梁的应用,因此,在常规桥梁的建设中,应用较多的还是焊接工字钢。

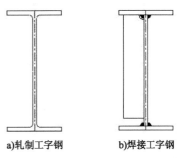

图2.2-59 钢板梁主梁截面形式

横梁根据桥面板受力通常分为小横梁与大横梁两种形式。小横梁组合钢板梁桥的中间横梁一般等间距布置,最大间距一般不超过8m;高度一般在400~700mm之间,视主梁的高度和间距而定。大横梁组合钢板梁桥的横梁中心距一般为4m,也可以在3.5~4.5m之间进行选择;主梁腹板间支承横梁(大横梁)高度约为主梁腹板间距的1/11。

2)组合钢箱梁

槽形钢梁是组合钢箱梁最常使用的主梁形式,通常由腹板、上缘顶板、下缘底板及按照一定间距设置的横隔系组成,腹板和底板通常设有纵向加劲肋,如图2.2-60a)所示。在与混凝土桥面板形成组合截面之前,槽形钢梁抗扭刚度小,顶板稳定性差,在施工过程中需要采用斜撑平联等临时措施保证结构稳定性。在扭矩比较大的情况下,将钢梁的上翼缘制成一块整板与桥面板结合是更有利的选择,即制成"闭口钢梁",如图2.2-60b)所示。这种设计会使结构用钢量略高,但闭口箱梁的顶板可以作为施工临时平联和中间桥面板的模板,桥面板的施工十分便利,这正是比采用槽形钢梁更具优势之处。

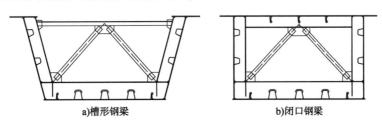

图2.2-60 钢箱梁钢梁截面

与组合钢板梁不同,组合钢箱梁的腹板常使用倾斜的布置方式,在控制了桥面板悬臂长度的同时减小底板的宽度,可以使结构经济性和外观效果更好。由于组合截面的中性轴接近上翼缘混凝土板,对于组合梁正弯矩区,腹板的绝大部分区域处于受拉状态,这为减少甚至取消腹板纵向加劲肋创造了条件。当负弯矩采用双层组合结构时,由于下翼缘也有混凝土板的作用,腹板受压区高度与压应力水平将减小,从而可以降低该区域腹板抵抗局部屈曲的加劲需求。

组合钢箱梁横隔板常采用框架式以减少用钢量,框架式横隔系结构形式应综合考虑桥面板受力、施工以及宽度进行选择。当扭转效应非常大,如平面曲率较大时,组合钢箱梁框架式横隔系难以满足要求,可以由实腹式横隔板替代空腹式横隔系。

2.2.3.4 桥面板

组合梁混凝土桥面板既作为组合截面的一部分参与整体受力,也起到承受车辆轮压的作用。组合梁桥的混凝土桥面板的厚度变化情况,应根据钢结构对其支撑情况,综合考虑受力及施工因素后确定。对于有横梁或横肋支撑的桥面板,横向通常采用等厚布置,厚度一般为24～26cm;对于无横梁或横肋支撑的桥面板,横向厚度需要根据受力情况进行一定的变化,厚度变化范围一般为24～50cm。为了保证板的耐久性和混凝土钢筋保护层厚度达到要求,桥面板的最小厚度不应小于22cm,即使是在悬臂梁端部。

根据施工方法的不同,桥面板可分为现浇混凝土桥面板、预制混凝土桥面板、组合型混凝土桥面板等,如图2.2-61所示。

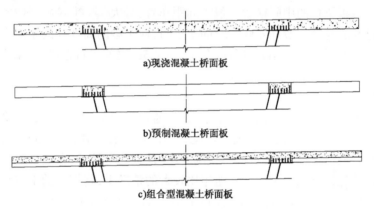

图2.2-61 混凝土桥面板根据施工方法的分类

1) 现浇混凝土桥面板

现浇混凝土桥面板施工时需要设置模板,然后在模板上现场浇筑混凝土。全现浇混凝土桥面板的整体性好,容易满足各种桥面板尺寸和形状要求,但模板工程量和现场作业量大,施工费用高,工作效率低,施工周期长,不适合工业化建造。

2) 预制混凝土桥面板

预制混凝土桥面板是将桥面板按照一定的长度和宽度划分为预制单元,然后将这些单元安装于钢梁上,最后浇筑预制板之间的接缝混凝土。预制混凝土桥面板可以减少现场作业量,施工速度快,通过提前预制(一般存放3个月以上)可以减小收缩作用和徐变作用的影响。根据横向分块的不同,预制混凝土桥面板可以分为分块预制混凝土桥面板和全宽预制混凝土桥面板,如图2.2-62所示。分块预制对桥面板吊装运输能力要求低,适应性好,是现在最常用的施工方法。桥面板全宽预制一般将焊钉以簇群的方式与桥面板预留槽孔对应间断布置,保证了桥面板的整体性,减少了现场连接的施工工序,还可以在桥面板与钢梁结合前施加预应力,更加直接、高效;但该方法对运输吊装设备要求高,预制板与钢梁上翼缘的界面之间的耐久性应得到充分重视。

预制混凝土桥面板之间的接缝是受力的薄弱环节,必须保证接缝处配筋的连续性并提高接缝混凝土浇筑时的水密性,同时需要在预制混凝土板端预留槽口或剪力键,以保证预制与现

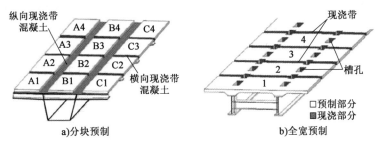

图 2.2-62　预制混凝土桥面板示意

浇分界面的传力性能。将两块待连接的预制板件接缝设置在钢梁的上翼缘或直接支撑在横梁之上，该翼缘作为湿接缝浇筑底模，预制板预留环形钢筋，在湿接缝内搭接是最常用的接缝形式，如图2.2-63所示。除采用普通混凝土外，近年来随着UHPC材料研究的深入，越来越多的工程开始考虑采用UHPC作为湿接缝的现浇材料。与普通混凝土相比，UHPC可大幅提升接缝的强度、抗裂

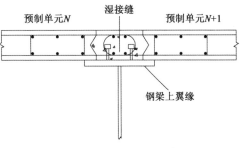

图 2.2-63　常用接缝形式

度、疲劳性能和抗渗性能，增加了桥面板的整体性，简化了钢筋连接方式，减少了现场作业量，缩短了养护时间。

3）组合型混凝土桥面板

组合型混凝土桥面板先在钢梁上铺设一层较薄的预制板，然后在预制板上现浇混凝土，形成完整的混凝土桥面板，如图2.2-64所示。组合型混凝土桥面板综合了现浇桥面板与预制桥面板的优点，利用下层预制板兼作模板使用，从而提高工作效率，降低造价，适用于有横梁或横肋支撑桥面板的组合钢板梁、组合钢箱梁。西班牙 Ria Tina Menor 桥就是采用的这种方式：总厚32cm的桥面板，由6cm的预制板与其上26cm的现浇部分组成。但组合型混凝土桥面板下层预制板的钢筋设置要复杂许多，必须保证预制板中的钢筋在顺桥向和横桥向的连续性，同时要注意主梁顶部翼缘与预制板间隙的不透水性以及预制板上表面的粗糙度。

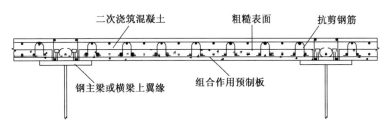

图 2.2-64　组合型混凝土桥面板

2.2.3.5　连接件

组合结构桥梁的受力性能主要依赖于钢梁和混凝土板之间界面处连接件对剪力的有效传递。连接件的种类很多，抗剪刚度和抗剪承载力的差别也很大。近几年来，连接件在桥梁结构

中的应用呈多样化,连接件按形式大致分为钢筋连接件、型钢连接件、圆柱头焊钉连接件、开孔钢板连接件、钢-有机材料组合连接件等,其中圆柱头焊钉连接件和开孔钢板连接件是最常用的两种连接件。

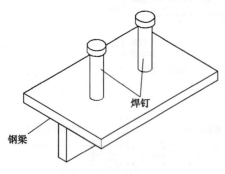

图2.2-65 圆柱头焊钉连接件

圆柱头焊钉连接件(图2.2-65),其力学性能不具有方向性,拉拔性能较好,焊接质量容易保证。圆柱头焊钉连接件的缺点是承载能力小,受力较大区域布置较密,施工困难;此外,圆柱头焊钉连接件的破坏形式为焊钉根部钢材的剪切破坏,受疲劳荷载影响较大。

圆柱头焊钉材料与机械性能如表2.2-6所示,并符合现行国家标准《电弧螺柱焊用圆柱头焊钉》(GB/T 10433—2002)有关规定。圆柱头焊钉直径有10mm、13mm、16mm、19mm、22mm、25mm六种规格,其中直径19mm、22mm两种规格在桥梁工程中较为常用。

圆柱头焊钉材料与机械性能　　　　　表2.2-6

材　料	标　准	机械性能
ML15、ML15Al	GB/T 6478—2015	$R_m \geq 400$MPa $R_{p0.2} \geq 320$MPa $A \geq 14\%$

根据以往采用推出试验测试圆柱头焊钉连接件的承载能力和抗剪刚度,常用尺寸圆柱头焊钉的承载能力试验结果如表2.2-7所示。

常用尺寸圆柱头焊钉的承载能力试验结果　　　　　表2.2-7

焊钉直径 (mm)	焊钉高度 (mm)	混凝土立方体抗压强度试验值 (MPa)	承载能力试验平均值 (kN)
19	100	54.6	128.4
22	100	54.6	175.1

开孔钢板连接件的构造形式是将带圆孔的钢板沿作用力方向埋设在混凝土中作为连接件使用(图2.2-66)。开孔钢板连接件具有良好的抗疲劳性能;孔中可以贯穿钢筋,其承载力及延性可以进一步提高;标准化的开孔钢板连接件便于大批量加工制作。这些特点使得开孔钢板连接件在组合结构连接件中具有很强的竞争力,尤其是对于抗疲劳性能要求较高的桥梁结构。常用尺寸开孔钢板的承载能力试验结果如表2.2-8所示。

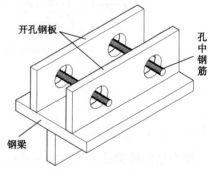

图2.2-66 开孔钢板连接件

常用尺寸开孔钢板的承载能力试验结果   表2.2-8

开孔孔径（mm）	孔中钢筋直径（mm）	混凝土棱柱体抗压强度（MPa）	抗剪承载力试验平均值（kN）
60	20	56.2	458.3
50	20	34.6	316.4
60	20	34.6	332.1
75	20	34.6	357.8
60	16	34.6	289.5
60	25	34.6	372.8

此外，以往国内外工程中还使用过型钢连接件（图2.2-67）、钢筋连接件（图2.2-68）等。

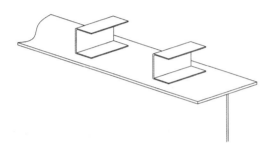

图2.2-67　型钢连接件　　　　　　　图2.2-68　钢筋连接件

2.2.3.6 负弯矩区设计方法

1）设计理念

连续组合梁中支点附近负弯矩区桥面板受拉，可能导致桥面板开裂，对混凝土桥面板刚度、裂缝宽度以及内力都将产生影响。负弯矩区桥面板在受拉状态下，为保证结构耐久性和使用性能不受影响，必须从设计、施工、构造细节等方面采取措施。

对于连续梁中混凝土桥面板受拉区的开裂问题，一种解决方法是预防开裂，另一种解决方法则是允许裂缝出现但限制其宽度。在有些情况下，比如当跨径很大时，也可以考虑设置体外预应力索，调整结构内力分布，减小负弯矩区桥面板的拉应力，改善钢梁的受力，以实现减少钢材用量以及改善结构性能的目的。体外预应力索作为可更换构件，也为结构耐久性提供了可靠方式，并且可以在桥面板维修甚至更换时协助内力的调整。不过需要注意的是，预应力束张拉锚固或改变角度时，钢梁内部需设置相应构造，整体用钢量会略有增加。

2）施工技术措施

（1）桥面板间断施工法（皮尔洛法）。当按照顺序施工混凝土桥面板时，后期施工的跨中桥面板荷载会在支座处产生负弯矩，此处已与钢梁结合的桥面板因此而受拉。为解决顺序施工混凝土桥面板存在的问题，现常采用先施工并结合跨中桥面板，然后浇筑支点桥面板混凝土的方法，即皮尔洛法。这种混凝土板施工方法适用于现浇混凝土桥面板和预制混凝土桥面板，对于大跨径组合梁是一种有效的方法，能大幅降低负弯矩区混凝土桥面板拉应力，但缺点是桥面板施工不连续，对钢梁上缘强度要求高。

为直观地表述桥面板间断施工的一般步骤,以一座三跨连续梁现浇桥面板的施工为例予以说明。这可以通过两种方法实现。方法一是先浇筑所有跨内的节段,然后浇筑墩顶节段[图2.2-69a)];方法二是在某支承相邻跨所有节段浇筑完成后即刻浇筑该支承上的节段[图2.2-69b)]。浇筑顺序确定后,滑动模板的移动次序也就相应确定了。

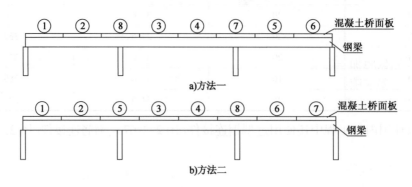

图2.2-69 非连续施工步骤示意

(2)支点升降法。当采用支点升降法施工时,梁位于被升高的支座上或专门将梁顶升,在桥面板与钢梁结合后,降低支座使其回到设计高程可获得纵向预应力,这种通过支点升降施加预应力的方法有着广泛的应用。这种方法对钢结构的不利影响小,甚至是有利的影响。因此,支点升降法不仅可以用来给桥面板施加预应力,还可以用来调节钢梁应力分布。但是由于混凝土徐变作用的影响,施加的压应力将有很大损失,另外,支点升降法给桥面板导入压应力的方法,需要增加额外的工序。因此,在做出选择时应该仔细比较。

图2.2-70所示为支点升降法示意。采用支点升降法施工时向桥面板施加压应力,对于负弯矩区在顶升后施工的桥面板是有效的,对于其他部位则效果甚微,原因在于这些部位经历支点顶升与降落过程后作用相互抵消。当然,其他部位的应力也会略有变化,这是因为在升降过程中结构刚度发生了变化。

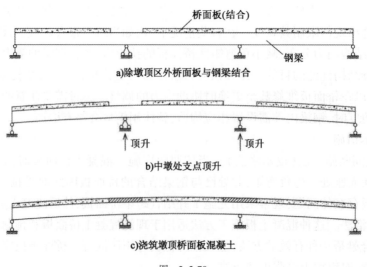

图2.2-70

d)支点回落，向墩顶桥面板施加压应力

图 2.2-70　支点升降法示意

（3）钢梁预弯法。当采用整孔预制吊装施工时，通过在梁体预制阶段对支撑系统的布置设计，给钢梁底板施加一定的预压力。具体是在一孔钢梁拼装完成后，根据计算确定钢梁的支撑条件，按一定要求铺设预制混凝土桥面板，桥面板结合前作为重量施加到钢梁上，则在钢梁截面内产生与安装和成桥阶段受力相反的负弯矩，负弯矩的大小由台座预设的拱度线形或支撑条件决定。按照设定的步骤，安装预制桥面板、现浇接缝混凝土，完成桥面板与钢梁的结合，形成共同作用的整体结构，之后再转换至简支状态。虽然最终结构所承受的弯矩剪力没有发生变化，但组合截面内钢梁的应力发生了重分布，处于正弯矩区的钢梁下翼缘储备了压应力、上翼缘则储备了拉应力，显著改善了钢梁的受力状况，采用反弯措施后跨中桥面板压应力均有增加。

（4）压重法。压重法是钢梁施工完后，首先在正弯矩区段浇筑混凝土和施加一定的临时压重，使得支点附近钢梁负弯矩区段产生足够的预应力，然后在预应力状态下浇筑负弯矩区段混凝土，混凝土达到设计强度后，撤去临时压重。由于正弯矩区段临时压重的卸载，支点附近产生一个反向的正弯矩，使得组合梁混凝土板产生一定的压应力，但缺点是施工较困难（图 2.2-71）。

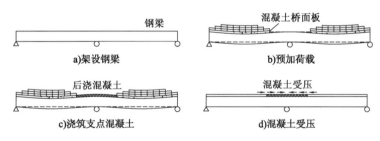

图 2.2-71　预加荷载法

（5）施加预应力。通过在桥面板受拉区域施加预应力，也可以预防混凝土桥面板的开裂。通常预应力的施加时机可选择在桥面板与钢梁结合前或结合后。在桥面板与钢梁结合后施加预应力，一部分预应力将施加到钢梁上，一部分甚至仅小部分施加到桥面板中，预应力效率较低；在桥面板与钢梁结合前施加预应力，预应力将直接施加到桥面板上，但工序较前一种方法复杂。

3）混凝土桥面板防腐蚀措施

负弯矩区桥面板经常处于带裂缝工作状态，为确保结构耐久性，桥面板与铺装层之间应设置可靠的防水黏结层用来防止水分渗透和加强界面黏结强度。

防水层需满足以下要求：

①防水性；

②能适应混凝土板的开裂；

③抵抗腐蚀性界面；

④适应混凝土表面条件；

⑤能承受一定范围的温度变化而不退化；

⑥能抵抗冲击和刺戳。

国内组合梁常用的防水体系主要有沥青类材料作为黏结层的防水体系和高分子聚合物类作为黏结层的防水体系等,应结合桥址环境及铺装层结构选取适合的防水体系。

港珠澳大桥地处外海,施工环境湿度大、盐雾高,防水体系的优劣直接影响后续大桥投入使用后的耐久性优劣。在其连续组合梁桥上,采用玻璃纤维加筋溶剂型防水黏结层,如图2.2-72所示。

英国的Eliminator是一种高性能的防水黏结体系,主要用于钢桥面及水泥混凝土桥面的防水黏结。该防水系统由底漆、两层高性能防水膜和黏合层组成(图2.2-73),对基层水分及氯离子腐蚀起防护作用,迅速固化后,形成坚韧、柔性无缝防护膜。该产品自2006年起先后在无锡S342主线互通钢箱梁、重庆菜园坝长江大桥钢桁梁、上海长江大桥组合梁负弯矩区等工程桥面铺装中得到应用。

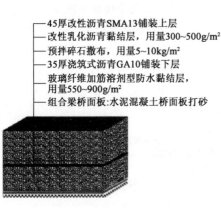

图2.2-72　港珠澳组合梁防水黏结体系　　图2.2-73　Eliminator防水黏结系统与铺装结构示意图

为防止钢筋锈蚀,保证混凝土耐久性,除根据环境类别选取合适的钢筋保护层厚度外,也可以考虑在负弯矩局部区域桥面板采用环氧钢筋或不锈钢钢筋。虽然前期代价略高,但结构耐久性有所提高,减少了后续维护管养工作。

2.2.3.7　施工工艺及要点

1)施工方法概述

由钢梁和混凝土桥面板通过连接件结合形成整体受力结构的组合结构桥梁,在形成整体结构的过程中,施工方法、过程不同,最终的结构受力状态也不同,技术上呈现出设计与施工相互依存并密切配合的动态。必须在结合工程具体条件的基础上,充分利用施工条件改善设计,以实现结构材料费用与施工费用综合最省、成桥结构性能最优为目标,通过深入、细致的比较做出经济、合理的选择。

根据钢梁与桥面板结合时机不同,施工方法可以分为两种:先安装钢梁再施工桥面板的分步施工法;钢梁与桥面板结合后再安装的整体施工法。

2)钢梁与混凝土桥面板分步施工

组合结构桥梁普遍采用将钢梁先行架设就位,再施工桥面板的分步施工的方法。这种方法利用了钢梁自重较小的特点,可以降低运输、吊装以及顶推等作业对机具设备与临时设施的要求;接着进行的桥面板施工则以钢梁为支撑平台,进行现浇作业或预制板铺设作业。

钢梁在现场的架设有吊装法(图2.2-74)、顶推法(图2.2-75)等。对于中小跨径桥梁且陆上有条件通行运输吊装设备时,一般采用吊装法施工。跨越河流的桥梁常采用顶推法施工,水面太宽或其他原因不适合采用顶推法时,可采用水上吊机进行架设。

图2.2-74 钢梁吊装法施工

图2.2-75 钢梁顶推法施工

混凝土桥面板施工可以分成现浇施工与预制施工两大类。混凝土桥面板的现浇施工是最为常见的传统桥面板施工方式。采用现浇施工的混凝土桥面板能够很好地适应特殊条件下的组合梁施工,包括曲线段、变宽段、斜交段等。根据混凝土桥面板的浇筑模板的形式,混凝土桥面板施工可以分为固定模板施工(图2.2-76)和滑模施工(图2.2-77)。

图2.2-76 固定模板施工

图2.2-77 滑模施工

预制混凝土桥面板从浇筑到安装,具有更好的养护条件,通常会储放一段时间,因而大部分收缩在早期完成,对于减小成桥阶段收缩徐变作用的影响也非常有利。预制混凝土桥面板横向可以是整块预制也可以是分块预制。图2.2-78、图2.2-79分别为横桥向整块、分块预制的混凝土桥面板。

3)钢梁与混凝土桥面板整体施工

对于双主梁或多主梁型组合钢板梁桥,由于单片组合钢板梁较轻,运输及吊装快,可以采用钢板梁与桥面板结合后横向分片起吊,再现场浇筑湿接缝连接成整体的施工方法(图2.2-80)。这种施工方法工业化程度高,对现状交通干扰小,在城市桥梁建设中应用较多,当具备吊装能力时,横向分块也可以考虑两片一吊。组合钢箱梁桥同样适用此工法。

图 2.2-78　横桥向整块预制混凝土桥面板　　　图 2.2-79　横桥向分块预制混凝土桥面板

a)组合梁吊装　　　　　　　　　　　　b)组合梁吊装完成

图 2.2-80　钢梁与桥面板结合后整体吊装

当桥梁跨径比较大、钢梁与混凝土结合后吊重要求过高时,可采用组合桥面板,即桥面板分为上、下两层,下层为预制板,上层为现浇板。预制桥面板与钢梁结合后吊装,也可待钢梁吊装后安装,然后现浇上层桥面板。与桥面板一次结合后整体吊装相比,虽然施工速度有所降低,但降低了对施工设备的要求;与全现浇桥面板相比,省去了支模工序。但需注意的是,组合桥面板的施工方法通常需要更厚的桥面板(图 2.2-81)。

图 2.2-81　钢梁与双层桥面板下层结合后整体吊装

2.3 下部结构

桥梁的下部结构是桥梁的重要组成部分,它具有两个主要功能:一是承受上部结构传来的竖向荷载,并通过基础将此荷载及自身的重量传递到地基;二是抵抗作用在桥梁上的水平力。

桥梁的下部结构主要由盖梁(台帽)、立柱(台身)和基础(承台与桩基)三部分组成。桥梁下部结构主要采用钢筋混凝土或预应力钢筋混凝土结构;也有的采用钢结构,其质量小,便于现场安装,但造价较高,应用数量不多,一般在特殊条件下采用。近来,钢管混凝土立柱的研究成果也开始得到关注。

下部结构的工程量与造价,通常在整座桥梁中占相当大的比重,桥梁下部结构的施工进度,往往也是整个工程的控制因素。

桥梁预制拼装有关技术研究和应用在我国相对较少,已有的研究和应用主要集中在上部结构。我国对于桥梁下部结构预制拼装技术的实际应用借鉴了国外经验和技术,目前相关工程实例正逐渐增多。

预制拼装桥墩是将桥墩按一定的模数分成若干构件(块件),如桩基、承台、立柱、盖梁等,在预制场进行构件(块件)的制作,运输到施工现场,进行拼装。预制拼装桥墩的主要特点是质量好,工期短,对交通、环境影响小,可以在预制场预制构件,受外界的干扰少,但构件预制精度要求高,运输、起重机械设备要求也相对较高。施工工序主要为构件预制、运输、现场安装与预制构件连接。其中预制构件连接是关键工序,既要牢固、安全,又要结构简单,便于施工。

中小跨径桥梁混凝土桥墩通常分为独柱墩、双柱墩、多柱墩等三种形式(图2.3-1)。

a)独柱墩

b)双柱墩

c)多柱墩

图 2.3-1 常用桥墩形式

2.3.1 立柱

立柱是用于承载上部结构物的下部承重物,位于盖梁(墩帽)与承台之间。立柱截面按形状可分为矩形、多边形、圆(椭圆)形等,立柱可以是实心截面或空心截面。

预制混凝土立柱一般分为整体预制立柱、分段预制立柱和节段预制立柱三大类。

1) 整体预制立柱

整体预制立柱是将立柱混凝土构件整体制作、运输与现场安装[图2.3-2a)]。其现场接缝少,施工效率高。当立柱预制构件尺寸、质量等能满足制作、运输、安装等建设条件时,应优先选用整体预制立柱。整体预制立柱一般长度在12m以下(受预制场吊装设备高度等限制),质量在150t以下。

2) 分段预制立柱

当桥梁中、高墩预制钢筋混凝土立柱尺寸超限或构件质量超出制作、运输与安装条件时,需将立柱进行分段。分段预制立柱是将整个立柱分成两段或多段制作、运输与现场安装[图2.3-2b)]。其现场接缝数量增加,高空作业风险大。每个立柱节段一般长度在12m以下,质量在150t以下。

3) 节段预制立柱

节段预制立柱是将立柱沿垂直方向,按一定模数分成若干个节段,节段在工厂匹配预制,运输至现场安装,是将预制立柱构件小型化的一种施工方法[图2.3-2c)]。节段预制立柱构件质量较小,但现场接缝较多,施工效率较低。节段预制匹配面需设置剪力键,现场安装时在拼接面涂环氧胶,施加竖向预应力。竖向预应力材料一般可采用高强度钢筋或预应力钢绞线等。由于每个立柱节段尺寸小、质量轻,特别适用于立柱尺寸较大、质量较重以及运输条件与起重能力受到限制的桥梁。

a)整体预制立柱　　　　b)分段预制立柱　　　　c)节段预制立柱

图2.3-2　常用预制立柱形式

2.3.2 盖梁

盖梁直接支承上部结构,并将荷载传递给立柱。

预制混凝土盖梁可分为整体预制盖梁、部分预制盖梁、分段预制盖梁及节段预制盖梁四大类。

1) 整体预制盖梁

整体预制盖梁(图 2.3-3)构件整体制作、运输与安装,其施工质量易控制,效率较高,应优先采用。整体预制盖梁一般适用于桥面设四车道及以下桥梁,预制盖梁构件高度通常在 3.5m 以下或质量在 200t 以内。

2) 部分预制盖梁

当桥面宽度在四车道以上,预制盖梁尺寸或构件质量超出运输与安装条件时,可以采用部分预制盖梁。

图 2.3-3 整体预制盖梁

部分预制盖梁形式一[图 2.3-4a)]:盖梁下半部采用工厂预制构件,上半部采用现浇混凝土结构。下半部预制构件可按需要施加部分预应力承受上半部混凝土浇筑重量。此种盖梁现场施工一般不设支架。

部分预制盖梁形式二[图 2.3-4b)]:在工厂完成盖梁预制外壳,运输至现场安装。盖梁预制外壳安装后可以承受现场浇筑壳内混凝土自重,然后浇筑预制外壳内混凝土,形成整体。

部分预制盖梁减轻了构件自重,便于运输与安装,但施工工序较多,施工效率偏低,造价较高,应用相对较少。

a)形式一　　　　　　　　　　　　　　b)形式二

图 2.3-4 部分预制盖梁

3) 分段预制盖梁

当桥面宽度在四车道以上,预制盖梁尺寸或构件质量超出运输与安装条件时,也可以采用分段预制盖梁(图 2.3-5)。

将盖梁沿横向分成两个或以上分段。在满足运输与安装等条件的前提下尽量减少盖梁分段数量。盖梁分段在工厂预制(一般不需要匹配施工),运输至现场安装。分段预制盖梁安装时一般需设落地支架或其他形式的支撑,现场设 1.5m 左右湿接缝连接。

4) 节段预制盖梁

节段预制盖梁是将盖梁沿横向,按一定模数分成若干个节段,节段在工厂匹配预制,现场

图 2.3-5　分段预制盖梁

安装前在拼接面涂环氧胶,施加临时预应力以保证接缝密贴。节段预制盖梁现场安装可以采用多种形式。形式一[图 2.3-6a)]采用架桥机整跨架设工艺;形式二[图 2.3-6b)]采用履带吊或汽车吊悬臂架设工艺。形式二施工效率高于形式一,但一般构件质量较大。

a)形式一

b)形式二

图 2.3-6　节段预制盖梁

2.3.3　承台与桥台

1)承台

预制混凝土承台一般可分为整体预制承台、部分预制承台等形式。

(1)整体预制承台。整体预制混凝土承台是将承台构件在预制场整体预制,运输至现场安装[图 2.3-7a)]。整体预制混凝土承台一般尺寸大、质量大,适用于运输和吊装能力较大的江河与海上工程,例如应用在我国青岛海湾大桥、港珠澳大桥等工程中。其优点是整体性好,现场工作量小;缺点是尺寸大、质量大,需大型运输与吊装设备。

(2)部分预制承台。部分预制承台是采用预制承台外壳,在工厂预制,需运输至现场安装;承台内部采用钢筋混凝土现浇、共同连接组合而成[图 2.3-7b)]。其优点是预制承台外壳尺寸小、重量小,施工操作灵活方便,省去了承台外模板;缺点是现场工作量大,承台内部需现场绑扎钢筋,浇筑混凝土。其在上海东海大桥、港珠澳大桥(香港段)等工程中得到应用。

a)整体预制承台　　　　　　　　　　　b)部分预制承台

图 2.3-7　常用预制混凝土承台形式

2)桥台

预制混凝土桥台一般可分为整体预制桥台、分段预制桥台等形式。

(1)整体预制桥台。整体预制桥台是将承台构件在预制场整体预制,运输至现场安装。其优点是整体性好,现场工作量小;缺点是尺寸大、质量大,需大型运输与吊装设备。我国在上海 S7 公路工程中首次应用了整体预制桥台[图 2.3-8a)]。

(2)分段预制桥台。分段预制桥台是将桥台按左右或上下分成若干分段,分段预制构件在工厂预制、运输至现场安装、连接成整体。其优点是构件尺寸小、质量小,便于预制安装;缺点是构件连接接缝多,现场工作量大[图 2.3-8b)]。

a)整体预制混凝土桥台　　　　　　　　　　b)分段预制混凝土桥台

图 2.3-8　常用预制桥台形式

2.3.4　预制构件连接

2.3.4.1　连接形式

预制构件的连接是预制拼装桥梁的关键,既要牢固、安全,又要结构简单,便于施工。桥梁预制构件的常用连接形式有灌浆套筒连接、灌浆波纹钢管(金属波纹管)锚固连接、普通混凝土湿接缝连接、超高性能混凝土(UHPC)连接、预应力钢筋连接、插槽式连接、承插式连接等。

1）灌浆套筒连接

该连接构造（图2.3-9）是通过灌浆套筒连接构件伸出的钢筋（钢筋伸出长度为10倍钢筋直径），在立柱与盖梁或承台之间的接触面采用砂浆垫层或环氧胶；分段立柱接缝一般采用环氧胶。该连接构造的特点是施工精度要求较高，现场工作量显著减小，施工所需时间短，约1d后即可进行后续施工。该连接构件在正常使用条件下的力学性能与传统现浇混凝土墩柱相近，关于抗震性能研究详见第6章。

2）灌浆波纹钢管（金属波纹管）锚固连接

该连接构造（图2.3-10、图2.3-11）常用于立柱与承台或立柱与盖梁之间的锚固连接，预制立柱通过预埋于盖梁或承台内的灌浆波纹钢管（金属波纹管）锚固立柱内伸出的钢筋，在立柱与盖梁或承台之间的接触面采用砂浆垫层或环氧胶。该连接构造与灌浆套筒连接构造类似，现场施工时间短，通常在1天内即可开展后续施工，不同的是预制立柱钢筋的伸出长度较长（不小于24倍钢筋直径），以满足钢筋的锚固需要。由于预制立柱下端钢筋伸出长度较大，构件预制、运输与安装时需采取保护措施。灌浆金属波纹管与灌浆套筒连接相比造价较低，因此具有一定的经济优越性。该连接构件在正常使用条件下的力学性能与传统现浇混凝土墩柱相近，关于锚固试验及抗震性能研究详见第6章。

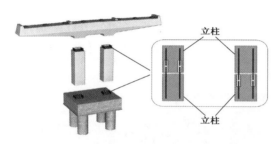

图2.3-9 灌浆套筒连接构造

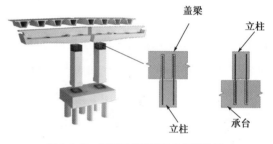

图2.3-10 预制桥墩灌浆波纹钢管连接

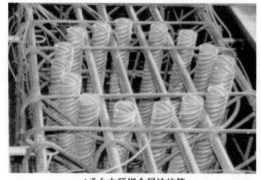

a)承台中预埋金属波纹管

b)立柱与盖梁之间的金属波纹管连接

图2.3-11 灌浆金属波纹管连接构造

3）普通混凝土湿接缝连接

该连接的特点是相邻构件预留钢筋连接，构件安装时需设临时支撑，钢筋连接部位通过后浇混凝土方式连接（图2.3-12）。从提高海洋工程耐久性考虑，我国已建成的上海长江大桥

(图2.3-13、图2.3-14)和东海大桥海上段等预制立柱均采用该连接构造,该连接方式也可以用于立柱与承台的连接。其力学性能与传统现浇混凝土立柱相同,但湿接缝的存在会增加现场施工作业量,施工时间较长。

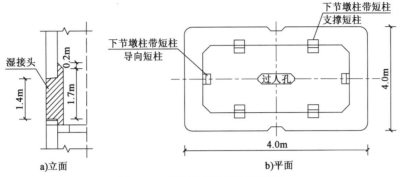

图2.3-12 预制立柱湿接缝连接构造

图2.3-13 上海长江大桥分段立柱湿接缝连接

图2.3-14 上海长江大桥立柱与承台湿接缝连接

4) 超高性能混凝土(UHPC)连接

该连接的特点是相邻构件预留钢筋搭接(钢筋搭接长度不小于10倍钢筋直径),钢筋连接部位通过灌注超高性能混凝土(UHPC)连接(图2.3-15)。采用该连接方式时钢筋不需要焊接,可适用于束筋布置,钢筋定位要求宽容度大,施工快速。上海市政总院对UHPC连接在预制墩柱接缝中的应用开展了试验研究,并在上海嘉闵高架(图2.3-16)、上海南浦大桥匝道改造等工程中应用。

5) 预应力钢筋连接

该连接构造的特点是在接缝截面施加预应力,配合砂浆垫层或环氧胶接缝构造实现节段预制立柱的拼装连接,一般普通钢筋不通过接缝(图2.3-17)。预应力钢筋可采用钢绞线、高强度钢筋等。预应力钢绞线在承台中的锚固方式可以采用环形布置、自锁式预应力锚固体系等,并且采用后穿束,以及整体张拉预应力钢束工艺。采用高强度钢筋连接时,将其在承台中锚固,钢筋按立柱构件分段用连接器接长,再张拉预应力钢筋。该连接构造在实际工程中较多应用在节段式立柱中,设计理论和计算分析方法以及施工技术经验成熟。但现场施工需对预应力钢筋进行安装、张拉、灌浆等操作,施工工艺较复杂,施工时间长。

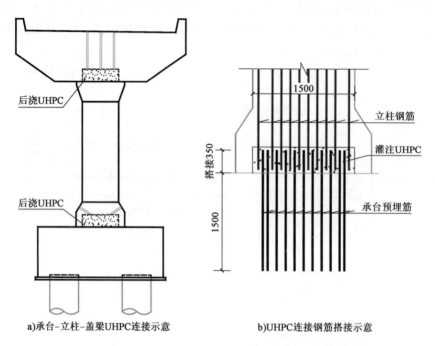

a)承台-立柱-盖梁UHPC连接示意　　b)UHPC连接钢筋搭接示意

图 2.3-15　UHPC 连接构造(尺寸单位:mm)

a)预制立柱安装　　　　　　　　b)预制盖梁安装

图 2.3-16　上海嘉闵高架桥墩 UHPC 连接

6)插槽式连接

连接构造如图 2.3-18 所示,在预制构件中设置金属波纹管预留孔洞,现场安装需将立柱或桩基钢筋伸入孔洞,浇筑混凝土。其主要用于立柱与盖梁、桩与承台(桥台)处的连接,与灌浆套筒、灌浆波纹钢管(金属波纹管)连接等相比,其优点是所需施工误差可以大一些,但现场需要浇筑混凝土,养护时间为2d左右。插槽式连接在上海 S7 公路桥台与桩基的连接中得到应用。

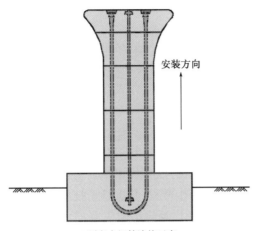

a) 预应力钢筋连接示意　　　　　b) 节段式立柱吊装

图 2.3-17　预应力钢筋连接

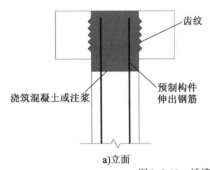
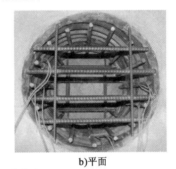

a) 立面　　　　　　　　　　b) 平面

图 2.3-18　插槽式连接构造

7) 承插式连接

承插式连接构造一般应用于立柱与承台的连接。该连接构造是将预制立柱插入承台预留槽中。据国内外的研究与工程实践,预制立柱插入长度一般为立柱截面尺寸的 70%~150%,底部铺设一定厚度的砂浆,周围用低收缩混凝土、灌浆料等材料填充,从而实现预制立柱与承台的连接,如图 2.3-19 所示。其优点是对施工精度要求相对较低。承插式连接的力学性能取决于预制立柱插入长度、接缝构造、填充质量等,还需进一步开展理论、试验与施工工艺研究。图 2.3-20 所示为美国桥梁承插式连接构造。

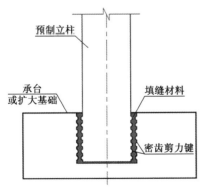

图 2.3-19　承插式连接构造　　　　图 2.3-20　美国桥梁承插式连接构造

2.3.4.2 连接材料

灌浆套筒连接与灌浆波纹钢管(金属波纹管)锚固连接构造简单,便于施工,在我国城市与公路桥梁预制构件连接中应用最为广泛。国内外这两种连接方式一般应用于地震基本烈度7度及以下地区的桥梁建设中,同时相关领域针对这两种连接方式开展了连接构造的理论分析、模型试验与施工工艺等研究,对工程建设起到支撑作用。

1)钢筋连接用灌浆套筒

1968年美籍华人Alfred A. Yee(中文名:余占疏)博士发明了钢筋套筒连接器,首个应用工程是美国檀香山的阿拉莫阿纳酒店高层框架结构建筑,该工程用钢筋套筒连接器连接预制混凝土柱。1972年日本公司购买了钢筋套筒连接器的生产权,并进行了技术改进。1984年日本NMB套筒连接系统研制成功,得到日本建设省确认,广泛应用于住宅、学校、购物中心、超高层商务办公楼、旅馆、停车场等工程中。

2009年,北京万科与北京思达建茂申请了新型钢套筒灌浆钢筋接头发明专利,应用于北京万科假日风景装配式整体剪力墙结构住宅。如今,钢筋灌浆套筒连接技术已在国内建筑与桥梁工程中广泛应用,工程数量达数百个,成为我国装配式住宅建筑和装配式桥梁最主要的连接技术。

钢筋灌浆套筒连接技术原理:在金属套筒内通过水泥基灌浆料的传力作用将钢筋对接连接。带肋钢筋插入内腔为凹凸表面的灌浆套筒,在套筒与钢筋的间隙中灌注并充满专用高强水泥基灌浆料,灌浆料硬化后与钢筋横肋和套筒内壁形成紧密啮合,从而实现钢筋和套筒之间的有效传力,达到Ⅰ级接头性能。

我国已颁布实施的钢筋连接用灌浆套筒相关标准规范有《钢筋连接用灌浆套筒》(JG/T 398—2019)、《钢筋连接用套筒灌浆料》(JG/T 408—2019)、《钢筋套筒灌浆连接应用技术规程》(JGJ 355—2015)。

灌浆套筒按加工方式分为铸造灌浆套筒和机械加工灌浆套筒。铸造灌浆套筒原材料宜选用球墨铸铁,机械加工灌浆套筒的原材料宜采用45号钢等。

灌浆套筒按结构形式分为全灌浆套筒、半灌浆套筒。全灌浆套筒为接头两端均采用灌浆方式连接钢筋的灌浆套筒[图2.3-21a)、图2.3-22a)]。半灌浆套筒为接头一端采用灌浆方式连接,另一端采用非灌浆方式连接钢筋的灌浆套筒,通常另一端采用螺纹连接[图2.3-21b)、图2.3-22b)]。

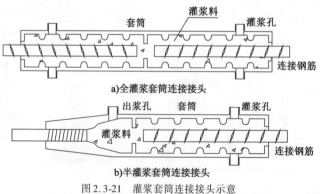

图2.3-21 灌浆套筒连接接头示意

a)全灌浆套筒　　　　b)半灌浆套筒

图 2.3-22　灌浆套筒

全灌浆套筒一般由连接套筒、灌浆管、管堵、密封端盖及密封环(作为安装配件)等组成(图 2.3-23)。不同产品尺寸等细节有所差异,但连接的力学性能指标均需满足相关标准要求,以下两个实例为实际工程应用过的两种灌浆套筒。

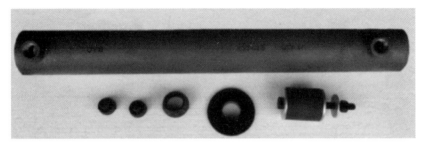

图 2.3-23　灌浆套筒及配件

实例一:铸造灌浆套筒。全灌浆套筒构造见图 2.3-24、尺寸规格见表 2.3-1,半灌浆套筒构造见图 2.3-25、尺寸规格见表 2.3-2(尺寸规格为某厂家产品)。

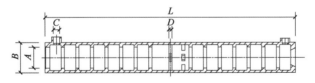

图 2.3-24　全灌浆套筒(一)

全灌浆套筒(一)尺寸规格表　　　　表 2.3-1

主筋直径	套筒尺寸(mm)				
(mm)	内径 A	外径 B	隔板 D	长度 L	灌(出)浆口内径 C
16	32	54	8	328	M20
20	44	62	8	408	M20
25	48	67	10	510	M20
28	51	70	10	570	M20
32	55	75	10	650	M20
36	60	81	10	730	M20
40	70	95	10	810	M20

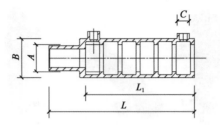

图 2.3-25 半灌浆套筒(一)

半灌浆套筒(一)尺寸规格表　　　　表 2.3-2

主筋直径 (mm)	套筒尺寸(mm)				
	内径 A	外径 B	L_1	长度 L	灌(出)浆口内径 C
32	55	75	330	390	M20
36	60	81	370	430	M20
40	70	95	410	475	M20

实例二：机械加工灌浆套筒。全灌浆套筒构造见图2.3-26、尺寸规格见表2.3-3,半灌浆套筒构造见图2.3-27、尺寸规格见表2.3-4。

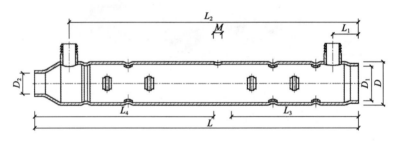

图 2.3-26 全灌浆套筒(二)

全灌浆套筒(二)尺寸规格表　　　　表 2.3-3

连接钢筋	套筒外径 D (mm)	灌浆端孔径 D_1 (mm)	套筒长度 L (mm)	预制端钢筋插入长度 L_4 (mm)	安装端钢筋插入长度 L_3 (mm)	灌浆孔位置 L_1 (mm)	出浆孔位置 L_2 (mm)	预制端孔径 D_2 (mm)	定位螺栓 M (mm)
φ12	41	32	280	136	120	30	245	16	M10
φ14	43	34	320	153	140	30	284	18	M10
φ16	45	36	358	169	160	30	322	20	M10
φ18	48	39	398	188	180	30	359	23	M10
φ20	50	40	436	206	200	30	395	25	M10
φ22	54	42	476	222	220	30	435	27	M10
φ25	58	46	536	250	250	30	492	31	M10
φ28	62	50	596	280	280	30	551	35	M10
φ32	66	52	678	320	320	30	634	38	M10

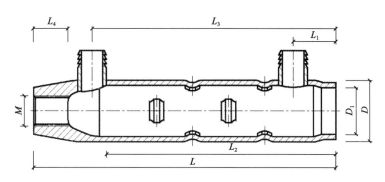

图 2.3-27 半灌浆套筒(二)

半灌浆套筒(二)尺寸规格表　　表 2.3-4

连接钢筋	套筒外径 D (mm)	灌浆端孔径 D_1 (mm)	套筒长度 L (mm)	预制端螺纹孔 M (mm)				灌浆孔位置 L_1 (mm)	出浆孔位置 L_3 (mm)	钢筋插入深度 L_2 (mm)
				螺纹规格	螺距	螺纹长度 L_4	牙形角			
φ12	32	23	162	M12.5	2.0	15	60°	30	130	120
φ14	34	25	184	M14.5	2.0	17	60°	30	150	140
φ16	38	29	206	M16.6	2.5	19	60°	30	170	160
φ18	40	31	229	M18.6	2.5	22	60°	30	190	180
φ20	42	32	251	M20.6	2.5	24	60°	30	210	200
φ22	45	34	274	M22.6	2.5	26	60°	30	230	220
φ25	50	38	306	M25.65	3.0	30	60°	30	260	250
φ28	56	43	348	M28.65	3.0	33	60°	30	290	280
φ32	63	49	394	M32.65	3.0	38	60°	30	330	320

注:螺纹孔螺纹精度为6H。

2) 钢筋锚固用灌浆波纹钢管(金属波纹管)

常用的金属波纹管壁厚仅 0.35mm,而灌浆波纹钢管壁厚达 2mm,且其具有刚度大、防渗性能好、便于焊接固定等优点。2016 年上海市中环线国定路下匝道工程首次采用灌浆波纹钢管连接技术对承台-立柱-盖梁构件进行预制拼装锚固连接。随后上海南北高架中兴路下匝道、上海 S7 公路、上海龙东大道、无锡凤翔北路高架等工程中均大规模采用了钢筋灌浆波纹钢管锚固技术。

灌浆波纹钢管(金属波纹管)的锚固原理:通过波纹钢管(金属波纹管)在构件中成孔,将带肋钢筋插入波纹管,用水泥基灌浆料对波纹管和钢筋之间的缝隙进行填充,待灌浆料硬化后形成锚固结构。

灌浆波纹钢管(金属波纹管)一般设置在承台和盖梁内。

灌浆波纹钢管技术要求需符合团体标准《钢筋锚固用灌浆波纹钢管》(T/CECS 10098—2020)有关规定。

灌浆波纹钢管采用直缝电焊钢管或无缝钢管加工制作而成,钢管材质采用 Q235 钢或以上牌号的钢材,钢管壁厚不小于 2mm(图 2.3-28)。

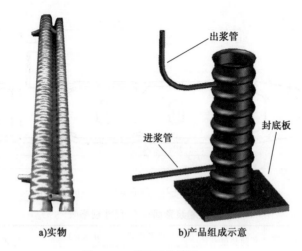

a)实物　　　　　　b)产品组成示意

图 2.3-28　灌浆波纹钢管

灌浆波纹钢管构造见图 2.3-29、尺寸规格见表 2.3-5。

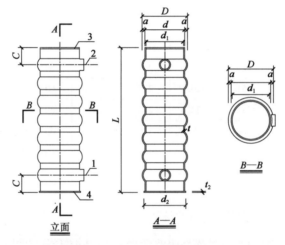

图 2.3-29　灌浆波纹钢管构造尺寸图
1-灌浆孔(或排浆孔);2-排浆孔(或灌浆孔);3-钢筋伸入端临时封盖;4-封口板

波 纹 管 规 格 表　　　　表 2.3-5

波纹钢管外径 D(mm)	60		76					89			
钢筋公称直径(mm)	12	14	16	18	20	22	25	28	32	36	40
壁厚 t(mm)	2											
波高 a(mm)	3											
波谷处外径 d(mm)	$d = D - 2 \times a$											
波谷处内径 d_1(mm)	$d_1 = d - 2 \times t$											
封口板直径 d_2(mm)	$d_2 = d + 10$											
封口板厚度 t_2(mm)	3											
长度 L(mm)	不小于 24 倍钢筋直径											

续上表

灌(排)浆孔与端部距离 C(mm)	50	
波纹类型	Ⅰ型(连续圆弧)	Ⅱ型(圆弧加直线)
波纹类型图示	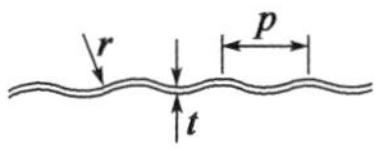	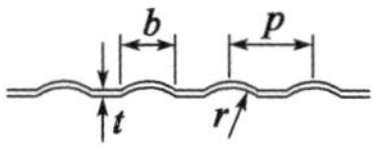
波距 p(mm)	32	32
波宽 b(mm)	32	20~32
波纹半径 r(mm)	21	16~42

注:波纹钢管内钢筋有效伸入长度不应小于24倍钢筋直径,波纹钢管内径与被连接钢筋直径的差不应小于35mm。

3)灌浆料与垫层

(1)灌浆料。钢筋灌浆套筒和灌浆波纹钢管(金属波纹管)连接用灌浆料主要技术性能见表2.3-6,还应符合现行行业标准《钢筋连接用套筒灌浆料》(JG/T 408)的规定。

钢筋灌浆套筒和灌浆金属波纹管连接用灌浆料的主要技术性能　　表2.3-6

项目(性能指标单位)		性能指标
流动性(mm)	初始	≥300
	30min	≥260
抗压强度(MPa)	1d	≥35
	3d	≥60
	28d	≥100
竖向膨胀率(%)	3h	≥0.02
	24h与3h差值	0.02~0.5
氯离子含量(%)		≤0.03
泌水率(%)		0

(2)垫层。预制构件拼接缝垫层可采用高强低收缩砂浆或环氧胶。

垫层砂浆一般采用高强低收缩砂浆,垫层厚度20mm。垫层砂浆主要技术性能见表2.3-7。

垫层砂浆主要技术性能　　表2.3-7

检测项目		性能指标
抗压强度	28d	≥60MPa且高出被连接构件强度等级10MPa
弹性模量	28d	≥30GPa
竖向自由膨胀率	28d	0.02%~0.1%

续上表

检测项目		性能指标
初凝时间		≥2h
原材料砂子	细度模数	≥2.6
	含泥量	≤1%且不应有泥块

垫层采用环氧胶时,其厚度不小于3mm。环氧胶为由环氧基材料和固化剂组成的双组分材料,其强度上升速度可通过材料组分的比例进行控制。合理控制环氧胶的固化时间是拼装施工的重要环节,既要确保有足够的涂抹、拼接可操作时间,也要保证拼装后的强度快速上升。环氧胶主要技术性能见表2.3-8。

环氧胶主要技术性能　　　　表2.3-8

	性能项目		性能要求
物理性能	可施胶时间(min)		≥20
	可黏结时间(min)		≥60,且≤240
	固化速度（低限温度条件）	12h抗压强度(MPa)	≥40
		24h抗压强度(MPa)	≥60
		7d抗压强度(MPa)	≥80
	压缩弹性模量*(MPa)	瞬时	≥8000
		1h	≥6000
	剪切弹性模量*(MPa)	瞬时	≥1500
		1h	≥1200
	在结构立面上无流挂现象的涂胶层厚度(mm)		≥3
	不挥发物含量(固体含量)(%)		≥99
	吸水率(高限温度条件)(%)		≤0.5
	水中溶解率(高限温度条件)(%)		≤0.1
	高限温度条件固化7d的热变形温度(℃)	0℃≤适用温度<10℃	45
		10℃≤适用温度<30℃	50
		30℃≤适用温度<60℃	60
	伸长率(%)		≥1.0
力学性能	抗压强度(MPa)		≥80
	钢-钢拉伸抗剪强度标准值(MPa)		≥14
	与混凝土的正拉黏结强度(MPa)		≥3.0,且为混凝土内聚破坏

续上表

性能项目		性能要求
化学性能	耐湿热老化性	50℃温度、95%相对湿度的环境中老化90d后，常温条件下钢-钢拉伸抗剪强度降低率	≤10%
	耐盐雾性	5%氯化钠溶液、喷雾压力0.08MPa、试验温度(35±2)℃、每0.5h喷雾一次、每次0.5h、作用持续时间90d的条件下，到期钢-钢拉伸抗剪强度降低率	≤5%，且不得有裂纹或脱胶

注：1. 本条文中所列指标均为胶体在适用温度范围内的。
2. 当环氧胶的蠕变对结构性能的影响不可忽略时，应满足表中带"*"项目的性能要求。
3. 对寒冷地区使用的环氧胶，应满足耐冻融性要求。
4. 表中未列出试验方法标准的可参照国际预应力协会标准FIP相关规定执行。

2.3.4.3 构造设计要求

预制立柱与盖梁采用砂浆填充接缝时，宜将立柱纵向受力钢筋伸出，在盖梁内设置灌浆套筒钢筋连接构造或灌浆波纹钢管(金属波纹管)的钢筋锚固连接构造。

预制立柱与承台采用砂浆填充接缝时，可采用下列两种钢筋锚固连接构造：

(1) 将墩柱纵向受力钢筋伸出，在承台内设置灌浆套筒钢筋连接或灌浆波纹钢管(金属波纹管)的钢筋锚固连接构造。

(2) 将承台上的预留钢筋伸出，在立柱内设置灌浆套筒钢筋连接构造。

现浇混凝土接缝可采用普通混凝土或超高性能混凝土(UHPC)。当采用普通混凝土时，接缝处纵向钢筋可采用机械连接、焊接、搭接等形式，钢筋机械连接接头应符合行业标准《钢筋机械连接技术规程》(JGJ 107—2016)的规定。当采用超高性能混凝土时，钢筋连接可采用搭接，钢筋搭接长度不应小于$10d$(d为钢筋直径)，具体构造尺寸宜根据试验确定。

当立柱钢筋与承台或盖梁采用灌浆波纹钢管锚固连接时，承台或盖梁混凝土强度等级不应小于C40，钢筋伸入波纹钢管的锚固长度不应小于$24d$(d为被连接钢筋直径)，并应与锚固连接构件的轴线相交。值得注意的是，在节点设计中，钢筋构造除了应满足以上的锚固长度要求外，还应使得结构传力连续。

当立柱钢筋采用灌浆套筒连接时，钢筋伸入套筒长度不应小于$10d$(d为被连接钢筋的直径)。

套筒或波纹钢管之间的净距不宜小于下列三个条件中的最大值：50mm、集料最大粒径的1.3倍、被连接纵筋的直径。

立柱钢筋采用灌浆套筒连接时，应符合下列规定：

(1) 套筒与高强无收缩灌浆料组合体系性能应符合行业标准《钢筋机械连接技术规程》(JGJ 107—2016)中Ⅰ级接头要求。

(2) 套筒压浆口下缘处应设一道箍筋，该箍筋与套筒端部距离不应大于50mm。

(3)套筒外侧箍筋的混凝土保护层厚度应符合行业标准《公路钢筋混凝土及预应力混凝土桥涵设计规范》(JTG 3362—2018)的规定,且不应小于25mm。当受拉区主筋的混凝土保护层厚度大于50mm时,宜对保护层采取有效的抗裂构造措施。为了防止混凝土表面开裂和混凝土剥落,可在保护层内设置钢筋网片。对于保护层内设置的钢筋网片,应采用合适的材料和保护层厚度,使其自身耐久性满足要求。

(4)当柱顶或柱底处在抗震塑性铰区时,箍筋加密区长度应取抗震设计要求的长度与套筒长度之和(图2.3-30)。

砂浆填充接缝的厚度宜为20mm,相邻节段端面应进行粗糙化处理,粗糙面的凹凸深度不应小于6.5mm。

环氧胶接缝涂抹厚度不小于3mm,相邻节段面应清洁、干燥、平整,以确保拼接面的密贴。

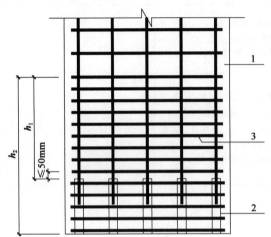

图2.3-30 灌浆套筒连接处箍筋加密区的构造示意图
1-预制墩柱;2-灌浆套筒;3-加密区箍筋
h_1-抗震设计要求的箍筋加密区长度;h_2-箍筋加密区长度

2.3.5 构件预制、运输、吊装和连接

1)预制

预制厂(场)场地布置和规划应经过专门的设计,应考虑构件的制作工艺和运输、吊装工艺,一般应设置钢筋集中加工区、钢筋骨架拼装台座、混凝土拌和站、构件台座浇筑区、构件存放区、管理区与生活区等。预制厂(场)地基处理应充分考虑预制台座、存放台座、机械设备和其他生产工具的荷载,应保证具备足够的承载能力,预制台座及存放台座应避免出现不均匀沉降。

某预制厂平面示意图、效果图分别见图2.3-31、图2.3-32。

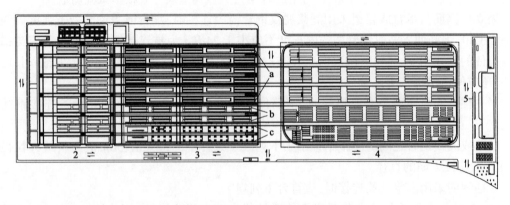

图2.3-31 某预制厂平面示意图(尺寸单位:mm)
1-混凝土拌和区;2-钢筋成型及绑扎区;3-混凝土浇筑区;4-构件成品堆放区;5-办公、生活区;a-小箱梁生产线;
b-盖梁生产线;c-立柱生产线

图 2.3-32 某预制厂效果图

预制构件的加工精度要求高。为保证钢筋加工精度,减小人为误差,提高工作效率,预制厂(场)内宜使用高精度数控自动设备完成钢筋的弯剪加工。采用专业的模板,配备专用的钢筋、套筒(或金属波纹管)等固定件。钢筋的绑扎在胎架上进行,在钢筋绑扎和模板浇筑的过程中通过定位板对其进行限位保护,特别要保证预制构件预埋套筒、预埋波纹钢管(金属波纹管)及伸出钢筋位置的准确性。

构件生产前,钢筋连接与锚固所用材料供应单位应提交所有规格接头的有效型式检验报告和出厂质量检验报告。

现场应抽取灌浆套筒进行外观质量、标识和尺寸偏差检查,并采用与之匹配的灌浆料制作对中、偏置连接接头试件(图 2.3-33)进行抗拉强度检验,检验结果应符合行业标准《钢筋套筒灌浆连接应用技术规程》(JGJ 355—2015)和《钢筋连接用灌浆套筒》(JG/T 398—2019)的有关规定。

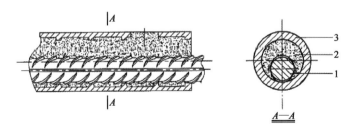

图 2.3-33 偏置单向拉伸接头示意图
1-在套筒内偏置的连接钢筋;2-灌浆料;3-灌浆套筒

预制构件混凝土材料宜采用高性能混凝土,通过优化混凝土配合比、选用高性能减水剂与优质集料等对策,以提高混凝土的施工工作性能与效率。

预制构件的吊点形式应根据构件特点与吊装方案确定。上海市吸取国外经验，在一些工程中采用钢绞线吊点，取得较好效果（图 2.3-34）。钢绞线吊点的特点是构造简单，便于施工，但是目前尚未形成相关标准。钢绞线吊点在验算吊装工况时应计入动力系数，其安全系数一般不小于 3，为了保证各股钢绞线均匀受力，需要严格控制钢绞线加工误差，同时应采取套管等措施防止钢绞线吊点在加工、构件制作与吊装过程中受损。钢绞线吊点应通过试验验证及专项施工工艺评定。

为了保证多股钢绞线同时受力，在钢绞线外侧套一根白铁皮管，先将白铁皮管焊接在一起，再穿钢绞线，在弯曲机上进行弯曲，弯曲内径为 100~150mm，这样可以有效保证弯出来的吊点弧度一致，保证钢绞线良好受力。在浇筑混凝土时，吊点内外侧预埋"蝴蝶板"，"蝴蝶板"采用厚度为 3mm 的钢板（图 2.3-35），增大立柱翻身时钢绞线与混凝土的接触面积，防止钢绞线切断和混凝土局部开裂。

图 2.3-34 多股钢绞线吊点

图 2.3-35 立柱上多股钢绞线吊点示意图

2）运输

构件的运输方案应根据预制场的地理位置、实际运输线路条件、构件质量、构件尺寸等因素确定。

预制构件陆路运输时，应根据道路限高、限宽、限载条件及道路的最大纵坡合理选择运输路线，并对沿线桥涵、挡墙等构筑物的承载力与限高等进行复核与评估。构件运输应采用专用的运载车辆。

某工程采用的 3 种专用运输车辆均为液压平板车，分别为盖梁运载车（16 轴）、小箱梁运载车（11 轴）和立柱运载车（6 轴）。

小箱梁运载车辆为 11 轴线液压平板车，运输装载示意如图 2.3-36 所示，相关参数如表 2.3-9 所示。

小箱梁运载车货相关参数　　　　表 2.3-9

货物参数		车辆状况		运输参数		转弯半径	
长度	29.5m	单桥载荷	7.0t	轴线负荷	12.6t	外侧	29m
宽度	3.71m	车组总质量	9t（车头）+ 35t（挂车）	单胎载荷	1.8t	内侧	20m
高度	1.60m	车货总质量	176.5t	轮胎对地压力	2.2t/m²	转弯通道	9m
质量	132.5t			轮胎数量	98 只		

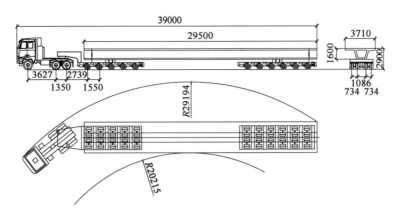

图 2.3-36 小箱梁运载车辆示意(尺寸单位:mm)

盖梁运载车辆为 16 轴线液压平板车,运输装载示意如图 2.3-37 所示,相关参数如表 2.3-10 所示。

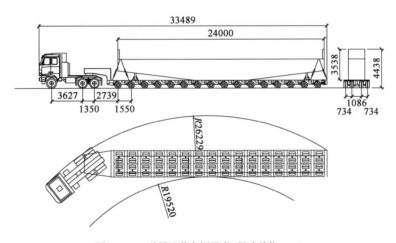

图 2.3-37 盖梁运载车辆示意(尺寸单位:mm)

盖梁运载车货相关参数 表 2.3-10

货物参数		车辆状况		运输参数		转弯半径	
长度	24m	单桥载荷	8.4t	轴线负荷	15.5t	外侧	26.5m
宽度	1.9m	车组总质量	9t(车头)+48t(挂车)	单胎载荷	2.1t	内侧	19.5m
高度	3.57m	车货总质量	294t	轮胎对地压力	4.1t/m²	转弯通道	7m
质量	237t			轮胎数量	138只		

立柱运载车辆为 6 轴线液压平板车,运输装载示意如图 2.3-38 所示,相关参数如表 2.3-11 所示。

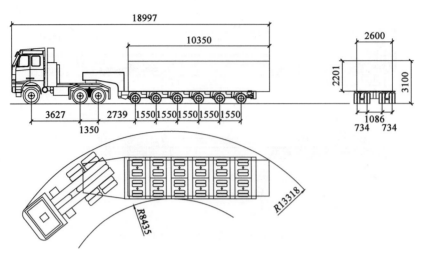

图 2.3-38　立柱运载示意(尺寸单位:mm)

立柱运载车货相关参数　　　　　　　　表 2.3-11

货物参数		车辆状况		运输参数		转弯半径	
长度	10.4m	单桥载荷	11.5t	轴线负荷	19.2t	外侧	13.5m
宽度	2.6m	车组总重	9t(车头)+18t(挂车)	单胎载荷	2.9t	内侧	8.5m
高度	2.2m	车货总重	173t	轮胎对地压力	3.0t/m²	转弯通道	5m
质量	146t			轮胎数量	58只		

预制构件水路运输时,应结合水文条件,并勘查运输线路上的桥孔通航限高条件;运输出航前,应根据气象、水文条件确认是否满足船舶出航运输的要求。当桥梁净空、船只运输能力、码头装卸能力等满足要求时,预制构件就可以做得很大,通常是采取大型构件整体运输。

预制构件在运输过程中,应采取保护、固定措施。预制构件支撑点的设置应避免运输设备振动对预制构件造成不利影响;应根据运输线路上的最大纵、横坡,设置纵、横向限位装置。运输车辆行驶应设置警示标志和警示灯光。

3)吊装与连接

下部结构预制构件通常采用履带吊吊装(图 2.3-39)、汽车吊或架桥机吊装(图 2.3-40)等方式。

图 2.3-39　履带吊吊装盖梁

图 2.3-40　架桥机吊装立柱

立柱与盖梁预制构件在现场连接前应进行连接接头拉伸试验,采用构件生产用连接钢筋及接头形式检验确定的预埋套筒、预埋波纹钢管(金属波纹管)及配套灌浆料,模拟现场连接施工工艺与连接工况每规格制作一组(3根)接头,灌浆连接可按现场极端情况即钢筋在套筒或波纹钢管(金属波纹管)内偏置贴壁安装,在无水、室温的条件下养护28d后进行拉伸试验,试件强度应达到设计指标。

剖开灌浆套筒、灌浆波纹钢管(金属波纹管)试件,检查灌浆饱满度(图2.3-41)。

 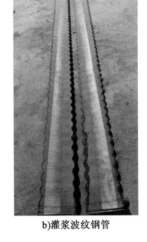

a) 灌浆套筒　　　　b) 灌浆波纹钢管

图2.3-41　剖开试件,检查灌浆饱满度

立柱与盖梁预制构件的现场连接是关键工序,应采取措施保证连接质量:

①构件拼装前应试拼。

②构件安装前,应将拼接面充分湿润后,设置调节垫块,铺设砂浆垫层,砂浆铺设厚度应高出垫块不小于5mm(图2.3-42)。

图2.3-42　铺设砂浆垫层

③在拼装过程中,砂浆垫层连接处宜一次坐浆完成拼装。

④进入施工现场的灌浆料应进行复验,合格后方可使用。灌浆料应妥善保管,防止受潮。

⑤灌浆作业应在浆料可作业的时间内完成。

⑥灌浆设备采用螺旋式或挤压式,以保证浆液连续并防止气泡进入套筒或波纹钢管。

⑦灌浆应自下而上。为了保证灌浆质量,一些工程中采用在排浆口设置L形接管的措施,L形接管高出排浆口不小于200mm,起到高位排浆和补浆作用(图2.3-43)。浆料从接管口流出时,及时关闭灌浆口阀门,防止浆料回流。另外还有一些新方法可以提升灌浆质量,如"微重力流补浆(图2.3-44)""智能灌浆机""灌浆饱满度检测器"等。

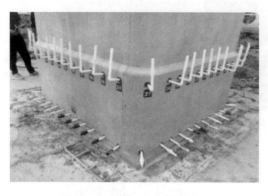
图2.3-43 排浆口设置L形接管

图2.3-44 微重力流补浆

⑧每个构件灌浆时,应旁站专职质量监督员,记录灌浆料流动度和接头灌浆、排浆口出浆及封堵情况,确保作业无误,记录真实、可信。

⑨灌浆完成后,环境温度大于15℃时,24h内应对构件、接头进行保护,不得使其受到冲击或振动;温度较低时,可适当延长保护时间。环境温度低于5℃时,不宜进行灌浆作业。

⑩整个连接过程应有视频记录。

⑪上海市《装配整体式混凝土建筑检测技术标准》(DG/TJ 08-2252—2018)列出了装配整体式建筑混凝土结构中的套筒灌浆质量的无损检测方法,包括X射线工业CT法、预埋传感器法、预埋钢丝拉拔法、X射线胶片成像法、内窥镜法等,上述检测方法在桥梁工程中缺少实践。

2.4 桩 基 础

桥梁桩基础常用的是钻孔灌注桩与预制混凝土桩。

钻孔灌注桩能适应不同的地质条件,应用最为广泛,但其施工周期较长,施工现场环境污染大,特别是桩基成孔时产生较多泥浆,在环境保护的严格要求下经常难以处理。

预制混凝土桩(实心方桩、高强度预应力混凝土管桩)承载力较高,造价低,一般采用柴油锤打桩机锤击沉桩(图2.4-1),适用于居民区较少的郊外。柴油锤打桩机在城市桥梁建设中一般不会被运用,主要是因为打桩机锤击沉桩引起的施工噪声、振动和挤土等不利影响往往超过环境保护的限制。

液压静力压桩机沉桩无振动、无噪声、高效节能,但设备占地面积大,地基承载力要求高,沉桩时存在挤土效应,宜控制进入密实砂土层的深度(图2.4-2)。

图 2.4-1　柴油锤打桩机锤击沉桩　　图 2.4-2　1000t 液压静力压桩机沉桩

近年来,在上海采用免共振液压振动锤沉钢管桩技术,取得了较好的效果(图 2.4-3)。免共振液压振动锤减小桩侧和桩端土阻力,提高沉桩效率,解决了低频振动法难以沉桩的问题。

在相同密度饱和、非饱和砂土中沉桩,土的饱和度越高,免共振液压振动锤的高频振动导致其液化的可能性越大,振动沉桩效率会越高。

提高激振频率能使桩-土界面附近饱和软黏土的孔压迅速上升,继而加速土体软化,减少桩周和桩端土阻力,沉桩效率能够得到明显提高。

免共振液压振动锤的振动在地基传播过程中的衰减随频率的升高而加快。人对振动最敏感的频率一般低于 10Hz;而高于 10Hz 后,随着振动频率的升高,人对振动的敏感程度将显著降

图 2.4-3　免共振液压振动锤

低。免共振液压振动锤频率范围可达 0~38Hz,提高振动桩锤的工作频率,将有利于减小施工引起的地基振动问题。

免共振液压振动锤的优点:

①低噪声、低振感、自重小;

②采用液压系统可实现无级变频,以便适应不同的地质条件、不同的桩型,可以选择最佳的振动频率和振幅,保证动力系统始终满载输出,以获得最佳工效;

③振动锤的振幅可以调节,实现无共振施工;

④在配备导向架的条件下,可进行斜桩施工;

⑤采用单独动力站,可向大功率方向发展,方便更换多种液压夹桩器,实现机电一体化控制和智能化作业,达到更好的使用效果。

目前免共振液压振动锤的生产厂家多为大型专业公司,如德国的 MGF 公司、KRUPP 公

司、PVE公司、Dieseko公司,荷兰的ICE公司,美国的APE公司、MKT公司等,产品种类较为齐全。在上海S3公路、S7公路、北横通道等工程中采用免共振液压振动锤打设钢管桩。

免共振液压振动锤的施工方法有吊打施工、单元组合式导向架打设、自行式导架打设等(图2.4-4),后两种方法对控制桩基垂直度有利。

a)吊打施工

b)单元组合式导向架打设

c)自行式导架打设

图2.4-4　液压高频振动锤施工方法

S3公路一期采用免共振液压振动锤进行钢管桩施工。经现场监测,施工噪声小,水平及垂直振动幅度微小,3~5m以外无振动,对周边建筑物及地下管线保护效果好。沉桩的挤土效应微小,对施工场地要求小,施工速度快。

免共振液压振动沉桩对土体(特别是砂性土)的扰动较大,影响钢管桩的早期承载力,可以采用控制频率和偏心力矩的方法提升钢管桩基础的承载力,但相关参数需要通过试验确定。因此,采用这种工艺施工前,应首先进行试桩,优化施工工艺与参数,对工程设计进行校验,并且对桩基承载能力能否达到设计要求进行评价。

2.5　防　撞　墙

桥梁防撞墙作为桥梁重要的附属结构物,不仅是桥梁的安全运行防护物,而且它的外观也直接影响桥梁的美观与质量。桥梁防撞墙一般采用混凝土结构,传统的施工工艺需在上部结构主梁完成后才可以进行施工,另外防撞墙预埋件多、空间尺寸狭小、线形复杂,给精细化施工带来许多困难,造成施工质量往往不尽如人意。预制防撞墙将防撞墙构件放到预制场进行加工,既有利于保证防撞墙质量与外观,又有利于加快施工进度。

预制混凝土防撞墙通常有整体预制防撞墙、分段预制防撞墙、部分预制防撞墙三种形式。

1)整体预制防撞墙

整体预制防撞墙是将施工现场现浇防撞墙转移到工厂,在预制主梁完成后进行整体预制,并与主梁一起运输至现场,完成整体吊装(图2.5-1)。该方式施工操作灵活方便,省去了现场浇筑混凝土、搭建高空脚手架等工序。其优点是通过调整模板尺寸及拼接方式达到防撞墙的流畅曲线的效果,同时避免了混凝土质量不稳定、外观色泽不均匀等问题;缺点是整体预制混凝土防撞墙需要与主梁一起运输、吊装,其尺寸与质量较大,运输与吊装过程中需采取抗倾覆措施,对相邻跨防撞墙的预制安装匹配精度要求较高。整体预制防撞墙在上海嘉闵高架、S3公路、S7公路工程中得到应用。

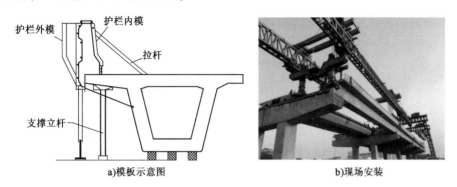

图2.5-1　整体预制防撞墙

2)分段预制防撞墙

分段预制防撞墙是将防撞墙分成若干预制构件,一般长度为8~10m,防撞墙预制构件在工厂预制,运输至现场进行安装。分段预制防撞墙预制构件的连接方式有螺栓连接、普通混凝土连接、UHPC混凝土连接等(图2.5-2)。其优点是构件尺寸小、质量小,质量与外观好,适用范围广,施工操作灵活方便,省去了现场浇筑混凝土、搭建高空脚手架等工序;缺点是预制构件加工精度要求高,需保证现场连接施工质量。分段预制防撞墙在上海S7公路、北横通道工程中得到应用。

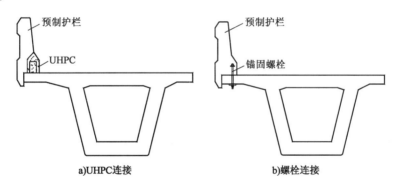

图2.5-2　分段预制防撞墙

3)部分预制防撞墙

部分预制防撞墙是将防撞墙外侧采用预制挂板,在工厂内预制,在现场完成安装;内侧采用钢筋混凝土现浇、共同连接组合而成。在现场采用对拉及内撑双向立体锁定的模板安装方法,使模板的安装更加牢固(图2.5-3)。其优点是预制挂板尺寸小、质量小,质量与外观好,施工操作灵活方便,省去了防撞墙外模板;缺点是现场工作量大,内侧采用钢筋混凝土现浇,需现场绑扎钢筋、架设内侧模板。部分预制防撞墙在上海长江大桥、南昌洪都大道高架等工程中得到应用。

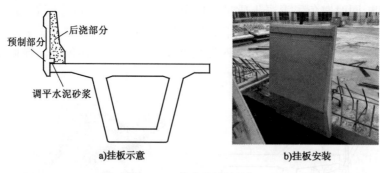

图 2.5-3　部分预制防撞墙

2.6　混凝土结构承载能力及计算分析

2.6.1　概述

节段预制拼装混凝土桥梁因其施工快速、质量可靠和耐久、环保等优点,已经成为当今国内外桥梁技术发展的趋势。近年来,随着我国经济发展方式的转变和"以人为本""绿色环保"理念的倡导,预制拼装桥梁在一些经济发展较快的城市桥梁及国家重大工程跨江海桥梁建设中正逐渐推广应用。通过节段预制拼装混凝土桥梁技术的应用,在提高工程质量、提升桥梁结构的耐久性及全寿命经济性、加快建设速度、减少环境干扰、最大限度减少对交通的影响以及提升工程的社会效益、经济效益等方面取得了显著成效。

上海市政总院自 21 世纪以来,在 G40 高速上海长江大桥、崇启大桥上海段、南昌市洪都大道快速路、上海轨交 17 号线、深圳海滨大道高架等工程中,实践采用了节段预制拼装混凝土桥梁结构,其间,与同济大学混凝土桥梁研究室进行了长期的合作研究,通过总结工程实践经验、结合理论分析和系列试验成果、参考国外规范标准,形成了完整系统的设计方法,且已纳入上海市政总院主编的住房和城乡建设部《节段预制混凝土桥梁技术标准》(CJJ/T 111)。

节段预制拼装混凝土桥梁遵循现行《工程结构可靠性设计统一标准》(GB 50153)的设计原则,采用以概率理论为基础、以分项系数表达的极限状态设计方法。基于试验观察和测试结果,依据接缝截面的破坏形态及各种材料的受力状态,节段预制拼装混凝土构件采用与非节段预制拼装混凝土构件相似的方法,建立承载力计算模型和极限平衡方程。

节段预制拼装混凝土桥梁应进行承载能力极限状态和正常使用极限状态设计。桥梁结构应根据在制造、运输、安装和使用过程中的作用影响,进行以下四种设计状况的极限状态设计。

持久状况:在桥梁使用过程中一定出现,且持续期很长的设计状况。该状况桥梁结构应进行承载能力极限状态和正常使用极限状态设计。

短暂状况:在桥梁施工和使用过程中出现概率较大而持续期较短的设计状况。该状况桥梁结构应进行承载能力极限状态设计,可根据需要进行正常使用极限状态设计。

偶然状况:在桥梁使用过程中出现概率很小,且持续期极短的设计状况。该状况桥梁结构应进行承载能力极限状态设计,可不进行正常使用极限状态设计。

地震状况:桥梁遭受地震时的设计状况。该状况桥梁结构应进行承载能力极限状态设计。

2.6.2 持久状况承载能力极限状态计算

节段预制拼装预应力混凝土桥梁在进行承载能力极限状态计算时,作用(或荷载)的效应(汽车荷载应计入冲击影响)应采用其组合设计值。

与常规桥梁相比,预制拼装桥梁的承载能力极限状态计算时,应充分考虑接缝对整体抗弯、抗剪承载力的影响,并对接缝自身抗剪进行计算。同时,应叠加体外预应力的作用,合理考虑体外预应力的应力增量、偏心距等对承载能力极限状态计算的影响。其中一般情况下,抗弯承载能力计算时应考虑体外预应力的应力增量,抗剪承载能力计算时可不考虑体外预应力的应力增量。此外,还应注意进行体外预应力转向、锚固等方面的计算。

2.6.2.1 抗弯承载力计算

节段预制拼装混凝土构件采用与非节段预制拼装混凝土构件相似的方法建立承载力计算模型和极限平衡方程。受弯构件正截面的相对界限受压区高度可参考现行《公路钢筋混凝土及预应力混凝土桥涵设计规范》(JTG 3362)的规定。

体外预应力钢筋极限应力设计值应考虑应力增量。受弯构件破坏时体外预应力钢筋的极限应力一般低于或接近钢筋材料(钢绞线、钢丝)的名义屈服强度,基本处于线弹性受力阶段。体外预应力钢筋极限应力设计值,基于同济大学获得的系列验证试验成果和经过验证的结构全过程非线性数值分析结果,按照结构设计要求的保证率回归分析得到。试验和分析中均偏安全地考虑钢筋在转向器的管道内可以滑动;极限应力设计值还对试验加载与实际荷载的差异进行了修正,并取用了与体内预应力钢筋(钢绞线)相同的分项系数 1.25,使之在构件达到极限受力状态与同时配置的体内预应力钢筋相协调。设计计算时,可认为每根体外预应力钢筋沿其长度方向的极限应力均相同。

体外预应力钢筋合力点至截面受压区边缘的极限距离应在初始距离的基础上进行折减。基于同济大学验证试验资料和结构全过程非线性数值模拟结果的回归分析,采用体外预应力钢筋至截面受压区边缘距离改变的方式考虑体外预应力的二次效应。体外预应力钢筋至截面受压区边缘的极限距离,可理解为钢筋至截面受压区边缘的初始距离与其偏心距的改变值之差。

节段预制拼装混凝土构件接缝截面抗弯承载力计算,主要包含受压区为矩形和T形的受弯构件,本章节仅针对受压区为矩形的受弯构件接缝截面抗弯承载力计算进行描述(图2.6-1),具体可参考现行《节段预制混凝土桥梁技术标准》(CJJ/T 111)的相关内容。

(1)基本公式。

$$\gamma_0 M_d \leq \phi_f \left[f_{cd} b_f' x \left(h_0 - \frac{x}{2} \right) + f_{sd}' A_s' (h_0 - a_s') + (f_{pd,i}' - \sigma_{p0,i}') A_{p,i}' (h_0 - a_{p,i}') - \sigma_{pd,e} A_{p,e} (h_0 - h_{pu,e}) \right]$$

(2.6-1)

截面受压区高度 x 按下式计算:

$$f_{sd} A_s + f_{pd,i} A_{p,i} + \sigma_{pd,e} A_{p,e} = f_{cd} b_f' x + f_{sd}' A_s' + (f_{pd,i}' - \sigma_{p0,i}') A_{p,i}'$$

(2.6-2)

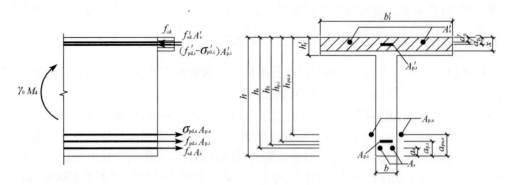

图 2.6-1 受压区为矩形截面受弯构件接缝截面抗弯承载力计算图式

截面受压区高度应满足下式要求：

$$x \leqslant \xi_b h_0 \quad (2.6\text{-}3)$$

（2）当截面受压区配有纵向普通钢筋和预应力钢筋，且预应力钢筋受压[即$(f'_{pd,i} - \sigma'_{p0,i})$为正值]时：

$$x \geqslant 2a' \quad (2.6\text{-}4)$$

若不满足式(2.6-4)的条件，则接缝正截面抗弯承载力应满足下式要求：

$$\gamma_0 M_d \leqslant \phi_f [f_{sd} A_s (h_s - a') + f_{pd,i} A_{p,i} (h_{p,i} - a') + \sigma_{pd,e} A_{p,e} (h_{pu,e} - a')] \quad (2.6\text{-}5)$$

（3）当截面受压区仅配普通钢筋或配有纵向普通钢筋和预应力钢筋，且预应力钢筋受拉[即$(f'_{pd,i} - \sigma'_{p0,i})$为负值]时：

$$x \geqslant 2a'_s \quad (2.6\text{-}6)$$

若不满足式(2.6-6)的条件，则接缝正截面抗弯承载力应满足下式要求：

$$\gamma_0 M_d \leqslant \phi_f [f_{sd} A_s (h_s - a'_s) + f_{pd,i} A_{p,i} (h_{p,i} - a'_s) + \sigma_{pd,e} A_{p,e} (h_{pu,e} - a'_s) - (f'_{pd,i} - \sigma'_{p0,i}) A'_{p,i} (a'_{p,i} - a'_s)] \quad (2.6\text{-}7)$$

式中：γ_0——结构重要性系数；

M_d——弯矩设计值(N·mm)；

ϕ_f——接缝对抗弯承载力的折减系数，$\phi_f = 0.95$；

f_{cd}——混凝土的轴心抗压强度设计值(MPa)；

b'_f——矩形截面的宽度或带翼板截面受压翼板的有效宽度(mm)；

x——截面受压区高度(mm)；

h_0——截面受拉区纵向连续普通钢筋和体内预应力钢筋的合力点至受压边缘的距离(mm)，接缝截面无体内连续钢筋时取 $h_0 = h_{pu,e}$；

f'_{sd}——普通钢筋的抗压强度设计值(MPa)；

A'_s——截面受压区纵向连续普通钢筋的截面面积(mm²)；

a'_s——截面受压区纵向连续普通钢筋合力点至受压边缘的距离(mm)；

$f'_{pd,i}$——体内预应力钢筋的抗压强度设计值(MPa)；

$\sigma'_{p0,i}$——截面受压区体内预应力钢筋合力点处混凝土正应力等于零时的预应力钢筋的应力(MPa),$\sigma'_{p0,i} = \sigma'_{pe,i} + \alpha_{Ep}\sigma'_{pc}$;

$\sigma'_{pe,i}$——受压区体内预应力钢筋的永存预应力(MPa);

α_{Ep}——体内预应力钢筋弹性模量与混凝土弹性模量之比;

σ'_{pc}——体内和体外预应力钢筋在受压区体内预应力钢筋合力点产生的预压应力(MPa);

$A'_{p,i}$——截面受压区体内预应力钢筋的截面面积(mm^2);

$a'_{p,i}$——截面受压区体内预应力钢筋合力点至受压边缘的距离(mm);

$\sigma_{pd,e}$——体外预应力钢筋的极限应力设计值(MPa);

$A_{p,e}$——体外预应力钢筋的截面面积(mm^2);

$h_{pu,e}$——体外预应力钢筋合力点至截面受压边缘的极限距离(mm);

a'——截面受压区纵向连续普通钢筋和体内预应力钢筋的合力点至受压边缘的距离(mm);

f_{sd}——普通钢筋的抗拉强度设计值(MPa);

A_s——截面受拉区纵向连续普通钢筋的截面面积(mm^2);

h_s——截面受拉区纵向连续普通钢筋合力点至受压边缘的距离(mm);

$f_{pd,i}$——体内预应力钢筋的抗拉强度设计值(MPa);

$A_{p,i}$——截面受拉区体内预应力钢筋的截面面积(mm^2);

$h_{p,i}$——截面受拉区体内预应力钢筋合力点至受压边缘的距离(mm)。

2.6.2.2 抗剪承载力计算

节段预制拼装受弯构件的斜截面抗剪承载力计算,采用现行《公路钢筋混凝土及预应力混凝土桥涵设计规范》(JTG 3362)预应力混凝土受弯构件抗剪承载力相似的简化计算图式,以斜截面剪切破坏脱离体建立平衡方程,体内钢筋达到相应的抗拉强度设计值、体外预应力钢筋达到极限应力设计值参与截面受力平衡。

节段预制拼装受弯构件的斜截面抗剪承载力可按以下计算。若构件采用竖向预应力钢筋,计算时可计入其对抗剪的贡献。

受弯构件截面抗剪承载力上限值应满足下列公式要求:

$$\gamma_0 V_d \leq \overline{V}_{ud} \quad (2.6\text{-}8)$$

$$\overline{V}_{ud} = 0.23\alpha_s \phi_s f_{cd} b_e h_e + V_{pe} \quad (2.6\text{-}9)$$

$$\alpha_s = \left(\frac{b_t}{h_w}\right)^{0.14} \quad (2.6\text{-}10)$$

$$V_{pe} = 0.95(\sigma_{pe,i} A_{pb,i} \sin\theta_i + \sigma_{pe,e} A_{pb,e} \sin\theta_e) \quad (2.6\text{-}11)$$

式中:V_d——剪力设计值(N);

$\overline{V}_{ud}$——截面抗剪承载力上限值(N);

α_s——截面形状影响系数,在按式(2.6-10)计算时,当 $b_t/h_w > 1.0$ 时取 $b_t/h_w = 1.0$,当 $b_t/h_w < 0.1$ 时取 $b_t/h_w = 0.1$;

ϕ_s——接缝对截面抗剪承载力上限值的折减系数：当无纵向连续普通钢筋且构件腹部无跨接缝体内预应力钢筋时取 0.85；当有纵向连续普通钢筋或构件腹部有跨接缝体内预应力钢筋时取 0.90；当无接缝时取 1.0；

b_e——矩形截面的有效宽度、带翼缘板截面的肋板或腹板沿厚度方向的有效宽度（mm），取扣除 1/2 后张预应力孔道直径后高度 h_w 内的最小宽度；

h_e——减去受拉侧纵向普通钢筋保护层厚度的截面抗剪有效高度（mm）；

V_{pe}——弯起预应力钢筋的永存预加力在与构件轴线垂直方向的分力（N）；

b_t——矩形截面的宽度、带翼缘板截面的肋板或腹板沿厚度方向的宽度（mm）；

h_w——矩形截面的高度、带翼缘板截面扣除上下翼缘板厚度的肋板净高度或扣除顶、底板厚度的腹板净高度（mm），当肋板或腹板倾斜时取斜向尺寸；

$\sigma_{pe,i}$——体内预应力钢筋的永存预应力（MPa）；

$A_{pb,i}$、$A_{pb,e}$——体内、体外弯起预应力钢筋的截面面积（mm²）；

θ_i、θ_e——体内、体外弯起预应力钢筋的合力与构件轴线的夹角（°）。

节段预制拼装混凝土构件接缝截面抗剪计算，主要包含受弯构件接缝位置斜截面抗剪承载力、剪压区为矩形和 T 形的受弯构件接缝截面抗剪弯承载力，本章节仅针对受弯构件接缝位置斜截面抗剪承载力计算（图 2.6-2）、剪压区为矩形的受弯构件接缝截面抗剪弯承载力计算进行描述（图 2.6-3），具体可参考现行《节段预制混凝土桥梁技术标准》（CJJ/T 111）的相关内容。

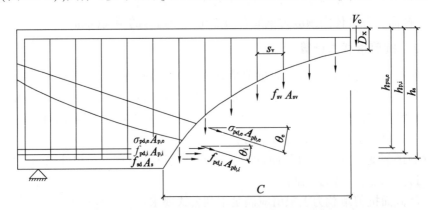

图 2.6-2　受弯构件接缝位置斜截面抗剪承载力计算图式

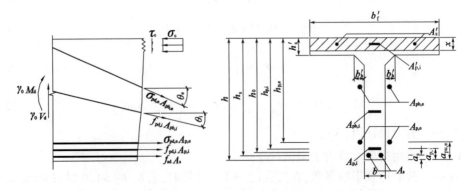

图 2.6-3　剪压区为矩形的受弯构件接缝截面抗剪弯承载力计算图式

(1)受弯构件接缝位置的斜截面抗剪承载力计算。

$$\gamma_0 V_\mathrm{d} \leqslant 0.35\alpha_1\phi\lambda(0.11+P)\frac{\sqrt{f_\mathrm{cu,k}}}{m}b_\mathrm{t}h_\mathrm{e} + 0.45\frac{C}{s_\mathrm{v}}f_\mathrm{sv,d}A_\mathrm{sv} + V_\mathrm{pb,d} \quad (2.6\text{-}12)$$

$$\phi = \frac{bh_\mathrm{e} + 2h_\mathrm{f}'^2}{bh_\mathrm{e}} \quad (2.6\text{-}13)$$

$$P = 100\frac{A_\mathrm{s} + A_\mathrm{p,i} + A_\mathrm{pb,i} + A_\mathrm{p,e} + A_\mathrm{pb,e}}{bh_\mathrm{e}} \quad (2.6\text{-}14)$$

$$m = \frac{M_\mathrm{d}}{h_\mathrm{e}V_\mathrm{d}} \quad (2.6\text{-}15)$$

$$V_\mathrm{pb,d} = 0.95(0.8f_\mathrm{pd,i}A_\mathrm{pb,i}\sin\theta_\mathrm{i} + \sigma_\mathrm{pd,e}A_\mathrm{pb,e}\sin\theta_\mathrm{e}) \quad (2.6\text{-}16)$$

式中:V_d——斜截面剪压端剪力设计值(N);

α_1——异号弯矩影响系数:当计算截面在简支和连续受弯构件的近边支点区段时取1.0;当计算截面在连续受弯构件的近中支点区段时取0.9;

ϕ——受压翼缘板影响系数,当按式(2.6-13)计算矩形截面时取$h_\mathrm{f}'=0$;

λ——体内与体外配筋的影响系数:当采用全体外配筋时取1.0;当采用全体内配筋或体内、体外混合配筋时取1.1;

P——截面受拉区纵向连续普通钢筋和预应力钢筋的配筋率,当$P>2.5$时取2.5;

$f_\mathrm{cu,k}$——边长为150mm的混凝土立方体抗压强度标准值(MPa),当剪压区位于接缝时,取接缝两侧强度较低者;

m——剪跨比,当$m<1.5$时取1.5;

b_t——剪压区对应正截面处,矩形截面的宽度、带翼缘板截面的肋板或腹板沿厚度方向的宽度(mm);

C——斜截面的水平投影长度(mm),取一个节段长度和$C=0.6mh_\mathrm{e}$的较小者,当$m>3.0$时取$m=3.0$;

s_v——斜截面范围内的抗剪箍筋间距(mm);

$f_\mathrm{sv,d}$——箍筋的抗拉强度设计值(MPa);

A_sv——斜截面范围内配置在同一截面的抗剪箍筋各肢截面面积之和(mm^2);

$V_\mathrm{pb,d}$——弯起预应力钢筋拉力设计值在与构件轴线垂直方向的分力(N);

M_d——与V_d工况对应的弯矩设计值(N·mm);

$\sigma_\mathrm{pd,e}$——受弯构件抗剪承载力计算时体外预应力钢筋的极限应力设计值(MPa),取$\sigma_\mathrm{pe,e}$。

(2)剪压区为矩形的受弯构件接缝截面抗剪弯承载力计算。

当剪弯比符合下列条件之一时,可不进行抗剪弯承载力计算:

$$\frac{V_\mathrm{d}}{M_\mathrm{d}} \leqslant \frac{V_\mathrm{pd}}{\phi_\mathrm{f}N_\mathrm{spd,f}\left(h_\mathrm{spd,f} - \dfrac{x_\mathrm{min}}{2}\right)} \quad (2.6\text{-}17)$$

$$\frac{V_\mathrm{d}}{M_\mathrm{d}} \geqslant \frac{0.17\phi_j f_\mathrm{cd}b_\mathrm{f,s}'h_\mathrm{e} + V_\mathrm{pd}}{\phi_\mathrm{f}N_\mathrm{spd,f}\left(h_\mathrm{spd,f} - \dfrac{h_\mathrm{e}}{2}\right)} \quad (2.6\text{-}18)$$

当剪弯比同时不符合式(2.6-17)和式(2.6-18)的条件时,抗剪弯承载力应满足下列公式要求:

$$\gamma_0 V_d \leq 0.95\tau_c b'_{f,s} x + V_{pd} \quad (2.6\text{-}19)$$

$$\gamma_0 M_d \leq \phi_f \left[\sigma_c b'_f x \left(h_0 - \frac{x}{2} \right) - N_{spd,f}(h_0 - h_{spd,f}) \right] \quad (2.6\text{-}20)$$

其中 τ_c、σ_c、x 应按式(2.6-21)~式(2.6-23)计算:

$$N_{spd,f} = \sigma_c b'_f x \quad (2.6\text{-}21)$$

$$\frac{\tau_c}{f_{cd}} = \phi_j \sqrt{0.009 + 0.095 \frac{\sigma_c}{f_{cd}} - 0.104 \left(\frac{\sigma_c}{f_{cd}} \right)^2} \quad (2.6\text{-}22)$$

$$\frac{V_d}{M_d} = \frac{0.95\tau_c b'_{f,s} x + V_{pd}}{\phi_f \left[\sigma_c b'_f x \left(h_0 - \frac{x}{2} \right) - N_{spd,f}(h_0 - h_{spd,f}) \right]} \quad (2.6\text{-}23)$$

$$V_{pd} = 0.95(0.8 f_{pd,i} A_{pb,i} \sin\theta_i + \sigma_{pd,e} A_{pb,e} \sin\theta_e) \quad (2.6\text{-}24)$$

$$N_{spd,f} = f_{sd} A_s + f_{pd,i}(A_{p,i} + 0.8 A_{pb,i} \cos\theta_i) + \sigma_{pd,e}(A_{p,e} + A_{pb,e} \cos\theta_e) - f'_{sd} A'_s - (f'_{pd,i} - \sigma'_{p0,i}) A'_{p,i} \quad (2.6\text{-}25)$$

$$x_{min} = \frac{N_{spd,f}}{f_{cd} b'_f} \quad (2.6\text{-}26)$$

$$b'_{f,s} = b + 2b'_h \quad (2.6\text{-}27)$$

式中:M_d——与 V_d 工况对应的弯矩设计值(N·mm);

V_{pd}——跨接缝弯起预应力钢筋拉力设计值在接缝截面切向的分力(N);

$N_{spd,f}$——受弯构件全部纵向连续普通钢筋和预应力钢筋合力设计值在接缝截面法向的分力(N);

$h_{spd,f}$——$N_{spd,f}$ 的作用点至截面受压边缘的距离(mm);

x_{min}——矩形截面剪压区的最小高度(mm);

ϕ_j——接缝对混凝土抗剪强度的折减系数:当为设剪力键的环氧胶接缝时取 0.85,当为不设剪力键的环氧胶接缝或设剪力键的现浇混凝土接缝时取 0.7,当界面粗糙化处理后现浇混凝土或填充砂浆时取 0.6;当界面不粗糙化处理现浇混凝土或填充砂浆时取 0.3;

$b'_{f,s}$——矩形截面的宽度或带翼缘板截面受压翼缘板的抗剪有效宽度(mm);

τ_c——剪压区混凝土的剪应力设计值(MPa);

x——受弯构件接缝截面剪压区的高度(mm),当 $x > h_e$ 时取 h_e;

σ_c——剪压区混凝土的压应力设计值(MPa);

θ_i、θ_e——跨接缝体内、体外弯起预应力钢筋的合力与接缝截面法向的夹角(°);

b'_h——腹板承托或加腋的宽度(mm),当无承托或加腋时取翼缘板根部厚度的一半。

2.6.2.3 体外预应力转向及锚固计算

相关荷载试验结果表明,转向块有三种受力机理:由体外预应力钢筋竖向转向力引起的上拔作用、由上拔作用在转向器以上混凝土中产生的梁作用,以及由体外预应力钢筋横向转向力在转向器下方混凝土可能开裂面上形成的剪切作用。

转向块上拔抗拉承载力计算,可根据转向块传力规律构建拉杆-压杆模型,其中拉杆按轴心受拉构件计算其钢筋抗拉承载力并考虑转向块裂缝控制的要求。由于体外预应力钢筋的极限应力是可以控制的,转向块的受力总体上比较明确,建立拉杆-压杆模型也比较简单,故设计的重点是在构造上确保受拉钢筋能够发挥设计要求的强度,并通过减小受拉钢筋抗拉强度设计值达到控制混凝土裂缝宽度、提高上拔抗拉承载力(使其破坏不先于梁体弯曲破坏)的目的。

转向块可能开裂面的抗剪承载力验算可采用界面的抗剪承载力计算公式,可参考美国 AASHTO 的有关规定。

体外预应力钢筋的转向块采用拉杆-压杆模型计算时,内环筋(拉杆)的抗拉承载力可按下式计算(图 2.6-4):

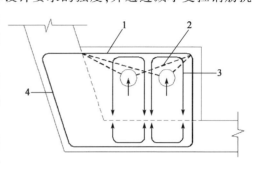

图 2.6-4 转向块的拉杆-压杆计算模型

$$\gamma_0 P_d \leq f_{sr,d} A_{sr} \tag{2.6-28}$$

式中:P_d——竖向拉力设计值(N);

$f_{sr,d}$——内环钢筋的抗拉强度设计值(MPa),取 $0.6f_{sd}$;

A_{sr}——内环钢筋的截面面积(mm^2)。

体外预应力钢筋转向块的可能开裂面应作为剪切滑移的界面,其抗剪承载力计算应符合下列规定:

基本公式

$$\gamma_0 V_d \leq 0.65(cA_{cv} + \mu f_{sv,k} A_{sv}) \tag{2.6-29}$$

穿过开裂面钢筋计算取值条件

$$A_{sv} \leq \frac{0.25f_{ck} - c}{\mu f_{sv,k}} A_{cv} \tag{2.6-30}$$

$$A_{sv} \leq \frac{K - c}{\mu f_{sv,k}} A_{cv} \tag{2.6-31}$$

式中:V_d——可能开裂面的剪力设计值(N);

c——混凝土界面的黏结强度(MPa),转向块混凝土与梁体一起浇筑、界面粗糙化处理后二次浇筑,分别取 2.8MPa、1.7MPa;

A_{cv}——可能开裂面的截面面积(mm^2);

μ——混凝土界面的摩擦系数,转向块混凝土与梁体一起浇筑、界面粗糙化处理后二次浇筑,分别取 1.4、1.0;

A_{sv}——穿过可能开裂面钢筋的截面面积(mm^2);当实际采用的截面面积超过式(2.6-30)或式(2.6-31)限值时,则将其中较小的限值代入式(2.6-29)计算;

$f_{sv,k}$——穿过可能开裂面钢筋的抗拉强度标准值(MPa),当 $f_{sv,k}$>400MPa 时取 400MPa;

f_{ck}——转向块混凝土的抗压强度标准值(MPa),当采用分次浇筑时强度取较低者;

K——混凝土界面的极限剪切强度(MPa),转向块混凝土与梁体一起浇筑、界面粗糙化处理后二次浇筑,均取 10.3MPa。

2.6.2.4 U形钢筋布置形式的预制构件接缝承载力计算

构件采用U形钢筋交错布置现浇混凝土接缝时,截面承载力计算应符合下列规定(图2.6-5):

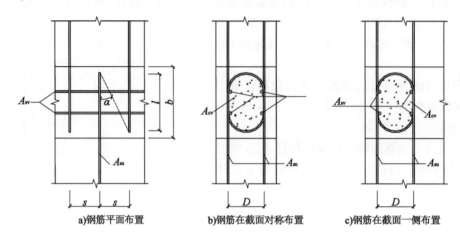

a)钢筋平面布置　　b)钢筋在截面对称布置　　c)钢筋在截面一侧布置

图2.6-5　U形钢筋交错布置现浇混凝土接缝的计算参数示意

S-相邻交错U形钢筋轴线的间距;l-相邻交错U形钢筋圆端头间的重叠长度;b-现浇接缝的宽度;D-U形钢筋双肢轴线的间距

U形钢筋屈服条件

$$f_{su,d}A_{su} \leq 1.3(cA_{cv} + 1.4f_{sv,k}A_{sv}\cos\alpha) \tag{2.6-32}$$

U形钢筋所围核心混凝土加强钢筋计算取值条件

$$A_{sv} \leq \frac{(0.25f_{ck} - c)}{1.4f_{sv,k}\cos\alpha}A_{cv} \tag{2.6-33}$$

$$A_{sv} \leq \frac{(K - c)A_{cv}}{1.4f_{sv,k}\cos\alpha} \tag{2.6-34}$$

式中:$f_{su,d}$——U形钢筋的抗拉强度设计值(MPa);

A_{su}——一个U形钢筋双肢总截面面积(mm^2);

c——混凝土的黏结强度(MPa),取2.8MPa;

A_{cv}——U形钢筋交错重叠部分所围核心混凝土投影平面的净面积(mm^2);

$f_{sv,k}$——核心混凝土加强钢筋的抗拉强度标准值(MPa),当$f_{sv,k}$>400MPa时取400MPa;

A_{sv}——核心混凝土加强钢筋的截面面积(mm^2),当实际采用的截面面积超过式(2.6-33)或式(2.6-34)限值时,则将其中较小的限值代入式(2.6-32)计算;

α——接缝两侧相邻U形钢筋圆端头连线与U形钢筋轴线的夹角(°);

f_{ck}——接缝混凝土的抗压强度标准值(MPa);

K——混凝土界面的极限剪切强度(MPa),取10.3MPa。

2.6.3　持久状况正常使用极限状态计算

节段预制拼装预应力混凝土桥梁应进行持久状况正常使用极限状态设计,可以《公路钢筋混凝土及预应力混凝土桥涵设计规范》(JTG 3362)中相应规定为基础,但在抗裂性能、裂缝宽度及应力等计算时应考虑接缝截面的受力特点。

节段预制拼装预应力混凝土桥梁的持久状况应按正常使用极限状态要求,采用作用(或荷载)频遇组合、准永久组合或频遇组合并考虑长期效应的影响,对构件的抗裂性能、裂缝宽度和变形进行验算。在上述各种组合中,汽车荷载效应可不计冲击影响。

节段预制拼装预应力混凝土构件进行使用阶段设计时,应将作用(或荷载)按标准值组合,计算构件正截面混凝土的法向压应力、受拉区预应力钢筋的拉应力和斜截面混凝土的主压应力。在上述计算中,汽车荷载效应计入冲击影响。

节段预制拼装预应力混凝土梁不应按 B 类预应力混凝土设计,当无纵向连续普通钢筋时应按全预应力混凝土设计。

(1)预应力钢筋的锚下张拉控制应力应符合下列规定:

体内预应力钢绞线、钢丝

$$\sigma_{\mathrm{con,i}} \leqslant 0.75 f_{\mathrm{pk,i}} \tag{2.6-35}$$

体内预应力螺纹钢筋

$$\sigma_{\mathrm{con,i}} \leqslant 0.85 f_{\mathrm{pk,i}} \tag{2.6-36}$$

体外预应力钢绞线、钢丝

$$\sigma_{\mathrm{con,e}} \leqslant 0.70 f_{\mathrm{pk,e}} \tag{2.6-37}$$

式中:$\sigma_{\mathrm{con,i}}$——体内预应力钢筋的锚下张拉控制应力(MPa);

$\sigma_{\mathrm{con,e}}$——体外预应力钢筋的锚下张拉控制应力(MPa);

$f_{\mathrm{pk,i}}$——体内预应力钢筋的抗拉强度标准值(MPa);

$f_{\mathrm{pk,e}}$——体外预应力钢筋的抗拉强度标准值(MPa)。

(2)使用阶段节段预制拼装预应力混凝土构件接缝截面混凝土的最大压应力,应符合下列规定:

最大压应力应满足下式要求

$$\sigma_{\mathrm{cc}} \leqslant 0.50 f_{\mathrm{ck}} \tag{2.6-38}$$

最大主压应力应满足下式要求

$$\sigma_{\mathrm{cp}} \leqslant 0.60 f_{\mathrm{ck}} \tag{2.6-39}$$

式中:f_{ck}——混凝土的抗压强度标准值(MPa)。

(3)使用阶段节段预制拼装预应力混凝土构件预应力钢筋的拉应力,应符合下列规定:

体内预应力钢筋的最大拉应力应满足下式要求

$$\sigma_{\mathrm{p,i}} \leqslant 0.65 f_{\mathrm{pk,i}} \tag{2.6-40}$$

体外预应力钢筋的最大拉应力应满足下式要求

$$\sigma_{\mathrm{p,e}} \leqslant 0.60 f_{\mathrm{ck,e}} \tag{2.6-41}$$

式中:$f_{\mathrm{pk,i}}$——体内预应力钢筋的抗拉强度标准值(MPa);

$f_{\mathrm{pk,e}}$——体外预应力钢筋的抗拉强度标准值(MPa)。

(4)构件接缝截面边缘混凝土的拉应力应满足下列抗裂要求:

全预应力混凝土构件在作用频遇组合下

$$\sigma_{\mathrm{st}} - 0.8\sigma_{\mathrm{pc}} \leqslant 0 \tag{2.6-42}$$

A 类部分预应力混凝土构件在作用频遇组合下

$$\sigma_{st} - \sigma_{pc} \leq 0.5 f_{tk} \qquad (2.6\text{-}43)$$

A 类部分预应力混凝土构件在作用准永久组合下

$$\sigma_{lt} - \sigma_{pc} \leq 0 \qquad (2.6\text{-}44)$$

(5) 构件接缝截面混凝土的主拉应力应满足下列抗裂要求：

全预应力混凝土构件在作用频遇组合下

$$\sigma_{tp} \leq 0.4 f_{tk} \qquad (2.6\text{-}45)$$

A 类部分预应力混凝土构件在作用频遇组合下

$$\sigma_{tp} \leq 0.5 f_{tk} \qquad (2.6\text{-}46)$$

式中：σ_{st}——作用频遇组合下接缝截面边缘混凝土的拉应力(MPa)；

σ_{pc}——永存预加力作用下接缝截面边缘混凝土的压应力(MPa)；

f_{tk}——混凝土轴心抗拉强度标准值(MPa)，取接缝两侧强度较低者；

σ_{lt}——作用准永久组合下接缝截面边缘混凝土的拉应力(MPa)；

σ_{tp}——预加力和作用频遇组合下接缝位置混凝土的主拉应力(MPa)。

(6) 节段预制拼装混凝土构件的截面刚度及挠度应按现行《公路钢筋混凝土及预应力混凝土桥涵设计规范》(JTG 3362)的规定计算，同时应考虑接缝对其挠度增大的影响，增大系数可取 1.1。

2.6.4 短暂状况计算

节段预制拼装混凝土构件按短暂状况施工阶段设计时，应根据实施的制作、运输、安装、维护等工况的结构自重和可能出现的荷载按标准值(除有特别规定外)组合(荷载分项系数取 1.0)，计算构件正截面和斜截面混凝土应力或承载力。预应力钢筋对混凝土构件施力作用对应的分项系数为 1.0，当为超静定结构时尚应计入由预应力等引起的次效应。

当进行构件或节段运输和安装计算时，构件或节段的自重应乘以动力系数 1.2 或 0.85。

预制节段由桥面输送安装时，应对已建结构部分进行极限承载力验算，机车的动力影响系数取 1.15。

(1) 节段预制拼装混凝土构件，在自重和施工荷载作用下接缝截面边缘混凝土的最大压应力应符合下列规定：

预应力混凝土构件

$$\sigma_{cc}^t \leq 0.65 f_{ck}' \qquad (2.6\text{-}47)$$

钢筋混凝土构件

$$\sigma_{cc}^t \leq 0.70 f_{ck}' \qquad (2.6\text{-}48)$$

式中：f_{ck}'——施工阶段混凝土的轴心抗压强度标准值(MPa)。

(2) 节段预制拼装预应力混凝土构件，在自重和施工荷载作用下接缝截面边缘混凝土的最大拉应力应符合下列规定：

受拉区跨接缝体内纵向钢筋的配筋率不少于 0.2% 时

$$\sigma_{ct}^t \leq 0.50 f_{tk}' \qquad (2.6\text{-}49)$$

受拉区跨接缝体内纵向钢筋的配筋率大于 0.4% 时

接缝截面 $\sigma_{ct}^t \leq 0.80 f_{tk}'$ (2.6-50)

受拉区跨接缝体内纵向钢筋的配筋率在 0.2% 和 0.4% 之间时，σ_{tct} 的限值按以上规定的线性插值取用。受拉区跨接缝体内纵向钢筋的配筋率少于 0.2% 时不得出现拉应力。

全体外预应力混凝土构件的接缝截面不允许出现拉应力。

式中：f_{tk}'——施工阶段的混凝土轴心抗拉强度标准值(MPa)。

(3) 节段预制钢筋混凝土构件，在施工阶段作用标准组合下中心轴处接缝位置的混凝土主拉应力应满足下式要求：

$$\sigma_{tp}^t \leq 0.70 f_{tk}'$$ (2.6-51)

式中：σ_{tp}^t——施工阶段构件中心轴处接缝位置混凝土的主拉应力(MPa)。

(4) 设置剪力键的环氧胶接缝，当环氧胶固化前接缝无临时抗剪时，在施工阶段作用标准组合下剪力键根部截面的混凝土剪应力应满足下式要求：

$$\tau_{ck}^t = \frac{1.5 V_k^t}{\sum_i A_{ck,i}} \leq 0.7 f_{ck}' \sqrt{0.009 + 0.095 \frac{\sigma_{pc,a}^t}{f_{ck}'} - 0.104 \left(\frac{\sigma_{pc,a}^t}{f_{ck}'}\right)^2}$$ (2.6-52)

式中：τ_{ck}^t——施工阶段剪力键根部截面混凝土的剪应力(MPa)；

V_k^t——施工阶段计入动力系数作用标准组合在接缝截面产生的剪力(N)；

i——剪力键较薄弱侧键块的序号；

$A_{ck,i}$——第 i 个键块根部的截面面积(mm^2)，位于顶板和底板上的键块计入范围限于抗剪有效宽度之内；

$\sigma_{pc,a}^t$——施工阶段接缝全截面的平均有效预压应力(MPa)。

(5) 不设剪力键或仅设少量定位键的接缝，在施工阶段作用标准组合下，其连接材料界面的剪应力应满足下式要求：

$$\tau_{cj}^t = 1.5 \frac{V_k^t}{A_{cj}} \leq 0.7 k_t c_i$$ (2.6-53)

式中：τ_{cj}^t——施工阶段接缝界面的剪应力(MPa)；

A_{cj}——接缝的截面面积(mm^2)；

k_t——施工阶段接缝连接材料界面黏结强度的折减系数，取 0.75；

c_i——接缝连接材料界面的黏结强度(MPa)：当为设剪力键的环氧胶时取 2.3MPa；当为不设剪力键的环氧胶或设剪力键的现浇混凝土时取 2.0MPa；当界面粗糙化处理后现浇混凝土或填充砂浆时取 1.7MPa；当界面不粗糙化处理现浇混凝土或填充砂浆时取 0.5MPa。

3 整跨预制拼装梁桥实例

3.1 公路高架桥梁工程(上海 S7 公路)

3.1.1 工程概况

上海 S7 公路是上海高速公路网的"两环、十二射"加"一纵、一横、四联"的布局形态中西北方向的重要射线,远期将与沪崇越江西线连接。

S7 公路分两期实施,全长 14.85km,其中一期工程起点位于 S20 外环高速西北转弯处,终点位于月罗公路北侧,全长约 8.75km,双向 6 车道,以高架桥梁为主。全线设互通立交 2 处,即 S20 立交和 G1501 立交;设菱形立交 2 处,即宝安公路立交和月罗公路立交(图 3.1-1)。

图 3.1-1　S7 公路线路平面示意图

S7 公路是上海市交通建设装配式技术试点项目,也是目前国内在桥梁预制拼装技术方面应用最全面的一个项目。除了承台和桥面铺装外,所有的桥梁构件均应用了预制拼装技术,包括桩基、立柱、盖梁、小箱梁、组合梁、桥台、护栏等。桥梁预制装配率达到 95%。在新型组合梁、超宽盖梁、桥台、箱涵等方面进行了新的技术拓展。

S7 公路一期工程已于 2019 年 10 月建成通车。

3.1.2 结构设计

3.1.2.1 上部结构

本工程主线桥梁分左右两幅布置。桥梁上部结构根据不同部位分别采用简支小箱梁、简支钢箱组合梁、连续钢板组合梁与连续钢箱组合梁,见表 3.1-1。

小箱梁标准跨径为 30m,C50 混凝土,简支结构 + 桥面连续体系,横截面见图 3.1-2、图 3.1-3。小箱梁采用上海地方标准设计,按后张法预应力混凝土 A 类构件设计,工厂预制。标准段小箱梁现场湿接缝最小宽度为 30cm,采用环形钢筋交错布置,环形钢筋间距为 10cm,

C80 混凝土现浇连接;在变宽段、曲线段的小箱梁设计中采用以直代曲、调整悬臂宽度的方式。桥梁横坡通过梁底垫石进行调整。在横坡变化段,预制梁为平面,将现浇湿接头做成翘曲面。小箱梁防撞护栏与边梁同步预制。

高架及匝道桥梁上部结构形式一览表　　　　表 3.1-1

部位		桥宽(m)	桥跨布置(m)	结构形式
主线	标准段	13.5、16.25、20	30	简支小箱梁
	变宽段	13.5~27.75	30	简支小箱梁
	跨一般路口	13.5、16.25、20	50	简支钢箱组合梁
	跨宝安公路	13.5	45+65+45	三跨连续钢箱组合梁
	宝安公路两侧	13.5	32+3×40+32	五跨连续钢板组合梁
匝道	标准段	10	30	简支小箱梁
	小半径曲线段与跨一般路口	10	25~46	简支钢箱组合梁
	跨 S6、S20	10	50+55+50	连续钢箱组合梁

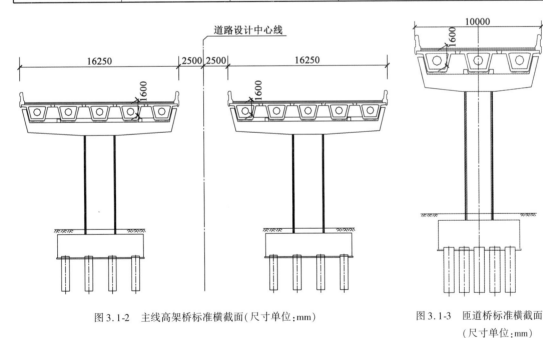

图 3.1-2　主线高架桥标准横截面(尺寸单位:mm)

图 3.1-3　匝道桥标准横截面(尺寸单位:mm)

组合梁设计详见本书第 5 章。

3.1.2.2　下部结构

S7 公路主线高架桥采用分幅式布置,桥宽比较适中,而且桥下需要设置或预留地面辅道,

115

所以立柱采用独柱墩形式。这样的盖梁和立柱布置形式,不但降低了盖梁的高度,而且减少了立柱的根数,提高了桥下空间的利用率。桥墩桩基、立柱与盖梁采用预制结构。

1)盖梁

盖梁采用后张法预应力混凝土结构。上部结构为简支梁时,盖梁采用倒T形截面;上部结构为连续梁时,盖梁采用矩形截面。盖梁分整体式盖梁、分段式盖梁与节段式盖梁三类。盖梁采用工厂预制,预制盖梁与立柱之间通过灌浆波纹钢管实现拼装连接。

在盖梁中全面采用高挡块构造和深埋锚工艺,不但提高了盖梁的美观度,还为小箱梁边梁与防撞墙同步预制吊装提供了防止倾覆的安全保障。

为了提高模板的利用率和推广标准化、工厂化的施工模式,对盖梁进行了标准化设计,使盖梁品种尽量减少。全线高架和立交桥墩盖梁的品种统一为6种,见表3.1-2。

预制盖梁起吊重量控制在225t以内。为了降低盖梁重量,达到小型化,轻量化,便于运输、吊装的目的,在盖梁设计时,采用了提高混凝土强度等级、减小截面尺寸的优化方法,把盖梁混凝土的强度等级由常规的C40提高到C60,混凝土用量及盖梁质量减少约13%,详见表3.1-3。

高架及匝道桥梁盖梁品种一览表　　　　表3.1-2

部　位	桥宽(m)	跨径(m)	盖梁截面类型	盖梁品种	盖梁截面尺寸(顺桥向×高度,m)
主线标准段、变宽段	13.5	30	倒T形	A	(0.95+0.9+0.95)×3.1
	13.5	32+3×40+32	中墩:矩形 边墩:倒T形	E C	2.4×2.0 (1.1+0.9+0.95)×3.4
	16.25	30	倒T形	A	(0.95+0.9+0.95)×3.1
	20	30	倒T形	B	(0.95+1.0+0.95)×3.3
主线跨一般路口	13.5	50	倒T形	C	(1.1+0.9+0.95)×3.4
	16.25	50	倒T形	D	(1.1+1.2+0.95)×3.4
	20	50	倒T形	D	(1.1+1.2+0.95)×3.4
主线跨宝安公路	13.5	45+65+45	中墩:矩形 边墩:矩形	F E	中墩F:矩形2.4×2.4 边墩E:矩形2.4×2.0
匝道标准段	10	30	倒T形	A	(0.95+0.9+0.95)×3.1
匝道跨S6、S20	10	50+55+50	中墩:矩形 边墩:倒T形	E D	2.4×2.0 (1.1+1.2+0.95)×3.4

部分盖梁优化前后参数表　　　　　　　　表3.1-3

桥宽（m）	优化前后	混凝土强度等级	高度（m）	钢束	截面布置（mm）	混凝土用量（m³）	质量（t）
13.5	优化前	C40	3.3	$2\times12+1\times9+3\times9=60$		68	176.8
13.5	优化后	C60	3.1	$2\times15+2\times15=60$		59	153.4
16.25	优化前	C40	3.3	$3\times9+3\times9+3\times9=81$		85.3	221.8

续上表

桥宽(m)	优化前后	混凝土强度等级	高度(m)	钢束	截面布置(mm)	混凝土用量(m³)	质量(t)
16.25	优化后	C60	3.1	2×15+2×15+2×15=90		72	187.2

对于部分自重较大的盖梁，根据运输吊装的质量控制进行分段、匹配预制(图3.1-4)。首次采用节段预制悬臂拼装技术，避免了设置落地支架影响地面车辆通行。预制构件接缝采用牛腿式，其好处不仅包括抗剪性能好，而且在施工时可以为后装构件提供支撑，简化了施工装置，缩短了安装时间(可以在1h内完成)。

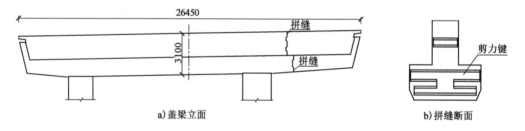

图3.1-4 节段悬臂拼装盖梁示意(尺寸单位：mm)

为了验证盖梁节段悬臂拼接技术的可靠性，对牛腿式接缝、垂直接缝和整体式无接缝3种形式的结构按不同剪跨比进行了计算分析和破坏试验研究(图3.1-5)。研究结果显示，牛腿式接缝在承载能力和正常使用性能方面完全满足规范要求。相对于垂直接缝，牛腿式接缝充分利用了牛腿的支承作用和抗剪能力，具有更好的抗剪性能。

2)立柱

桥墩采用独柱墩。立柱采用钢筋混凝土结构、矩形截面，采用预制拼装施工方法。立柱与承台、高墩分段立柱均通过钢筋灌浆套筒实现拼装连接；立柱与盖梁采用钢筋灌浆金属波纹钢管锚固连接(图3.1-6)。

预制单节立柱起吊重量控制在125t以内，高度控制在13m以内。对于立交区等部分高墩，立柱分为上下两段预制，每段重量控制在125t以内，高度控制在13m以内。

经过标准化设计，全线高架和立交桥墩立柱的截面品种统一为6种，见表3.1-4。

a) 试验加载

b) 破坏阶段裂缝形态

图 3.1-5　节段悬臂拼装盖梁缩尺破坏试验

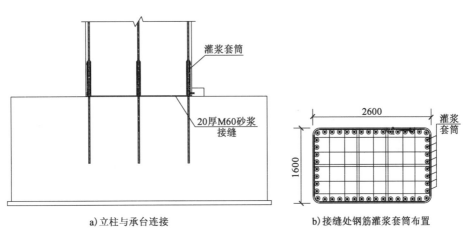

a) 立柱与承台连接

b) 接缝处钢筋灌浆套筒布置

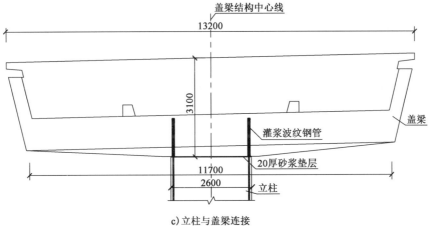

c) 立柱与盖梁连接

图 3.1-6　承台-立柱-盖梁连接(尺寸单位:mm)

高架及匝道桥梁立柱品种一览表　　　　表 3.1-4

部　位	桥宽（m）	立柱品种	立柱截面尺寸（横桥向×顺桥向,m×m）
主线标准段、变宽段	13.5	A	2.6×1.6
	13.5	E	2.6×2.0
	16.25	B	3.2×1.6
	20	C	2 根 1.6×2.0
主线跨一般路口	13.5	E	2.6×2.0
	16.25	F	3.2×2.0
	20	C	2 根 1.6×2.0
主线跨宝安公路	13.5	F	3.2×2.0
匝道标准段	10	D	2.2×1.6
匝道跨 S6、S20	10	E	2.6×2.0

在以往试验研究的基础上,开展了预制拼装立柱足尺构件的破坏试验和受力性能分析（图 3.1-7）。试验结果和分析研究显示,预制拼装立柱的承载能力满足规范和设计要求;在接缝位置采取适当的构造措施,对于提高立柱的抗裂性能是有效的。

a) 试验加载　　　　　　　　b) 破坏阶段裂缝形态

图 3.1-7　预制拼装立柱足尺破坏试验

3）桥台

桥台采用轻型桥台,台帽采用预制拼装,最大重量、尺寸控制基本与盖梁相同（图 3.1-8）。台帽直接与桩基连接并埋入地面 50cm。台后填土高度控制在 2.5m 以下。

台帽与桩基之间采用型钢插槽式连接。在台帽预制时采用直径 600mm、壁厚 3mm 的镀锌金属波纹管预留圆柱形槽口。在 PHC 预应力管桩的桩头填芯混凝土中预先插入 H 型钢或锚固钢筋,台帽安装后现场灌浆连接。

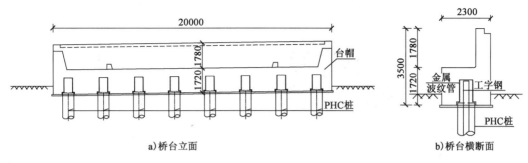

图 3.1-8　预制桥台(尺寸单位:mm)

4)桩基础

桥梁基础主要采用 PHC 预应力管桩,桩径为 800mm;在环评敏感点和管线保护范围内,采用钢管桩,直径 700mm,桩基持力层为 ⑧$_{21}$ 层或 ⑧$_{22}$ 层,采用免共振液压振动锤施工(图 3.1-9)。

免共振液压振动锤施工的钢管桩振动及噪声均较小,对环境影响较小,施工速度快,桩身质量有保证,在市中心建设项目及郊区工程的环境敏感点、距离既有构筑物较近和管线保护范围内使用效果明显。

直径 700mm 钢管桩设计单桩极限承载力为 6000kN。为验证免共振液压振动锤施工的钢管桩的承载能力,进行了桩基静荷载试验。试验结果表明,单桩竖向抗压极限承载力为 7800kN,满足设计要求。

图 3.1-9　免共振液压振动锤沉桩

3.1.3　构件预制

图 3.1-10　大型数控钢筋加工机

立柱、盖梁、小箱梁等预制构件分别在工地附近的桥梁预制构件厂制作。

钢筋采用数控钢筋加工机(图 3.1-10)集中加工,在胎架上制作,形成模块化钢筋,达到 2mm 的精度要求。采用高性能混凝土提高施工性能与工作效率。

1)立柱

全桥立柱总数为 941 根,其中低、中墩立柱采用整体预制立柱,占全桥的 90%,其余 10% 高墩立柱采用分段预制立柱。立柱工厂预制详见图 3.1-11、图 3.1-12。

2)盖梁

全桥盖梁总数为 761 个。盖梁内的预埋波纹钢管采取整体制作组装(图 3.1-13),盖梁钢筋在胎架上制作(图 3.1-14)。先行预制的高挡块可作为盖梁的侧模,并与盖梁整体结合

(图3.1-15)。对于节段悬臂拼装盖梁,其相邻节段采用匹配预制施工(图3.1-16)。

图3.1-11 胎架上进行立柱钢筋制作

图3.1-12 立柱混凝土浇筑

图3.1-13 盖梁内的预埋波纹钢管

图3.1-14 胎架上制作盖梁钢筋

图3.1-15 盖梁(采用高挡块和深埋锚工艺)预制

图3.1-16 节段悬臂拼装盖梁匹配预制

3)小箱梁

全桥小箱梁数量为2354片,在预制构件厂预制。全桥共有54个台座,一个台座最快5天完成一片梁,按正常生产能力平均每天达到5~7片,能保证现场吊装1天1跨的进度要求。高性能混凝土与整体钢模板的应用使预制效率与预制质量得到很大提高。

3.1.4 拼装施工

1）立柱

立柱与盖梁构件运输委托专业运输公司承担。根据构件特点与运输路况条件，运输车辆选用重型平板挂车，构件均安排在夜间进场。吊装范围在施工围挡内，可全天开展构件吊装施工作业。

立柱主吊机选用1台250t履带吊，辅吊机选用1台100t履带吊。先采用双机抬吊将立柱直接卸车；在5个由帆布卷成的直径为30cm的圆柱上完成立柱翻转竖立；然后转单机吊装，旋转就位（图3.1-17）。

a）立柱吊装翻身　　　　　　　　　　b）立柱吊装

图3.1-17　整体立柱安装

立柱垫层坐浆前，需在承台面放置200mm×200mm×21mm橡胶支座垫块，底下放置钢板以调节高度。用高压水枪对承台凿毛面进行清理及湿润，并清除表面积水；安装挡浆模板，将拌制好的M60砂浆倾倒于承台凿毛面，用铁板刮平。铺浆完成后，在每根钢筋上套上止浆垫。

立柱的安装通过精调达到精度要求。在立柱底面离砂浆面2cm时，对立柱垂直度进行控制，由一台经纬仪、一台全站仪在顺桥向、横桥向两个方向同时监控；采用四台手动顶液压杆，来校正立柱的垂直度；之后下方立柱就位。垫层砂浆终凝后进行套筒灌浆施工。

套筒灌浆料采用M100高强无收缩水泥灌浆料，配合比为干料：水=100：12。压浆过程中从套筒下部注浆孔压浆，上部出浆口出浆。出浆口设L形管，待浆料流出，用橡胶止浆塞迅速封堵出浆口。检查L形管内砂浆回流情况，并及时补浆，保证套筒内砂浆饱满。

当立柱套筒灌浆料养生大于1天且抗压强度大于35MPa后，拆卸千斤顶等临时设施，开展后续施工。一般一天可以完成4根立柱的安装。

分段立柱间节段拼装流程：下节段与承台拼装完成（待下节段与承台间砂浆垫层强度满足要求后再进行上节段施工）→上节段预拼装→调节上节段垂直度→拼接面测量、处理→涂刷专门调配的环氧黏结剂（厚度3~8mm）→上节段吊装就位→套筒灌浆连接→在上节段自重及花篮螺栓预紧力作用下,保证在施工工况拼接面受压(图3.1-18)。

a)接缝上涂抹环氧胶　　　　　　　　　b)立柱吊装

图3.1-18　分段立柱安装

2)盖梁

盖梁采用两台250t履带吊双机抬吊卸车、吊装就位,然后进行预拼装、调整、坐浆及套筒灌浆(图3.1-19)。一般一天可以完成2榀盖梁的安装。

a)盖梁与立柱间砂浆垫层　　　　　　　b)盖梁起吊

图3.1-19　盖梁安装

在宽桥盖梁中采用节段悬臂拼装技术,采用牛腿式垂直接缝,有效降低了无支撑垂直接缝的施工难度和施工风险,施工简单快捷,质量易于保证。

盖梁节段预制拼装主要流程如下(图3.1-20)。

步骤一:盖梁首节段安装→拼接面清理后涂刷环氧黏结剂,预应力管道端部设置海绵垫圈,防止管道堵塞。

步骤二:悬臂拼装节段吊装就位,调节空间坐标→分次施加临时预应力(在吊机脱钩状态下,接缝压应力不小于0.3MPa),同时监测盖梁挑臂端部高程,保证其与设计高程一致→吊机脱钩。

步骤三:待环氧黏结剂固化(约一天),穿束张拉第一批永久体内预应力→拆除临时预应力→小箱梁安装,张拉第二批永久体内预应力。

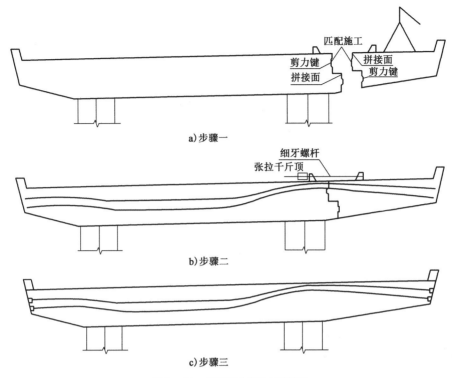

图 3.1-20 盖梁节段拼装主要流程

节段拼装盖梁安装现场如图 3.1-21 所示。

a) 节段起吊

b) 张拉临时预应力

图 3.1-21 节段拼装盖梁安装现场

在项目建设单位的策划与推动下,首次利用工具梁架设超大型门式墩分段式盖梁(图 3.1-22),这是一次新的尝试,实现了大型门式墩盖梁无落地支架施工、快速安装的目标,减小了对地面交通的影响,为今后交通繁忙地段的桥梁施工积累了经验。

3) 桥台

桥台台帽的运输、吊装工艺同盖梁。台帽与桩基之间采用桩基预埋型钢或锚固钢筋插槽式连接。与伸出钢筋相比,桩基预埋型钢造价较高,工程中主要采用桩基伸出锚固钢筋插槽式连接方式。台帽安装完成,浇注低收缩 C80 混凝土完成连接(图 3.1-23)。

图 3.1-22　大型门式墩盖梁安装

a)桥台运输

b)桥台起吊

c)型钢插槽式连接

图 3.1-23　桥台施工

4)小箱梁

小箱梁采用平板挂车运输。小箱梁的边梁与防撞墙整体预制,运输、安装过程中采取了防止梁体倾覆的措施。小箱梁的吊装选用两台 250t 履带吊双机抬吊,一般 1 天可以完成一跨梁的安装(图 3.1-24)。

5)其他

组合梁、空心板、挡土墙的防撞护栏全部采用预制拼装,每段预制护栏长度约 10m。护栏与结构间采用湿接缝连接。接缝处灌注 UHPC150 将护栏钢筋与结构预埋钢筋连接起来(图 3.1-25)。

图 3.1-24　小箱梁(带防撞墙)架设完成

a)护栏运输

b)护栏安装完成

图 3.1-25　预制防撞护栏施工

地道采用箱形结构,设计尺寸为 16m×6.25m×10.3m(宽度×高度×长度)。其尺寸较大导致无法运输,因此将箱形横截面分成上、下、前、后四个构件。上、下构件接缝采用带凹凸榫的胶接缝。箱形结构纵向也分成两段。前、后纵向构件就位后张拉预应力钢筋,形成整体。箱形结构与基础间缝隙采取压浆填充(图 3.1-26)。

在道路工程的悬臂式挡土墙及河道防汛墙中也采用预制拼装技术(图 3.1-27)。

图 3.1-26　地道预制构件拼装　　　　　　图 3.1-27　预制拼装挡土墙

3.2　公路高架桥梁工程(上海 S3 公路)

3.2.1　工程概况

上海 S3 公路(S20~S4)新建工程,是上海公路网"一环十二射"的重要射线道路,是中心城区与浦东、临港及奉贤地区各组团间快速沟通的重要客运通道。S3 公路北起于 S20 公路与罗山路立交,向南先后跨越 S32 申嘉湖高速、大治河、G1503 后接 S4 公路,全长约 42.3km(图 3.2-1)。

S3 公路先期实施的路段范围为 S20 公路—周邓公路,路线总长 3.12km,红线宽度为 60m,采用"高架+地面"的布置形式,高架主线为高速公路入城段,另设置两对平行匝道(图 3.2-2)。工程总投资为 15.6 亿元。作为迪士尼国际旅游度假区的配套工程,工程建设极为紧迫,2016 年年初项目立项,2016 年 7 月 15 日第一根桩基施工,2016 年 12 月 28 日高架通车,创造了"当年立项、当年开工、当年通车"的工程建设新速度。该工程在上海公路建设中全面采用全预制装配法施工,预制装配率达 90.8%。

工程建设特点:

(1)重要性。S3 公路先期实施段主要服务于迪士尼国际旅游度假区,同时,S3 公路作为上海市高速公路网的组成部分,也是市域东南部结构性射线骨干道路。工程方案既要符合路网系统布局,又要满足分期实施、兼顾近远的需求。

(2)紧迫性。本工程于 2016 年年初立项,并确定了 2016 年年底高架通车的建设目标。需要突破常规高架建设手段,以满足"当年立项、当年开工、当年通车"的工程建设进度要求。

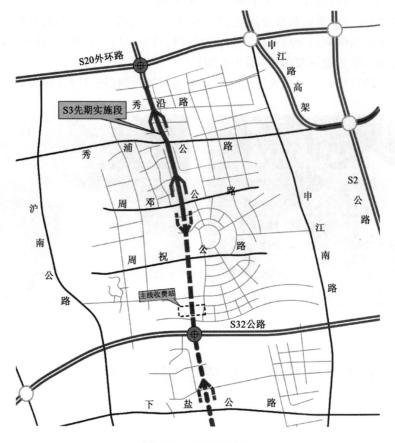

图 3.2-1　工程地理位置

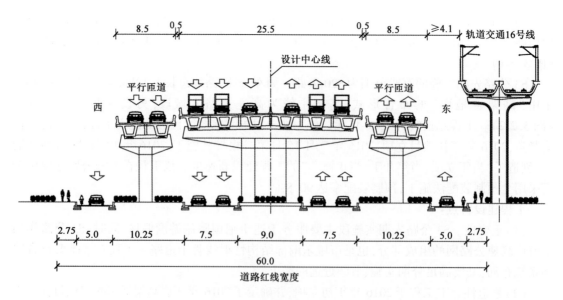

图 3.2-2　工程典型横截面（尺寸单位：m）

(3)复杂性。本工程紧邻运行中的轨道交通高架16号线,二者走向基本平行,主线桩基与其净距不足25m,局部路段轨道交通16号线结构投影与道路红线有重叠交叉,需确保施工期间轨道交通16号线正常运行。

3.2.2 结构设计

3.2.2.1 桥型方案及总体布置

高架桥梁上部结构标准段采用先简支后连续预应力混凝土小箱梁,2~5跨一联,基本跨径30m(图3.2-3);跨一般路口或主要河道采用37~45m钢-混凝土简支组合梁(图3.2-4),跨越秀浦路和周邓公路时采用43m+64m+43m变截面连续钢-混凝土组合梁。关键节点跨径布置见表3.2-1。高架标准段下部结构采用大挑臂盖梁双柱桥墩,根据地质情况和与地铁高架的距离等工程条件采用钻孔灌注桩或钢管桩。承台采用现浇施工,立柱、标准盖梁、四柱盖梁均采用预制装配工艺施工。

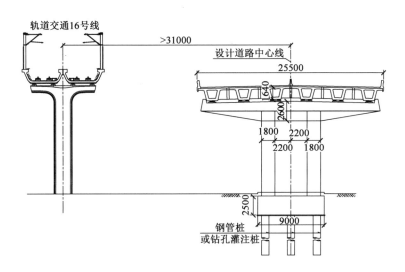

图3.2-3 主线高架桥典型横截面-小箱梁(尺寸单位:mm)

主要节点处桥跨布置及桥型方案　　　　表3.2-1

横向道路或河流名称	红线或蓝线宽度(m)	桥跨布置(m)	结构形式
规划康沿路	24	30	小箱梁
盐船港	28	43	简支组合梁
秀沿路	30	45	简支组合梁
老龚潮港	—	41	简支组合梁
规划康科路	32	45	简支组合梁
龚潮港	28	37	简支组合梁

续上表

横向道路或河流名称	红线或蓝线宽度(m)	桥跨布置(m)	结 构 形 式
川周公路	20	30	小箱梁
秀浦路	55、60	43+64+43	连续组合梁
龙游港	28		
姚家宅河	20	30	小箱梁
八灶港	28	45	简支组合梁
浃洋河	28	31	小箱梁
周邓公路	55	43+64+43	连续组合梁

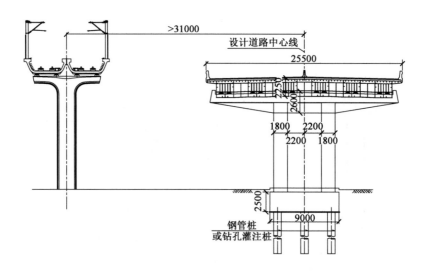

图 3.2-4 主线高架桥典型横断面-组合梁(尺寸单位:mm)

3.2.2.2 上部结构设计

1)预应力混凝土小箱梁

主线高架双向 6 车道 25.5m 标准桥宽由 6 片小箱梁组成,梁距为 4.287m(图 3.2-5);主线高架变宽段由 6~10 片小箱梁组成,梁距为 3.395~4.67m;匝道单向 2 车道 8.5m 标准桥宽由 2 片小箱梁组成,梁距为 4.435m。预制梁高为 1.64m。纵向设置 3 道横隔梁,分别位于跨中和梁端。小箱梁采用先简支后连续的结构体系,正弯矩钢束规格采用 $\phi^s15.20$-4~9,箱梁墩顶结构连续处负弯矩钢束规格采用 $\phi^s15.20$-4~5,预应力管道均采用圆形。

通过开展城市高架桥梁新型预制拼装技术的关键问题研究,首次在小箱梁接缝上采用超高性能混凝土,接缝宽度减小至 300mm,避免采用普通混凝土连接需要较长钢筋焊接或搭接长度的问题,显著减少现场作业量、缩短养护时间,并发挥此类新型材料的高强度、高延性、早强、耐久、自流平等诸多优点,使预制拼装技术更加高效、可靠、节能、环保。超高性能混凝土性能指标见表3.2-2。

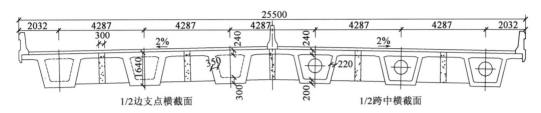

图3.2-5 主线小箱梁横截面(尺寸单位:mm)

超高性能混凝土性能指标　　　　　　　表3.2-2

材料性能(28d 标准养护)	指　　标	材料性能(28d 标准养护)	指　　标
硬化密度(kg/m³)	2450~2550	极限抗拉强度(MPa)	10~12
弹性模量(GPa)	45~55	极限抗拉应变($\mu\varepsilon$)	≥3000
28d 总收缩应变(10^{-6})	≤200	氯离子扩散系数(m²/s)	2×10^{-14}
长期徐变系数	0.8	碳化深度(3年)(mm)	0.1
泊松比	0.2	钢筋锈蚀速率(μm/年)	0.01
抗压强度(MPa)	≥180		

桥梁防撞护栏采用在工厂内预制于小箱梁边梁挑臂上,运输至现场进行拼装,因此为改善边梁受力,每片边梁横桥向只设置永久单支座,每片中梁横桥向仍设置永久双支座,支座均为板式橡胶支座。

为方便小箱梁预制施工,预制小箱梁顶面、底面均按平坡进行布置。施工安装时,按道路横坡进行安装,小箱梁桥面顶板中心作为旋转中心。

2) 钢-混凝土组合梁

S3 主线高架跨径达到 37~45m 时,采用单跨简支钢-混凝土组合梁结构。跨径 37~43m 跨梁高 2.1m,跨径 45m 跨梁高 2.3m。25.5m 桥宽共由 6 片箱梁组成,梁距 4.12m。在边支点、1/4 跨及跨中位置设置整体横隔梁,每片箱梁箱室内沿桥跨设置标准间距为 4.2~5.1m 的横隔板。钢梁主体结构采用 Q345qD 钢,全焊结构。钢梁顶板设置焊钉与混凝土桥面板连为整体,混凝土桥面板厚 0.18m,采用低收缩 C50 混凝土,现场浇筑。

S3 主线高架跨越秀浦路和周邓公路处,跨径布置为 43m+64m+43m,采用变截面钢-混凝土组合梁连续结构体系,梁高 1.8~3.6m。25.5m 桥宽共由 6 片箱梁组成,梁距 4.12m。在边支点、中支点、1/4 跨及跨中位置设置整体横隔梁,每片箱梁箱室内沿桥跨设置标准间距为 5.1m 的横隔板。连续组合梁中支点横梁采用单箱双室断面,宽 2.8m,高 3.6m。钢梁主体结构采用 Q345qD 钢,全焊结构。钢梁顶板设置焊钉与混凝土桥面板连为整体,混凝土桥面板厚 0.24m,采用低收缩 C50 混凝土,现场浇筑。

组合梁中支点桥面板不设纵向预应力,采用支座升降法及调整混凝土浇筑顺序,以改善钢-混凝土组合连续梁负弯矩受力、控制桥面板裂缝,即完成钢梁架设后,在中支点位置顶升

图 3.2-6 钢-混凝土组合梁支座升降法施工

700mm,先浇筑跨中混凝土,后浇筑支点位置混凝土,待桥面板混凝土结构形成后,中支点回落至设计高程位置(图 3.2-6)。

3.2.2.3 下部结构设计

1)结构设计

主线 25.5m 标准桥宽小箱梁下部结构采用大挑臂盖梁双柱桥墩,盖梁高度为 2.6m,纵桥向顶面宽 2.15m,底面宽 1.5m,采用 T 形断面形式。盖梁全长 24.489m,悬臂长 8.244m,采用预应力混凝土结构。桥墩采用双立柱,中心间距 6.2m,每根立柱横桥向尺寸和纵桥向尺寸均为 1.8m,采用钢筋混凝土结构,每根立柱采用整体预制安装。

根据高架道路功能需求,在主线大挑臂盖梁双柱桥墩基础上加宽的桥梁则采用主线双柱主墩+单侧辅墩或主线双柱主墩+双侧辅墩。盖梁 T 形断面形式、纵桥向顶面宽和底面宽均同标准盖梁,盖梁结构高度为 2.4~2.6m,横桥向盖梁最长达到 43.1m,采用预应力混凝土结构。辅墩立柱横桥向尺寸为 1.5m,纵桥向尺寸为 1.8m,采用钢筋混凝土结构。

匝道 8.5m 标准桥宽小箱梁下部结构采用双挑臂盖梁独柱桥墩,盖梁高度为 2.2m,纵桥向顶面宽 2.2m,底面宽 1.2m,采用 T 形断面形式。盖梁全长 7.538m,采用钢筋混凝土结构。立柱横桥向尺寸为 1.8m,纵桥向尺寸为 1.5m,采用钢筋混凝土结构。

2)预制拼装设计

主线 6 车道 25.5m 桥宽盖梁采用 C60 高强混凝土,标准盖梁总重小于 250t,首次实现同等桥梁规模盖梁的整体预制安装,避免了现场分节段或分层预制拼装;采用临时预应力解决了构件运输、架设、成桥等各阶段受力不一致的难题;对 10 车道 43.5m 桥宽四柱盖梁合理设置结构断缝,减小盖梁运输和吊装重量,便于施工。

桥梁纵断面设计比较平缓,立柱净高均在 13m 以下,因此,立柱均采用整体预制拼装工艺。预制桥墩与承台、预制盖梁之间采用套筒连接,主筋直径为 40mm,选用配套灌浆套筒。

3.2.2.4 桩基设计

主线标准段基础采用 11 根直径 1.0m 钻孔灌注桩或 12 根直径 0.7m 钢管桩;匝道段基础采用 4 根直径 1.0m 钻孔灌注桩或 4 根直径 0.7m 钢管桩。

工程中钢管桩的施工首次采用免共振液压振动锤(图 3.2-7),实现工程建设期间对紧邻的轨道交通 16 号线正常运行"零影响"。高架线路与运行中的轨道交通高架 16 号线平行走向,两者桩基净距不足 25m。设计采用三维岩土工程有限元软件进行 PHC 管桩、钢管桩

图 3.2-7 免共振液压振动锤沉桩

挤土效应的数值模拟分析,选择土塞效应影响小的免共振液压振动锤沉桩工艺。同时,通过对原位试桩的挤土效应和振动影响实测分析,确立了1.5km线路长度范围内钢管桩沉桩的可行性,方案的实施实现了工程建设期间对轨道交通16号线正常运行"零影响",得到了轨道交通运管部门的高度认可,取得了良好的社会效益。

3.2.3 构件预制

3.2.3.1 立柱、盖梁预制

立柱、盖梁均采用预制拼装施工工艺,立柱与承台、盖梁之间均采用灌浆套筒连接。为了将预制盖梁、立柱钢筋及套筒的安装精度控制在±2mm以内,预制构件全部采用工程预制、现场安装的方式。

为提高工效、节约成本,在设计阶段对主线、匝道下部结构预制构件规格做了全线统筹、规划,先期实施段桥梁的立柱、盖梁规格和数量统计如表3.2-3所示。

立柱、盖梁规格及数量统计表　　　　　表3.2-3

规　　格	尺寸(m×m)	数量(榀)	占比(%)
立柱1:主线标准墩	截面1.8×1.8	192	73
立柱2:主线连续梁中墩	截面2.0×2.0	8	3
立柱3:主线辅墩	截面1.5×1.8	36	14
立柱4:匝道标准墩	截面2.0×1.5	26	10
盖梁1:主线标准	长24.5,宽2.15	75	64
盖梁2:主线+双侧辅墩	长40.5~47.5,宽2.15	17	15
盖梁3:匝道标准	长7.55,宽2.4	24	21

立柱、盖梁的构件全部在上海建工材料工程有限公司黄楼磁悬浮制梁基地完成预制。制梁基地总面积为420亩。根据立柱、盖梁的工艺特点制定工艺流程如图3.2-8、图3.2-9所示。

根据构件数量、种类、现场施工进度,再结合场地条件,立柱、盖梁模板配置如表3.2-4所示。

立柱、盖梁模板配置表　　　　　表3.2-4

规　　格	构件数量(榀)	生产模位数(个)	模板数量(套)	工期(d)
立柱1:主线标准墩	192	15	5	70
立柱2:主线连续梁中墩	8	1	1	
立柱3:主线辅墩	36	3	1	
立柱4:匝道标准墩	26	2	1	
盖梁1:主线标准	75	8	2	80
盖梁2:主线+双侧辅墩	17	4	2	
盖梁3:匝道标准	24	2	1	

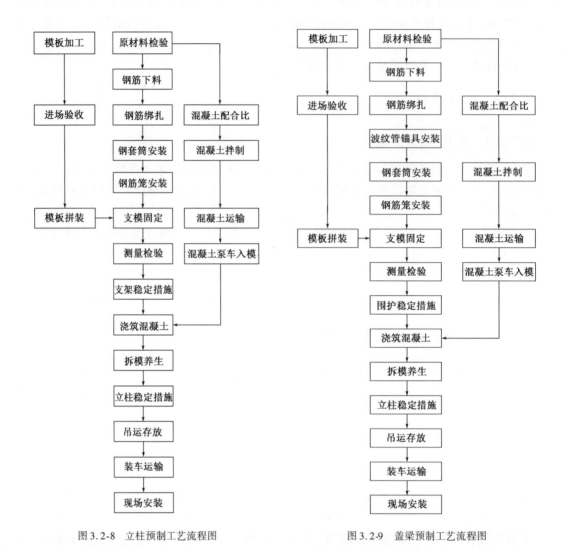

图 3.2-8　立柱预制工艺流程图　　　　图 3.2-9　盖梁预制工艺流程图

立柱、盖梁的构件存储在预制场的堆场区。因存储场地有限，且立柱存储时间周期较短，所以立柱存储采用竖立的方式，至立柱出厂时进行翻转运输。盖梁混凝土浇筑、拆模后存放在台座上进行进一步养护，混凝土强度达到100%后，张拉预应力并压浆，待强度达标后，由280t移梁机驳运至堆场区(图3.2-10)。

3.2.3.2　小箱梁预制

先期实施段桥梁共有预制小箱梁696片，均为1.64m梁高简支变连续小箱梁，在预制梁场进行预制。预制场设有100个活动钢底模制梁台座，施工生产能力达到8~10片/天，确保了小箱梁预制在3个月内完成(图3.2-11)。箱梁架设则采用2台300t履带吊架梁，结合吊装单位技术装备能力，平均每天架设14~15片小箱梁，确保架设能力与梁厂产能匹配，并最终能顺利按期完成箱梁架设任务。小箱梁预制施工工艺流程见图3.2-12。

3 整跨预制拼装梁桥实例

a) 立柱预制

b) 盖梁预制

图 3.2-10 立柱、盖梁预制现场

a) 小箱梁钢筋集中加工

b) 小箱梁模板

c) 小箱梁预应力智能张拉和循环压浆

图 3.2-11

d) 门式起重机吊梁和成品梁存放

图 3.2-11 小箱梁预制现场

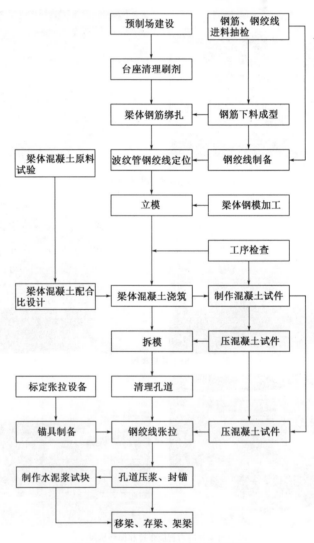

图 3.2-12 小箱梁预制施工工艺流程图

3.2.4 拼装施工

3.2.4.1 预制立柱与盖梁的运输和安装

根据工程构件特点和运输路况,立柱采用 6 轴重型平板半挂车运输,盖梁则采用 14 轴轴线车运输(图 3.2-13)。

图 3.2-13　盖梁运输

立柱、盖梁吊装设备选型按预制构件中质量最大的 248t 盖梁考虑,采用 2 台 250t 履带吊进行双机抬吊。对于构件质量小的,可采用单机台吊。下部结构预制构件安装流程见图 3.2-14、图 3.2-15。

a) 立柱与承台拼装施工

b) 立柱拼装完成

图 3.2-14　立柱拼装

立柱与承台拼接工艺流程:拼接缝测量→铺设挡浆模板→调节垫块找平→充分湿润拼接缝表面→铺设砂浆垫层→立柱吊装就位→调节设备安放→垂直度、高程测量→调节立柱垂直度→套筒灌浆连接。

盖梁拼装工艺流程:拼接缝测量→铺设挡浆模板→调节垫块找平→拼接缝表面充分湿润→铺设 20mm 无收缩灌浆料→盖梁吊装就位→调节盖梁空间坐标→套筒灌浆连接。

a) 标准段盖梁吊装　　　　　b) 变宽段盖梁吊装

图 3.2-15　盖梁安装

3.2.4.2　小箱梁运输和安装

小箱梁采用重型牵引车挂车机组运载。为防止运输过程中因颠簸和倾斜造成小箱梁位移，装车后，用螺栓杆对穿梁顶面以保证梁体的固定，并将预应力小箱梁与前后车转盘紧固为一体（图3.2-16）。

a) 小箱梁装载运输　　　　　b) 运输加固

图 3.2-16　小箱梁装载运输和运输加固

小箱梁最大质量为裸梁138t，边梁连同防撞护栏一同预制，总重达174t。根据吊装工况，选用四台250t履带吊分两个作业队伍进行小箱梁吊装施工（图3.2-17）。

a) 小箱梁(边梁)吊装　　　　　　　　b) 小箱梁(中梁)吊装

图 3.2-17　小箱梁现场安装

3.3　繁忙商业区新增匝道工程(上海市中环国定路匝道)

3.3.1　工程概况

上海市中环线国定东路下匝道工程是为完善中环线北段匝道系统,缓解该段交通压力而建的。本工程位于上海市五角场环岛"彩蛋"以东约120m处,主线桥梁拼宽段与中环线并行200m,拼宽4.35m,至国定东路路口右转,并沿国定东路向南延伸,跨越安波路后落地,全长518m,桥宽8m(图3.3-1)。

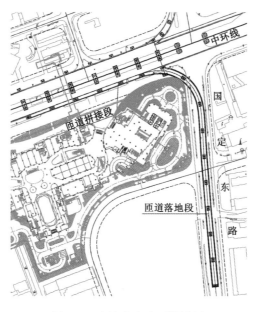

图 3.3-1　国定东路下匝道桥位图

中环线主线为城市快速路,设计速度为80km/h;国定东路下匝道为城市快速路出口匝道,设计速度为40km/h,荷载等级为城-B级。

中环线主线施工时众多地下管线均移至临近主线的外侧,使得匝道桥桥墩位置设有多种管线,管线搬迁及铺设施工耗费时间较长,为确保匝道尽快建成,应尽量缩短桥梁现场施工工期。

工程地处繁华的五角场商圈,施工区域商铺林立,周围道路人车密集。桥梁如果采用传统的现场浇筑施工方案会有很多弊端,如施工占地面积大,工地脏乱,扬尘和噪声污染严重等,对交通、环境及市民出行影响很大,所以保证高效、环保的施工成为国定东路下匝道工程设计的指导思想。

本工程承台以上采用预制拼装施工,工程于2016年6月5日开工,同年9月30日建成通车,预制拼装率达82%以上。

3.3.2 结构设计

为最大限度地缩短施工周期,降低对周边道路交通和市民生活的干扰,减少对环境的影响,提升工程品质和安全质量、文明施工水平,工程首次在中心城区桥梁承台以上采用全预制拼装施工技术(图3.3-2)。

本工程桥梁由拼宽桥与匝道桥组成,为减少预制拼装构件的数量,结合运输吊装能力,进行了结构的优化设计,上部结构吊装质量控制在200t以内,下部结构吊装质量控制在100t以内。国定东路下匝道桥梁参数详见表3.3-1。

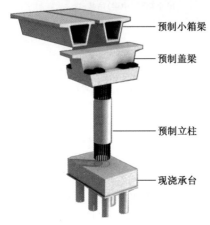

图3.3-2 桥梁构件拼装示意图

国定东路下匝道桥梁参数表　　表3.3-1

墩号	跨径(m)	类型	结构形式	桥宽(m)	梁高(m)
WS1~WS4	3×35	拼桥	简支变连续小箱梁	4.35	2
WS4~WS6	2×31	拼桥	简支变连续小箱梁	4.35	2
WS6~WS7	31	拼桥	钢-混凝土组合梁	4.35~11.3	2
WS7~WS10	29+43+36	匝道	钢结构连续箱梁	8	2
WS10~WS16	6×35	匝道	简支小箱梁	8	2

3.3.2.1 拼宽段设计

上部结构等宽段拼桥,桥宽为4.35m,跨径与老桥一致,布置为3×35m+2×31m,采用简支变连续小箱梁,单片梁布置,预制梁底宽1.5m,顶宽4m。变宽段为31m简支钢-混凝土组合梁,桥宽为4.35~11.3m,组合梁的外侧形状与小箱梁一致,为了减小拼桥段新桥结构与老桥的变形差,提高拼桥刚度,拼桥梁高均设为2m(图3.3-3)。

新老桥结构拼缝采用半刚性连接,拼缝宽度为0.4m(图3.3-4)。

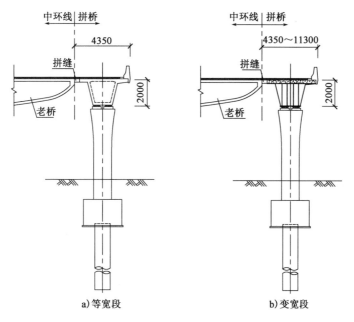

图 3.3-3 拼桥截面(尺寸单位:mm)

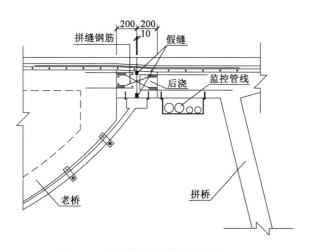

图 3.3-4 新老桥拼缝构造(尺寸单位:mm)

下部结构为独柱墩形式,外形为下圆上方形。立柱下部截面为圆形,直径为1.4m,与老桥圆形立柱外形协调,顶部截面为边长1.9m的正方形,具有足够位置摆放支座,圆方变化过渡段长度为2.85m。立柱采用C40钢筋混凝土结构(图3.3-5)。

下部结构采用钢筋灌浆波纹钢管锚固连接。波纹钢管预埋在承台中,立柱下端伸出钢筋,立柱钢筋伸入承台完成立柱-承台节点拼接。承台接缝面设置5cm凹槽,并以M60高强砂浆作为构件间的拼接材料。为了方便立柱拼装,减少钢筋数量,立柱采用HRB500钢筋,直径为36mm(图3.3-6)。

桩基采用2根直径1.2m的钻孔灌注桩,桩长为65m,并采用桩底后注浆措施,以减小基础相对沉降。

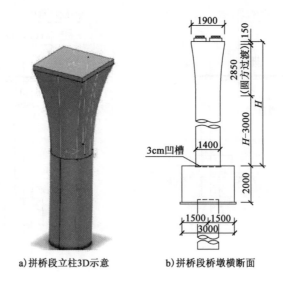

a) 拼桥段立柱3D示意　　b) 拼桥段桥墩横断面

图 3.3-5　拼桥桥墩(尺寸单位:mm)

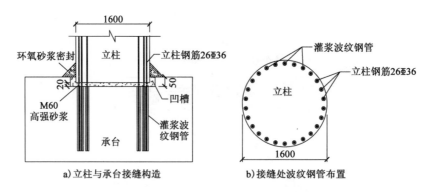

a) 立柱与承台接缝构造　　b) 接缝处波纹钢管布置

图 3.3-6　承台-立柱连接(尺寸单位:mm)

3.3.2.2　匝道段设计

匝道桥宽为8m,梁高为2m。弯道($R=55$m)处为29m+43m+36m三跨钢结构连续梁,单箱单室截面;落地段为6跨35m简支小箱梁,横向由2片梁组成。匝道结构外形采用与拼桥一致的斜腹板加挑臂形式(图3.3-7)。

上部结构所有构件均可做到工厂预制(制作),现场安装。钢结构连续箱梁采用钢护栏与钢梁整体制作,顺桥向分段,然后制作、运输、现场拼装。

下部结构为带盖梁圆形独柱墩,立柱直径为1.6m;钢结构段采用平头盖梁,梁高1.6m;小箱梁段采用倒T形盖梁,梁高为2.6m。抗震限位装置设置在梁底内侧。

承台-立柱-盖梁均采用钢筋灌浆波纹钢管锚固连接,波纹钢管分别预埋在承台与盖梁中。承台接缝面设置5cm凹槽。拼缝采用M60高强砂浆。立柱采用HRB500钢筋,直径为36mm。工程针对钢筋灌浆波纹钢管锚固连接技术开展了试验研究,详见第6章。

桩基采用6根直径0.8m的钻孔灌注桩,桩长为65m。

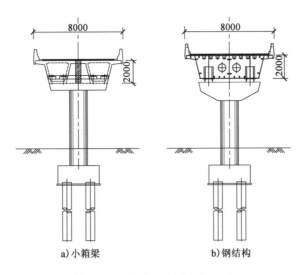

图 3.3-7 匝道截面(尺寸单位:mm)

3.3.2.3 钢桥面铺装

钢箱梁桥面铺装采用 2mm 防水黏结层 + 80mm 高强韧性混凝土层 + 100mm 沥青混凝土铺装,高强韧性混凝土在钢箱梁桥面铺装中首次采用,通过模拟施工试验,证实其强度、刚度、韧性及抗渗抗裂性能均能达到设计要求,并能改善钢桥面的抗疲劳性能,确保良好的耐久性,详见表 3.3-2。

高强韧性混凝土性能表 表 3.3-2

性能项目	指 标	性能项目	指 标
抗压强度	7d 抗压强度≥60MPa;28d 抗压强度满足 C80 混凝土评定要求	混凝土限制膨胀率	水中 7d 转空气中 28d 混凝土限制膨胀率≥-0.01%
28d 抗折强度	≥10MPa	等效弯曲强度	28d 等效弯曲强度≥8MPa
28d 弹性模量	≥40000MPa	坍落度	(5.0±1.5)cm

3.3.3 构件预制

本工程为上海市交通建设工程首批装配式示范项目之一,预制构件采用标准化集中生产,共有预制构件约 50 个。经设计优化后,构件规格品种减少(图 3.3-8、图 3.3-9)。

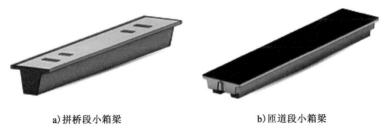

图 3.3-8

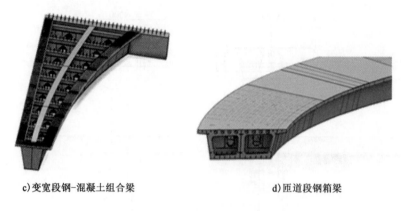

c) 变宽段钢-混凝土组合梁　　　　　d) 匝道段钢箱梁

图 3.3-8　上部结构预制构件

a) 拼桥段桥墩　　　　b) 匝道钢梁桥墩　　　　c) 匝道小箱梁桥墩

图 3.3-9　下部结构预制构件

立柱共有 16 根,分 2 种规格,分别为 8 根拼桥下圆上方形立柱和 8 根匝道圆形立柱,立柱高度为 3.1~8.7m,立柱构件最大质量为 45t。

盖梁共有 8 个,分 2 种规格,分别为 6 个倒 T 形盖梁和 2 个平头盖梁,倒 T 形盖梁质量为 95t,平头盖梁质量为 40t。

小箱梁共有 17 片,钢-混凝土组合梁 1 跨,钢结构连续梁 3 跨,构件均在加工厂集中进行生产。

构件预制的主要施工工序均在车间进行,为施工人员提供了良好的作业环境,也保证了施工作业文明、环保(图 3.3-10)。

为确保预制构件安装精度,首先要确保预制构件钢筋模块加工精度。预制构件加工厂通过数控钢筋弯剪成型设备,大幅度提高钢筋加工精度,可将其控制在 ±1mm 范围内(图 3.3-11)。预制构件钢筋模块在胎架上绑扎,通过定位挂片等措施使主筋和箍筋精度控制在 ±2mm 范围内(图 3.3-12)。

a) 加工车间

b) 立柱预制

图 3.3-10　预制构件加工厂

a) 数控钢筋弯箍设备

b) 数控钢筋弯曲剪切设备

图 3.3-11　数控钢筋弯箍和弯曲剪切设备

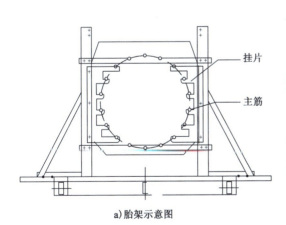
a) 胎架示意图

b) 胎架上绑扎钢筋

图 3.3-12　钢筋模块胎架

　　立柱模板采用水平安装，钢筋笼入模后进行整体竖向翻转，翻转完成后移动至浇筑台座，进行混凝土浇筑（图 3.3-13）。预制盖梁、小箱梁、钢箱梁分别见图 3.3-14、图 3.3-15、图 3.3-16。

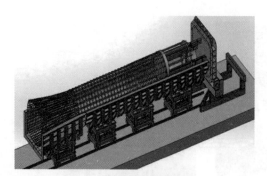

a) 钢筋笼入模　　　　　　　　　b) 整体竖向翻转

c) 浇筑混凝土　　　　　　　　　d) 立柱完成

图 3.3-13　预制立柱

图 3.3-14　预制盖梁　　　　　　图 3.3-15　预制小箱梁

图 3.3-16　预制钢箱梁

3.3.4 拼装施工

3.3.4.1 桥墩预制拼装主要流程

步骤一:现场浇筑桩基、承台,同时在工厂预制立柱、盖梁。承台内、盖梁内预埋金属波纹管及压浆管道,如图 3.3-17 所示。

步骤二:安装预制立柱(图 3.3-18)。

①立柱预拼装,采用千斤顶对立柱垂直度及高程进行调节;

②立柱拼装时,拼缝处倒灌 M60 高强砂浆,将预制立柱底钢筋对准承台中预埋金属波纹管孔道插入,完成坐浆;

③坐浆料达到预定强度,预埋金属波纹管内压注 M100 高强砂浆。

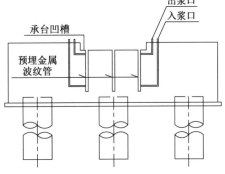

图 3.3-17 桥墩预制拼装构造示意

步骤三:安装盖梁(图 3.3-19)。

①预拼装,立柱顶四角分别设置垫块,以保证拼缝层厚度并调节盖梁的垂直度及高程;

②拼装时,立柱顶设置挡浆模板,铺设 M60 高强砂浆,将预制盖梁对准立柱预留钢筋放下就位,完成坐浆;

③坐浆料达到预定强度,预埋金属波纹管内压注 M100 高强砂浆。

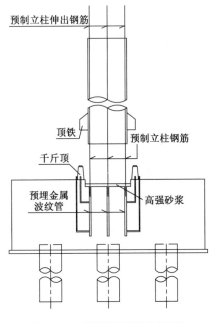

图 3.3-18 桥墩预制拼装立柱安装

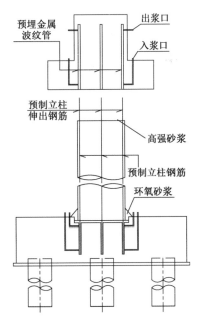

图 3.3-19 桥墩预制拼装盖梁安装

3.3.4.2 预制拼装施工

预制构件拼装过程中预制立柱与现浇承台、预制立柱与预制盖梁通过灌浆金属波纹管进行连接,构件间拼接面铺设高强砂浆垫层进行接合。施工过程需要精确限制预制立柱及预制盖梁的水平位置,并完成构件垂直度及高程的调节。

为解决灌浆金属波纹管连接体系墩身外露钢筋过长、立柱翻转困难的问题,吊装施工采用一台履带主吊机和一台汽车吊配合进行翻转。

立柱就位后,由2台光电经纬仪在两个方向同时监测校核立柱中心标记,采用4台手动顶升液压杆在立柱四边根据经纬仪的监测数据来校正垂直度,将误差控制在1mm以内,完成调节(图3.3-20)。盖梁和小箱梁采用履带吊安装,见图3.3-21。

a)立柱翻身吊装

b)立柱拼装

图3.3-20 立柱吊装和拼装

a)盖梁拼装

b)小箱梁安装

图3.3-21 盖梁拼装和小箱梁安装

预制立柱、预制盖梁拼装过程中,灌浆料、接合砂浆垫层的浆料均采用高强无收缩水泥基浆料,由于该类浆料具有易凝固的特性,现场拌和后仅有15~30min的有效工作时间,要求在短时间内保质保量完成构件拼接作业工序。

拼接过程中,垫层砂浆料和金属波纹管灌浆料分别采用M60和M100的高强无收缩水泥浆料,水灰比分别是0.15和0.12。

金属波纹管用M100高强无收缩水泥灌浆料具有流动好、初凝早的特点,工作时间短,对灌浆设备要求较高,要求出浆速度稳定、压力足够,以保证从下向上灌浆时灌浆料可以充满金属波纹管,同时要求设备不易堵管、易清洗。针对上述问题,采用轻便灵活、以挤压泵为送浆动力的进口压浆机设备,以保证稳定的出浆速度和压力,确保了浆料连续充盈,同时便于清洁以防止堵管。实际工程操作中,该设备能在60s内完成单个波纹管的灌浆(图3.3-22)。

a) 拌和机　　　　　　　　　　　　　b) 压浆机

图 3.3-22　高强灌浆料拌和机和压浆机

3.3.4.3　施工期间交通组织

实施桥梁全预制拼装技术,不仅显著加快了工程进度,而且大幅降低了对施工作业空间的要求,在城市建成区施工区域达到了现有市政道路交通"占一还一"的要求,显著减少城市中心区域桥梁施工对道路交通通行的影响。

施工期间充分考虑改造工程的特点,结合管道、桥梁、道路施工方案和特点,优化交通组织方案。在施工期间,白天主要在施工围挡内进行拼装准备工作,保证地面车道数(4车道)不变,且道路交通不受影响,夜间在0:00—5:00交通流量较少时,临时占一个地面车道进行结构拼装施工(图3.3-23)。

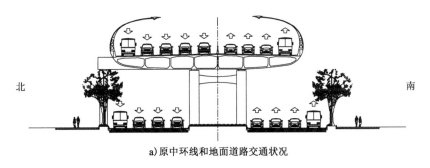

a) 原中环线和地面道路交通状况

图　3.3-23

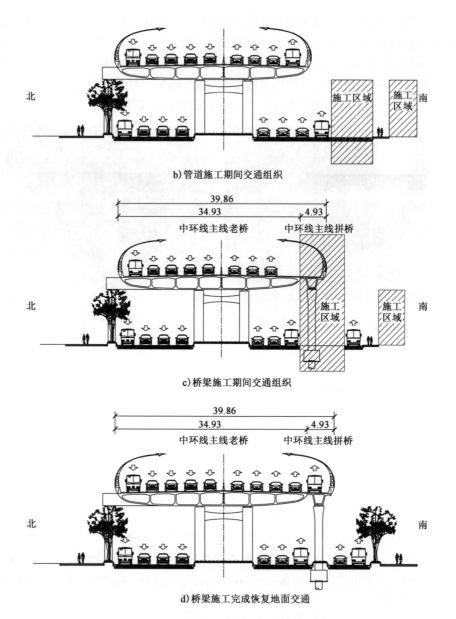

b) 管道施工期间交通组织

c) 桥梁施工期间交通组织

d) 桥梁施工完成恢复地面交通

图 3.3-23 施工期间交通组织(尺寸单位:m)

桥梁竣工后,在保持原有地面车道数(4车道)的基础上,优化设置了港湾式公交车站。

3.3.4.4 小结

工程于2016年6月5日开始桩基施工,此时桥梁施工正式全面开工。为减小对道路交通的影响,预制构件拼装施工均在公交停运的凌晨0:00—5:00进行,工厂预制完成的桥梁构件运输至工地现场,进行拼装,工地上没有脚手架、支架、模板,大大减少了施工的占地面积,减小了对周边交通的负面影响。构件拼装施工没有一般工地常有的噪声,数根立柱一夜间拔地而起。7月15日凌晨起吊第一根立柱,至8月9日凌晨,最后一吊钢箱梁吊装完成,含不作业的雨天,短短26个凌晨(0:00—5:00),50个构件全部拼装完成(图3.3-24)。同时严格现场管理,在快速施工的同时,极大地减少了粉尘、光、污水等对周边环境的负面影响,大幅提升了城市中心区域桥梁工程建设形象,得到社会各界的广泛认可(图3.3-25)。

图3.3-24　结构贯通　　　　　　　图3.3-25　工程竣工

3.4　中心城区新增匝道工程(上海市南北高架中兴路匝道)

3.4.1　工程概况

上海市南北高架中兴路匝道工程,是为改善上海火车站北广场地面交通而新建的下匝道。工程北起中华新路,拼宽南延约120m后向西转向并入中兴路,在大统路前接地,全长约420m,其中桥梁长约341m,标准桥宽7.25m(单车道+紧急停车带)。为缩短建设工期,减小施工期间对周边环境及交通的影响,本工程采用全预制拼装施工。本工程于2017年6月21日开工建设,同年12月26日建成通车,预制拼装率达93%以上(图3.4-1)。

a)工程地理位置鸟瞰图　　　　　　　b)南北高架中兴路匝道出口

图3.4-1　建成后的南北高架中兴路下匝道

本项目有以下特点：

（1）环保要求严格。根据环评报告要求：①匝道桥梁结构边线与居民房净距不小于12m；②新建工程范围内，全线布设声屏障，总高度为桥面以上6.5m；③施工期间尽可能减少现场浇筑量，以减小对居民生活及周边交通的影响。

（2）管线制约设计。共和新路段既有直径1.0m合流污水管，埋深为2.65m左右，又有直径为1.0m的铸铁上水管，埋深约1.45m，与桩基最小净距约2.5m；中兴路段已实施直径2.2m合流污水管，埋深为4.3m左右，与桩基最小净距约1.2m。上述管线均需在设计过程中实施保护。

（3）场地空间局促。工程地处上海市区核心地段，上海火车站区域，居住人口密集，交通流量大。施工期间要求地面辅路车道数不变（可局部压缩车道宽度，取消部分侧分带），部分施工作业时段，可局部压缩一个车道。且由于南北高架对上海市交通的重要性，工程拼宽改造实施期间，尚需维持既有高架双向六车道通行。

（4）建设工期受限。为尽可能减小施工期间对局部及周边交通的影响，为北横通道天目路立交改造施工预留施工时间，工程须在6个月内建成通车。

3.4.2 结构设计

1）上部结构设计

工程全线采用钢箱梁：钢结构化整为零，可分段、分块进行运输、预制、安装，现场吊装重量小，施工灵活性好，满足工程所在地局促的场地条件。

拼宽段桥墩布置以与现状桥梁桥墩对齐为原则。首联跨中华新路，老桥既有结构边与居民房净距仅14.24m，而根据环保要求，新建结构边与居民房最小净距为12m，因此本联根据道路功能需求，进行异形变宽设计，桥宽为2.1~5.25m，同时为确保车辆右转需求，首墩与南北高架错开布置，单孔跨径为35m，并设置3m悬臂，满足道路渐变需求。首联桥采用35m钢箱梁+3m悬臂形式，考虑与老桥刚度匹配，梁高采用2.2m（图3.4-2）。

a）首联异形钢结构简支梁

b）节点曲线梁施工

图3.4-2　上部结构现场照片

拼宽段采用小挑臂箱梁,一方面可提高拼缝处桥面挠度,与老桥刚度匹配;另一方面有利于增大支座间距,增强桥梁抗倾覆稳定性(拼桥支座均采用抗拔支座,进一步增强桥梁抗倾覆稳定性)。

跨路口节点桥,位于曲线半径60m的道路平面上,且根据地面交通组织要求,桥梁跨径不小于48m,方案采用35.5m+50m+35.5m连续钢箱梁结构,跨中及中支点梁高为2.2m,边支点梁高1.7m与拼宽段及落地匝道段对齐。

落地段根据台后填土高度(2.5m左右)确定桥长,跨径布置为3×33m,梁高为1.7m。桥跨布置详见表3.4-1。

中兴路下匝道桥跨布置　　　　表3.4-1

墩　　号	跨径组合(m)	桥长(m)	桥宽(m)	结 构 形 式
P1~P2	3+35	38	2.1~5.25	带悬臂简支钢箱梁
P2~P5	27.8+27.8+27	82.6	5.25~8.15	变宽连续钢箱梁
P5~P8	36.3+50+35.5	121.8	8.15~7.25	变宽曲线变高连续钢箱梁
P8~P11	33+33+33	99	7.25	等高连续钢箱梁

2)下部结构设计

(1)桩基设计。为避让共和新路及中兴路桥梁投影正下方的管线,桩基采用纵向双排桩设计。同时由于工程环保要求高,声屏障总高达桥面以上6.5m,对横向单排桩设计极为不利,桩身强度及变形控制设计。根据计算需求,本工程拼宽段及标准段采用2根1.5m钻孔灌注桩(首墩采用2根1.2m钻孔灌注桩),50m曲线钢结构共和新路主墩因管线限制,采用2根1.8m钻孔灌注桩,中兴路主墩采用3根1.5m钻孔灌注桩。

(2)桥墩盖梁、桥台设计。与常规高架或立交匝道桥墩相比,本工程具有以下特殊性:

①桥面以上声屏障高6.5m,横向抗风控制桥墩设计;

②桥墩采用预制拼装技术,灌浆套筒或金属波纹管连接要求钢筋间距大于现浇桥墩钢筋间距,且一般为单排设计,导致相同截面条件下,预制拼装桥墩截面承载能力仅为现浇桥墩的60%~80%。

本工程桥墩尺寸相对较大,且考虑模板的一致性,P2~P5、P8~P10墩尺寸统一为1.5m×2.0m(顺桥向×横桥向),P6、P7墩为曲线中墩,考虑墩高、离心力、风荷载较大,桥墩截面尺寸为2.2m×2.4m(顺桥向×横桥向)。考虑上部结构宽2.1m,P1墩采用墩梁固结,桥墩采用钢墩,墩底与承台采用预应力锚栓连接,桥墩下部填充C40低收缩混凝土。

盖梁考虑支座布置、受力需求、桥墩钢筋伸入长度、景观效果,采用倒梯形截面,支点高度为1.8m。

桥台桩基及承台由于避让合流污水管,与台帽台身垂直布置。鉴于桥台台身与承台的特殊构造,有利于采用预制拼装,拼装连接构造与盖梁相同。

3.4.3 构件预制

1)制作钢箱梁、钢立柱及钢防撞护栏

钢箱梁采用工厂分段制作:桥梁横截面方向分为四个节段,即两侧挑臂+两个单腹板箱室;桥梁纵向分段考虑结构受力状态及抗疲劳性能,跨中20~30m单独成段,支点区域以两侧横隔板为界进行划分。钢立柱进行整体制作,钢防撞护栏进行分段制作。

2)预制混凝土立柱、盖梁

下部结构(立柱、盖梁)采用预制拼装工艺,工厂化加工,现场安装的方法予以实施。立柱、盖梁采用模块化钢筋、定型化钢模、C40高性能混凝土进行预制加工。由于落地段P9~P10桥墩的立柱高度、盖梁宽度均较小,盖梁、立柱采用整体预制,最大吊装质量约70t(图3.4-3)。

a)钢筋吊装

b)模板组装

c)混凝土浇筑

图3.4-3 立柱预制

3)预制混凝土桥台、挡土墙

中兴路在原有立柱、盖梁预制的基础上进一步进行了探索,为减小现场浇捣混凝土对周边环境的影响,对桥台、落地的挡土墙的预制拼装进行了试点。桥台宽度为6.95m,采用整体预制。挡土墙采用分段预制,侧墙板先行预制,而后进行底板的二次浇捣并形成整体,按照10m一个分段进行预制,单块安装质量控制在60~80t之间(图3.4-4)。

4)预制混凝土防撞墙

为减小现浇施工对周边环境的影响,结合中兴路预制挡墙施工,预制挡墙上部的混凝土防撞墙也采用预制形式进行安装。每段防撞墙的预制长度与下部挡墙一致,控制为10m一个分段,单块安装质量控制在10t以内。在混凝土预制防撞墙下端设置25cm高的调节段,通过预埋钢筋以及高强度灌浆料与下部挡土墙进行连接。

a) 预制墙体安装

b) 预制构件完成

图 3.4-4 挡土墙预制拼装施工

3.4.4 拼装施工

3.4.4.1 桥墩盖梁、桥台预制拼装

1) 接缝连接方式及接缝材料

立柱与承台之间采用灌浆套筒连接;桥台与承台、立柱与盖梁之间采用金属波纹管连接,达到可施工性和经济性的平衡。套筒及金属波纹管内采用高强灌浆料,28d 抗压强度不小于 100MPa。

不同构件间的接缝材料采用高强无收缩砂浆,砂浆垫层厚度取 20mm,28d 抗压强度不小于 60MPa。

2) 套筒及金属波纹管型号及锚固长度

预制桥墩、桥台主筋直径为 40mm。

套筒直径为 95mm,套筒长度为 800mm。金属波纹管根据规范要求,直径不小于 $d+40\text{mm}$(d 为钢筋直径),采用《预应力混凝土用金属波纹管》(JG/T 225—2020)规定的 JBG-80Z 金属波纹管。波纹管保护层厚度按不小于 50mm 控制,波纹管净距按 1 倍管径控制。

盖梁内波纹管的锚固长度按不小于 $25d$(d 为钢筋直径)控制,并尽量伸入盖梁另一侧(图 3.4-5)。

a) 立柱运输至现场

b) 立柱安装

图 3.4-5

c)盖梁安装

图 3.4-5　下部结构预制拼装

3.4.4.2　挡墙、防撞墙预制拼装

挡墙:按照 10m 一个分段进行预制,单块安装质量控制在 60~80t,采用 450t 汽车吊单机配合铁扁担进行安装,挡墙与基础采用砂浆垫层进行找平(图 3.4-6)。

　　　a)挡墙吊装

　　　b)挡土墙安装

c)防撞墙安装

图 3.4-6　挡墙预制拼装施工

混凝土防撞墙:每段防撞墙的预制长度与下部挡墙一致,控制在 10m 一个节段,单块质量控制在 10t 以内,采用 80t 汽车起重机单机进行安装。通过在挡墙上设置临时钢垫块调节防撞

墙的整体高程,整体线形通过可调节长度的斜撑杆进行调节,从而确保防撞墙整体线形符合设计要求。防撞墙吊装完毕后,进行纵向钢筋的安装,设置侧向模板,并灌注 M100 高强灌浆料,使防撞墙与挡墙连成一体。

3.5 城市轨道交通 U 形梁(上海市轨道交通 17 号线)

3.5.1 工程概况

上海市轨道交通 17 号线高架区间正线长度约 18km,大部分线路位于沪青平公路、崧泽大道等既有道路和盈港东路等新建道路的中央隔离带或路侧绿化带中,为了减少施工期间对道路通行的影响,桥梁上部结构(部分大跨桥梁除外)采用了整梁预制现场架设的施工工艺。标准梁型为单线简支 U 形梁,相较于箱梁,易于截面一次浇筑,拆模便利,加之在梁厂集中制作,构件内在及外观质量均佳;梁重相对较轻,无论是场外运输还是现场架设,对施工设备、沿途道路要求均适中。

本工程预制架设的 U 形梁近千余榀,全部在两个梁厂内预制完成。梁厂到桥址处的距离为 60~70km,均采用公路及城市道路运输 U 形梁。现场主要采用门式起重机架设(提梁点)以及架桥机运架一体化架设(一般区段)。

3.5.2 结构设计

1) 横截面及跨径

U 形梁的横截面确定主要是内轮廓线的确定,以及各构件尺寸的拟定。内轮廓线按照提高截面空间利用率以及确保行车限界的原则进行确定,总的来说,U 形梁的内轮廓呈上大下小的形状,以确保结构内缘与车辆之间留有足够的间隙,同时满足设备安装及检查、人员疏散等要求(图 3.5-1)。

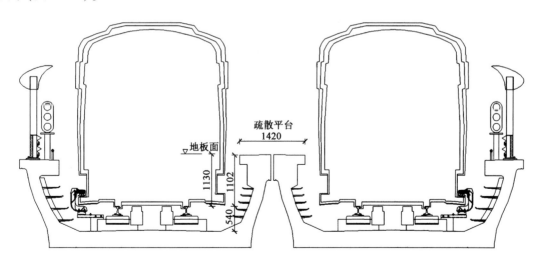

图 3.5-1 标准横截面(尺寸单位:mm)

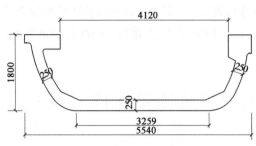

图 3.5-2　U形梁横截面(尺寸单位:mm)

U形梁的腹板及底板的厚度、宽度等尺寸由结构受力特性决定。由于采用单线U形梁,底板的宽度(腹板间距)不大,底板的厚度按照钢筋混凝土受弯构件(底板内不设横向预应力)的强度及刚度要求确定。而腹板的厚度尤其是腹板顶缘混凝土受压区的高度及厚度相对较大,这是由U形梁这类开口薄壁构件经受弯剪扭作用时的复杂传力及应力分布特点决定的(图3.5-2)。

U形梁的跨径是综合考虑施工可行性、造价指标等因素后的合理选择。根据工程场地特点、地质状况、线路情况等,综合比较标准区段桥梁上下部造价后明确30m为最优跨径。同时为了方便跨越路口、河流等节点,减少大跨桥梁的数量,在兼顾U形梁制造、架设标准化、模数化的情况下,确定35m为标准简支U形梁最大适用跨径。

2)预应力设计

由于U形梁在梁场内集中预制,为了提高浇筑场地的周转率,同时减少预应力管道锚具等零件费用、管道压浆等工作步骤以及预应力损失等,30m跨径U形梁采用了全先张施加预应力,而35m跨径U形梁采用"先张、后张结合"施加预应力。

3)构造设计

针对U形梁采用预制架设的施工工艺,在U形梁的构造设计中主要进行了如下考虑。

(1)吊装孔。一榀U形梁考虑4点起吊,吊装孔设于梁端支座附近,底板与腹板结合处。吊点采用粗螺母穿过吊装孔固定,这样U形梁内不必预埋金属构件,方便预制。同时吊装完成后,吊装孔即成为U形梁的桥面雨水口(图3.5-3)。

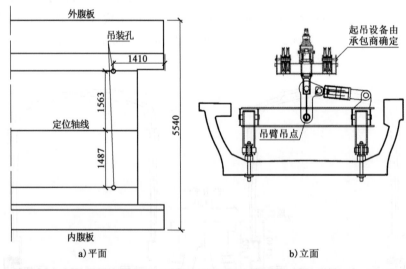

图 3.5-3　U形梁吊装孔(尺寸单位:mm)

(2)平曲线段U形梁定位及预制。对于分布在平曲线段的U形梁,如何保证"做得精、放得准"是无法回避的问题。本工程在"以直代曲、径向布置"的原则下,通过"平分中矢法",同时综合考虑限界曲线加宽值、轨道超高值等因素,确定U形梁在预制及吊装就位时的局部坐标系及定位点、U形梁的定位轴线及线路与轴线偏距,确保支座中心等梁墩对应点与设计吻合。

(3)支座安装。支座是U形梁与桥墩盖梁之间的唯一联系,同时U形梁为完全预制结构,在其吊装到位后,除了支座在盖梁顶的固定作业,再无其他的拼装、胶粘、浇筑施工作业。

U形梁支座采用球型钢支座,分为单向活动、双向活动及固定三种形式。由于线路纵截面起伏较大,为了适应不同纵坡下的U形梁支座底面及水平滑动面水平放置,上支座顶板采用楔形构造,顶部设斜坡。整套支座在架设之前安装在U形梁底部,盖梁顶预留圆孔供支座锚栓插入固定,预留孔内径比锚栓外径大60~80mm,孔深低于锚栓底部60~80mm。待四个支座高程调整均匀后,即进行重力灌浆,灌浆材料为无收缩水泥砂浆。

3.5.3 构件预制

为了确保U形梁的外观质量及耐久性,同时缩短现场架梁作业时间,工程采用整榀梁预制;为了适应现有运输、吊装设备的能力,预制U形梁均采用单线梁,最大横向宽度为5.54m,最大竖向高度为2m,最大梁长为35m,最大梁重约为200t,可以采用运梁特种车辆在公路及城市道路上运输。

全线U形梁的生产由两座梁厂完成。由于U形梁采用了先张法预应力体系,需要在梁厂内设置足够吨位的预应力张拉台座。为了保证生产速度以及U形梁的外观质量,普遍采用蒸汽养护。

U形梁采用钢制整体模板,侧模、底模为整体钢模,不设拼缝。模板长、宽、高误差为±5mm,平整度及组装间隙误差不大于2mm。预制U形梁均先进行蒸汽养护,再进行自然养护。蒸汽养护静停时间为6~10h;升温阶段,温升幅度不大于20℃/h,最高温度为55℃;恒温阶段,保持(55±5)℃,持续养护(24±3)h;降温阶段,温降幅度不大于30℃/h。

先张预应力U形梁的放张采用整体分步放张工艺,每步放松的预应力不超过张拉力的20%,每步间隔不小于1min。

U形梁构件预制主要步骤详见图3.5-4。U形梁的尺寸、外观质量检验要求见表3.5-1。

a) U形梁钢筋笼就位

b) 浇筑U形梁混凝土

图 3.5-4

c) 厂内转运U形梁

d) U形梁存放

e) U形梁运输

图 3.5-4　U形梁构件预制

U形梁的尺寸、外观质量检验要求　　　　　表 3.5-1

项　　目		检 查 频 率	允许偏差(mm)
截面尺寸(mm)	内缘宽度	5个截面,上中下3点	0,+10
	高度	5点/构筑物	-5,+10
	腹板厚		0,+10
	底板厚		0,5
长度(mm)		5点	-15,+10
顶面高程(mm)		5点	±5
侧向弯曲(mm)		4点	1/2000,且≤12
轴线位移(mm)	纵、横轴线	各2点	≤5
预埋钢板	位置		5
	平面高差		2
螺栓、锚筋	位置		5
	外露长度		±10
预留孔洞或泄水孔(mm)	位置		10
	孔径		+10
	孔深		+10
表面平整度(mm)		5点	5
外表缺陷		蜂窝、麻面	外侧不得有

3.5.4 拼装施工

全线绝大部分高架区段为双线并行段,采用架桥机架设并配合梁上运梁的施工方法。架梁施工流程:架梁基地(图3.5-5)建设→安装基地提梁门式吊车→双机抬吊3跨U形梁(架桥机拼装平台)→拼装架桥机→拼装桥面运梁小车→门吊提梁→运梁车喂梁→架桥机架梁。架桥机主要技术参数如表3.5-2所示。

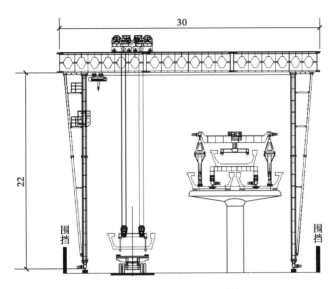

图3.5-5　U形梁架梁基地(尺寸单位:m)

架桥机主要技术参数　　　　　　表3.5-2

序　号	项目名称	单　位	参　数　值
1	额定起重量	t	220
2	适宜跨径	m	≤36
3	整机功率	kW	83
4	适应桥梁坡度	%	±3(纵坡)、5(横坡)
5	架设梁片最大外形尺寸(宽度×高度)	m	6.5×2.8
6	天车纵移速度	m/min	3
7	天车起落速度	m/min	0.64
8	过孔纵移速度	m/min	3
9	过孔悬臂挠度	mm	≤300
10	架设曲线桥最小半径	m	300
11	喂梁方式	—	尾部运梁车喂梁
12	过孔形式	—	自平衡过孔
13	施工效率	片/天	4(运梁距离1km以内)

架桥机架梁的施工步骤如下(图3.5-6):

步骤一:架桥机处于架梁状态,运梁车将梁运送至架桥机尾部主梁内,前吊梁小车将梁锁紧吊起。

步骤二:前吊梁小车同后方运梁车配合,以相同的速度向前纵移,至后吊梁小车起吊位置停止。

步骤三:前吊梁小车将梁锁紧吊起,运梁车退回装梁,两吊梁小车同步向前纵移,至跨中位置停止。

步骤四:两吊梁小车下落,至U形梁上面落至主梁底面下15cm停止,然后天车横移使横向位置就位,再次下落将梁安装到支座位置。

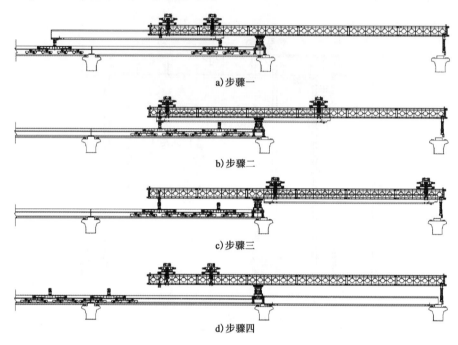

图 3.5-6 架桥机架梁的施工步骤

至此,第一片U形梁安装完毕,重复以上步骤,安装第二片U形梁。

架桥机架梁各支腿处横向截面状态见图3.5-7。

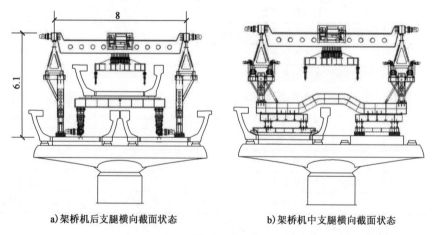

a)架桥机后支腿横向截面状态　　b)架桥机中支腿横向截面状态

图 3.5-7

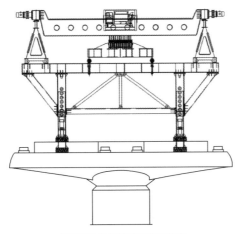

c) 架桥机前支腿横向截面状态

图 3.5-7　架桥机架梁各支腿处横向截面状态(尺寸单位:m)

架桥机架梁横向位置安装工艺流程如图 3.5-8 所示:

步骤一:天车下落,至 U 形梁上面落至主梁底面下 15cm 停止。

步骤二:天车横移,使横向位置就位。

步骤三:天车再次下落,将梁安到支座位置,搁置在临时千斤顶上,进行支座安装及灌浆养护,当支座达到强度后,撤除临时千斤顶。

架桥机过孔共分五个步骤,工艺流程如图 3.5-9 所示:

步骤一:一台运梁车与桥机主梁下弦锚固连接,作为桥机过孔的驱动机构。

步骤二:两台起吊天车移至 2 号支腿后部附近,将 2 号支腿收起,吊挂前移一跨。

步骤三:将 2 号支腿临时牵拉锚固,1 号、3 号支腿收起,架桥机准备纵移。

步骤四:架桥机在运梁车驱动机构和 2 号支腿托辊的配合下,向前推进,至 1 号支腿到达前方盖梁支撑位置停止。将 1 号、3 号支腿顶升支撑在隐形盖梁上。

步骤五:拆除运梁车与主梁下弦的锚固,并拆除 2 号支腿的临时支撑,运梁车返回装梁,调整天车位置等待喂梁,整机处于待架状态。

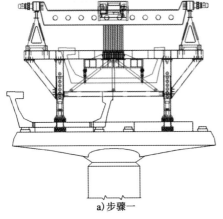

a) 步骤一

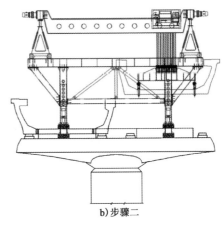

b) 步骤二

图　3.5-8

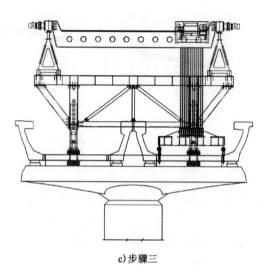

c) 步骤三

图 3.5-8 架桥机架梁横向位置工艺流程

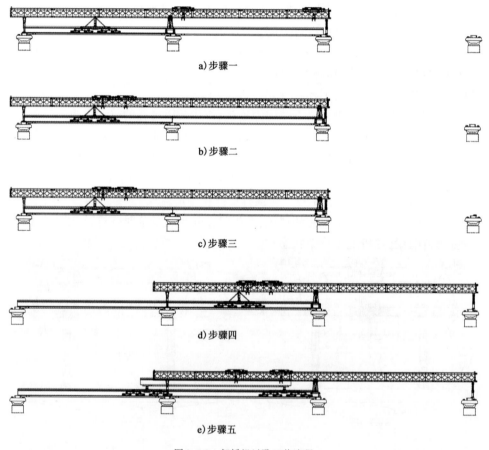

a) 步骤一

b) 步骤二

c) 步骤三

d) 步骤四

e) 步骤五

图 3.5-9 架桥机过孔工艺流程

U 形梁现场安装主要流程如图 3.5-10 所示。

a) U形梁抵达工点

b) 门式起重机提梁

c) 梁上运梁车

d) 架梁中的1号、2号支腿

e) 两台320t履带吊吊装U形梁

图 3.5-10　U 形梁现场安装

上海市轨道交通 17 号线高架区间采用预制 U 形梁架设施工，满足了质量、工期、费用等方面的要求，降低了对周边环境的影响，取得了较好的社会效益。

4 节段预制拼装梁桥实例

4.1 双箱(多箱)整幅梁(南昌市洪都大道快速路改造工程)

4.1.1 工程概况

南昌市洪都大道快速路改造工程位于主城区,北起洪都大桥,南接九州高架,主线全长约7.6km,建成后为南昌市一环快速路的东环(图4.1-1),采用"主线高架+地面铺路"布置形式,内设解放路互通立交一座;桥梁结构采用节段梁结构,桥梁面积约30万平方米。该工程为国内城市中首次全面采用箱梁预制节段拼装技术的桥梁项目,为江西省重点项目。工程建安费约31.5亿元,总投资41.9亿元。

本工程于2017年5月开工建设,2019年3月底主线高架建成通车。

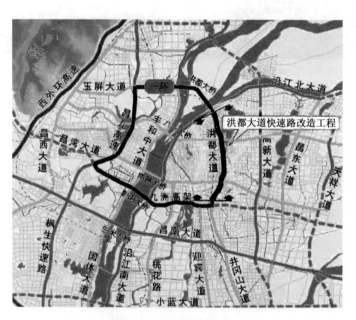

图4.1-1 洪都大道项目区位图

1)主要技术标准
①道路等级:主线高架为城市快速路,地面辅道为城市主干道。
②设计速度:主线高架为80km/h,地面辅道为50km/h。
③汽车荷载等级:城-A级。

④桥梁设计基准期：100 年。

⑤桥梁设计使用寿命：100 年。

⑥抗震设防标准：地震动峰值加速度值为 0.05g，抗震设防烈度为 6 度。根据《城市桥梁抗震设计规范》（CJJ 166—2011），主线高架桥抗震设防类别为乙类，抗震构造措施按 7 度设置。

2）总体方案

洪都大道高架桥由北至南穿越中心城区，其周边商业配套成熟，企事业单位、居民区、公共建筑密集，现状交通繁忙，且需跨越铁路、地铁、相交道路、地下综合管廊、现状河流等众多重要节点，现状建设条件复杂；工程规模大，中心城区景观要求高。方案设计主要考虑因素如下：

①提高桥梁结构标准化程度，提升工程质量，适应快速化施工。

②维持施工期间地面交通不中断。

③建设条件复杂，减少施工时间。

④景观与环境协调，和谐统一。

由于建设条件相当复杂，工程设计时对限制条件逐一进行分析，提出适用于该工程的节段梁方案，主线高架桥最终全面采用景观效果好、施工速度快、对交通和环境影响小的预制节段拼装箱梁，覆盖标准等宽段、异形变宽段、路口大跨段 3 种类型，占全线桥梁 90% 以上。其中，主线等宽段采用的大悬挑横梁分体式双箱主梁节段梁结构、主线变宽度节段梁结构，是根据城市高架道路特点设计的新型预制节段拼装桥梁结构，均属国内首次采用。

桥梁施工方案：

①主线高架桥标准等宽段和变宽段节段梁（跨径小于 45m）采用逐跨拼装施工方法，如图 4.1-2、图 4.1-3 所示。墩顶横梁采用现场浇筑施工，跨间箱梁采用预制节段拼装。梁段运输方式为陆路地面运输，桥位处架桥机直接起吊。

图 4.1-2　主线高架标准段节段梁效果图　　　　图 4.1-3　主线高架标准段逐跨拼装施工

②受管线搬迁影响，局部路段无法根据工程统一安排进行架桥机拼装，只能采用支架法拼装。

③主线高架桥路口大跨段节段梁（主跨 50m 和 60m）采用悬臂拼装施工方法。墩顶横梁采用现场浇筑施工，跨间箱梁采用悬臂拼装。

4.1.2 结构设计

4.1.2.1 设计要点

1）总体布置

主线高架桥标准跨径布置为3×35m,此外还有30m、33m和40m共3种跨径布置,2~4跨一联;跨路口大跨主跨为50~75m,以50m、60m为主;匝道桥标准跨径布置为3×35m。

根据道路线形,全桥多处位于平曲线和竖曲线范围内,主线最小平曲线半径为383.75m,平曲线半径小于1000m处桥面设超高,最大纵坡为3%;上下匝道桥最大纵坡接近6%;解放路立交匝道桥最小平曲线半径为80m,最大纵坡为5.85%。

2）标准横截面

标准等宽段桥宽为25.0m,采用双箱单室布置,单幅宽度12.1m,两幅之间现浇缝宽度为0.6m(图4.1-4),在墩顶处通过墩顶横梁连接左右幅箱梁以形成整体,墩顶横梁兼作体外预应力钢束锚固横梁。

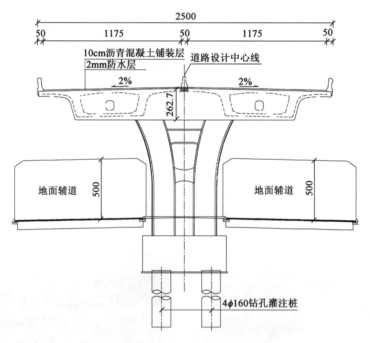

图4.1-4 主线高架标准段横截面(尺寸单位:cm)

变宽段桥宽根据道路线形需要加宽,桥宽为25.0~46.5m不等,分为单侧加宽和两侧加宽两种形式(图4.1-5)。

3）结构体系设计

节段梁架桥机架梁时连续梁需采取临时固结措施,这是影响施工快速化的重要不利因素,也是关系施工安全和便捷的重要因素;因此,墩梁固结对于节段梁来说,可不用增设临时固结措施,节省支座费用以及后期运营的检修费用,降低造价。

对固结体系和连续支承体系比选分析,最终标准等宽段采用中墩固结、边墩支座的结构体系(图4.1-6)。与此同时,在设计阶段通过减少墩柱及基础刚度,适当控制墩高等设计对策解决固结墩的受力问题。变宽段节段梁由于桥墩与箱梁之间横桥向的相对位置变化多样,构造复杂,综合考虑经济性以及施工便利性,变宽段预制节段拼装箱梁采用连续梁体系。

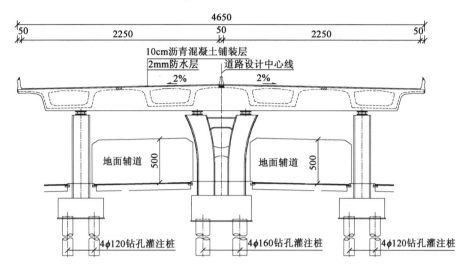

图4.1-5 主线高架加宽段横断面(尺寸单位:cm)

图4.1-6 标准段结构体系简图

4)预应力体系设计

节段梁采用纵向、横向双向预应力体系;纵向预应力钢束采用以体外束为主、体内束为辅的混合配束预应力体系(图4.1-7)。混合配束预应力体系集两种预应力钢束之所长,架桥机施工时仅张拉体外束提高架设速度,体内束线型优化为最简,减小预制难度,提高标准化程度。

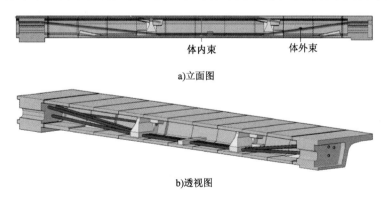

图4.1-7 体外束为主的混合配束预应力体系

混合配束预应力体系充分考虑施工便利性,在逐跨施工阶段仅配置张拉体外束,待一联形成整体(架桥机前移后),张拉剩余部分体外束和体内束,可有效地提高施工速度。

169

5)节段划分与节段类型设计

预制节段箱梁通常由标准节段、转向块节段、钢束锚固节段、墩顶横梁节段组成(图4.1-8)。节段划分采用统一原则,主要考虑运输吊装能力的限制和标准化程度。

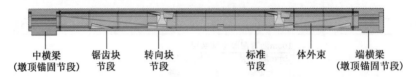

图4.1-8 洪都大道节段种类划分示意图

节段标准长度通常取2.5~3.5m,节段质量一般控制在50~70t之间,转向与锚固节段可根据质量等限制条件调整长度。全桥尽量统一节段划分,可通过改变各类节段的数量组成不同的跨径,零碎尺寸可通过墩顶段或其他特殊段调整。

从有利于节段预制工效的角度出发,对于采用体内-体外束混合配束的节段梁结构,体内预应力锚块和体外预应力转向块增加了箱梁节段预制的难度,并且工效较标准节段要大大降低。较以往锚块和转向块仅依据受力计算在不同的预制节段分散设置(图4.1-9),本工程提出一种新的思路,依据计算适当将锚块和转向块集中设置,即锚块和转向块集成设计。采用该方法时虽然转向块节段的预制难度增加,但相应地标准节段增加,能够较大地减少非标准节段的数量,即除了转向块节段外,其余均为无锚块的标准节段。

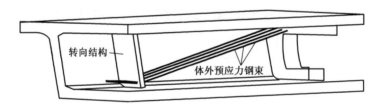

图4.1-9 分散式转向构造

具体实现方式为在体外预应力转向块处增设体内预应力锚固齿块,形成集钢束转向与锚固于一体的集成式转向锚固构造(图4.1-10)。

6)墩顶大悬挑锚固横梁设计

与之前已建节段梁左右幅分幅设计、墩柱与箱梁中心对齐不同,洪都大道主线高架桥投影面下方的地面辅路需具备交通功能,因此采用大悬挑锚固横梁。横梁除承担常规横梁受力外,还兼作体外预应力的锚固横梁,节段拼装施工时,架桥机支腿作用于横梁大悬臂上;同时体外预应力钢束、人孔、纵横向预应力钢束和钢筋等集中布置,构造和受力均极为复杂,因此在设计阶段将大空洞削弱后的大悬挑锚固横梁作为一个设计重点进行研究分析(图4.1-11)。

7)标准化设计

标准化设计是预制拼装结构设计的重点考虑因素。根据节段梁自身结构特点,工程提出由总体设计标准化和结构设计标准化两个层次组成的设计标准化(图4.1-12)。总体设计标准化主要考虑道路线型标准化和桥梁跨径标准化两个方面;在总体设计标准化的基础上,实现结构截面标准化、节段类型标准化、预应力配置标准化、剪力键设置标准化、转向块标准化、锚固齿块标准化6大标准化设计。提出适应城市桥梁的等宽段节段梁标准化结构,以及全线桥梁归整仅为2大类节段类型的节段梁标准化设计体系,实现2类模板预制全线节段的目标。

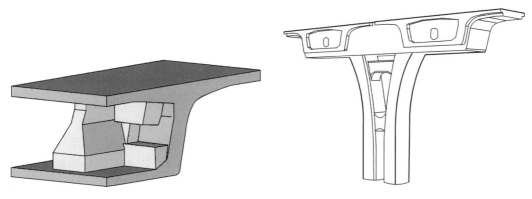

图 4.1-10　集成式转向锚固构造　　　　图 4.1-11　墩顶大悬挑锚固横梁三维示意图

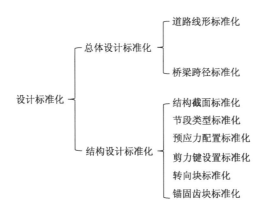

图 4.1-12　标准化设计示意图

8）超高渐变段设计

洪都大道主线道路曲线段最小半径仅为370m,存在由双向2%横坡到单向3%横坡的超高渐变段,对预制节段梁的设计及制造提出了较大的挑战。为确保道路曲线超高的精度,提出节段的扭转预制,预制时严格控制节段两端面控制点的高程,即通过扭转端模使预制节段两端面产生相对转动,实现横坡渐变的扭转节段梁(图 4.1-13)。

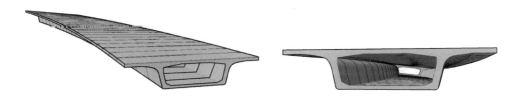

图 4.1-13　超高渐变段结构示意图

9）耐久性设计

节段梁相较于普通现浇梁而言,需要值得注意的有:①存在大量的接缝构造,接缝部位作为整体结构的薄弱环节,可以采取两种措施,一是选用性能较好的环氧胶接缝,二是节段梁结构按纵向全预应力构件设计,接缝不受拉,一直处于受压状态;②对于预应力体系,体外束选用耐久性好的环氧钢绞线、单根可换索体系,实现全寿命周期内的可检、可换;③对于临时吊装孔的封堵设计推荐采用水泥基渗透结晶型防水材料进行封堵,有利于封堵材料和孔洞的密封,有条件时可优先考虑采用无孔洞预埋;④对桥面防水进行双层防护体系的加强设计,第一层为基层防水,采用水泥基渗透结晶型无机防水材料;第二层为柔性防水层,采用聚合物改性沥青防水涂料;⑤全线桥梁设置人孔,实现检修通道贯通,检修无死角。

4.1.2.2 标准等宽段节段梁结构设计

标准等宽段节段梁采用预应力混凝土连续刚构体系,其中中墩墩梁固结、边墩设置活动支座。桥宽25.0m,采用双箱单室布置,单幅宽度为12.1m(图4.1-14、图4.1-15),两幅之间现浇缝宽度为0.6m,在墩顶处通过墩顶横梁连接左右幅箱梁以形成整体。箱梁预制时为平坡预制,顶板横坡由箱梁拼装时绕箱梁顶板顶面基点旋转而成。

标准跨径布置为3×35m,此外尚有30m、32.5m、33m、33.5m、35m和36m共6种跨径布置,2~3跨一联,梁高2.2m,顶板厚0.25m,底板厚0.22~0.3m,腹板厚0.40~0.70m,箱梁挑臂宽2.85m,挑臂底板呈折线形,挑臂厚0.25~0.45m。

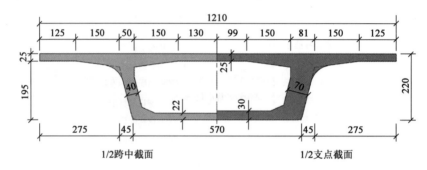

图4.1-14 主线标准等宽段横截面尺寸(尺寸单位:cm)

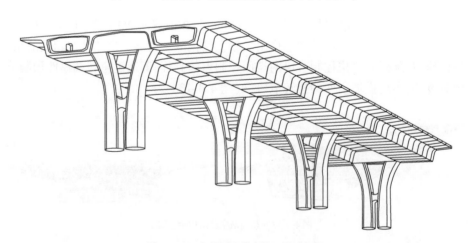

图4.1-15 主线标准等宽段三维示意图

标准节段长度为3m,最大节段长度不超过3.2m,节段间采用密齿剪力键(图4.1-16)、胶接缝;最小节段自重约48t,最大节段自重约75t。标准段节段梁三维示意图见图4.1-17。

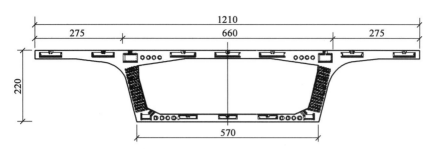

图 4.1-16 标准段节段梁剪力键构造图(尺寸单位:cm)

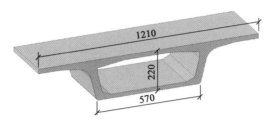

图 4.1-17 标准段节段梁三维示意图(尺寸单位:cm)

墩顶横梁兼作体外预应力钢束锚固横梁,中墩锚固横梁厚 2.6m,边墩横梁厚 2.1m,端部预留 1.0m 作为纵向束张拉空间;标准横梁局部加高,底面平坡。

混凝土箱梁为双向预应力体系,即设置纵向预应力和横向预应力,纵向按全预应力构件设计,横向按 A 类预应力构件设计。

箱梁纵向预应力钢束以体外束为主,体内束为辅;纵向体外束在跨间设置转向块,在跨中设置限位块,并沿纵向 6m 左右设置减振器。每个箱室配置 6 束体外束,规格有 $\phi^s15.2$-27~37 三种,在横梁处交叉锚固;中墩处配置 2 束 $\phi^s15.2$-17 体外束,处于箱梁截面形心位置,在相邻转向块处锚固;底板配置 6 束 $\phi^s15.2$-12 或 $\phi^s15.2$-15 体内束,2 束底板通长束;墩顶配置 8 束 $\phi^s15.2$-12 体内束;顶板配置 6 束 $\phi^s15.2$-5 通长束(图 4.1-18)。

墩顶横梁预应力钢束为体内束,采用深埋锚锚固;整幅布置,横梁钢束配置 $\phi^s15.2$-15 体内束,横梁钢束分批张拉。顶板横向预应力钢束为体内束,规格为 $\phi^s15.2$-3,采用弧形扁锚锚固;整幅布置,中央现浇带浇筑后张拉。

全线桥梁每个端横梁、中横梁均设置检修人孔,联与联交界处设置底板检修人孔,钢箱梁也全部预留检修人孔,实现联与联之间检修通道贯通,全线无检修死角。

4.1.2.3 变宽段节段梁上部结构设计

变宽段节段梁设计一直是一个难题,国内尚无先例,阻碍应用的难点在于预制结构标准化,非标准构件将显著提高成本、降低施工速度,丧失预制拼装优势。城市桥梁中,变宽段节段梁更是占比达到 35%,如何使预制节段梁的"不变"适应异形变宽段桥梁的"变",在对标准段、变宽段和匝道桥截面进行标准化研究的基础上首次提出了"分箱室、变挑臂"多箱多室截面的设计方案。

变宽段桥采用预应力混凝土连续梁体系;双侧加宽变宽段横桥向均采用 4 片主梁,整体布置为 4 箱单室截面;结构分离,左右幅墩之间顶横梁不连接,左右幅箱室顶板通过湿接缝连接形成整体连续的桥面,现浇缝宽度为 0.6m。单侧加宽变宽段横桥向均采用 3 片主梁,整体布置为3箱单室截面;整幅结构不分离,左右幅墩之间顶横梁连接,左右幅箱室顶板通过湿接缝连接形成整体连续的桥面,现浇缝宽度为0.6~0.8m。箱梁预制时为平坡预制,顶板横坡由箱梁拼装时绕箱梁顶板顶面基点旋转而成。

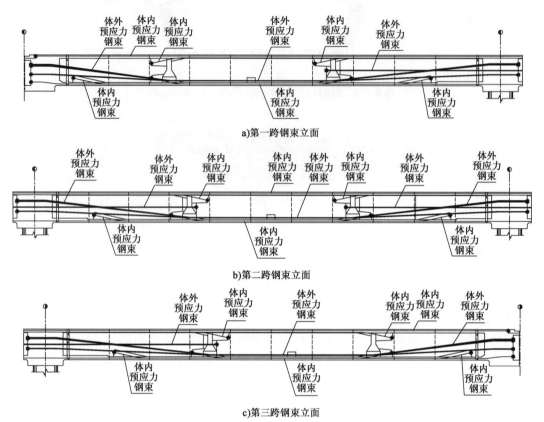

图4.1-18 主线高架桥标准段纵向预应力钢束立面布置图

变宽段桥宽根据道路线形需要加宽,桥宽为25.0~46.5m不等,分为单侧加宽和两侧加宽两种形式。左右幅单独考虑,通过挑臂变窄+箱室宽度变化实现变宽。变宽段有大箱室和小箱室两种箱室形式,当单幅桥宽小于等于17.0m时采用小箱室,当单幅桥宽大于17.0m时采用大箱室;通过调整边梁内侧挑臂及中梁两侧挑臂宽度变化实现变宽(图4.1-19)。

标准跨径布置为3×35m,此外尚有30m、32.5m、35m和40m共4种跨径布置,2~4跨一联,梁高2.2m,顶板厚0.25m,底板厚0.22~0.3m,腹板厚0.40~0.60m。边梁外挑臂宽保持2.85m不变,挑臂底板呈折线形,挑臂厚0.25~0.45m。变宽段节段梁剪力键构造详见图4.1-20。

变宽段混凝土箱梁的预应力设计原则同标准段。

4.1.2.4 路口大跨段上部结构设计

路口大跨段采用预应力混凝土连续梁体系。与标准等宽段相同,桥宽25.0m,采用双箱单室布置,单幅宽度为12.1m,两幅之间现浇缝宽度为0.6m,在墩顶处通过墩顶横梁连接左右幅箱梁以形成整体。箱梁预制时为平坡预制,顶板横坡由箱梁拼装时绕箱梁顶板顶面基点旋转而成(图 4.1-21)。

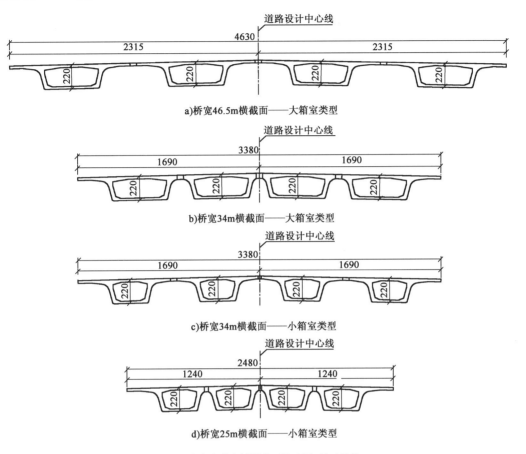

图 4.1-19 变宽段节段梁横截面构造图(尺寸单位:cm)

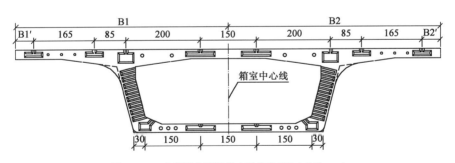

图 4.1-20 变宽段节段梁剪力键构造(尺寸单位:cm)

35m+50m+35m大跨连续梁跨中梁高2.4m,支点梁高3.2m,顶板厚0.25m,跨中底板厚0.25m,中支点底板厚0.85m,边支点底板厚0.45m,跨中腹板厚0.40m,支点腹板厚0.85m,箱梁挑臂宽2.75m。墩顶横梁兼作体外预应力钢束锚固横梁,中墩锚固横梁厚3.2m,边墩横梁厚2.1m,端部预留1.0m作为纵向束张拉空间;横梁局部加高,底面平坡。

40m+60m+40m大跨连续梁跨中梁高2.8m,支点梁高3.6m,顶板厚0.25m,跨中底板厚0.25m,中支点底板厚0.85m,边支点底板厚0.45m,跨中腹板厚0.40m,支点腹板厚0.85m,箱梁挑臂宽 2.75m。墩顶横梁兼作体外预应力钢束锚固横梁,中墩锚固横梁厚 3.5m,边墩横梁厚 2.1m,端部预留 1.0m 作为纵向束张拉空间;横梁局部加高,底面平坡。

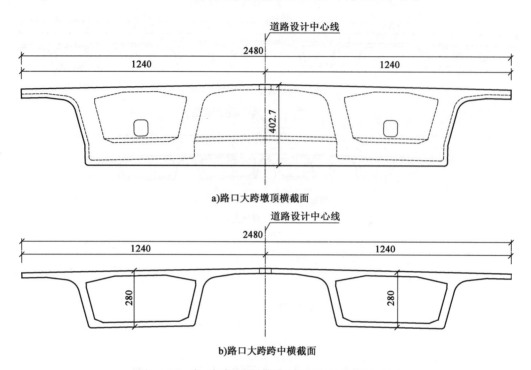

图 4.1-21 路口大跨节段梁横截面构造图(尺寸单位:cm)

节段梁采用密齿剪力键(图 4.1-22)、胶接缝。

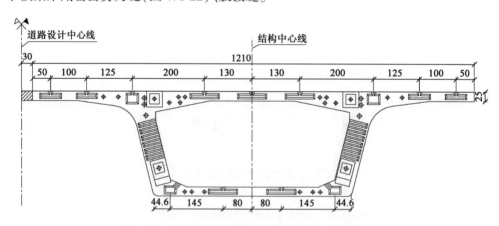

图 4.1-22 路口大跨节段梁剪力键构造图(尺寸单位:cm)

混凝土箱梁采用双向预应力体系,即设置纵向预应力和横向预应力,纵向按全预应力构件设计,横向按 A 类预应力构件设计。

箱梁纵向预应力钢束采用混合配束的方案,悬臂拼装施工阶段结构受力以体内预应力配束为主,合龙后采用体外束、体内束混合配束方式。纵向体外预应力在跨中附近设置转向块,在跨中设置限位块,并沿纵向 6m 左右设置减振器。每个箱室配置 4 束 ϕ^s15.2-27 体外束,交叉锚固;跨中配置 6 束 $\phi^s15.2$-12 或 $\phi^s15.2$-15 体内束;墩顶配置 6 束 $\phi^s15.2$-12 或 $\phi^s15.2$-15 体内束,2 束底板通长束(图 4.1-23)。

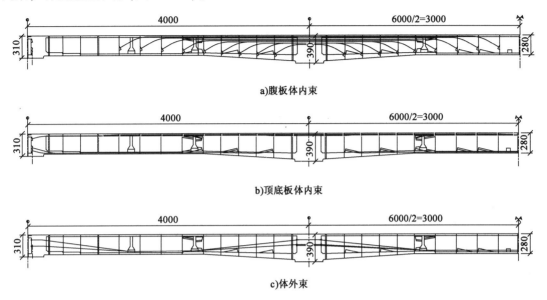

图 4.1-23　主线高架桥 40m+60m+40m 纵向预应力钢束立面布置图(尺寸单位:cm)

墩顶横梁预应力钢束为体内束,采用深埋锚锚固;整幅布置,横梁预应力钢束配置 $\phi^s15.2$-12 或 $\phi^s15.2$-15 体内束,横梁钢束分批张拉。

顶板横向预应力钢束为体内束,规格为 $\phi^s15.2$-3,采用弧形扁锚锚固;整幅布置,中央现浇带浇筑后张拉。

50m 和 60m 跨箱梁 0 号节段分别长 4.4m、4.7m,每墩分别设置 9 对、10 对悬拼节段,最小节段自重约 50t,最大节段自重约 85t,节段长度主要划分为 2.5m 和 3m。全桥共设置 1 个中跨合龙湿接缝和 2 个边跨合龙湿接缝。

采用悬臂拼装施工,先在支架上浇筑 0 号段,再依次悬臂拼装 1 号至 10 号节段,然后合龙边跨,最后合龙中跨。

4.1.2.5　主要计算内容

1)纵向总体计算

目前国内正式颁布实施的体外预应力节段梁设计标准是上海市《节段预制拼装预应力混凝土桥梁设计标准》(DG/TJ 08-2255—2018),该标准作为体外预应力节段梁的设计依据,对持久状况承载能力极限状态计算、持久状况使用阶段应力和正常使用极限状态计算以及短暂状况施工阶段应力和承载能力极限状态计算均给出了详细的计算公式和说明。此外,住房和城乡建设部《节段预制拼装混凝土桥梁技术标准》即将颁布实施,交通运输部《公路体外预应力混凝土桥梁设计指南》也可参考使用。

目前国内外常用桥梁结构专业有限元分析软件中对体外预应力预制节段拼装桥梁的支持还不到位,主要体现在:①软件内部缺乏相应规范的对接;②体外预应力钢束的预应力损失、极限承载能力计算等功能不完备。因此,虽然目前已经有了可依据的规范和标准,但是并不能直接利用现有有限元分析软件进行体外预应力预制节段拼装桥梁的设计及计算,在实际应用中,需要结合规范,利用现有有限元程序提取部分结果,再结合手算或自编程序计算的方法,进行体外预应力预制节段梁的设计。

在进行洪都大道预制节段拼装桥梁纵向总体计算时,采用了自编程序与商业有限元分析软件 Midas Civil 相结合的办法,对体外预应力预制节段拼装桥梁进行了空间杆系有限元分析。

采用 Midas Civil 建立节段梁空间杆系有限元模型,如图 4.1-24 所示。其中主梁、桥墩采用梁单元模拟,体外预应力钢束采用桁架单元模拟,体外预应力钢束在转向及锚固处通过刚臂与主梁单元连接。按照实际施工顺序进行施工过程模拟。

图 4.1-24 Midas Civil 空间杆系有限元模型

承载能力极限状态下,体外预应力钢束无法达到屈服,体外预应力钢束的极限应力和极限高度是进行承载能力验算的两个关键参数,根据标准公式编制相应计算程序,并结合 Midas Civil 的内力分析结果,对体外预应力混凝土梁的抗弯承载能力进行验算,同时对预制节段梁接缝处的抗弯承载力进行计算(图 4.1-25)。

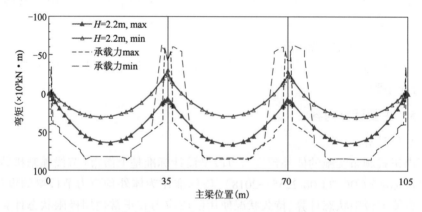

图 4.1-25 洪都大道 3×35m 标准段主梁极限抗弯承载能力验算结果

2)关键构造局部分析

预制节段梁采用墩顶大悬挑横梁的结构布置形式,墩顶横梁兼作预应力锚固横梁、架桥机临时支撑和检修通道,承受竖向剪力、弯矩以及体外预应力巨大的锚固力作用,受力十分复杂且开孔较多,采用实体有限元模型进行详细分析(图 4.1-26)。体外束转向块、预应力锚固块、墩梁固结处同样应进行局部分析。

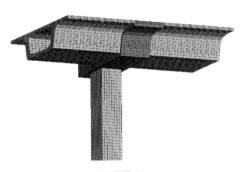
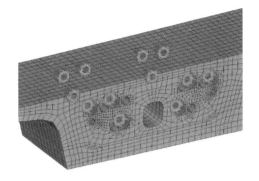

a)整体模型　　　　　　　　　　　b)体外预应力钢束锚固区局部模型

图4.1-26　墩顶大悬挑横梁空间实体有限元模型

横梁作为架桥机的临时支撑点,荷载工况时刻发生变化,相应的内力状态也发生变化,根据架桥机行走过程对各个施工阶段进行分析并指导横梁预应力设计及张拉批次的设计。

横梁在体外预应力钢束锚固力作用下呈现深受弯受力特征,其局部拉应力偏大,根据实体有限元分析结果(图4.1-27),进行合理的配筋设计,以免横梁表面开裂。

图4.1-27　横梁受力局部分析应力云图

节段梁采用集成式转向块构造,体外预应力钢束转向、锚固,体内束锚固在此处交错,构造及受力较复杂,设计时通过建立空间实体有限元模型对该区域局部应力分布情况进行分析(图4.1-28),依据分析结果对转向块、锚固块构造进行优化设计、合理配筋。

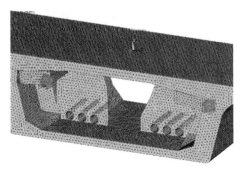
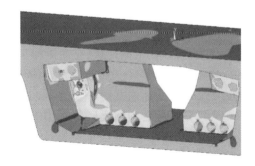

a)有限元模型　　　　　　　　　　　b)应力云图

图4.1-28　集成式转向块局部分析

4.1.2.6 附属结构设计

附属结构主要包括支座及挡块、桥梁防撞护栏、桥面防水及铺装、桥面排水系统等。

防撞护栏采用预制挂板,现场安装挂板后在内侧现浇剩余部分混凝土。减少现场外模板的安装及拆除工作,极大提高了工作效率,护栏外观质量得到提升(图4.1-29)。

a)挂板预制

b)挂板安装完成

图4.1-29 挂板预制及安装

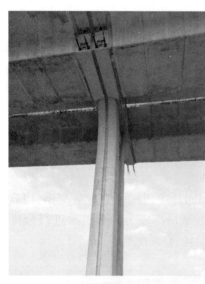

图4.1-30 隐式排水凹槽设计

桥面防水层采用两级防水设计,第一级为基层防水,采用水泥基渗透结晶型无机防水材料;第二级为柔性防水层,采用聚合物改性沥青防水涂料。

桥面排水系统采用隐式排水设计,通过横梁及墩身预留排水槽,兼顾桥梁景观和运营期间检修使用性能(图4.1-30)。

4.1.3 构件预制

4.1.3.1 预制梁厂布置

1)梁厂选址及平面布置

梁厂是节段梁的生产场地,对整个工程具有关键性的作用,直接决定整个工程的工期,因此梁厂的规划、建设、生产都需要进行仔细的研究与充分的论证。

洪都大道处于南昌市老城区中心位置,梁厂的选择要综合考虑功能需求、土地现状、交通便利、经济效益、环境影响等各种因素,最终选择了南昌郊区的一块土地作为梁厂,整块地地形比较规整,无障碍物,可作为临时用地出租,且距离项目所在地约25km,交通运输方便。

洪都大道建设配套预制梁厂占地270亩,梁厂内按施工要求设有七大区:钢筋加工区、钢筋绑扎区、节段梁预制区、节段梁修整区、节段梁存放区、搅拌区及办公生活区(图4.1-31)。设置2个钢筋车间,1个搅拌站,9条节段梁生产线,存梁台座约1500个。每条生产线配置6个制梁台座,总共配置54个制梁台座,平均制梁540榀/月。每条生产线配置16t门式起重机2台,100t门式起重机1台。

图 4.1-31　洪都大道建设配套梁厂平面布置图

2）梁厂生产能力

梁厂生产能力主要与生产线数量及每条生产线的制作效率有关。根据洪都大道总体工期计划,箱梁预制时间为 13 个月,设计全线共有节段预制箱梁约 6500 片,每月平均生产能力需求约为 500 片。

节段梁预制的主要工序及周期如表 4.1-1 所示,从表中可以大致得到预制一片节段梁所用的时间。

节段梁预制的主要工序及周期　　　　　　　表 4.1-1

序号	项目	持续时间(h)	说明
1	匹配梁定位	1	
2	匹配面及模板表面处理	2	
3	钢筋吊装	1	
4	内模、预埋件安装	3	
5	检查验收	1	钢筋同步制作绑扎, 不影响总制梁功效
6	混凝土浇筑	2	
7	混凝土养护	48	
8	模板拆除	2	
9	移梁	1	
合计		61	

考虑到各个工序之间的衔接、各班人员之间的对接以及其他耽搁,单片梁需要占用台座时间为 2.5~3 天,则每个台位每月能生产梁 10~12 片。

3）存梁台座和机械设备

存梁台座数量主要与现场架梁速度、存梁期与存梁方式相关,洪都大道每月架梁约 900 片,设计存梁期为 3 个月,考虑双层存梁,最终设计的存梁台座数量为 1500 个(图 4.1-32)。

节段梁的生产、吊装、运输过程需要的机械设备较多,主要有桥吊、门式起重机、提梁行车、数控棒材剪切机、棒材弯曲机、数控弯箍机等,其型号、数量也需要与梁厂规模及项目特点进行匹配(图 4.1-33)。

洪都大道建设配套梁厂相应的机械设施配备主要有 10~20t 桥吊和门式起重机、100t 提梁行车,以及根据现场架梁需求而定的运梁车若干。

a)钢筋绑扎胎架

b)存梁区

图4.1-32　钢筋绑扎胎架及存梁区

a)门式起重机移梁

b)运梁车运梁

图4.1-33　梁厂移运梁

4.1.3.2　节段梁预制施工

1)预制工艺概述

洪都大道道路线形复杂,变宽段、小曲线半径占比较大,宜采用短线匹配预制施工。每跨梁段除了预制起始梁段采用一端固定端模、另一端活动端模进行浇筑外,其余梁段均采用一端为固定端模、另一端为已浇的前一梁段做匹配梁段进行浇筑。

2)节段梁预制流程

短线法节段梁的预制同常规混凝土构件制作基本一致,主要包括模板安装定位、匹配梁定位、钢筋骨架制作、混凝土浇筑与混凝土养护几大工序,主要的区别在于匹配预制施工,为了保证不同节段之间的拼接完全啮合,当前节段预制时需要采用前一节段作为"模板"(图4.1-34、图4.1-35)。

模板安装定位是预制节段最关键的步骤,其中固定端模精度要求最高,安装时必须保证模板面与待浇梁段中轴线垂直,竖向保持铅直,每个节段预制时都要对端模进行复测校核。

短线法钢筋骨架采用专门的钢筋胎架制作,一方面可将该工序与节段梁同步制作,提高节段梁总体制作效率,另一方面采用专门的胎架制作钢筋骨架,可借助专门的限位措施来保证钢筋制作质量。在绑扎钢筋的同时,还应对所有预埋件进行定位安装,主要包括体内预应力管道、临时吊点预留孔洞、临时预应力的锚固孔洞、预应力锚固齿块、体外束转向限位装置、护栏钢筋等。绑扎完成的钢筋骨架,经验收合格后整体吊装至完成定位的模板内部。

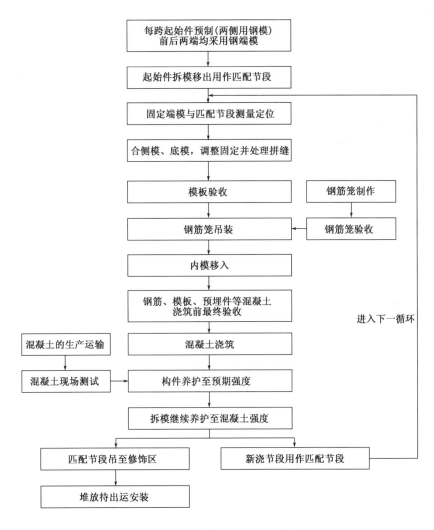

图 4.1-34 短线法节段梁预制流程图

a)钢筋绑扎

b)节段匹配

c)侧模安装

图 4.1-35

图 4.1-35 短线法梁段匹配预制施工流程图

3）节段梁制作的关键技术

（1）节段模板标准化研究。模板的设计主要围绕模板类型和模板功能两方面展开。模板类型取决于设计的梁段类型，应基于设计导向展开研究。洪都大道工程设计初期，上海市政总院与有经验的施工单位、模板生产厂家深入沟通，解决了变宽、超高等复杂状态下标准化设计难题，通过截面标准化、节段类型标准化、预应力配置标准化、剪力键设置标准化、转向块标准化、锚固齿块标准化等6大标准化设计，大大减少了节段类型，进而减少模板类型,提高模板的重复利用次数，降低预制施工的难度。

模板功能研究主要着眼于如何提升预制节段的质量精度和预制效率。预制节段的质量主要取决于模板本身的强度、刚度、平整度、接缝密合度等，模板应经过专门的结构设计及现场试验验证合格方可采用。短线法预制工艺是在专门的胎架上绑扎钢筋，预制台座上进行的主要工作就是模板的测量与调整定位，要求自动化程度高，模板调位方便快速。

洪都大道工程采用全液压钢模板，模板由轨道、内模系统、侧模、固定端模、底模、台车及牵引系统组成。

（2）高精度预制工艺。高精度是对预制装配结构最基本的要求，对尺寸偏差的控制达到毫米级，为满足精度要求，在预制节段的施工过程中，开发更高精度的模具、研发高精度钢筋切割弯折设备、采用高精度钢筋绑扎胎架、采用各类高精度测量仪器，并广泛应用各类预埋件的精确定位技术以及标准化的质量管理制度等。

4.1.3.3 节段梁预制线形控制

短线匹配法预制箱梁是一个复杂的施工过程，各箱梁被划分成多个节段在不同时段逐步浇筑而成,施工过程中累积与随机误差的影响效果显著,因此预制过程对测量精度以及误差修正的要求较高。

1)测量控制网布设要求

控制网是预制节段坐标以及高程控制的基础,是由控制点、校核点共同构成平面和高程相互关系网。控制点建立在测量塔上,而校核点是在场地边缘外设置的稳定点位,在场地四周对称布置。根据工程测量规范要求,控制网布设的标准要求如下:

①平面控制网布设的精度不得低于四等边角网精度。测量角度时每站观测4个测回,测角中误差不超过1″;测边时,每条边观测4个测回,每测回读数4次。

②高程控制网布设按二等水准要求进行测量,往返较差、闭合差应小于 $0.3\sqrt{n}$ mm,其中 n 为总测站数。

③整体控制网的布设要求按照平面控制网及高层控制网的技术标准实施。

④梁厂根据制梁台座固定不动的特点,建立以一条基线控制一个制梁台座的测量控制系统,系统中测量塔与固定端(底)模中点在一条直线上,端模水平放置且与基线垂直。将所有基线纳入一个独立的、稳固的监控网中。

2)梁厂测量控制网的布设

节段梁生产过程中,线形控制尤其重要,每个台座需设置一个观测点及后视点。若梁厂共54个台座,则需测量塔108个。由于梁厂台座按横向3排放置,而且一条线内横向的两个台座背靠背布置。在满足测量的条件下,每条线设置6个测量塔,两条线之间共用测量塔(图4.1-36)。

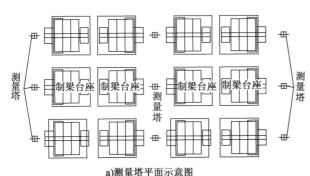

a)测量塔平面示意图　　　　b)测量塔实景图

图4.1-36　梁厂测量塔平面示意图及实景图

测量塔是短线匹配法预制节段梁线型控制的主要基础设施,必须满足"精度高,变形小、无明显沉降"的条件要求。两测量塔控制点间连线与其所控制的预制台座上的待浇梁段的中轴线相重合。测量时,一个塔作为观测塔,另一个塔作为目标塔。

3)节段梁预制测量与线形控制

节段预制采用匹配法施工,一旦预制完成,整跨主梁的线形基本确定,即成桥的线形精度基本取决于节段梁本身的预制精度,虽然拼装过程中可以采取打磨、加垫板等措施进行微调,但这些措施都会影响接缝的拼接质量,因此做好节段梁预制阶段的线形控制尤为重要。

(1)局部坐标系的建立。预制阶段节段梁位于预制台座上,基于此建立预制阶段的局部坐标系。局部坐标系以右手坐标系建立,坐标系原点位于端模顶面内缘线的中心点,两测量塔连线垂直于固定端模作为 y 轴并与节段梁中心线重合,如图 4.1-37 所示。

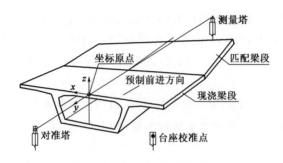

图 4.1-37　测站布设及局部坐标系建立

（2）节段梁预制线形测量。对节段梁尺寸的放样主要是控制两个端面的位置,在每个梁段上设置控制测点,并将这些控制测点用作每个匹配梁段的定位以及用来决定每个刚浇筑好梁段的实际浇筑位置,每个节段梁布置 6 个控制测点。箱梁预制施工测量控制点布设如图 4.1-38 所示,图中节段梁上的小点为梁段预制拼装控制测点(用刻有十字丝的圆钢或螺丝头制作,在梁段混凝土浇筑完成后、初凝前埋设)。

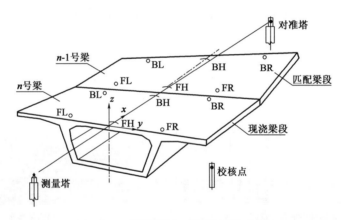

图 4.1-38　箱梁预制施工测量控制平面布置

预制节段的线形测量都是基于这些控制测点坐标进行的,通过每个节段梁上的 6 个控制测点坐标,反映节段梁长度、横坡、高程、扭曲等几何信息。节段梁预制时,固定端模的位置是固定不变的,预制节段梁的线形是通过调整匹配梁的位置来进行控制的。

匹配梁段的精确定位主要是通过测量仪器观察节段梁顶面上的 6 个控制测点来实现的,并通过手拉葫芦和底模台车上的 4 个油压千斤顶以及底模台车的旋转位移功能进行调整。手拉葫芦主要作用是精确控制其纵向距离的微调,4 个油压千斤顶主要作用是精确调整梁段高程,底模台车主要作用是精确调整梁段轴线偏角。整个调整过程操作均要求缓慢、细致。匹配梁段的精确定位顺序依次为高程定位、轴线定位及净空长度定位。

节段梁预制施工测量与精度控制技术指标如表 4.1-2 所示。

节段梁预制施工测量与精度控制技术指标   表 4.1-2

测量工况	仪器	仪器精度	测量方法	允许偏差
测点布置	钢尺	1mm	一次测量	±3cm
测点测量	全站仪	角度1″,距离1mm+1ppm	两次测量坐标差值±1mm时取平均值	/
	水准仪	0.5mm/km	两次测量高程差值±1mm时取平均值	/
测点放样	全站仪	角度1″,距离1mm+1ppm	两次测量坐标差值±1mm时取平均值	坐标±2mm 高程±1mm
	水准仪	0.5mm/km	两次测量高程差值±1mm时取平均值	高程±1mm
梁长测试	钢卷尺	1mm	选取轴线位置进行测量,各进行两次测量,测量相差±1mm时取平均值	梁长-2~0mm
表面平整度	水平尺	1mm	选取梁体表面检测且每个测量面测点不得少于2处	±5mm
纵轴线偏移量	全站仪	角度1″,距离1mm+1ppm	一次测量	±5mm
横隔梁轴线偏移量				
支座板、锚垫板等位置复核	全站仪	1mm	一次测量,每个测量位置抽检1处	位置偏差10mm
支座板、锚垫板等高程	水准仪	0.5mm/km	一次测量,每个测量点抽检1处	高差±5mm
支座板、锚垫板等平面高差				偏差5mm
螺栓锚筋等位置	钢卷尺/钢尺	1mm	一次测量,每个测量位置抽检1处	位置偏差10mm
螺栓锚筋等外露尺寸	钢卷尺/钢尺	1mm	一次测量,每个尺寸抽检1处	偏差±10mm
预应力孔位置	钢卷尺/钢尺	1mm	一次测量,抽检两端面以及中间截面,各截面检查垂直两个方向	位置偏差±10mm
预应力孔孔径	游标卡尺	0.02mm	一次测量,检查两端面内径,一个端面检查3次,取平均值	内径偏差0~+3mm
吊孔位置	钢卷尺/钢尺	1mm	一次测量,每个抽检1处	位置偏差5mm

注：表中水准仪为校核采用,普通高程测量时采用全站仪。

（3）节段梁预制线形控制。理论上每个梁段的目标匹配位置都按照预制线形进行定位时,梁体各节段的制造实测线形就应该是预期的制造线形。但是,施工过程中的各种不确定性因素的影响,会使得梁段在实际的制造过程中出现误差,如果前一个梁段的误差不能得到及时的修正,则后面制造的梁段会受短线匹配的影响,将前一梁段的误差带入本节段及后续节段的预制中。小的误差积累可能会导致较大的成桥线形差别,因此必须考虑梁段浇筑过程中由各种因素引起的误差,对制造线形进行不断的修正,用修正后的制造线形预制,并确保该误差在后续梁段的浇筑中得到纠正,这样才能确保预制过程中不会产生误差的积累。

预制过程中出现的误差主要包括轴线误差和角度误差。轴线误差主要影响预制节段梁的长度,角度误差即是匹配梁与浇筑节段的相对角度的误差,角度误差包括立面角度误差和平面角度误差,最终导致拼装后的道路竖曲线和平曲线的误差。每一个节段预制完成后,均需要复测节段梁的控制点坐标,基于实测数据计算轴线与角度误差,并在下一个节段预制过程中进行修正,将最终的误差控制在可接受的合理范围之内。

4.1.4 拼装施工

4.1.4.1 墩顶横梁及临时固结体系施工

1) 墩顶横梁施工

节段梁墩顶横梁采用现场浇筑,其构造复杂,钢筋钢束密集,施工临时预埋件众多,施工难度较大,而其施工质量与精度是后续拼装过程顺利实施的前提。为满足高精度的要求,设计单位借助 BIM 技术对预制节段梁的构造、钢筋、钢束等进行了全程精细化建模(图 4.1-39),尤其对墩顶横梁的钢束、钢筋布置进行了碰撞检查,模拟钢筋绑扎施工,虚拟现实交互全过程指导现场施工,并结合 BIM 技术成果对设计进行优化,提高现场施工工效。

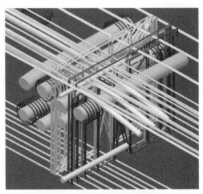

a)横梁钢束、钢筋BIM模型　　b)钢束、钢筋局部碰撞检查

图 4.1-39　BIM 模型辅助施工

除采用 BIM 技术模拟指导施工之外,施工过程中还采取相应的技术措施,以保证墩顶横梁施工的质量、精度与工效,具体如下。

①钢筋笼制作采用工厂胎架绑扎、现场整体吊装定位的工艺;

②支架采用"钢管柱+贝雷梁"少支架结构形式,该支架可在工厂模数化制作,具有结构简单、装配化程度高、装拆便捷的特点;

③支架预压工艺,消除非弹性变形,监测弹性变形,对横梁钢筋定位高程进行修正,以保证最终的拼装精度;

④横梁钢筋密集,采用 C55 自密实混凝土,以保证浇筑质量;

⑤对混凝土浇筑施工进行模拟浇筑试验,对浇筑顺序、振捣方法进行验证。

2) 墩顶临时固结体系施工

在节段梁拼装前,需要完成下部结构、墩顶横梁及相应的临时固结措施,为架桥机设备提供支撑站位。

主梁架设过程中,横梁作为架桥机的支撑点,直接承受架桥机及主梁的自重荷载,标准段采用双幅同步架设施工,但同步也不是绝对的,施工过程中的不平衡荷载是不可避免的,应采取有效的临时固结措施以保证施工过程中横梁自身的强度及稳定性。

对于标准等宽段,桥梁采用中墩固结、边墩设支座的结构体系,中墩的不平衡荷载设计时已考虑由结构自身承载,无须额外增设临时固结措施,施工十分便利,主要通过限制其横向最大偏载保证结构的安全性。边墩横梁采用支座体系,其不平衡荷载只能通过外加的临时固结措施来承载。

横梁临时固结措施主要采用在承台上搭设钢管桩立柱,立柱与承台预埋件连接形成固结(图4.1-40),立柱顶部与梁体连接形成固结,其固结体系主要依靠钢管桩柱的承压和竖向精轧螺纹钢筋的抗拉来满足承压和抗拉要求,以达到抵抗施工荷载和不平衡力矩的目的。

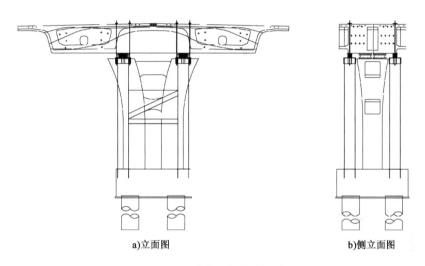

a)立面图　　　　　　　　　b)侧立面图

图4.1-40　边墩横梁临时固结示意图

4.1.4.2　标准段架桥机架设施工

1)架桥机逐跨拼装概述

洪都大道在标准跨径除部分采用支架拼装之外,其余全部采用架桥机逐跨拼装。逐跨拼装施工法(span-by-span construction),就是由架设梁支承一跨内的全部节段,一次架设成一跨,再依次移动架设梁架设下一跨的方法(图4.1-41)。

图4.1-41　洪都大道逐跨拼装示意图

2)施工顺序

标准等宽段双幅同步施工(图4.1-42)顺序如下：

步骤一：施工基础、桥墩以及墩顶大悬挑横梁；

步骤二：左右幅两台架桥机同步安装到位，支腿支承于施工完成的墩顶横梁顶部；

步骤三：左右幅两台架桥机同步起吊预制节段，进行左右两幅预制节段拼装箱梁的拼装施工，张拉临时预应力、永久预应力；

步骤四：解除节段梁与架桥机之间的连接吊杆，节段梁落架；

步骤五：左右幅两台架桥机同步前移，重复以上步骤，施工下一跨预制节段梁。

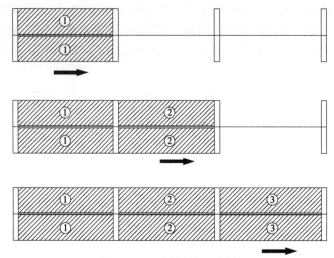

图4.1-42 双幅同步施工示意图

①-安装第一跨左右两片梁并张拉体外预应力，架桥机前移；②-安装第二跨左右两片梁并张拉体外预应力，架桥机前移；③-安装第三跨左右两片梁并张拉体外预应力，架桥机前移，张拉全桥体内预应力。

3)架桥机设备

逐跨拼装采用的架桥机结构形式多样，但主要构件及功能基本一致。如图4.1-43所示的桁架式结构，设备整体结构紧凑，横向为对称结构；各支腿均配置液压升降机构，可将自身降低、顶升。此外，主支腿还配有横移机构。

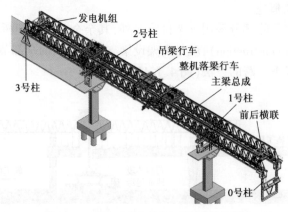

图4.1-43 桁架式节段拼装架桥机总体结构图

架桥设备的选择需要根据工程实际需求而定,主要包括跨径、节段尺寸、最大吊重、曲线半径、道路纵坡等。根据工程特点,对洪都大道架桥机提出如表4.1-3所示的性能要求。

洪都大道架桥机性能参数　　　　　　　表4.1-3

序号	项　目	设计参数或能力
1	施工工法	节段预制,逐跨拼装
2	额定承载量	650t(预留700t)
3	支撑跨径	≤40m(预留≤42m)
4	整机重量	约350t
5	工作纵坡	±4%
6	桥梁横坡	±4%
7	最小工作平曲线半径	350m
8	吊梁行车横移量	±1200mm
9	喂梁方式	下方喂梁
10	整机工作级别	A3
11	整机功率	130kW

洪都大道采用的架桥机主要由主桁架、前支腿(0号柱)、主支腿(1号柱、2号柱)、后支腿(3号柱)、天车、吊挂、吊梁行车、整体落梁行车、横向稳定系统、横向移动系统、液压系统、电气系统等组成。

4)节段梁拼装施工

节段梁逐跨拼装施工工序繁多,每一跨节段梁拼装主要包含五个主要步骤:节段梁吊装、节段梁拼装、湿接缝施工、体外预应力施工和吊具拆除及架桥机过孔。

(1)节段梁吊装。在一切准备就绪,架桥机安装调试到位的情况下,节段梁拼装施工的第一步是将一跨内所有节段起吊至架桥机上,悬挂于架桥机的竖直吊杆上(图4.1-44)。

a)架桥机安装

b)节段起吊

图4.1-44　节段梁吊装

(2)节段梁拼装。节段梁拼装主要包括定位和拼装两个过程。定位主要是通过架桥机的三向调节功能,将节段梁调整至预定位置,保证拼装完成后线形与设计一致。拼装过程是通过胶结材料将不同节段连接在一起,并通过临时预应力将节段相对位置锁定(图4.1-45)。待一跨所有节段从一端向另一端拼装完成后,由于拼装误差的累积,到最后一个节段不可避免地存在三向误差,此时再通过架桥机的整体调节功能,将拼装完成的一整跨节段梁进行整体移动,使得拼装的节段梁与两端的 0 号块对齐,等待后续湿接缝的施工。

a)接缝面抹胶

b)张拉临时预应力

图 4.1-45　节段梁拼装

(3)湿接缝施工。在完成单孔全部箱梁的胶拼、临时预应力锁定后,可进行 0 号节段与节段梁间的湿接缝施工。湿接缝施工主要包括劲性骨架和湿接缝模板的安装、湿接缝钢筋及预应力管道的连接、混凝土浇筑、混凝土养生等内容。

(4)体外预应力施工。洪都大道设计时已考虑在架桥机拼装时仅张拉体外预应力,预应力施工主要包括预应力穿束和预应力张拉两个施工过程(图 4.1-46)。预应力穿束过程可在湿接缝施工过程同步进行,但不同工况交叉进行,施工人员较多、施工临时材料堆积,应注意做好对钢束特别是体外钢束的保护工作,避免钢束的损伤。预应力张拉过程必须在湿接缝混凝土强度达到设计要求之后才能进行。

a)体外束穿束

b)体外束张拉

图 4.1-46　预应力穿束及张拉

(5)吊具拆除及架桥机过孔。待钢束张拉完成,方可进行吊具的拆除,吊具拆除要结合主梁受力,制定详细的拆除顺序,不可随意变更。架桥机过孔是通过架桥机自带的辅助支腿完成该跨到下一跨的移动,但道路线形及桥梁跨径多样,不可避免地存在小半径曲线、大跨径等复杂情况,均需要架桥机能适应特殊情况快速过孔。

节段梁逐跨拼装工艺流程见图4.1-47。

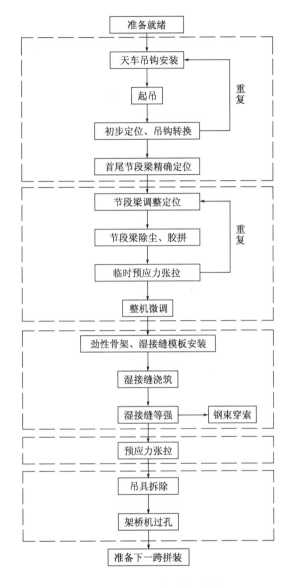

图4.1-47 节段梁逐跨拼装工艺流程

5)逐跨拼装桥梁关键技术

(1)双幅同步架设技术。洪都大道主线高架标准等宽段为大悬挑双幅主梁结构,施工时采用架桥机进行左右两幅同步拼装施工(图4.1-48)。采用此种结构形式的节段预制拼装箱梁,如果施工过程中左右幅主梁架设不同步,会在墩顶横梁以及下部桥墩处产生极大的横向不平衡力矩,结构受力极为不利,而采用双幅同步架设施工,实现双幅主梁同步吊装、同步张拉预应力钢束,则不会产生横向不平衡力矩,减小钢束横向分步骤张拉的相互影响,同时有利于下部花瓶墩受力,对结构安全性及经济性具有极大效益。

图 4.1-48　大悬挑双幅主梁及左右两幅架桥机同步过孔

为保证左右两幅架桥机在起吊预制节段梁以及架桥机前移过程中保持同步,采用两台架桥机串联、利用同一台电脑控制系统实现。在起吊预制节段梁以及架桥机前移过程中,采用实时监测系统,对架桥机支腿、吊机的位移及油缸反力进行监测,一旦发现左右两幅架桥机偏差超出允许范围,立即采取措施进行纠偏调整,保证两台架桥机的同步性。

(2)节段梁精确定位及安装技术。节段梁拼装的重点是精度控制,保证拼装后的线形与设计线形一致,按照短线法匹配预制的节段,节段梁本身的误差在梁段预制完成后基本确定,为使得最终的成桥线形偏差最小,现场拼装必须精确定位,采取有效的调整措施与控制手段,这些技术手段主要包括高精度的0号块制作、计算机模拟预拼装、首段梁精确定位以及架桥机整跨调节功能。

0号块由于体量较大,吊装运输不方便,一般采用现场支架浇筑施工。现场浇筑的0号块与工厂预制的节段梁之间高精度匹配是节段梁拼装质量的重要保证之一,本工程重点对0号块的制作精度进行了专项研究,主要通过支架刚度、钢筋骨架胎架制作整体吊装、模板的精确定位、预埋件的精确定位、现场与工厂的对接复核、混凝土浇筑过程的严格控制等多方面加以保证。

借助计算机仿真软件,在节段梁预制与0号块浇筑完成后,对全桥进行模拟拼装,预测出后期实际拼装过程的偏差,提前采取有效的预处理或现场纠偏方法,将最终的偏差控制在可接受的范围之内。

首节段的精确定位是拼装过程中最为关键的环节。首节段一旦出现偏差,后续节段拼装时偏差将不断累积,即使首段梁的偏差很小,到最后一个节段拼装完成累积的总偏差可能很大,甚至远超出可接受的范围。首节段的精确定位必须严格依据线形监控单位提供的首节段控制数据对首节段的三维坐标进行调整,严格控制其平面坐标的偏差。为避免首节段在后续拼装过程中发生位移,必须对首节段进行临时固定,采取有效的固定措施将首节段与相邻0号块锁定,待临时锁定完成后必须对首节段空间位置进行复测,直到满足要求。

架桥机整机调节功能可快速调整拼装过程偏位。逐跨拼装桥梁一般均是从一端开始,对首节段进行精确定位后再依次拼装后续节段直至整跨拼装完成,因节段采取短线匹配预制,理论上只要首段梁定位完全准确,后续节段匹配拼装完成后实际线形与理论线形应该是完全吻合的。但由于测量及拼装施工总会存在偏差,这种偏差同样会随着拼装过程不断累积,特别是对于跨径较大的桥梁,这种偏差累积效应更加明显。待逐跨拼装桥梁在整跨拼装完成后,如果末端与相邻 0 号块存在不可接受的偏差,就需要采取相应的调整措施,常规的处理方法是采用千斤顶顶升的方法进行调节,但该种方法存在调节量有限、悬吊吊杆容易剪断的缺点,洪都大道在设计之初就对此进行了研究,考虑到拼装完成后的节段梁依然支撑于架桥机上,因此对架桥机的设计设置了整机调节的功能,该功能使得架桥机可在满吊节段梁的状态下,实现节段梁整体竖向及平面的移动。

4.1.4.3 标准段支架拼装施工

1)支架拼装概述

支架拼装即以满堂脚手架或者钢管支架作为拼装平台,在该平台上进行节段梁拼装的一种工艺。洪都大道在项目起点处 Pm3～Pm8 采用了支架拼装工艺,该处为老桥拆除,未能按预定时间节点提供架桥机施工条件,施工过程中将施工方案变更为架桥机从 Pm8 处开始拼装,该段采用少支架体系进行拼装,借助拆桥时的龙门架进行节段梁的吊装与移梁。

2)支架拼装工艺

支架拼装与架桥机拼装的区别主要就在于节段梁的支撑方式、起吊方式与线形调整方式,因而其工艺差别也主要在此处。

支架拼装的工艺流程如下:龙门吊安装—支架基础施工—支架安装—钢枕、滑移钢轨、滑移垫块的安装—支架预压—节段起吊及拼装—湿接缝施工—预应力张拉—支架拆除。

(1)支架结构介绍。本工程所采用的支架为钢管柱单层贝雷梁支架,贝雷梁为支撑于钢管柱上的多跨连续梁结构,钢管柱采用 609mm×14mm 的无缝钢管,为控制支架的刚度,钢管柱立面上布置间距为 6m(图 4.1-49)。

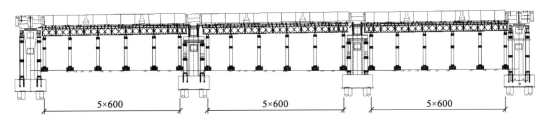

图 4.1-49 支架立面布置图(尺寸单位:mm)

洪都大道标准段横截面由两幅桥组成,结构上为双主梁体系,每片主梁下横向布置两排钢管支架和两道承重贝雷梁,贝雷梁支撑于钢管顶部的∟40 横向分配梁上。每道贝雷梁横向由三片贝雷片组成。两道贝雷梁间距与主梁底宽适应,保证节段梁拼装时临时支撑点位于腹板处。

节段梁起吊装置采用可沿纵桥向移动的龙门架,节段梁可通过一端喂梁纵向吊装至相应位置(图 4.1-50)。

(2)节段梁线型调整系统。节段梁拼装过程中需根据线形需要对预制的节段梁进行相应调整,梁体调节采用支架上 4 个三向千斤顶,分别布置在腹板内侧四角点位置,通过三向千斤顶在水平(纵向、横向)和竖直方向的调节功能,实现箱梁位置的调整。

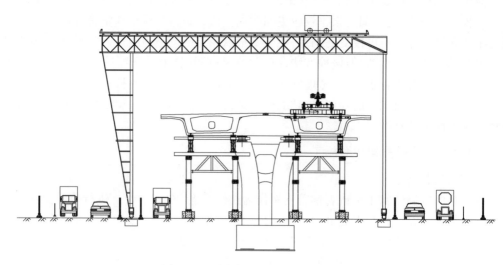

图 4.1-50　支架截面及起吊龙门架布置图

(3) 节段梁支撑系统。节段梁位置调整完成后需保持相对位置固定,因液压千斤顶在长期持荷下自然回缩量较大,不能作为节段梁的支撑点,千斤顶卸载后节段梁需要支撑于可靠的临时支撑上,简单的支撑方式为楔形钢板的填塞,本项目采用了可竖向调节的丝顶装置(图 4.1-51)。

a)节段起吊

b)节段拼装

图 4.1-51　支架拼装现场

4.1.4.4　变宽段架桥机架设施工

洪都大道标准等宽段桥梁截面为分体双箱截面,双向六车道的桥梁宽度为 25m,其架设方法为两台架桥机左右幅同步架设。变宽度节段箱梁主要用于桥梁匝道出入口处,这些部位桥面桥梁宽度较大,宽度为 25~46.5m,横向由 3~4 片主梁构成。与标准等宽段类似,变宽度节段箱梁同样采用双幅同步架设的节段梁拼装施工工艺。

1)双幅变宽桥梁

变宽度预制节段拼装箱梁由于采用挑臂变化+箱室宽度变化实现变宽,每个箱室左右具有不相等的挑臂长度,横向存在偏心;箱室宽度变化,相应架桥机间距应可调,从而适应多种箱室宽度;架梁顺序的选择需考虑横向多片主梁之间相互影响和中央花瓶墩横向偏载作用下受力性能,应尽量减小偏心荷载值(图4.1-52)。

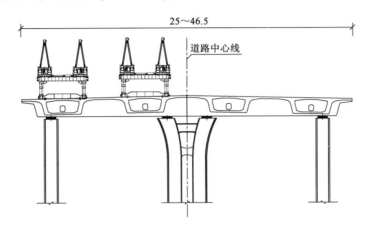

图4.1-52 双幅变宽节段拼装箱梁横截面(尺寸单位:m)

双幅变宽度预制节段拼装箱梁标准化施工方法如下:

步骤一:下部结构及墩顶横梁施工,墩顶横梁左右分幅,使两幅桥受力独立;

步骤二:架桥机行走至第一跨左幅,调节横向支腿间距以适应本联箱室宽度,使支腿位于箱室腹板处,完成第一跨左幅两片主梁的拼装;

步骤三:架桥机横移至第一跨右幅,并完成第一跨右幅两片主梁的拼装;

步骤四:架桥机前移至第二跨右幅,并完成第二跨右幅两片主梁的拼装;

步骤五:架桥机横移至第二跨左幅,并完成第二跨左幅两片主梁的拼装;

步骤六:架桥机前移至第三跨左幅,并完成第三跨左幅两片主梁的拼装;

步骤七:架桥机横移至第三跨右幅,并完成第三跨右幅两片主梁的拼装;

步骤八:完成纵向湿接缝浇筑、剩余钢束张拉及附属设施的施工,即完成一联施工。

通过上述变宽度预制节段拼装箱梁施工方法,解决了桥梁变宽段采用预制节段拼装箱梁的技术瓶颈;采用左右分幅架设,两台架桥机实现多箱室同步架设的要求,变宽段不额外增加架桥设备,两台架桥机即可完成全线的架设。架桥机横桥向可平移,实现"S"字形架设路径(图4.1-53),中央花瓶墩单侧偏载最小,节段拼装期间桥墩的受力最为合理。

2)变宽段架梁顺序

洪都大道主线大部分为标准等宽段,横向由两片主梁组成,采用两台架桥机同步进行拼装作业,保证左右幅平衡受力,同时同步拼装也能保证横向两片主梁受力均匀一致。但是双幅加宽节段梁横向采用4片主梁,单幅加宽节段梁横向采用3片主梁,架设仍然采用两台架桥机,因而横向4片或者3片主梁必然分两次架设(图4.1-54)。

桥梁结构的内力状态与施工过程直接相关,而对于横向多片主梁的整幅体系,计算表明主梁架梁顺序对主梁成桥内力分布影响十分显著。对于该类型桥梁的施工,应注意如下几点:

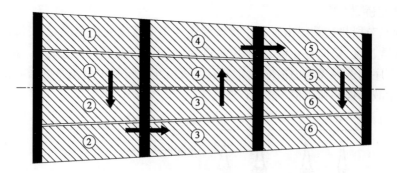

图 4.1-53 变宽度预制节段拼装箱梁"5"字形架设路径

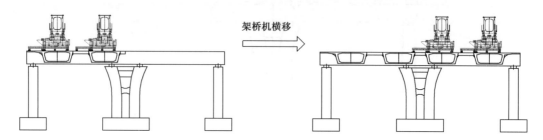

图 4.1-54 变宽段横向分次架设示意图

①设计阶段应对架梁顺序进行研究,优化结构整体受力,这不仅要考虑主梁结构的受力,还应综合考虑下部结构的偏载效应。

②一旦架梁顺序确定,施工必须严格按照既定的架梁顺序架设,严禁私自改变架梁顺序,特别是钢束张拉时机、顺序及数量。

③架梁顺序还应结合桥位周边环境综合考虑现场的吊装、桥机站位等施工条件的影响,避免出现施工极度困难的方案。

④对于单侧大悬挑结构,应对施工阶段的横向稳定性进行研究,必要时可采取压重等有效的措施保证其施工过程的安全。

4.1.4.5 路口大跨悬臂拼装施工

1）悬臂拼装概述

悬臂拼装施工法是以桥墩为中心,向两侧逐个节段拼装的工艺,即一个节段拼完再拼下一个节段。悬臂拼装施工法最常用的是对称悬臂拼装施工法(图 4.1-55),对称悬臂拼装施工的特点是能跨越较大的跨径、所需架梁设备重量较轻、拼装方便等,悬臂拼装施工适用的桥梁跨

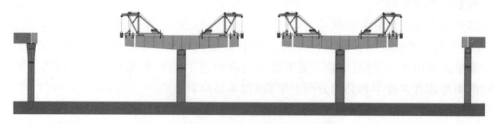

图 4.1-55 洪都大道悬臂拼装示意图

度为 45~200m。洪都大道在跨越路口处的大跨结构均采用悬臂拼装施工法,主跨跨径为 50m 或 60m,全线共计 6 联。

2)悬臂拼装工艺流程

悬臂拼装工艺流程主要包括八个步骤:下部结构施工、0 号块及临时固结施工、桥面吊机安装、节段对称悬臂拼装、边跨近边墩段少支架拼装、边跨合龙、中跨合龙、桥面系及附属施工。

中墩临时固结(图 4.1-56)是保证施工阶段结构稳定性与安全性的关键,洪都大道施工时通过在箱室每道腹板下方设置的钢管柱进行临时锚固,钢管柱下端支撑于桥墩承台上或单独加设的桩基上,保证横向各钢管受力均匀且可靠。该临时固结的钢管柱承受着巨大的轴向压力荷载,为增强其受压稳定性能,钢管柱内填充微膨胀混凝土。

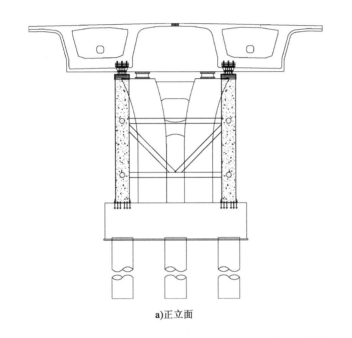
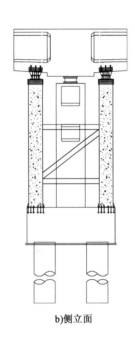

a)正立面　　　　　　　　　　　　　　b)侧立面

图 4.1-56　中墩临时固结措施

对于每个节段的拼装,其流程基本同逐跨拼装一致,节段梁运输至桥位后,通过桥面吊机起吊并初调节段梁位置进行预拼,涂抹环氧胶进行节段拼装并精调至正确位置,张拉临时预应力进行锁定,待拼接环氧胶达到设计强度后进行节段预应力张拉,即完成本节段的拼装。桥面吊机前移进行下一节段的拼装,重复上述步骤直至全部节段拼装完成。该过程应注意架桥机左右幅、桥墩左右侧的同步施工,严格控制不平衡荷载(图 4.1-57)。

待全桥节段梁安装就位后,拆除桥面吊机进行全桥合龙施工,合龙按照先边跨合龙后中跨合龙的顺序进行,边跨合龙前锁定两边跨合龙段劲性骨架,防止湿接缝两端面之间的相对变形。同时解除边跨支架纵向约束,在夜间气温较低且稳定时浇筑边跨合龙段湿接缝,完成边跨合龙,待湿接缝混凝土强度达到设计要求后,张拉两侧边跨所有顶板纵向体内预应力钢束,按照同样的方式进行中跨合龙。

a) 节段起吊　　　　　　　　　　　　b) 节段拼装

图 4.1-57　路口不中断交通节段梁拼装施工

4.2　双箱分幅箱梁（G40 高速公路上海长江大桥工程）

4.2.1　工程概况

上海崇明越江通道工程位于上海市东部，南起浦东新区外高桥东的五号沟，跨越长江口的南港，经长兴岛中部新开港及陆域，跨越长江口的北港，至崇明陈家镇奚家港西。该工程按双向六车道设计并预留远期轨道交通空间，是集公路工程和轨道交通工程于一体的大型综合交通工程。上海长江大桥工程 60m 跨预制拼装连续梁位于主线近崇明岛北港北侧的堡镇沙浅水区，全长近 1.9km，约占水域部分桥梁的 22%。

堡镇沙是位于工程建设场地近崇明岛北港北侧分布的一宽度约为 2.7km 的暗沙，砂体呈 NW-SE 走向，与长江径流方向基本一致，其表面较平，最浅处水深仅几米，落潮时已露出水面，且此区段水域呈现淤积变浅的趋势，南、北两侧淤积增加约 3m，中间冲刷 1m 左右，总体泥面高程在 -1.7～1.1m 之间，地势变化平稳；近辅航道约 360m 及深水区域约 240m 两侧，地势变化较陡，泥面高程在 -8～-7m 之间。堡镇沙区段水下地形测绘显示，其地形呈现双驼峰形态，中间略低，并且上游地形高于下游（图 4.2-1）。

图 4.2-1　河道地形（尺寸单位：m）

根据堡镇沙浅水区河床特征，即河床面较高，低潮时河床时有出露，施工船只进出不便，不适宜水上浮吊施工；施工现场距离崇明岛堤岸较远，为 1.5～4.4km，施工条件相对较差，混凝土现场浇筑、养护难度较高，施工质量较难保证，且现场混凝土浇筑量较大，对环境影响较大，因此，该区段采用 60m 跨预制节段悬臂拼装预应力混凝土连续梁，连续梁跨径组合为 3×(6×60m)+2×(7×60m)。

4.2.2 结构设计

上海长江大桥工程60m跨预制拼装连续梁共布置5联,2种跨径组合:7×60m和6×60m。上部结构为等截面预应力混凝土连续梁,采用单箱双室斜腹板截面;桥墩采用钢筋混凝土空心薄壁墩;基础采用钻孔灌注桩。桥梁分近期和远期分别实施,近期按双向六车道加紧急停车带设计,远期按双向六车道加预留轨道交通设计(图4.2-2)。

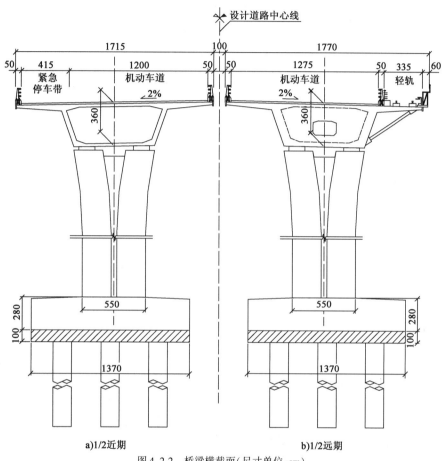

图4.2-2 桥梁横截面(尺寸单位:cm)

相关资料的统计分析表明,在已建的预应力混凝土连续梁桥中,体外预应力混凝土等高度连续梁的高跨比为1/20~1/14,而体内预应力混凝土等高度连续梁的高跨比为1/25~1/15。在体外预应力混凝土桥梁中,布置在混凝土外的预应力束,其偏心距比布置在截面内部束筋的偏心距要小,因此降低了预应力束的效率,对截面抗弯能力的贡献减小,所以体外预应力结构需要用更大一些的梁高。另外,过小的梁高也会对箱内的施工和日后的检测与维护造成不便,因此,截面形式采用等高度的单箱单室箱形截面,截面高度为3.6m(高跨比为1/16.67),箱梁顶板厚度为28cm,底板厚度为25~55cm,腹板厚度为40~95cm。

连续梁预制节段划分长度为3~4m,现浇湿接缝长0.2m。节段数量为17块/跨,节段质量不大于150t。预制节段间采用密齿型剪力键,节段之间涂环氧树脂进行胶接(图4.2-3)。

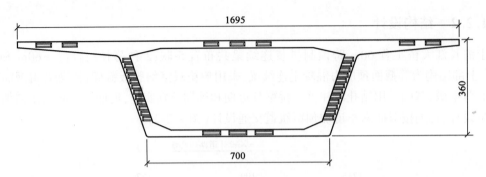

图 4.2-3 剪力键布置示意(尺寸单位:cm)

该区段部分连续梁位于 $R=7000$m 的平面圆曲线上以及 $R=14000\sim15000$m 的竖曲线上,主梁因曲线段引起的梁体长度差异分散在各预制节段调节,即通过调整预制节段平面尺寸($L_1\sim L_4$)以达到平面线形要求;通过预制节段梁长调整值 Δ 以达到修正竖向线形的目的(图 4.2-4)。

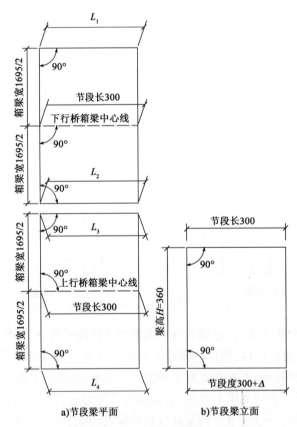

a)节段梁平面　　b)节段梁立面

图 4.2-4 曲线段预制节段轮廓尺寸调整示意(尺寸单位:cm)

结合施工特点,60m 跨预制拼装连续梁采用体内、体外混合配束的方式,即悬臂施工时,悬臂束采用体内预应力钢束,合龙后连续束则大多采用大吨位的体外预应力钢束。体外预应力转向块采用横梁式。

连续梁体内预应力钢束的腹板束采用φ^{s}15.2-19,顶板束采用φ^{s}15.2-12、15,底板束采用φ^{s}15.2-15、19,中跨合龙束采用φ^{s}15.2-12。体外预应力钢束采用φ^{s}15.2-23,分为2种形式:单跨体外预应力钢束和两跨体外预应力钢束(图4.2-5、图4.2-6)。

图4.2-5 体外预应力钢束的立面布置

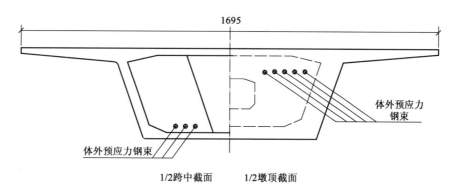

图4.2-6 体外预应力钢束的横截面布置(尺寸单位:cm)

体外预应力钢束和体内预应力钢束相比,具有以下优点:
①预应力钢束布置在箱梁混凝土截面之外,可以减小截面尺寸和结构自重;
②避免大量的穿束和灌浆工作,施工速度快;
③预应力钢束与混凝土结构除转向块以外,基本没有接触,减少了预应力摩擦损失,提高预应力效率;
④便于对施工质量的检查、控制以及使用阶段的养护和更换。
⑤预应力钢束应力沿长度方向比较均匀,变化幅度小,抗疲劳性能较好。

体外预应力体系一般由体外预应力钢束、管道及防腐材料、转向块、锚固系统等部件组成。本桥的体外预应力钢束采用环氧喷涂无黏结钢绞线外包 HDPE 套管,再在套管内填充专用防腐油脂,这种体外预应力钢束便于检查和养护,能够进行单根钢绞线更换,而且具有较好的耐久性。

4.2.3 构件预制

短线预制法具有模板利用率高、预制场地占地小、机械化程度高、投资效率高等优势,现已逐渐取代长线预制法。因此,本桥连续梁梁体采用短线预制法进行预制,墩顶横梁实体段采用预制和现浇相结合的方式进行施工。

每套短线预制单元包括:①固定端模;②底模及其支架;③外侧模及其支架;④内模;⑤测量塔。为提高节段匹配预制精度,保证预制线形的质量,阶段所有模板均采用定型液压钢模板。固定端模是整个模板系统的核心,也是节段梁预制局部坐标系统的基准,其精度要求最高,一般情况下固定不动。内模既可折叠收放又可前后移动,底模线形可调,并且可连同节段在轨道上前后运动甚至旋转(图4.2-7)。

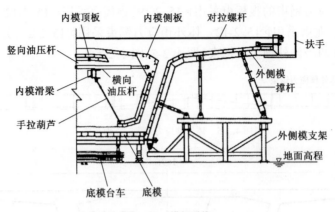

图 4.2-7 模板系统

预制基本流程:制作第 1 节段—制作好的前一节段前移并作为后一节段的端模—制作第 2 节段—第 1 节段吊离台座—制作好的前一节段前移并作为后一节段的端模—以此循环往复。本桥的梁体全部采用短线法进行预制,混凝土材料采用 C55 高性能混凝土,预制节段长度为 3~4m,吊装节段的最大质量为 128t,中跨的预制节段划分如图 4.2-8 所示。考虑到墩顶实体段的质量较大,为了控制最大起重量,实体段采用预制和现浇相结合的方式进行施工。

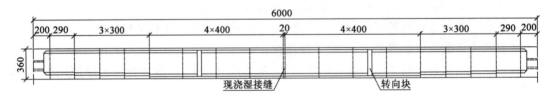

图 4.2-8 节段划分示意(尺寸单位:cm)

节段预制梁制作精度要求详见表 4.2-1。

节段预制梁制作精度要求　　　　　表 4.2-1

项　目		允许偏差(mm)
外表面	平整度	3
	垂直度	0.15%H,且不大于3(H为梁高)
	长度	(-2,0)
截面尺寸	宽度	±5
	高度	±5
	壁厚	±3
轴线偏移量	高度	2
	壁厚	2

为减小混凝土收缩、徐变的影响,要求预制梁段在预制场地内存放 3 个月方可进行安装,而预制梁段的堆放一般情况下不超过 3 层,堆放时在梁底选择合适的位置用支承块支承(图 4.2-9)。

图 4.2-9 节段梁存放

4.2.4 拼装施工

节段梁预制场地设在江苏南通长江北侧,距离施工现场约 80 海里。施工标段除两端各有 2、3 跨深水区外,其他施工水域低潮位水深不足 1m,无法进行水上运输,因此采用定点提梁的方式。在施工标段南段 80 号墩深水区桥面上布置大型龙门吊,预制节段从梁场运至码头,吊装上船,经水上运输到现场后,垂直提升至桥面,随后由运梁设备水平运输至架桥机尾部,再由架桥机起吊并进行拼装作业。

综合运输距离、节段装卸速度、架桥机拼装速度、施工进度等各种因素,配置了 3 艘自航运梁船,单船装载 8 片节段梁。

最重的节段为墩顶节段,质量为 154t。提梁设备选用 180t 龙门吊,布置在已安装完成的箱梁上。龙门吊轨距为 29m,起升高度为 8m。

节段由桥面上布置的运梁台车水平运输至架桥机主桁架下方后,由架桥机起重天车提梁安装。每台架桥机配置 2 台运梁台车。

本桥采用节段悬臂拼装施工工艺,选用 SDL60 型自动化大型架桥机,既可采用尾部喂梁方式,也可采用水面起梁方式,起重天车及旋转吊具能对梁段进行全方位移动及纵横坡调整。架桥机配有纵移装置,能自动前移过跨。SDL60 型自动化大型架桥机全长 150m,2 片主桁架中心距为 7.8m,高 7.15m,主桁架的下弦杆至桥面的净空设为 5.5m,以便于节段在桥面上的运输及临时存放。架桥机主要性能参数见表 4.2-2。

SDL60 型自动化大型架桥机主要性能参数表 表 4.2-2

序号	项 目	技术参数或要求
1	架设跨径	60m
2	适应最大纵坡	±3%
3	适应最大横坡	±2%
4	最小工作曲线半径	2500m

续上表

序号	项目	技术参数或要求
5	最大起重量(含吊具)	180t
6	适应最大梁段尺寸	4.0m×17.15m×3.6m
7	最大悬挂重量/节段数	900t/7(不含吊具)
8	喂梁方式	从水面起梁或尾部喂梁
9	设计工作风速	20m/s

本桥位于堡镇沙的浅滩区,驳运预制节段的船只无法直接进入节段拼装施工区,因此采用了深水区吊梁,再利用已建桥面转运到施工区,具体施工流程见图4.2-10。

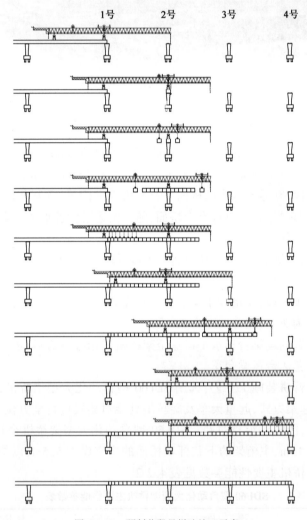

图4.2-10 预制节段悬拼法施工示意

①利用已建桥梁或浮运将架桥机构件运送到位、拼装;
②架桥机吊运2号墩墩顶0号块就位,完成悬臂拼装施工的临时固结;
③架桥机吊运1号块到位,拼缝间均匀满涂抹环氧树脂胶,张拉临时预应力至环氧胶固

化,张拉悬拼钢束、灌浆;

④按上一步骤对称施工,直至 2 号墩墩顶箱梁最大悬臂,并张拉相应悬拼钢束;

⑤架桥机吊运边跨所有预制梁段到位,接缝间均匀涂抹环氧树脂胶,张拉临时预应力,安装边跨合龙临时定位装置,浇筑合龙段接缝,张拉边跨合龙束,拆除临时预应力和临时定位装置;

⑥拆除 2 号墩墩顶临时固结,架桥机前移,前支腿支于 3 号墩墩顶;

⑦同前步骤对称施工,直至 3 号墩墩顶箱梁最大悬臂;

⑧安装中跨合龙临时定位装置,浇筑合龙段接缝,张拉中跨合龙束,拆除临时预应力和临时定位装置,拆除 3 号墩墩顶临时固结;

⑨按以上步骤施工至一联最后一孔边跨,架桥机吊运边跨所有预制梁段到位,接缝间均匀涂抹环氧树脂胶,张拉临时预应力,安装边跨合龙临时定位装置,浇筑合龙段接缝,张拉边跨合龙束,拆除临时预应力和临时定位装置,张拉本联体外预应力钢束,完成本联箱梁施工;

⑩前移架桥机,进行下一联主梁施工。

节段梁拼装的精度要求详见表 4.2-3。

节段梁拼装的精度要求　　　　　　　　　　表 4.2-3

项　　目	允许偏差(mm)
轴线偏移量	10
相邻节段间顶面接缝高差	5
支座轴线偏位	5
拼缝宽度	≤3
梁长	(-20,+10)

节段拼装除应满足以上精度要求外,还需控制整个施工过程中的关键工序,如:①节段拼装前的试拼和调整;②节段拼装施工控制和节段预制的相互匹配;③拼装时首节段的空间定位、固定以及墩顶临时固结;④节段拼缝黏结剂的涂抹及对孔道口的防护措施;⑤临时预应力的施加,包括施加时间和预加力大小,本桥节段临时预应力施加标准为混凝土压应力不小于 0.3MPa,且应在黏结剂失去和易性之前完成;⑥跨中合龙措施等(图 4.2-11)。

图 4.2-11　节段梁现场拼装

4.3 轨道交通异型梁(上海市轨道交通17号线工程)

4.3.1 工程概况

上海市轨道交通17号线高架区间正线长度约18km,采用了简支单线U形梁作为通用梁型。同时区间沿线跨越了众多道路及河流,其中20处需要采用主跨跨径50~70m的桥梁跨越,常规的简支U形梁不具备如此的跨越能力。类似已建成工程中碰到该情况,均采用箱形截面连续梁桥。由于相邻的连续箱梁、简支U形梁端部存在很大的梁高差异,为了避免采用外观较差的不等高桥墩盖梁,在连续梁端部设置牛腿,相邻U形梁支承于牛腿上。另外,连续梁范围内的桥面外侧栏板形状均按照简支U形梁腹板外轮廓制作,以获得桥梁侧面较统一的景观效果。可见,这些构造细部的调整不但使得梁端传力路线更加复杂,雨水管布置更加困难,而且增加了栏板等附属结构的施工难度及材料用量,尤其全线20处节点桥梁如果均采用上述桥型及处理措施,还会使得各个节点成为全线高架桥景观中重复出现的因素。

为解决上述问题,在确保结构安全、满足运营标准、方便使用维护的原则下,结合箱梁和槽形梁各自的优点,提出了双U箱形复合变截面梁桥方案。该桥型的基本结构体系为连续梁桥,其截面形式:在连续梁中支点处,梁截面形状由上下两部分组成,上部为三道腹板与底板组成的开口双U形梁,其高度沿梁长方向不变;下部为箱梁,其高度沿梁长方向变化,在中支点处最高,接近中跨跨中及边跨端部处,高度缩减到0;在连续梁中跨跨中以及边跨端部,梁截面形状为三道腹板与底板组成的双开口槽形截面(图4.3-1)。

a)双U箱形复合变截面梁三维示意图

b)中支点断面

c)中跨跨中及边跨端部断面

图4.3-1 双U箱形复合变截面梁构造图(尺寸单位:mm)

该连续梁的截面形式是箱梁、U形梁的结合体,决定了其合理的施工方法也要兼顾两种梁形的特点,例如箱梁截面复杂、浇筑烦琐,但刚度大,能适应各种施工机械及临时荷载的布置;而U形梁截面敞口,制作方便,但刚度小,如碰到较复杂的施工工序和较大的施工荷载,则结构安全和线形的控制难度较高。

本工程高架桥梁基本沿既有公路和城市道路布置,一方面施工机械和材料进场较方便,另一方面大规模现场施工容易对周边交通和环境产生不利影响。从全线施工方案看,作为一种质量较轻、制作方便的梁形,简支单线U形梁采用了在梁厂进行预制,现场"运架一体化"的架桥机进行架设的方式。而全线20处节点桥均跨越交通繁忙的道路或通航河道,桥址处难以提供大规模现浇施工所需要的场地,同时还需要尽量缩短现场施工工期以减少对桥下交通影响,并且采用的是双U箱形复合变截面连续梁,如采用现场浇筑难以保证其内在及外观质量。而如果采用节段预制现场拼装的施工方法,不仅可以充分利用梁厂的设备产能降低费用、保证施工质量,充分发挥构件运输进场的便利交通条件,更重要的是相较于现场支架浇筑或悬臂浇筑,施工周期大大缩短,有利于全线架桥机架设U形梁作业的连贯性。

4.3.2 结构设计

本桥梁结构设计相较于一般预应力混凝土连续梁桥有其特殊性:一方面截面形式复杂,其力学特性不同于箱梁或U形梁,需进行分析研究,才能明确其设计需遵循的方法和标准,进而确保结构安全性满足规范要求;另一方面,本桥的设计与所采用的施工方法密切相关。考虑到拼装机械需要在20座桥梁的施工中多次装拆,并且工期是比较重要的控制因素,本桥采用桥上走行吊机进行平衡悬臂拼装。对应于该拼装方法,桥梁设计时需要考虑施工过程中的体系转换、较重且移动的施工荷载、节段划分、节段间接缝形式以及节段端面的细部构造等。

本桥拼装机械为自重45t、额定起重120t的可移动吊机,与一般连续梁桥的悬臂浇筑类似,全桥结构体系经过了T构、悬臂简支梁及连续梁三个阶段。为提高桥面板及整个截面的强度及刚度,以适应施工过程的不利工况,复合截面中的U形截面及箱形截面均采用了三道腹板。由于截面的特点,本桥的预应力设计与一般连续箱梁桥存在区别,如不适合采用拼装后张拉使用的体外预应力钢束、负弯矩区的预应力钢绞线布置空间紧张等。

节段划分、节段间接缝形式以及节段端面的细部构造是本桥设计时应着重考虑的问题。考虑到节段预制在远离工地的梁厂完成,为了方便进行公路运输,节段的划分按照截面高度小于4.12m、宽度小于11.44m、节段长度小于3.5m进行控制。

因为该类型连续梁桥的中跨跨径大于50m,最大达到了70m,其中墩处梁高从4.6~5.5m不等,所以如果中墩墩顶0号块整体采用工厂预制,则其体量将远超过运输道路及吊装设备的能力;而如果将0号块再划分成体量较小的节段进行预制拼装,一方面接缝面较多,既增加施工难度又不利于结构外观,另一方面0号块是连续梁桥三向受力最复杂、最不利的部位,人为地降低其结构整体性也不合理,因此所有0号块均采用了现场浇筑的方式。

以一座33m+55m+33m连续梁桥为例。该桥全长121m,共划分为34个节段,除2个0号块采用支架现浇外,其余32个节段均为工厂预制。边跨及中跨跨内共有28个节段采用桥面移动吊机悬拼,并分为7种节段类型,其中最大的1号节段截面高3.582m,宽11.44m,节段长3m,重98.1t;最小的7号节段截面高2.25m,宽11.44m,节段长2.5m,重48.1t。另外,还有4个节段为边墩墩顶节段及其相邻节段,它们也采用工厂预制,运至现场后采用地面吊机就位。

再以一座38m+70m+38m连续梁桥为例。该桥全长146m,共划分为36个节段,除0号块采用支架现浇外,其余节段均为工厂预制。边跨及中跨跨内共有32个节段采用桥面移动吊机悬拼,并分为8种节段类型,其中最大的1号节段截面高4.115m,宽11.44m,节段长3m,重104t;最小的8号节段截面高2.25m,宽11.44m,节段长2.9m,重66t。另外,还有2个节段为边墩墩顶节段,也采用工厂预制,运至现场后采用地面吊机就位。

为了提高节段制作的效率,减少模板类型,主跨跨径50~70m的20座桥的节段构造设计按照标准化原则进行,即尽量减少节段长度、外轮廓和内箱室尺寸方面的差异。例如主跨50m和主跨70m的连续梁桥,其边跨约2/3跨径范围及中跨约1/2跨径范围内的节段是对应相同的,这样就把节段的类型减到了最少。

节段间的接缝形式的选取主要按照便于缩短拼装时间、利于桥梁线形控制等原则进行。大部分工厂制作的节段间接缝采用了高性能胶黏剂黏结的胶接缝,作业步骤简便、拼装速度快。而现场浇筑的0号块与梁厂预制的1号块间接缝、边跨合龙缝及中跨合龙缝,则采用现浇混凝土湿接缝,以充分消除节段外形误差以及悬臂拼装过程中由于施工荷载、环境不断变化造成的桥梁线形误差。湿接缝厚度为200mm,多根预应力钢绞线穿过湿接缝,湿接缝处始终处于受压全截面状态。湿接缝厚度可以允许体内预应力管道连接和混凝土浇筑振捣,但缝内不配置普通钢筋。湿接缝处体内预应力钢束管道采用专用的连接管件,且预制节段的端面也仔细凿毛并露出粗骨料(图4.3-2)。

图4.3-2 接缝处体内预应力钢束管道

胶接缝两侧的节段端面为了实现预制节段之间的匹配连接和保证接缝面上剪应力的平顺传递,在双U腹板、箱梁腹板、桥面板、箱梁底板等避开预应力钢束孔道位置的地方布置矩形剪力键(图4.3-3)。剪力键的设计参考了美国AASHTO的《节段式混凝土桥梁设计和施工指导性规范》中的相关规定。

胶接缝所采用的胶黏剂主要力学性能需满足:抗压强度与混凝土(C60)强度等级相同,抗拉强度不小于7.5MPa(6h)。实际施工时采用的胶黏剂的抗拉强度为40MPa,抗压强度为71MPa(24h);钢-钢拉伸剪切强度标准值为14MPa;与混凝土的正拉黏聚强度为3.2MPa,且混凝土内聚破坏。

4.3.3 构件预制

本工程20座桥共600余个节段的预制均在位于上海浦东的一座梁厂内完成,为节约场地采用短线法制作节段,厂内为节段制作和临时存储预留的场地面积约50亩。如图4.3-4所示,远端为制作节段的台座,近处为节段成品的临时存放处。

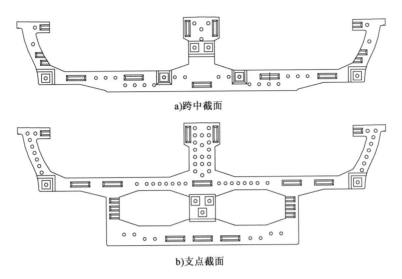

a) 跨中截面

b) 支点截面

图 4.3-3　钢束和剪力键布置图

为了提高制作精度同时加快制作速度,预制单位采用模块化设计节段预制模具(图 4.3-5),预制模具主要由固定端模、可调换底模、侧模、内模及底模三维精调小车组成,每个底模的弧度和高度均不同。通过更换不同高度底模来兼容不同梁高节段,通过调节匹配梁姿态适应平曲线、竖曲线变化,如此便提高了预制效率,平均 2~3d 即可完成单片节段梁的预制流程。

图 4.3-4　梁厂实景图

图 4.3-5　双线 U 形截面梁预制模具

由于桥梁各节段梁高、截面尺寸等均不同,并且桥梁采用平衡悬拼,在拼装过程中,已拼节段的空间位置及端面倾角不断变化,为了保证待拼节段正确地贴合已拼节段,需要根据其拼装时的姿态来反推节段预制时的外形尺寸。因此,在节段预制阶段,每个预制梁段设置六个控制测点。其沿节段中心线的两个控制测点(FH 和 BH)用来控制平面位置,而沿腹板设置的四个控制测点(FL,FR,BL 和 BR)用以控制高程。固定端模上缘设置三个控制测点。单元中心线由测量塔上的全站仪和目标塔反光镜确定(图 4.3-6)。

双 U 变截面梁中间腹板较两侧腹板高,为了保证成桥与设计相符,在预制过程中结合了上述六个点的控制方法,分别考虑了三道腹板高程。为此设置了控制测量的设备(图 4.3-7)。

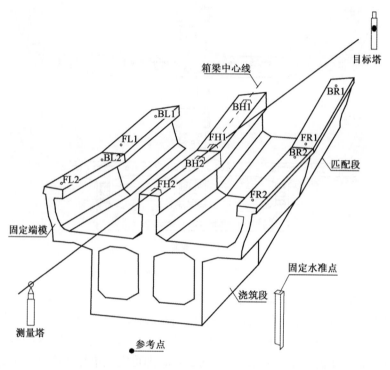

图 4.3-6　控制测点示意图

图 4.3-7　预制梁测量设备

在节段预制时,通过严格控制,保证了每个节段成品的尺寸偏差及外观均满足设计要求,见表 4.3-1。

节段成品设计要求　　　　　　　表 4.3-1

项　　目		允许偏差(mm)
截面尺寸(mm)	宽度	±10
	高度	+10,-5
	腹板厚	+10,0
	底板厚	±5
长度(mm)		±15
顶面高程(mm)		±5
轴线位移(mm)	纵、横轴线	±5
预埋钢板	位置	5
	平面高差	±5
螺栓、锚筋	位置	5
	外露长度	±10
预留孔洞或泄水孔(mm)	位置	10
	孔径	+10
	孔深	+10
表面平整度(mm)		5
外表缺陷		外侧不得有

4.3.4 拼装施工

"工欲善其事,必先利其器"。针对本次采用的逐段悬臂拼装工法,结合节段截面复杂、质量大的特点以及对拼装精度的高要求,本项目专门研发了主动调平梯形跨越式悬拼吊机。该吊机自重为45t,额定起重为120t,起升高度为18m,可以在已拼装好的节段上前后移动(图4.3-8)。

该吊机的主要特点是可以实现待拼节段在空中3个轴向的平动和绕2个轴线方向的转动,以达到360°精确调整姿态的目的。同时吊机配备的自动调平系统可以解决大偏心节段的起吊

图 4.3-8　主动调平梯形跨越式悬拼吊机

就位问题,从而可以使360°旋转的吊钩组在地面场地狭窄、运输车无法回转时将节段调整至正常起吊姿态,也能在节段吊起后旋转至正确姿态。通过采用该吊机进行节段架设,拼装的高程及轴线六个控制测点偏差均控制在2mm以内。

由于采用了悬臂拼装,一座桥梁可以由两组四台吊机同时进行拼装作业,大大地缩短了施工周期(图4.3-9)。

a)吊机安装至0号块桥面

b)1号节段起吊

c)1号节段就位后浇筑混凝土接缝

d)吊机移动吊装下一节段

e)拼接缝抹胶

f)中跨合龙

图4.3-9　现场悬臂拼装

由于本桥的节段拼装与一般的逐跨拼装所采用的架桥机"串葫芦"方式不同,已拼成的节段线形处于不断的变化中,而对于待拼装的节段则需进行预判及调整,同时预制拼装相较于悬浇等施工工艺其现场可调节量很小,因此需要有一套线形控制技术贯穿于节段预制及拼装的全过程中。

从理论上来说,预制结构的拼装是对预制线形在现场安装位置的再现。在确定拼装节段理论目标值后,还需结合拼装现场实际情况对几何数据库进行修正。而本桥采用的"双U+箱形"变截面节段在安装时需要考虑的观测点比传统箱形截面更为复杂,另外,变截面节段由于形状不固定,重心匹配以及安装预测难度大大增加,如果按照以往施工中采用的控制系统设计,对各个梁段进行浇筑制作,很可能产生较大的线形偏差。

本项目施工中,首次将"有限步长预测控制"的理念应用于预制节段的施工线形控制中。"有限步长预测控制"的理念如图 4.3-10 所示。

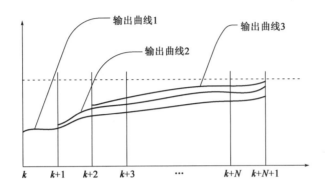

图 4.3-10　有限步长预测控制

其中,k 为当前时刻,$k+1,\cdots,k+N$ 为还未发生的未来时刻,虚线为期望的系统输出值。在 k 时刻,由于系统仍未达到规定输出值,所以需要对系统输入进行调节,使得系统输出值跟上期望值。因此,在 k 时刻,预测算法将根据系统的模型,计算出在 $k,k+1,\cdots,k+N$ 中每一个时刻,采用特定输入 $U(k)$ 时,系统将会达到的输出值。如图 4.3-10 中输出曲线 1 所示,该曲线表明在 k 时刻(当前时刻)采用 $U(k)$ 为输入值时,系统未来的输出曲线,算法会根据控制要求(例如不能有过大扰动,不能越过期望曲线等),调节当前输入 $U(k)$,直到得到当前时刻最优输入 $U(k)$ ~ 。

但由于系统本身会受到外部扰动、模型不精确等情况的影响,在 k 时刻预测的未来输出值可能与实际输出值有一定差异,如图 4.3-10 中在 $k+1$ 时刻,实际输出值比预计输出值要大一些。因此,在 $k+1$ 时刻,采用在 k 时刻同样的办法,对当前输入值进行计算和修正,使得未来输出值继续向着期望曲线靠拢,并且满足预定的系统输出规定(如上所述的不能有过大扰动,不能越过期望曲线等),确定下一时刻最优输入 $U(k+1)$ ~ 。如此滚动优化,反复执行,直到系统达到预期目标。

在上述预测控制中,若每一时刻,系统仅对未来有限步长内的系统输出值进行预测,则称为"有限步长预测控制"。在"双 U + 箱形"节段拼装施工过程中,使用该方法不仅可以做到"边测边装",还可以在拼装当前节段时,同时计入其后拼装的每块节段安装对线形的影响,使得拼装工程不仅可以达到终段的线形合并,还可以更好地控制拼装中程线形,从而在保证线形平滑的同时,达到了预期合龙精度。

上海市轨道交通 17 号线 20 座双 U 箱形复合变截面梁桥的预制节段拼装施工的顺利完成为今后城市高架桥梁建设,在面对景观效果、环境影响、施工速度方面越来越高的要求时,提供了一种具有参考价值的解决方案。

4.4 大悬臂复合截面节段梁(深圳市海滨大道高架)

4.4.1 工程概况

根据深圳机场总体规划和海滨大道交通控制规划,深圳市海滨大道(机场段)工程线位于沿江高速公路和机场新建的第三跑道之间,走廊宽度小于200m,线位敷设一方面需要满足沿江高速公路结构要求的安全距离,另一方面需要和新建第三跑道用地协调,避让三跑道用地,满足机场建设的要求。纵截面设计高程主要受机场下滑台保护区限高和机场侧向限高因素控制。

主线按城市快速路设计,设计速度为80km/h,双向八车道;辅路按城市主干路设计,设计速度为40km/h,双向四车道。工程主线全长约9.8km,均采用桥梁形式跨越,如图4.4-1所示。

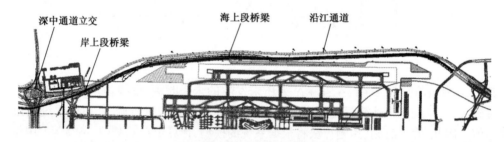

图4.4-1 项目平面布置图

项目主线桥梁起始于深中通道东人工岛南侧,向北跨越深中通道东人工岛、机场南路和现状海堤后,以桥梁形式跨越机场三跑道西侧海域,其间下穿机场三跑道下滑区并设置了虾山涌通航孔,向北跨越现状海堤后接规划空港新城段。主线桥合计约9.8km,其中海上段约7km,岸上段约2.8km。全线共设控制性节点桥梁多座,岸上段另设平行匝道、立交匝道多条。全线桥梁按城-A级汽车荷载设计,设计基准期及设计使用年限均为100年,环境类别为Ⅲ类,耐久性按海洋环境设计,环境作用等级为D级。

4.4.2 工程设计

4.4.2.1 设计理念

目前常规的预制节段大箱梁,一般在桥面较窄时采用单箱单室截面,当桥面较宽时,为减小节段尺寸和吊装质量,多采用分离多箱截面,工程设备投入套数多,墩顶横梁施工难度大,工期较长、造价高,景观效果也难以令人满意。

为解决宽幅桥节段梁的运输和施工难题,提出大悬臂复合截面节段梁的概念,即将截面分解为预制核心段箱梁和预制挑臂两部分。其中,预制核心段箱梁采用架桥机进行吊装、架设及拼装,而预制挑臂则在核心段成型后逐步拼装完成。该结构形式在国内尚无相似案例,部分设计、施工内容缺少规范规定,因此有必要对其合理的总体布置、结构体系、关键连接构造、标准化、快速施工等方面进行深入研究,指导工程设计与施工。

4.4.2.2 总体布置

本项目位于深圳宝安机场与沿江高速之间的近海区域,建设受到通航、海洋潮汐、航空限高、临近沿江高速、临近并部分跨越机场海堤等诸多条件限制。同时由于地处机场周边核心区域,景观和环保要求也非常高。根据交通规划,海上段需布置8主4辅的双向12车道,同时设置慢行系统。

工可方案采用三幅桥设计,其中两幅桥分别布置双向主线,另设一幅布置辅路和慢行系统(图4.4-2)。该方案虽能满足规划交通要求,但在横向布置了3根主梁和6根立柱,考虑临近线位的沿江高速已有2根主梁4根立柱,区域内桥墩布置凌乱。

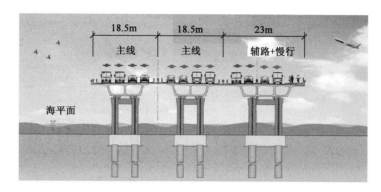

图4.4-2 横截面布置(工可方案)

优化方案将慢行系统单独考虑(设计小规模的景观人行桥或利用沿岸海堤堤顶路),剩余的车行道桥梁可按2幅布置,单幅桥宽25m。对比原工可截面,优化方案减少下部结构数量,景观效果更佳。但25m宽节段梁的吊重过大,按常规思路只能采用分离双箱截面(图4.4-3),因此产生工程设备投入套数多、墩顶横梁施工难度大、工期较长、造价偏高等问题。

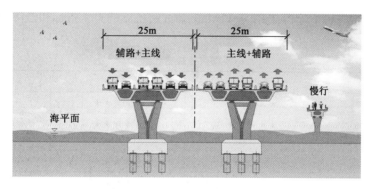

图4.4-3 横截面布置(优化方案1)

最终,综合施工速度、景观效果、交通组织、工程造价等诸多因素(表4.4-1),尝试在箱梁截面形式上进行创新,抛弃了传统的分离双箱截面,采用新型的大悬臂节段预制复合截面节段梁(图4.4-4)。该结构形式受力明确合理,设计方案与施工工艺结合好,施工临时措施少,景观优美,经济性好。经初步测算,与原工可方案相比可节省投资约15%。

方 案 比 选　　　　　　　　　　　表 4.4-1

		工可方案	优化方案1	优化方案2
1	施工速度	★★★★	★★★★	★★★★★
2	景观效果	★★★	★★★★	★★★★★
3	交通组织	★★★	★★★★	★★★★
4	工程造价	★★★ (1.15)	★★★★ (1.06)	★★★★★ (1.00)
方案比选		不推荐	不推荐	推荐

注:5星代表优,4星代表良,3星代表一般。

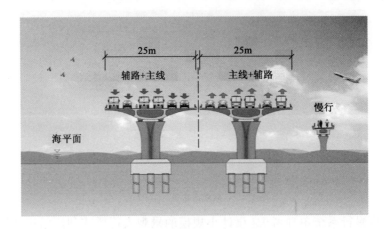

图 4.4-4　横截面布置(优化方案2)

4.4.2.3　跨径与结构体系

一方面,本项目受航空限高及浪溅区高度的制约,主梁高度不宜过大(不大于3.3m);另一方面,从施工效率出发,海上桥梁的跨径又不宜过小。在此基础上,对跨径40m、50m、60m的复合截面节段梁进行了分析,结果表明40m、50m跨桥梁的力学指标和经济指标均优于60m跨(表4.4-2)。

桥梁跨径综合比选　　　　　　　　　　　表 4.4-2

	箱梁跨径	40m	50m	60m
1	结构性能	★★★★★	★★★★★	★★★★
2	工程造价	★★★★★ (1.000)	★★★★★ (1.016)	★★★★ (1.063)
3	施工速度	★★★★	★★★★★	★★★★★
4	景观效果	★★★★	★★★★★	★★★★★
跨径比选		不推荐	推荐	不推荐

注:5星代表优,4星代表良。

此外,项目线位外侧为跨径60m的沿江高速,两者间距较近(最近处约60m),从整体景观效果考虑,新建桥梁的立柱间距不宜过密。综合受力、经济、施工、景观等多方面因素,最终选定海上段标准跨径为50m。

国内已建节段梁多采用连续梁体系,对于部分桥墩较高或基础刚度较小的工程,也可采用刚构体系。本桥受航空限高影响,桥墩较矮,且海上段桥梁所在区域表层土较浅,基础刚度偏大。

经分析,刚构体系只在线位少的部分区域成立,且仅能实现3跨一联,联长较短,降低了行车舒适性。与之相比,连续梁体系最长可实现6跨一联,联长适当增大后行车舒适性较好。综合考虑,海上段桥梁采用连续梁体系(图4.4-5)。

图4.4-5 大悬臂节段预制复合截面节段梁效果图

4.4.2.4 截面构造

为减小吊装质量,节段梁采用了复合截面的节段梁,截面在横桥向被分解为预制核心段箱梁和预制挑臂两部分。预制核心段箱梁在满足自身受力的基础上,应能够承受预制挑臂拼装的施工荷载;预制挑臂在满足整体受力要求的同时,还应考虑施工便捷、可操作性强,对核心段影响小的结构形式。

根据结构自身特点及其需求,对预制核心段箱梁和预制挑臂两部分的结构尺寸等进行合理布置,如腹板设置形式、桥面板板间支撑方式、箱室倒角、挑臂纵梁尺寸等,充分发挥大挑臂复合截面在施工、受力方面的优势。核心段与翼缘板的分界面,应结合吊装可行性及各部分受力情况综合考虑。图4.4-6为一种可行的箱梁横向分段方式。

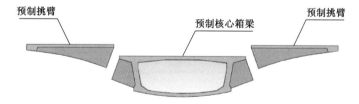

图4.4-6 一种可行的箱梁横向分段方式示意图

4.4.2.5 连接方式

目前预制节段梁纵向拼接工艺已经较为成熟,但是预制构件间横向的连接方式以及连接工艺尚缺乏理论研究以及工程实践经验。针对本桥先拼装预制核心箱梁、后拼装预制挑臂的特点,需要在理解这种结构体系受力特性的基础上,提出受力性能优良、构造简单合理、施工快速便捷的桥梁横向分段预制拼装方法。其中:

预制挑臂与预制核心箱梁间的顶板接缝,在横桥向受拉,是最重要且受力最不利的一条接缝,因此采用湿接缝连接并设置普通钢筋通过,为方便现场浇筑,预制时可在接缝槽口下缘预留混凝土底模。

预制挑臂与预制核心箱梁间的肋板接缝,承受较大的竖向剪力,同时下缘受压,可在接缝下部设置一对牛腿,接缝上半段采用现浇湿接缝连接,预制时可在接缝两侧预留混凝土薄板作为侧模。

相邻预制挑臂之间的纵向接缝,由于肋板间距远小于挑臂长度,桥面板在车轮局部荷载作用下,呈现沿纵桥向受弯的单向板特性。为提高预制生产效率,所有挑臂节段宜按照相同外形进行预制。考虑到曲线段以及超高渐变段的拼装难度,采用了有普通钢筋通过的湿接缝构造。

4.4.2.6 预应力体系

体外预应力施工速度快、构造简单、节段预制方便,运营过程中钢束可检修、可更换,但预应力效率相对体内预应力方式低,钢束位置也较体内预应力方式远离翼缘板;体内预应力钢束的预应力效率高,钢束位置靠近翼缘板,但是会增加节段预制难度。因此,纵向预应力钢束采用基于施工效率的以体外束为主、体内束为辅的混合配束预应力体系(图4.4-7、图4.4-8)。横向预应力钢束采用体内束(图4.4-9)。

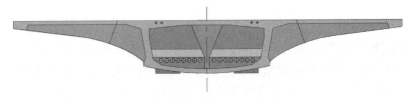

图4.4-7 纵向预应力配束截面

图4.4-8 体外束为主的混合配束纵向预应力体系

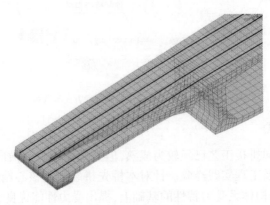

图4.4-9 横向预应力体系

大挑臂复合截面节段梁施工时先形成核心段结构,后安装挑臂。核心段结构架设时仅张拉体外束以提高架设效率,核心段形成后逐步安装预制挑臂,并同步张拉体内束,确保体内束预应力效应能较好地扩散至翼缘板整体,从而保证翼缘板受力性能。

4.4.2.7 设计标准化

对于主线标准段,根据项目自身结构特点,提出由总体设计标准化和结构设计标准化两个层次组成的设计标准化。总体设计主要考虑道路线形标准化和桥梁跨径标准化设计,保持等宽、等跨原则;在总体设计标准化的基础上,实现核心梁截面、挑臂构造(图4.4-10)、节段类型、预应力配置、剪力键设置(图4.4-11)、转向块、锚固齿块等多个构件的结构标准化设计(图4.4-12)。

图 4.4-10 核心梁截面、挑臂构造

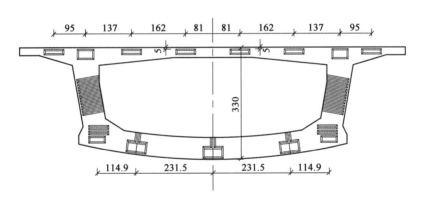

图 4.4-11 剪力键构造(尺寸单位:cm)

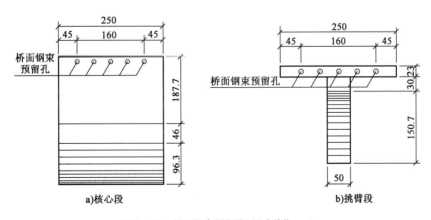

图 4.4-12 桥面钢束预留孔(尺寸单位:cm)

4.4.3 施工方法

上部结构全部采用工厂预制、现场拼装的方式,工厂化生产率接近100%。下部结构岸上段全部采用预制拼装技术,海上段综合考虑耐久性因素采用现浇工艺,但桩基、立柱钢筋也采用了工厂整体模块化生产,从而大大提高了工程质量和施工速度。

对于复合截面节段梁,其施工特殊之处是,现场拼装需分别经历拼装核心段箱梁以及拼装预制挑臂两个阶段,详见图4.4-13、图4.4-14。

图4.4-13 施工阶段一:预制核心段箱梁拼装

图4.4-14 施工阶段二:预制挑臂拼装

预制核心段箱梁拼装与常规节段梁拼装工艺类似。待核心段预制箱梁的纵向预应力张拉完成、架桥机前移后,利用桥面小吊机起吊预制挑臂,并在顶部张拉横向临时预应力(图4.4-15)。横向临时预应力张拉完成后,预制挑臂在自重、临时预应力、底部牛腿的竖向支撑力作用下达到平衡,桥面小吊机即可前移,继续吊装下一对预制挑臂。已经吊装完成的预制挑臂可进行肋板处湿接缝浇筑施工。待本跨预制挑臂全部吊装完成后,浇筑翼缘板与核心段箱梁顶板之间的湿接缝。上述过程中,拼装预制挑臂时无须大型起重设备,且吊装设备不用等待接缝混凝土达到强度即可施工,周转效率高,施工速度快。主要施工流程见图4.4-16。

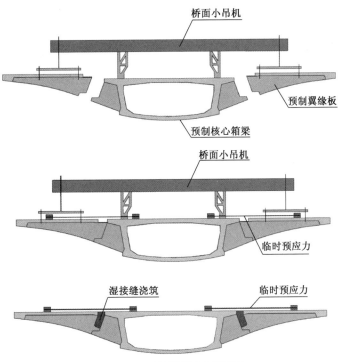

图 4.4-15 预制挑臂安装顺序图

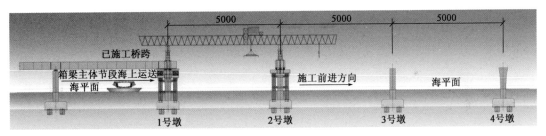

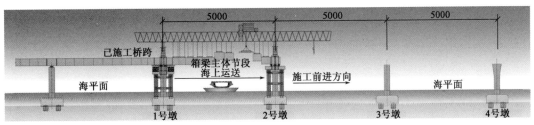

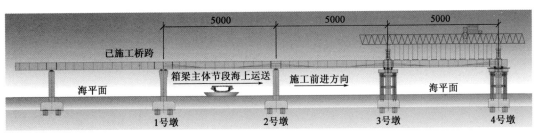

图 4.4-16

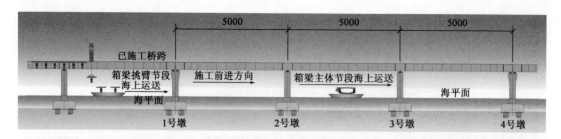
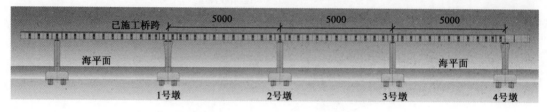

图 4.4-16 主要施工流程图(尺寸单位:cm)

5 钢-混凝土组合梁桥实例

5.1 多主梁组合钢箱梁(无锡市江海西路高架)

5.1.1 工程概况

无锡市江海西路工程位于洛社新开河至凤翔立交东侧,全长约8.8km,其中主线高架桥梁长度约6.7km。主线高架桥梁需跨越多条主要道路和河道。

青石路是无锡市较为重要的主干路之一,与江海西路的交叉路口交通流量大。江海西路主线高架跨越青石路采用工厂预制结构,减少现场施工工作量,以尽可能避免对现状路口交通的影响。

组合钢箱梁是桥梁快速施工的有效方案之一,钢梁在工厂预制,现场采用吊车架设,再施工桥面板。组合梁施工便捷,可有效节约工期;对地面交通和周围环境影响较小;现场现浇作业量小,污染少,噪声小。

5.1.2 结构设计

1)设计构思

连续组合钢箱梁跨越能力强,受力性能好,工程造价较钢梁更为经济,是跨越路口等大型既有结构中极具竞争力的结构形式之一。对于青石路路口,采用连续组合钢箱梁,钢梁在工厂预制,质量可靠;现场吊装钢梁后,以钢梁为支架浇筑混凝土桥面板,可以降低对路口交通的影响,如图5.1-1所示。

2)总体布置

考虑对现状路口的跨越,跨径布置为41.5m+60m+41.5m(图5.1-2),上部结构采用变高度连续组合钢箱梁,四个单箱单室截面。箱梁通过横梁连为一体,协同受力。

组合梁顶板宽度为25.10m,悬臂长度为1.35m,主梁高度为2.0~2.9m,采用二次抛物线变化。通过腹板高度变化来调整横坡,通过垫块高度变化来调整纵坡。主梁典型横截面如图5.1-3所示。

3)结构参数

钢主梁共设4道槽形梁,主梁间距为3.2m。钢主梁腹板中心对齐,顶底板以下缘对齐。钢主梁高度为1.66~2.56m,采用二次抛物线变化。主梁顶板宽度为800mm,中主梁底板宽度为3500mm,边主梁宽度为2970~3130mm,底板设工字形加劲肋。腹板除边梁外侧采用坡度1:4的斜腹板外,其余均采用直腹板。腹板在受压区设置工字形纵肋。顶底板与腹板板厚沿跨径方向根据受力变化。桥梁每隔6.4~8.8m设置实腹式横隔板。相邻横隔板间设有三道腹板横肋和倒T形底板横肋。中支点横梁采用箱形截面,其余横梁采用工字形截面。

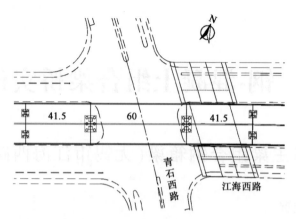

图 5.1-1 跨越节点示意(尺寸单位:m)

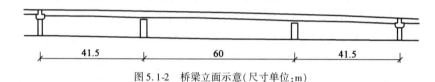

图 5.1-2 桥梁立面示意(尺寸单位:m)

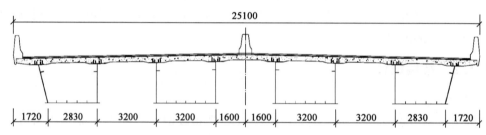

图 5.1-3 主梁典型横截面(尺寸单位:mm)

  桥面板宽度为24.8m,厚度为260mm,梗胶处加厚至340mm。桥面板采用ϕ20mm@100mm的主筋及其他分布筋。钢主梁、钢横梁及钢主梁横隔板上缘均设有剪力钉。其中,正弯矩区剪力钉按150mm间距均匀布置,负弯矩区剪力钉设置为集簇式剪力钉,每16个为一束,按间距1.2m布置。剪力钉采用ϕ22mm×200mm和ϕ22mm×140mm两种规格,根据不同需求单一布置或组合布置(图5.1-4)。

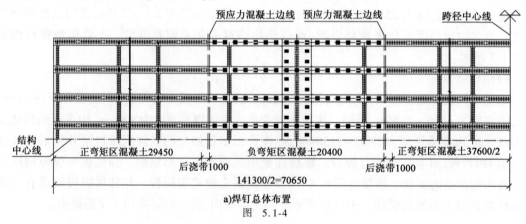

a)焊钉总体布置

图 5.1-4

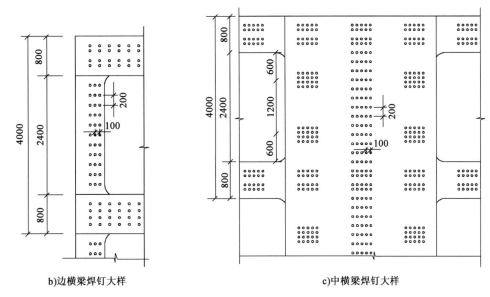

b)边横梁焊钉大样　　　　　　c)中横梁焊钉大样

图 5.1-4　焊钉布置及大样(尺寸单位:mm)

为改善负弯矩区桥面板受力性能,主梁中支点两侧各 10.2m 范围内张拉 15 束ϕ^s15.2-5 的预应力钢束,钢束横桥向布置间距为 0.36~0.52m,如图 5.1-5 所示。施工时桥面板与钢梁先不结合,张拉预应力后,浇筑槽口混凝土,通过集簇式剪力钉将桥面板与钢梁连接起来。

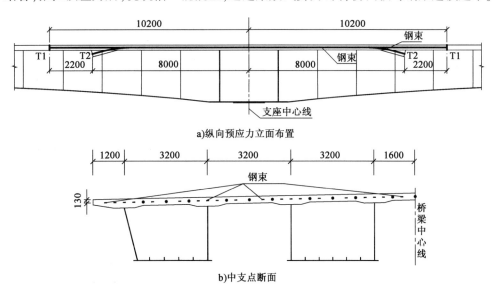

图 5.1-5　负弯矩区预应力钢筋布置(尺寸单位:mm)

5.1.3　构件制作

所有钢结构在工厂制作,混凝土桥面板采用现场浇筑施工。

钢结构分段根据桥梁运输条件及现场安装要求而定。对于现场安装节段较长的,工厂再在其基础上进行分段。钢结构分段的目的是在运输条件以及现场吊机性能许可的条件下,利

用工厂的设备和施工条件优势,各构件尽可能在工厂进行加工、拼接,尽量减少工地拼装工作量。分段基本遵循以下原则:

①现场吊装的可行性。

②工厂制作分段的合理性和经济性。

③运输的可行性。

④分段点离连接段处尽可能近,减少现场高空焊接带来额外的吊篮安装或拆装时间。

⑤钢箱梁分段及对接焊缝设置应避开应力高峰区,并应避免影响横肋和横隔板;节段分节线处对接焊缝不得在同一截面上,应错开布置,错缝间距不小于200mm。

钢结构分段在工厂组装焊接成一个整体,然后运往施工现场,在施工现场进行单片边梁和中梁的地面拼装或高空拼装;每片边梁和中梁的各个分段在工厂加工完成并经检验合格之后,对整个主线的所有的单片边梁、中梁和横梁进行工厂整体预拼装。由于箱梁的内部需涂装油漆,工厂将对箱梁的素材(零件或部件)首先进行抛丸除锈,预涂底漆,然后进行组装焊接,待装焊完成之后对受损部位进行手工二次除锈及补涂底漆;最后涂装中间漆和面漆。

对于钢梁的预拱度,在详图深化设计时通过三维建模,在深化设计时就把预拱度值移植到详图中,工厂加工时只需根据转化后的详图尺寸进行加工即可。

主钢箱梁跨径为41.5m+60m+41.5m,分成4类分段安装,支座处的横梁长25m,整段安装。节段划分示意如图5.1-6所示,具体分段参数见表5.1-1。

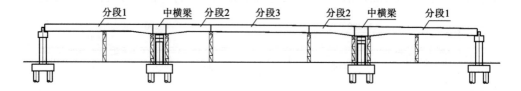

图5.1-6 连续组合梁钢主梁节段划分示意

分段参数表   表5.1-1

编 号	长 度	重 量	数 量
分段①	38.65m	71t	8
分段②	9.45m	24t	8
分段③	37.1m	64t	4
中横梁	25.1m	122t	2

5.1.4 拼装施工

现场拼装施工主要流程如下:

步骤一:桩基础与下部结构施工。支架地基硬化,浇筑支架混凝土基础,搭设支架[图5.1-7a)]。

步骤二:采用2台400t汽车吊双机抬吊中墩钢结构主横梁[图5.1-7b)]。

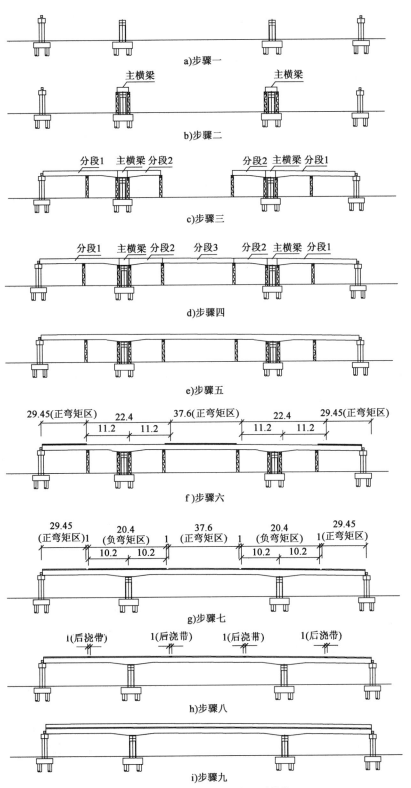

图 5.1-7 现场拼装施工流程图(尺寸单位:m)

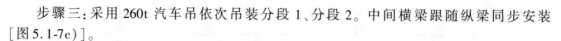

步骤三:采用260t汽车吊依次吊装分段1、分段2。中间横梁跟随纵梁同步安装[图5.1-7c)]。

步骤四:采用2台260t汽车吊抬吊分段3[图5.1-7d)]。

步骤五:钢梁工地焊接成连续梁,涂装第二道面漆[图5.1-7e)]。

步骤六:安装混凝土桥面板模板和焊钉槽口模板,绑扎桥面板钢筋。浇注两边跨正弯矩区各29.45m和中跨正弯矩区37.6m长的桥面板混凝土,养生至设计强度的80%[图5.1-7f)]。

步骤七:拆除临时支架,桥面板预应力穿束,浇注中间墩顶负弯矩区各20.4m长的桥面板混凝土,养生至设计强度[图5.1-7g)]。

步骤八:张拉桥面板预应力束,浇注桥面板焊钉槽口与后浇带混凝土[图5.1-7h)]。

步骤九:栏杆、伸缩缝、铺装等桥面系和附属结构施工,成桥[图5.1-7i)]。

5.2　多主梁组合钢板梁(上海市军工路高架)

5.2.1　工程概况

上海市军工路高架新建工程以逸仙路军工路立交为起点由北向南,与中环线军工路立交桥相接,全长约7.3km。主线道路等级为城市快速路,桥梁设计荷载为城-B级;地面道路为城市主干路,桥梁设计荷载为城-A级、T-300验算。主线桥梁设4~6个车道,桥面宽度为18~25m。

本工程桥梁工程内容包括主线高架桥梁、逸仙路军工路立交(包括NE匝道与NE地面匝道改建)桥梁、中环线军工路立交桥梁、沿线8条平行匝道桥及地面桥梁等。经综合比较,主线高架上部结构主要采用组合钢板梁的结构形式。

5.2.2　结构设计

钢-混凝土组合梁桥是一种国际上常用的结构。而组合钢板梁相对于传统的钢箱组合梁,其构造简单,经济指标低,设计和建造的适用条件广泛,制作与施工方便,工厂化、预制化及装配化程度更高,得到了越来越广泛的应用,是一种非常经济、耐久的结构。

组合钢板梁充分利用了钢和混凝土的结构性能,钢结构受拉、混凝土受压,受力明确,经济合理。组合钢板梁同样可采用简支结构与连续结构。由于连续组合梁存在中墩墩顶负弯矩问题,传统上采用墩顶顶升或施加墩顶预应力的方式来解决混凝土受拉问题,但施工较为烦琐。随着计算理论的完善,可通过合理配置桥面板钢筋控制墩顶裂缝宽度的方式来解决墩顶负弯矩区混凝土桥面板受拉问题。

组合工字钢板梁可分为多主梁体系组合钢板梁与少主梁体系组合钢板梁两种。

多主梁体系组合钢板梁将两根工字钢和其对应的混凝土桥面板预制成一个整体Π形或双工字形组合结构后,在现场整体吊装并完成梁间纵向湿接缝的浇筑,以形成整幅桥面的组合钢板梁体系。Π形结构组合钢板梁的钢梁间距一般较小,用钢量稍大。由于自重相对较轻,运输及现场吊装快,具有快速施工的特点。

少主梁体系组合钢板梁若采用工厂预制成组合梁整体结构,因宽度与质量大,难以运输吊装,常在工厂分别预制钢梁和桥面板。先架设钢梁,后以钢梁作为支撑架设预制桥面板,并浇筑桥面板间纵横向湿接缝以形成组合梁体系。其主梁间距较大,用钢量较少。采用少主梁体系组合钢板梁,可实现构件轻型化、小型化,便于运输与安装。

5.2.2.1 总体布置

本工程近中环线军工路立交处,道路交通系统复杂,车流量大,为了减小施工期对地面交通的影响,采取减少现场施工作业的桥梁快速施工方案。从中环线至嫩江路近400m长高架桥上部结构采用多主梁体系组合钢板梁。Ⅱ形标准组合钢板梁桥宽有22m、8.5m两个品种,跨径布置为 $n \times L(n = 2 \sim 5, L = 25 \sim 35 m)$。组合钢板梁按其最大跨径范围25~30m、30~35m两个品种对板厚进行分类。以下介绍桥宽22m、跨径组合5×35m的组合钢板梁设计,总体布置如图5.2-1所示。

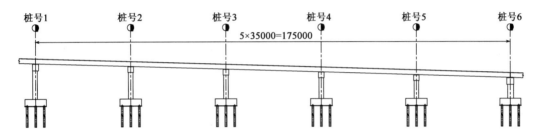

图5.2-1 总体布置(尺寸单位:mm)

梁体采用4片双工字钢板梁的形式,梁高1.7m,混凝土桥面板厚0.22m。预制梁工字钢板梁间纵向共设5根小横梁,其中2根端横梁,3根中横梁(图5.2-2)。标准组合截面如图5.2-3所示。预制主梁间采用30cm宽湿接缝、U形钢筋交错布置、C60纤维混凝土。

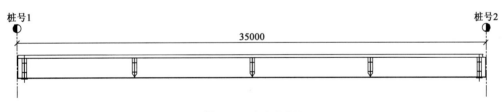

图5.2-2 立面布置图

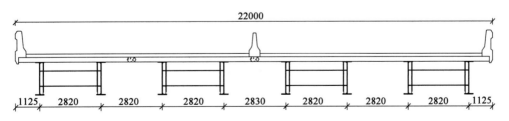

图5.2-3 标准组合截面图(尺寸单位:mm)

组合钢板梁采用先简支后连续体系,其纵向连接构造中桥面板采用湿接缝连接,钢梁底缘采用高强螺栓连接(图5.2-4)。

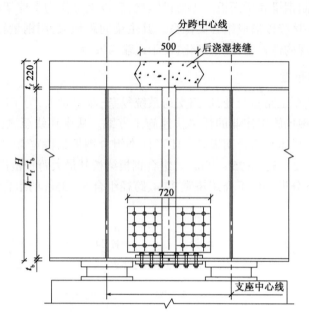

图5.2-4 纵向连接构造图(尺寸单位:mm)

本工程其余近7km长高架桥采用少主梁体系组合钢板梁。组合钢板梁桥宽有25m、21.5m、18m、22m及8.5m五个品种。跨径布置为 $n \times L(n=2 \sim 5, L=25 \sim 40\text{m})$。组合钢板梁按其最大跨径范围25～30m、30～35m、35～40m三个品种对板厚进行分类。以下介绍桥宽25m、跨径 $5 \times 35\text{m}$ 的组合钢板梁设计,总体布置如图5.2-5所示。

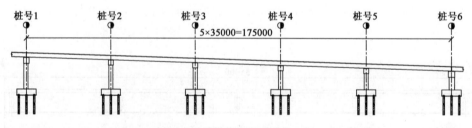

图5.2-5 总体布置(尺寸单位:mm)

梁体采用6片工字钢板梁的形式,梁高1.7m,混凝土桥面板厚0.22m。预制梁工字钢板梁间共设5根小横梁,其中2根端横梁,3根中横梁(图5.2-6)。标准组合截面如图5.2-7所示。预制主梁间采用30cm宽湿接缝、U形钢筋交错布置、C60纤维混凝土。

组合钢板梁采用连续梁体系。钢梁安装接缝位于距离墩中心 $L/5$ 处。接缝连接点采用栓焊节点。钢梁腹板采用螺栓连接,顶、底板采用焊接方式连接。

桥梁下部结构全部采用预制混凝土立柱与盖梁,基础以 $\phi700\text{mm}$ 钢管桩为主,采用免共振液压振动锤沉桩。

本桥护栏、桥台、挡土墙等全部采用混凝土结构预制拼装技术。

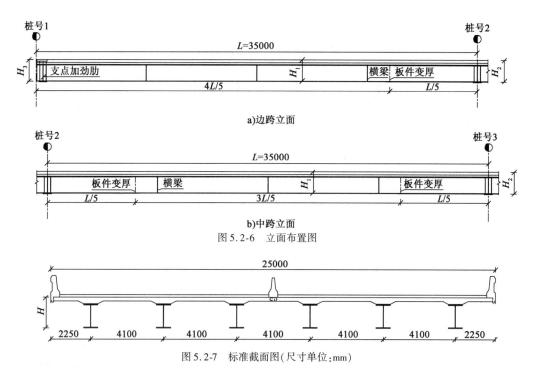

图5.2-6 立面布置图

图5.2-7 标准截面图(尺寸单位:mm)

5.2.2.2 结构参数

多主梁体系组合钢板梁钢梁高度为1.48m,混凝土桥面板厚度为0.22m,组合梁总高度为1.70m。钢梁顶板宽度为400mm,底板宽度为500mm,顶板厚度为20mm,腹板厚度为22mm,底板厚度为25~36mm。主梁顶板、底板、腹板采用Q420qD,其余板件采用Q345qD。

连接件采用焊钉连接件,焊钉规格采用$\phi 19mm \times 180mm$,沿跨长方向支点附近$L/8$范围内焊钉顺桥向标准间距为150mm,其余范围内焊钉顺桥向标准间距为300mm,焊钉布置如图5.2-8所示。

少主梁体系组合钢板梁跨径在35m以下(含35m)的钢梁高度为1.3m,混凝土桥面板厚为0.22m,在钢梁支撑处设0.15m的承托,钢梁与混凝土桥面板之间预留3cm空隙填充高强砂浆。钢梁顶板宽度为800mm,底板宽度为800mm,顶板厚度为20~40mm,底板厚度为28~50mm,腹板厚度为22mm。主梁顶板、底板、腹板采用Q420qD,其余板件采用Q345qD。

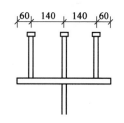

图5.2-8 焊钉布置图
(尺寸单位:mm)

组合钢板梁采用集簇式焊钉连接件,焊钉规格采用$\phi 25mm \times 180mm$、$\phi 22mm \times 180mm$两种规格。焊钉顺桥向间距150mm、横桥向间距200mm。焊钉布置如图5.2-9所示。

5.2.3 结构预制

5.2.3.1 多主梁体系组合钢板梁

多主梁体系组合钢板梁的钢梁与桥面板整体预制。钢梁采用焊接工字钢。钢梁的制作在钢梁加工厂加工完成后,通过横向连接体系将两片工字钢连接,运输至混凝土桥面板加工场地,进行立模、钢筋绑扎与桥面板混凝土浇筑,形成预制Π形梁(图5.2-10)。

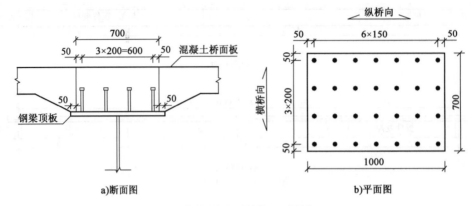

图5.2-9 集簇式焊钉连接件(尺寸单位:mm)

a)钢梁加工

b)混凝土桥面板浇筑

c)形成预制Π形梁

图5.2-10 多主梁结构预制

5.2.3.2 少主梁体系组合钢板梁

少主梁体系组合钢板梁的钢梁与桥面板分别预制。钢梁通常为连续结构,钢梁加工长度受运输条件限制,通常在桥梁受力最小处进行分段,钢梁现场连接可采用焊接形式也可采用螺栓连接形式,本桥采用螺栓焊接形式。混凝土桥面板采用全桥宽或半桥宽预制,设计要求现场存放6个月以上,待消除部分收缩与徐变影响后,运输至现场安装,与钢梁连接成整体(图5.2-11)。

a)桥面板预制

b)钢梁预制

图5.2-11 少主梁结构预制

5.2.4 拼装施工

5.2.4.1 多主梁体系组合钢板梁

由于钢梁与桥面板整体预制，现场拼装施工主要为预制梁吊装、桥面板纵向湿接缝连接及主梁纵向连接。各Ⅱ形梁之间通过纵向桥面板湿接缝连接成整体，墩顶处桥面板通过横向湿接缝连接成整体，钢梁通过焊接或者螺栓连接，最终形成连续结构（图5.2-12）。

a) 组合梁现场吊装

b) 组合梁吊装完成

c) 桥面板湿接缝连接

图 5.2-12 多主梁结构拼装

多主梁体系组合钢板梁主要施工流程如下。

步骤一：施工下部基础钢管桩、现浇承台混凝土，安装预制立柱与盖梁[图5.2-13a)]。

步骤二：现场吊装预制梁段，进行桥面板纵向湿接缝的连接[图5.2-13b)]。

步骤三：墩顶钢梁螺栓连接，墩顶桥面板横向湿接缝施工，全桥连接成整体[图5.2-13c)]。

步骤四：施工桥面铺装等二期恒载，成桥[图5.2-13d)]。

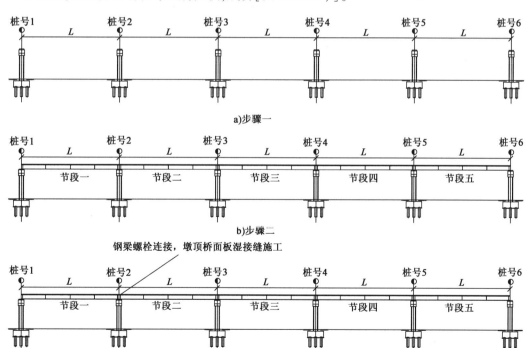

图 5.2-13

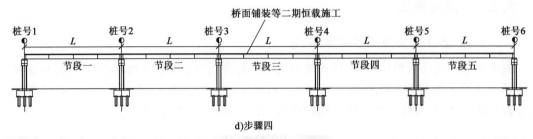

d)步骤四

图5.2-13 多主梁体系组合钢板梁施工流程图

5.2.4.2 少主梁体系组合钢板梁

现场拼装主要为钢梁的连接及钢梁与预制混凝土桥面板之间的拼装。钢梁在钢厂加工完成后运输至现场后,通过履带吊机吊装就位,钢梁间采用栓焊连接成整体(图5.2-14)。

a)钢梁现场吊装

b)钢梁现场连接

图5.2-14 少主梁结构拼装

钢梁拼装完成后作为桥面板支撑。将预制桥面板从预制场运输至现场,通过吊机现场吊装就位。桥面板预制时预留钢梁焊钉孔洞,桥面板钢筋避让焊钉位置,通过灌注混凝土,将钢梁与桥面板连接成整体。

少主梁体系组合钢板梁主要施工流程如下:

步骤一:施工下部基础钢管桩、现浇承台混凝土,安装预制立柱与盖梁[图5.2-15a)]。

步骤二:将两片工字钢梁梁段现场焊接成$1.2L$长节段一,采用履带吊安装就位[图5.2-15b)]。

步骤三:现场焊接L长节段二、节段三、节段四,吊装就位,钢梁连接[图5.2-15c)]。

步骤四:现场焊接$0.8L$长节段五,吊装就位,钢梁连接成整体[图5.2-15d)]。

步骤五:吊装中墩顶$0.2L$范围外预制桥面板,现浇湿接缝连接[图5.2-15e)]。

步骤六:吊装中墩顶$0.2L$范围内预制桥面板,现浇湿接缝连接;在钢梁与混凝土桥面板之间空隙填充高强砂浆。全桥连接成整体[图5.2-15f)]。

步骤七:施工桥面铺装等二期恒载,成桥[图5.2-15g)]。

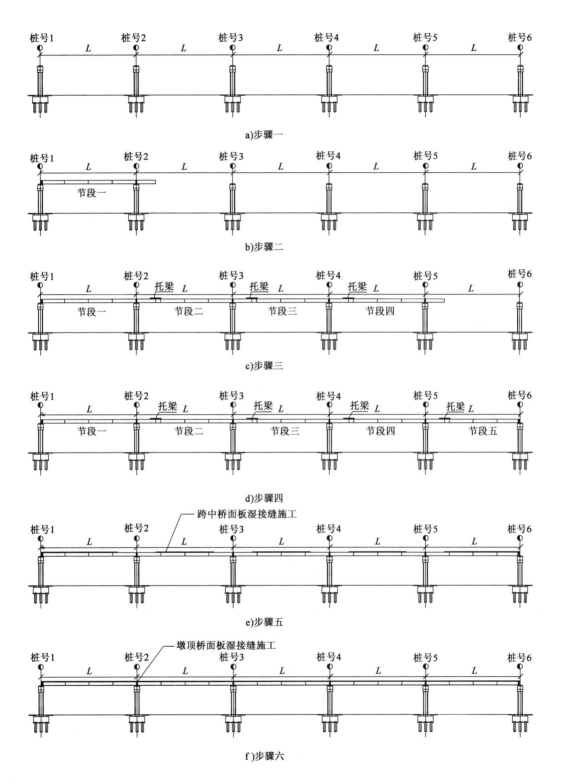

图 5.2-15

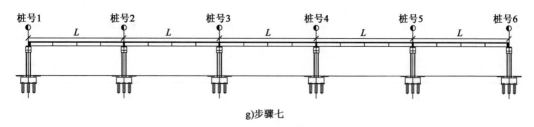

g)步骤七

图 5.2-15　少主梁体系组合钢板梁施工流程图

5.3　双主梁组合钢板梁与组合钢箱梁(上海 S7 公路)

5.3.1　工程概况

上海 S7 公路一期工程起点位于 S20 外环高速西北转弯处,终点位于月罗公路北侧,全长约 8.75km,双向 6 车道,以高架桥梁为主,全线设互通立交 2 处,为 S20 立交和 G1501 立交。

高架桥梁上部结构以小箱梁为主,标准跨径为 30m。对于跨径超过 30m 或者匝道半径较小路段、跨越横向道路跨径要求较大的路段,上部结构均采用了钢-混凝土组合结构形式。

5.3.2　结构设计

5.3.2.1　跨线桥梁

主线跨越宝安公路采用 45m + 65m + 45m 变高度连续组合钢箱梁,梁高 2.2~3.2m。采用箱型双主梁横截面,外侧腹板与两侧的组合钢板梁对齐,上翼缘宽 2×0.6m,下翼缘宽 1.58m。采用大横梁形式,横梁梁高为 0.7m,上、下翼缘宽均为 0.4m,横梁标准间距为 3m,支点处横梁与主梁等高布置。混凝土桥面板采用钢筋混凝土预制桥面板,厚度为 30cm,横桥向整体预制,顺桥向通过湿接缝连接成整体。钢结构顶板、底板、腹板等主材采用 Q420qD,其余板件采用 Q345qD,焊接连接。预制桥面板采用 C60 混凝土,现浇湿接缝在墩顶负弯矩区采用 C150 超高性能混凝土,在其他区域采用 C80 钢纤维混凝土,结构横截面及效果图如图 5.3-1、图 5.3-2 所示。

5.3.2.2　主线与匝道桥梁

当主线桥梁或匝道桥梁跨越路口时,若跨径超过 30m,采用简支组合钢箱梁;立交桥梁部分半径较小、跨径较大的位置,采用连续组合钢箱梁。这些组合钢箱梁采用小箱梁横截面,外侧腹板与两侧小箱梁对齐,内侧为直腹板。结构体系为等高度简支组合梁或连续组合梁。钢结构顶板、底板、腹板采用 Q420qD,其余板件采用 Q345qD,焊接连接。混凝土桥面板厚度为 25cm,采用 C60 混凝土,在主线高架段采用预制桥面板,在立交匝道中采用现浇桥面板,结构横截面及效果图如图 5.3-3、图 5.3-4 所示。

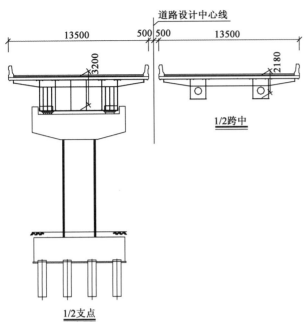

图 5.3-1 连续组合钢箱梁横截面(尺寸单位:mm)

图 5.3-2 连续组合钢箱梁效果图

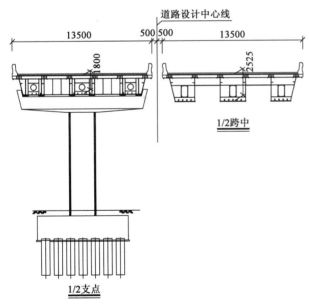

图 5.3-3 主线高架 50m 简支组合钢箱梁横截面(尺寸单位:mm)

图 5.3-4 立交小半径匝道连续组合钢箱梁效果图

5.3.2.3 节点桥梁

1)总体布置

在宝安公路菱形立交匝道分岔口之间的一段,由于周边交通繁忙,居民较多,为加快施工速度、减少对地面交通和环境的影响,同时提高景观效果,在宝安公路南北两侧采用连续组合

239

工字钢板梁,跨径均为 30m + 3 × 40m + 30m,桥梁平面布置如图 5.3-5 所示。

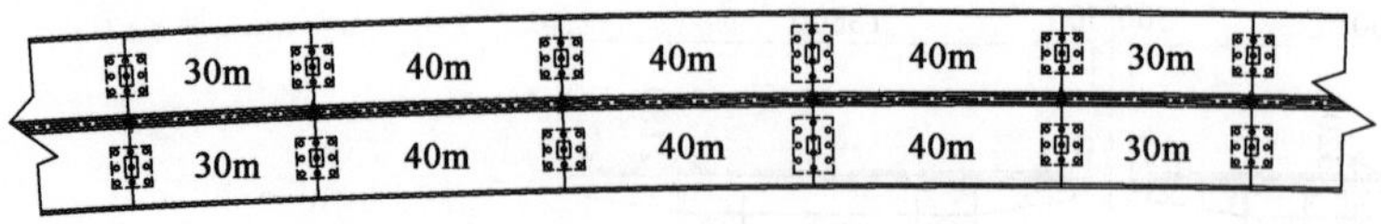

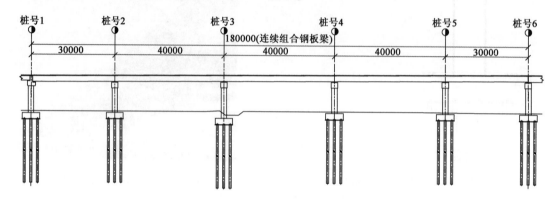

图 5.3-5　桥梁平面布置

连续组合工字钢板梁采用双幅布置,单幅桥宽为 13.5m,主梁间距为 7.5m,跨径布置为 30m + 3 × 40m + 30m,总体布置图如图 5.3-6 所示。

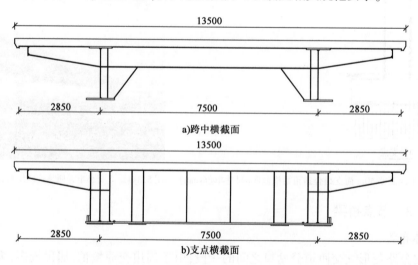

图 5.3-6　连续组合工字钢板梁总体布置(尺寸单位:mm)

主梁采用大横梁双主梁形式的组合工字钢板梁,钢梁梁高为 1.8m,上翼缘宽 0.8m,下翼缘宽 1.0m,混凝土桥面板厚为 0.3m,组合钢板梁横截面如图 5.3-7 所示。采用双主梁的结构形式,相对于采用多主梁的结构形式,其构造简单,减少了工厂钢结构制造的工作量,同时可以达到提高桥梁施工架设速度和降低桥梁建设成本的目的。通过设置大横梁,可以有效控制桥面板的受力,通过有限元局部应力的计算分析可知,采用双主梁的结构形式,横梁间距为 4.0m,桥面板厚度为 25cm,通过配筋,桥面板的受力可以满足相关规范要求。

图 5.3-7　标准横截面图(尺寸单位:mm)

2)结构参数

钢梁梁高为1.8m,纵向采用工字形双主梁形式,上翼缘宽0.8m,板厚为35~50mm,下翼缘宽1.0m,板厚为35~50mm,腹板板厚为20mm。

钢梁横梁梁高为0.7m,上、下翼缘宽均为0.4m,板厚为20mm,横梁腹板厚为12mm,横梁标准间距为4m。支点处横梁与主梁等高布置。

主梁顶板、底板、腹板采用Q420qD,其余板件采用Q345qD。

本桥在全长范围内,设置25cm等厚度桥面板,材料为C60混凝土,桥面板采用全桥宽预制,再现浇横向湿接缝。混凝土桥面板纵、横向均为普通钢筋混凝土体系。桥面板通过合理配筋来控制裂缝宽度。

本桥连接件采用集簇式焊钉连接件,焊钉规格采用$\phi 25mm \times 180mm$,在边墩墩顶位置$L/10$范围内顺桥向间距加密,标准横截面如图5.3-8所示。

图5.3-8 抗剪连接件横截面
(尺寸单位:mm)

5.3.3 构件预制

构件预制主要分为钢梁制作和混凝土桥面板预制两大部分。

5.3.3.1 钢梁制作

根据施工现场工程设备的起吊能力,将每跨钢梁横向划分为4根主梁,纵向按跨径划分为5段。施工时,先将每跨的4根主梁吊装并横向连接完成后再施工下一跨的4根主梁,具体主梁划分参数如表5.3-1所示。

主梁划分参数表 表5.3-1

墩 号	吊装顺序	钢梁分段号	分段钢梁运输尺寸(m)			吊装质量(t)
			长度	宽度	高度	
Paz(y)60~Paz(y)65	第1~4吊	K61-1~K61-4	36.7	6.9	1.8	55
	第5~8吊	K62-1~K62-4	40.4	6.9	1.8	60
	第9~12吊	K63-1~K63-4	40.4	6.9	1.8	60
	第13~16吊	K64-1~K64-4	40.4	6.9	1.8	60
	第17~20吊	K65-1~K65-4	24.3	6.8	1.8	36
Paz(y)68~Paz(y)73	第1~4吊	K69-1~K69-4	36.2	6.9	1.8	54
	第5~8吊	K70-1~K70-4	40.4	6.9	1.8	60
	第9~12吊	K71-1~K71-4	40.4	6.9	1.8	60
	第13~16吊	K72-1~K72-4	40.4	6.9	1.8	60
	第17~20吊	K73-1~K73-4	24.7	6.8	1.8	36.5
备注	1. 分段构件质量:含焊缝、栓钉、吊耳等质量。 2. 分段构件高度未含桥面吊耳高度					

钢梁制作主要工艺流程如图5.3-9所示。

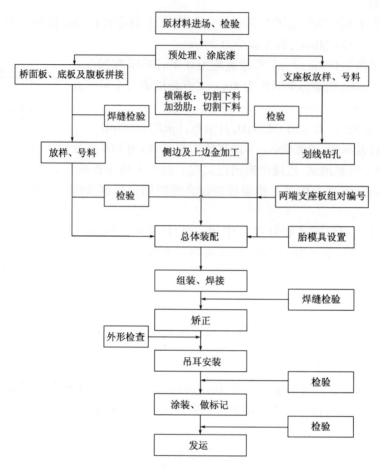

图 5.3-9 钢梁制作主要工艺流程

5.3.3.2 混凝土桥面板预制

桥梁为左右双幅布置,单幅桥面宽 13.5m。桥面板采用全宽预制施工工艺。由于预制拼装工艺对于构件精度的要求严格,预制桥面板的安装精度控制在 ±2mm 范围之内。

桥面板分为 6 种型号,分别为 A1、A2、A3、A4、A5、A6,具体尺寸及质量如表 5.3-2 所示。

桥面板参数 表 5.3-2

部位	尺寸(m)	数量(块)	质量(t)
A1	13.2×2.7×0.3	96	24.06
A2	2.6×2.12×0.3	16	3.96
A3	4×2.12×0.3	8	5.64
A4	13.2×4×0.3	128	35.16
A5	13.2×2.73×0.3	16	23.09
A6	13.2×4×0.3	52	35.16
合计		316	127.07

5.3.4 拼装施工

5.3.4.1 钢梁吊装

沿宝安公路分为南北两个施工区域,施工期间除跨宝安公路段钢梁外,其他梁段施工无社会车辆通行,可全天进行施工作业。

组合工字钢板梁由预制加工厂制作后,分段运抵施工现场进行安装。钢梁横向以结构中心为分段线,组合钢板梁纵向以跨桥墩中心 6m 处为分段线。分段形式示意图如图 5.3-10 所示(以半幅桥梁为例)。

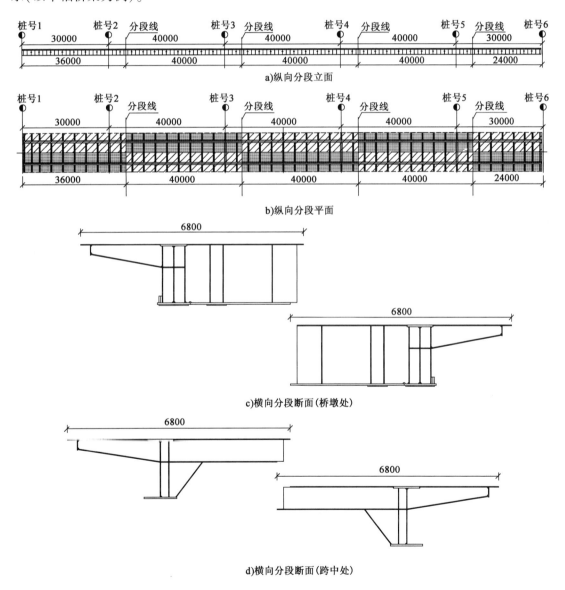

图 5.3-10 组合工字钢板梁分段示意图(尺寸单位:mm)

钢梁吊装主要顺序如下：

步骤一：第一跨 4 个分段钢梁吊装，采用 180t 履带吊跨内单机吊装，每个分段构件吊重约 55t。完成横向连接[图 5.3-11a)]。

步骤二：第二跨 4 个分段钢梁吊装，采用 180t 履带吊跨内单机吊装，每个分段构件吊重约 60t[图 5.3-11b)]。

步骤三：第三、四跨钢梁吊装方法及工况与第二跨钢梁相同。

步骤四：第五跨分段钢梁吊装，采用 180t 履带吊跨内单机吊装，构件吊重约 36t，钢梁架设及集簇式焊钉布置见图 5.3-11c)、图 5.3-12。

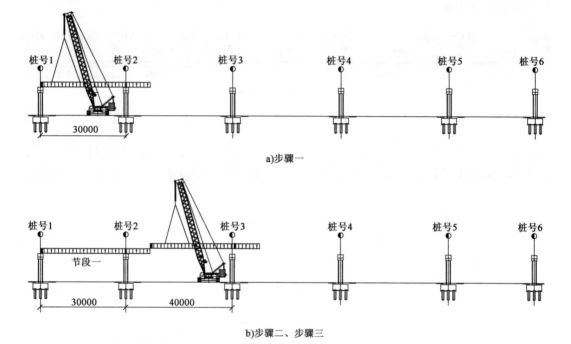

图 5.3-11 钢梁吊装主要顺序

5.3.4.2 桥面板吊装

桥面板吊装的主要流程：吊机就位—桥面板运输就位—桥面板起吊—吊机行走—落板—完成一块板的吊装—循环进行吊装。

桥面板吊装顺序：

a)钢梁架设完成

b)集簇式焊钉布置

图 5.3-12　钢梁安装

①安装吊架并调整吊架的水平高度,挂入吊钩,调整钢丝绳位置。

②在确认桥面板与运输车之间约束全部解除后,缓缓起吊桥面板,直到桥面板底部离开运输车约 0.5m,停止提升。

③待稳定 5~10min 后,检查吊具状态,完成试吊后,缓慢提升吊钩。

④待提升至距运输车辆 1m 以上时,运输车辆可驶离现场,吊车缓慢向前行走,直到到达设计位置。

⑤根据测量控制线位置微调起重机扒杆方向和角度,准确定位,同时必须由专人对桥面板就位进行观察。

⑥吊装到位后,松下吊钩,并卸除钢丝绳,桥面板安装与焊钉槽口见图 5.3-13。

⑦吊车退回原位,等待下一片桥面板吊装。循环以上工序,直至所有桥面板吊装完成。

⑧浇筑高性能混凝土,完成桥面板与钢梁及桥面板与桥面板之间的连接;钢梁与混凝土桥面板之间预留 3cm 空隙以待填充高强度砂浆。

a)预制桥面板安装

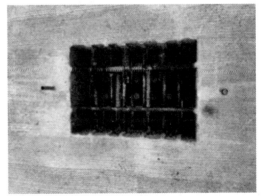
b)桥面板焊钉槽口

图 5.3-13　桥面板施工

5.4 组合钢箱梁桥(银川市滨河黄河大桥)

5.4.1 工程概况

银川市滨河黄河大桥位于银川中心城区和滨河新区之间,是沟通两区的主要过河通道。路线全长6.599km,其中路基长约2.131km,桥梁长约4.468km。为满足黄河桥梁跨径相关要求,主桥采用88m+218m+218m+88m=612m三塔自锚式悬索桥;水中引桥分幅布置,均采用80m连续组合钢箱梁桥形式,其中西侧水中引桥跨径布置为6×80m,东侧水中引桥跨径布置为5×80m。

大桥道路等级为一级公路兼城市快速路,桥面总宽为34.5m,设计行车速度为80km/h,双向8车道。荷载等级为公路-I级设计、城-A级校验,基本地震烈度为8度。

根据黄河水利主管部门的要求,主河槽应全桥跨越,主河槽孔跨径不小于80m,经过比选跨越主河槽的引桥采用跨径80m的组合钢箱梁桥方案。本桥为满足黄河主河槽孔跨径要求,与主桥相接边跨难以按常规桥梁边中跨比例设置为较小跨径,组合梁桥边中跨比例以及跨径搭配相对自由,在80m大跨径范围可以采用与边中跨相同的方案,结构受力和施工方面没有制约因素;主梁可采用等截面布置,与主桥高度协调,不会对造价产生明显影响;根据国际上已建组合梁桥的先进经验,在40~100m范围甚至更大跨径范围内,组合梁桥相对预应力混凝土梁桥具有一定的经济优势;组合梁的钢梁和预制桥面板可以工厂化生产,不仅有利于提高工程质量,更有利于在高寒地区加快工程进度。

钢-混凝土组合连续梁桥在欧美、日本等国家和地区普遍采用,主梁横截面常采用组合钢板梁及组合钢箱梁等形式,如图5.4-1、图5.4-2所示。水中引桥位于平曲线上,跨径较大且桥面横向宽度较宽,考虑到结构受力性能,本桥更适合采用组合钢箱梁的结构形式。

图5.4-1 组合钢板梁方案实例

图5.4-2 组合钢箱梁方案实例

本桥单幅桥面宽度为17.5m,为了取消桥面板横向预应力,降低结构施工的复杂程度,同时提高结构的受力性能,本桥采用了带有钢横肋对箱内外桥面板进行支承加劲的组合钢箱梁横截面形式。

西侧水中引桥平均水深为4m左右,但部分边跨已位于陆地,且本桥钢结构通过陆路运输至现场,因而采用顶推法施工工艺更合适;考虑到环保及汛期防洪需要,宜采用无辅助墩顶推法施工。东侧水中引桥大部分位于陆地,为降低造价,缩短工期,最终采用少支架钢梁节段拼装方案。

银川滨河黄河大桥水中引桥采用分幅布置,西侧引桥总长为480m,跨径布置为 $6 \times 80m = 480m$,如图5.4-3所示;东侧引桥总长为400m,跨径布置为 $5 \times 80m = 400m$,如图5.4-4所示。主梁采用等高度单室组合梁,梁高为4.0m,横截面布置如图5.4-5、图5.4-6所示。墩柱采用多边形截面空心墩,尖圆形承台,钻孔灌注桩基础。

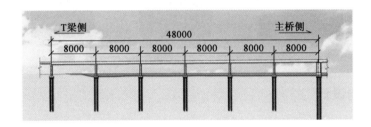

图5.4-3 西侧水中引桥推荐方案总体布置图(尺寸单位:cm)

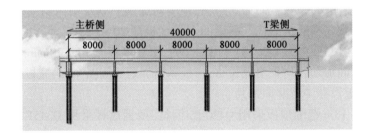

图5.4-4 东侧水中引桥推荐方案总体布置图(尺寸单位:cm)

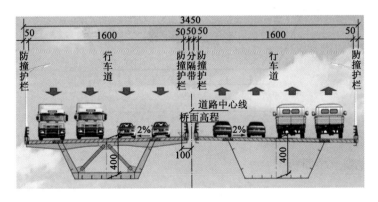

图5.4-5 水中引桥推荐方案标准横截面图(尺寸单位:cm)

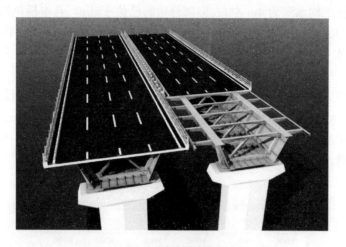

图 5.4-6 组合钢箱梁横截面示意

5.4.2 结构设计

5.4.2.1 钢梁构造

组合钢箱梁的钢梁高为 3.72m,如图 5.4-7 所示。钢梁为槽形横截面,包括上翼缘板、腹板、下翼缘板以及通常布置的腹板和底板纵向加劲肋。在钢梁上每隔 4m 间距设有一道横隔系,横隔系由上翼缘横肋、腹板竖向加劲肋、底板横向加劲肋以及箱内斜撑杆组成。在支点处空腹式横隔系由实腹式横隔板取代。钢梁的上翼缘板厚 20~65mm、宽 1200mm,腹板厚 16~35mm,内外侧腹板斜率分别为 1:2.183 和 1:2.069,下翼缘板厚 14~30mm、宽 6600mm。

腹板和底板纵向加劲肋均采用板式肋,腹板纵向加劲肋间断布置、底板纵向加劲肋连续布置;腹板在支点附近设有 T 形竖向加劲肋。

中墩顶左右各 13m 范围顶板采用 Q420qE 钢材,型钢撑杆采用 Q345E 钢材,其余部位均采用 Q345qE 钢材。

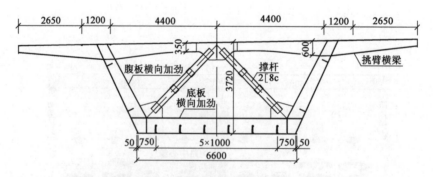

图 5.4-7 标准钢梁横截面(尺寸单位:mm)

5.4.2.2 混凝土桥面板

在全长范围内,设置 28cm 等厚度桥面板,材料为 C50 混凝土,桥面板采用分块预制,再现浇纵、横向湿接缝。横桥向设置 3 块,两侧边板宽度为 282.5cm,中板宽度为 895cm,标准板块纵向长度为353cm。为提高现浇缝处新老混凝土间的抗剪能力,协调纵向钢筋搭接与上翼缘现浇带宽度的矛盾,预制板纵、横向现浇缝侧设置台阶状槽口,如图5.4-8所示。接缝内横向钢筋采用环形套箍连接,纵向钢筋顶层采用焊接连接,底层采用绑扎连接,如图5.4-9所示。

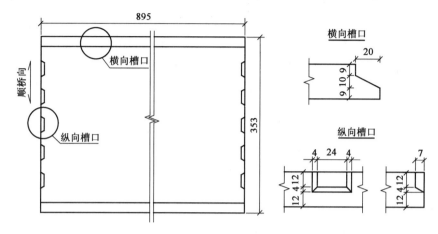

图5.4-8 预制板槽口示意图(尺寸单位:cm)

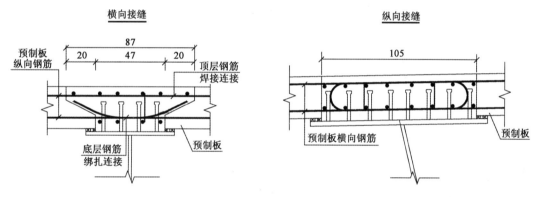

图5.4-9 接缝钢筋连接示意图(尺寸单位:cm)

混凝土桥面板纵、横向均按普通钢筋混凝土设计,墩顶段为了控制裂缝宽度采用较高的配筋率;正负弯矩交汇段以及跨中正弯矩区段配筋率相对较低。

5.4.2.3 连接件

混凝土桥面板与钢梁之间通过布置于钢梁顶板的圆柱头焊钉连接,焊钉规格采用$\phi 22mm \times 200mm$,顺桥向标准间距为280mm,横桥向标准间距为260mm。

5.4.2.4 墩顶结合段

为有效降低下翼缘板厚度,改善墩顶截面受力性能,在中支点两侧各12m范围内采用钢梁下翼缘板与混凝土的双层组合结构,通过在钢梁下翼缘板上浇注混凝土,协助钢梁下翼缘板共同承担荷载作用。底板采用C50混凝土,厚度为0.35~0.55m。钢梁下翼缘板纵向加劲肋开孔兼作连接件,并在孔内设置横向钢筋,以保证混凝土与钢梁下翼缘板间的连接性能。

249

5.4.3 预制架设

银川滨河黄河大桥水中引桥为主跨径 80m 连续钢-混凝土组合梁桥,由开口槽形钢梁和预制桥面板结合而成。桥位处施工场地受限,冬季长、冻土深。为实现冬季连续施工,利用单侧场地,充分发挥钢-混凝土组合梁的结构特点,采用无跨间支撑的整联横移技术进行双幅箱梁施工。

黄河不具备水中运梁、架梁的条件,箱梁钢结构需要依靠陆路运输。钢结构板单元在工厂分块加工制作,通过陆路运输至施工现场,在现场平台上预拼成箱梁节段。

混凝土桥面板在现场预制场制作,横桥向分 3 块预制板,按设计要求预制板制作完成后至少存放 6 个月,方能安装。

组合梁施工采用钢梁与混凝土桥面板分步进行的方法,即先将钢梁架设就位,再施工桥面板。东西侧水中引桥由于地形差异,钢梁采用不同的施工方法。东侧水中引桥采用少支架钢梁节段拼装方案,西侧水中引桥采用钢梁无临时墩顶推法方案。

东西侧引桥预制桥面板施工均采用负弯矩区桥面板滞后结合的施工方法。该方法以减小中支点处桥面板所受拉应力并兼顾施工方便为原则,确定预制桥面板铺设、结合的顺序。本桥采用先钢梁后桥面板的施工方法,组合钢箱梁桥面板的质量约为钢梁质量的 2 倍,在施工期钢梁截面需要承受自身及桥面板的质量,这在客观上为今后桥面板的更换提供了基础,同时也是西侧水中引桥能够实现无临时墩顶推法施工的关键。

西侧水中引桥主要施工步骤(图 5.4-10)如下:

①水中桥墩施工,岸上搭设顶推平台。
②在顶推平台上安装导梁及拼装首段钢梁。
③进行首段钢梁顶推。
④前端到达墩顶后,在岸侧支架上继续接长拼装。
⑤继续顶推,重复以上步骤直到顶推到位。
⑥浇筑墩顶底缘混凝土结合段。
⑦铺放跨中桥面板,浇筑湿接缝并结合。
⑧铺放墩顶桥面板,浇筑湿接缝并结合,全桥桥面板铺设完毕。
⑨进行桥面系施工。

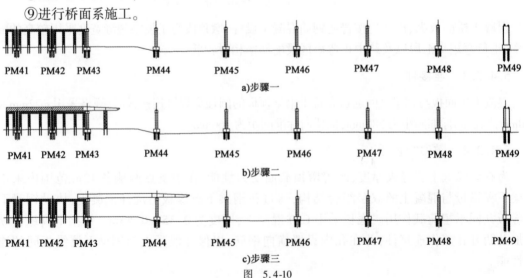

图 5.4-10

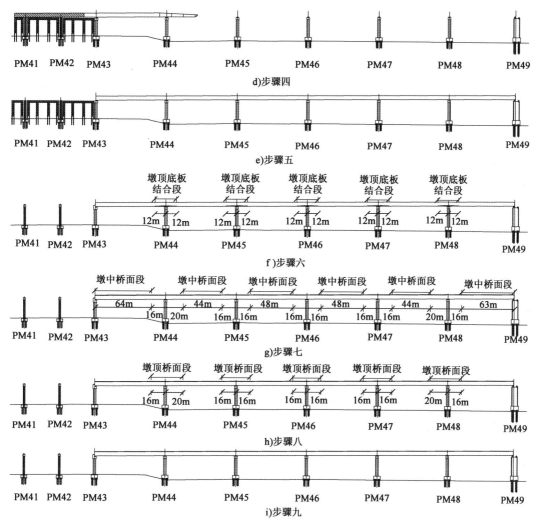

图 5.4-10 西侧水中引桥施工步骤示意图

东侧水中引桥主要施工步骤(图 5.4-11)如下:
①施工水中桥墩,搭设水中临时支架。
②支架上各钢梁梁段就位,焊接接缝,形成连续结构,浇筑墩顶底缘混凝土结合段。
③铺放跨中桥面板,浇筑湿接缝并结合。
④铺放墩顶桥面板,浇筑湿接缝并结合,全桥桥面板铺设完毕。
⑤进行桥面铺装。

5.4.4 关键技术措施

5.4.4.1 负弯矩区桥面板设计

对于连续组合结构桥梁,中间支点区域承受负弯矩,混凝土桥面板因受拉而开裂,若控制不当将引起钢筋及钢梁腐蚀问题,影响结构的耐久性和使用性能。本桥采用允许桥面板开裂、限制裂缝宽度的设计方法,不设置纵向预应力,以简化构造、方便施工。

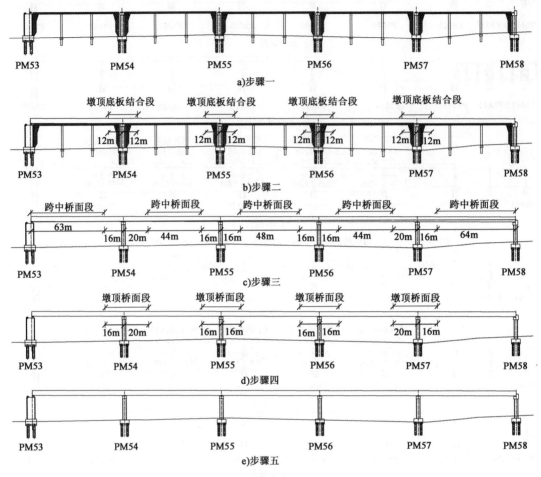

图 5.4-11　东侧水中引桥施工步骤示意图

对连续组合梁负弯矩区混凝土桥面板的裂缝,通过构造细节的处理、合理的施工顺序进行有效控制,具体如下。

①优化纵向普通钢筋的布置。从提高纵向钢筋的配筋率、握裹面积比,选择合适的钢筋直径和间距等方面,依据桥面板纵向拉应力的分布来合理布置钢筋。

②优化预制板横向槽口形状,通过下层钢筋上弯绑扎连接,上层钢筋伸入槽口错开焊接以保证纵向钢筋的连接性能,并简化施工工序,提高施工的可靠性。

③预制桥面板施工采用先跨中、后支点的施工顺序(分布间断施工法),有效降低了中支点桥面板的恒载拉应力,改善了负弯矩区桥面板的受力性能。

④目前国内尚无完善的组合梁设计规范或规程,在设计方法上可参考欧洲规范。下面简要介绍欧洲规范中桥面板裂缝计算相关规定及计算结果。

⑤总体计算结构内力时考虑截面开裂引起的内力重分布。本桥计算得次边墩顶、中墩顶开裂区长度分别为16m、6m,考虑内力重分布后墩顶负弯矩值分别减小4.3%、1.5%。由于本

桥采用预制桥面板,收缩徐变引起桥面板拉应力相对较小,故开裂区长度与经验值(墩顶两侧各0.15L)差别较大,负弯矩值折减也相对较小。

⑥混凝土桥面板裂纹发展可分为三个阶段:Ⅰ,未开裂状态;Ⅱ,初期裂缝状态;Ⅲ,完全裂缝状态,如图5.4-12所示。对初期裂缝状态,混凝土达到抗拉强度,间接荷载(收缩徐变、温差自应力)和直接荷载(恒载、活载、沉降及收缩徐变、温差引起的约束内力)同时作用,偏安全地按混凝土开裂轴力N_{SR}计算钢筋应力,验算裂缝宽度;对完全开裂状态,随着裂缝发展,组合横截面可近似简化为钢筋+钢梁,不考虑间接荷载作用,仅计算直接荷载作用下的钢筋应力,验算裂缝宽度。本桥验算的最大裂缝宽度为0.176mm,满足要求。

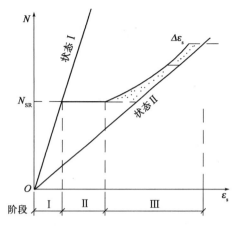

图5.4-12 桥面板轴力与应变关系图

5.4.4.2 腹板屈曲稳定问题

组合结构桥梁腹板屈曲稳定问题,应考虑组合结构自身特点,不能照搬一般钢梁的相关规定。一方面,组合横截面中性轴靠近上翼缘,正弯矩区腹板受压区范围很小,可以减少甚至不设腹板纵向加劲肋;另一方面,混凝土桥面对腹板受到翼缘的约束很大,屈曲强度也将增大。因此,应该借助先进的分析理论和方法,对腹板纵、横向加劲肋设置进行优化,以实现简化结构,降低材料消耗,充分发挥组合结构的经济性。

本桥正弯矩区空腹式横隔系间距4m,在横隔系之间不设腹板竖向加劲肋,纵、横向比接近1。参考欧洲规范相关规定对腹板抗剪承载力进行验算,不考虑桥面板及上下翼缘对抗剪作用的贡献,计算结果如表5.4-1所示。

腹板抗剪承载力验算　　表5.4-1

腹板高度 h_w(mm)	4050	4050	4050	4050	4050
腹板厚度 t_w(mm)	16	20	25	30	35
空腹式横梁间距 a(mm)	4000	4000	4000	4000	4000
屈曲抗剪承载力 $V_{bw,Rd}$(kN)	5246.6	7459.6	10601.1	14095.1	18200.6
静力抗剪承载力 $V_{pl,a,Rd}$(kN)	12391.0	15488.7	19360.9	23233.0	27105.2
抗剪承载力 V_{Rd}(kN)	5246.6	7459.6	10601.1	14095.1	18200.6
设计剪力 V_{Ed}(kN)	3764.7	6742.2	8575.4	10280.9	11646.1
校核	OK	OK	OK	OK	OK

注:设计剪力为成桥后不同腹板厚度对应的最大剪力。

由表5.4-1计算结果可见,腹板抗剪承载力均由屈曲抗剪承载力控制,且随着腹板厚度的增加,屈曲抗剪承载力与静力抗剪承载力逐渐接近。合理的腹板厚度使腹板抗剪承载能力可以满足要求,而不必在两道横隔系之间设置腹板竖向加劲肋。

5.5 整孔预制吊装组合钢箱梁(上海市长江大桥非通航孔桥)

5.5.1 工程概况

上海市长江大桥是上海崇明越江通道工程"南隧北桥"的重要组成部分,跨越长江北港水域,连接长兴与崇明两岛,其中桥梁工程越江段全长9.97km。主航道桥两侧高墩区非通航孔桥,处于河道中间,为了减小建桥对水文环境的影响,需要采用较大跨径。经比选采用了钢与混凝土组合钢箱梁桥,主跨径为105m,两联全长1400m。

在组合钢箱梁桥结构形式的确定过程中考虑了以下因素:若采用整幅桥面,由于桥面宽度达到35.3m,虽然单箱双室或单箱多室截面的下部结构更加紧凑合理,但本桥条件下,上部结构施工存在一定困难,同时由于本段桥梁与主航道斜拉桥相衔接,受主航道桥采用分离钢箱截面影响,桥面最大需加宽10m,显然采用整幅桥面不合理。本段桥梁处于江面之上,顶推法失去经济性,节段拼装法既不经济,也不利于保证质量;采用整孔吊装法施工,选择分成双幅桥建设,单幅桥宽为17.15m,采用单箱单室截面,截面组合后吊重在2000t以内,起吊设备可以和相邻70m PC箱梁的吊装统筹考虑,综合而言有其技术的经济合理性,并能方便桥面整修时车辆转移。跨径布置综合考虑了结构受力、桥梁景观等因素,边跨90m介于105m中跨和主航道斜拉桥107m边跨之间,既照顾到组合钢箱梁受力的合理性,又考虑到景观效果。采用梁高5m的等高梁,既考虑到材料用量的经济性,又方便加工制造与施工吊装。

上海长江大桥主跨105m的组合钢箱梁桥,首次在国内长大公路桥梁中大规模应用了这种结构形式。百米级跨径组合钢箱梁采用整孔吊装的施工方法,在国际上尚属首次,这样做的目的是要最大限度地提高结构工厂化制造的比例、减少现场作业量并提高安装速度和工程质量。此外,值得设计关注的是,要利用从自重作用阶段钢梁就与桥面板结合并共同受力的条件,发挥混凝土抗压性能、减小钢梁受力,从而降低钢材用量。总之,应该以桥梁的全寿命经济性为目标,使组合钢箱梁桥这一经典桥型更适应于跨江海桥梁的建设需求。

上海长江大桥组合钢箱梁桥的跨径布置为90m+5×105m+85m,共两联布置在主通航孔桥两侧,全长1400m,如图5.5-1所示。上下行车道分成两幅桥,均采用单箱单室截面,桥面宽17.15m,等高度梁,梁高5m。主梁横截面由槽形钢梁与混凝土桥面板通过连接件结合而成。

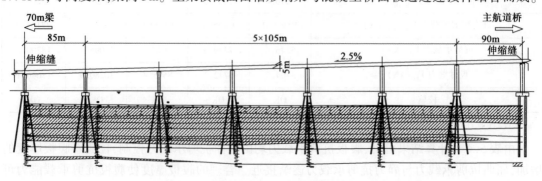

图5.5-1 上海长江大桥组合钢箱梁跨径布置图

主梁安装采用先简支后连续的施工方法,在预制场以一跨为单元预制好后,整孔运输至现场再吊装至墩位。之后在现场陆续完成钢梁接头的焊接、墩顶段混凝土桥面板接缝浇筑等工作,最终形成连续梁结构。

组合钢箱梁由槽形钢梁与桥面板通过焊钉结合而成,桥面板宽 16.95m。钢梁以大约 5.1m 的间距设置横隔系,横隔系由腹板和底板横向 T 形加劲肋以及桁架杆件组成,兼顾箱梁横向受力与局部屈曲需要;在各墩支点处设置实腹钢横隔板。在中支点与边支点约 20m 与 10m 范围的钢梁上翼缘处,设置水平桁架加劲肋以满足施工阶段受力需求。组合钢箱梁采用双层组合结构,在各中间墩附近 22m 范围下缘设有混凝土板,与钢梁结合,如图 5.5-2 所示。

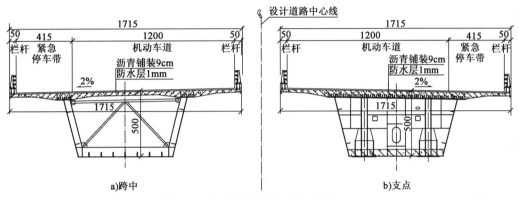

图 5.5-2 组合钢箱梁横截面(尺寸单位:cm)

5.5.2 结构设计

5.5.2.1 钢梁

开口槽形钢梁由底板、腹板、上翼缘板以及间断设置的横隔系、加劲肋等组成,如图 5.5-3 所示。下缘底板厚由跨中的 56mm 经过两次变化至支点的 28mm;腹板由跨中的 18mm 经过一次变化至支点的 28mm;上翼缘板宽 1.2m,除中支点附近厚 56mm 外,其余厚度均为 24mm。考虑到长度 80% 以上正弯矩区的腹板受压区接近桥面板以及负弯矩区腹板上下缘均有混凝土板的约束作用,腹板上下各设一道纵向板式加劲肋;由于该加劲肋对结构整体抗弯作用甚微,应在腹板横向加劲肋处断开,以免削弱腹板竖向加劲肋并方便施工。腹板为满足不同区域抗剪需要,在横隔系之间设置竖向加劲肋,支点附近最多设两道竖向加劲肋。钢梁下翼缘板大部分区段受拉,中支点附近在混凝土结合后才受压,因此钢梁下翼缘全部采用板式加劲肋,并采用连续布置以参与纵向受力,在中支点附近下缘板式肋开孔兼作下层混凝土板的连接件。

横向加劲框架系统由腹板竖向加劲肋、底板横向加劲肋以及支撑杆件组成空腹式横隔系,沿桥梁纵向每隔 5.1m 布置一道。横隔系由腹板竖向 T 形加劲肋、底板横向 T 形加劲肋,以及水平杆和斜杆等组成。此外,在永久支点、临时支点、临时吊梁位置亦设置相应的加强隔板。横隔系的作用是多方面的,与钢梁腹板、底板以及桥面板共同作用,在施工与运营阶段满足纵横向受力、局部稳定、总体稳定等承载要求。

各支点处设置一支点横隔板,中支点横隔板厚 36mm,边支点横隔板厚 30mm。考虑到纵梁的伸缩引起的纵向偏位,横隔板的主加劲肋高度为全梁高。边支点横隔板考虑到伸缩缝的安装,混凝土板全截面加厚至500mm,悬臂端下增加钢挑梁作为大位移伸缩缝边支点,以减小伸缩缝处梁截面横向相对变形。

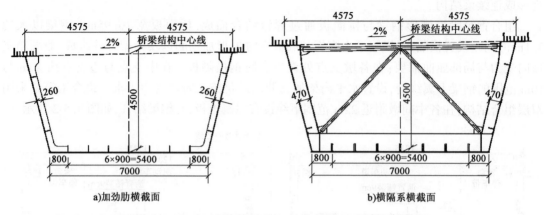

图5.5-3 槽形钢梁横截面(尺寸单位:mm)

本桥钢梁主体构件采用Q345qD钢,跨中下翼缘约20m范围采用Q370qD钢,箱内加劲杆件及临时加劲构件适当降低钢材级别。

5.5.2.2 混凝土桥面板

桥面板按允许桥面板开裂、控制裂缝宽度的原则设计,桥面板体内配有横向预应力钢束、无纵向预应力钢束。桥面板采用分块预制的方法,每孔105m梁共66片桥面板(中板22片,边板44片),桥面板采用C60高性能混凝土,预制完需存放6个月后方可投入使用。桥面板悬臂端厚度为22cm,钢梁上翼缘结合部分厚度为50cm,梁中心线处桥面板厚度为30cm,均采用折线变化。桥面板总宽度为1695cm,边板宽度为317.5cm,中板宽度为811cm,现浇带宽度为112.5cm,如图5.5-4所示。

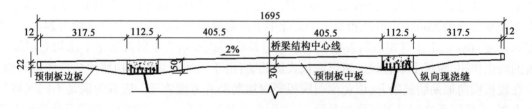

图5.5-4 桥面板横向布置图(尺寸单位:cm)

桥面板配有横向预应力钢束,为减小施加预应力对钢梁的影响,箱梁中间预制板布置了间距为100cm的2ϕ^s15.2mm钢绞线束,在安装前预制时先张拉;另布置了间距为50cm的4ϕ^s15.2mm钢绞线束,待桥面板全部安装后再张拉。桥面板的纵向配筋率是变化的。其中,跨中约80m范围配筋率平均为1.25%,钢筋直径为18mm,上下各1层,间距分别为15cm和10cm,腹板附近区域增加1层钢筋;负弯矩区范围配筋率平均为2.7%,钢筋直径为22mm,上中下各布置1层,下层间距为10cm,其余均为15cm,腹板附近增加1层钢筋,该局部范围的配筋率约为3%。桥面板横向配筋率约为1.1%,沿纵向基本不变,钢筋布置为2层,钢筋直径为16mm,间距为12.5cm。

5.5.2.3 连接件

桥面板与槽形钢梁之间通过布置于上翼缘的圆柱头焊钉剪力键连接。焊钉连接件直径为22mm,纵向连续布置,布置间距为125~375mm;横向布置8根,布置间距为125~150mm。剪力键标准高度为200mm,最外侧2根的高度为300mm。在腹板竖向加劲肋及横隔板附近,也适当增配了长焊钉,如图5.5-5所示。

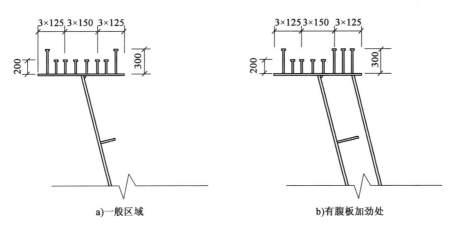

图5.5-5 焊钉连接件一般区域及有腹板加劲处的布置(尺寸单位:mm)

预制板安装前,先将φ20mm的橡胶条牢固粘贴在钢梁上翼缘的外边,避免接缝混凝土漏浆,如图5.5-6所示。边板与钢梁上翼板结合部位采用HM106密封胶填充。

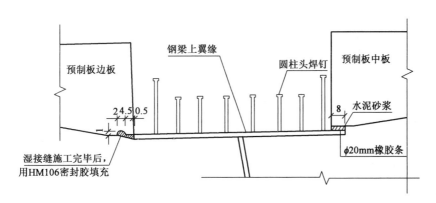

图5.5-6 桥面板与钢梁上翼板结合部细节(尺寸单位:cm)

5.5.2.4 墩顶双层组合段

在连续梁中间支点左右各10m范围内,组合钢箱梁采用了双层组合结构,在箱内底板上设置0.5m厚度的钢筋混凝土板,钢梁底板纵向加劲肋开孔兼作开孔板连接件,并在纵向加劲肋之间设置焊钉连接件,混凝土浇筑后与钢梁底板形成钢-混凝土组合结构共同承担荷载作用。这样可以有效减少钢底板厚度、防止底板屈曲失稳,并改善墩顶截面受力性能,如图5.5-7所示。钢梁底板与混凝土的结合传力主要依赖开孔板的作用,同时间隔布置的焊钉连接件主要是为了加强混凝土与钢板之间的联系,防止纵向加劲肋(开孔板)之间的钢底板受压发生局部屈曲,并保证混凝土板与钢梁密实结合。每个中支点有 2 道实腹式横梁,底板混凝土跨越 2 道实腹式横梁及 2 道空腹式横梁,为保证底板混凝土的连续性,在这 4 道横梁腹板上设有焊钉连接件。

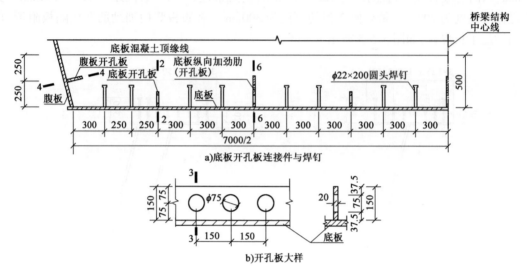

图 5.5-7　双层组合段开孔板与焊钉布置图(尺寸单位:mm)

5.5.3　构件预制

组合钢箱梁的桥面板分块预制,要求预制单元存放 6 个月后方可投入使用。钢梁先在工厂完成板单元制造后,船运至预制场进行 10m 分节段的拼装,然后进行整孔钢梁段的总拼、涂装。预制场内布置 10 台门式起重机及 2 台运梁台车配合作业,一跨钢梁在总拼胎架组拼完成后,转入桥面板安装及与钢梁结合施工专用台座,钢梁在台座采取 4 点支撑,然后安装预制桥面板,并浇注接缝混凝土,完成钢梁与混凝土桥面板的第一次结合,桥面板在与钢梁第一次结合时长度约为 85m,对应中间支点两侧各 10m 范围内桥面板不与钢梁结合,仅用临时扁担固定在钢梁上,以便随整个预制梁段一并运输、安装。

5.5.3.1　钢梁预制

主跨 105m 组合钢箱梁钢梁(图 5.5-8)共 28 孔,264 个节段,材质为 Q345qD,槽形钢梁底板宽 7.0m,顶板宽 10.35m,高 4.5m,中间设钢管横撑,间距为 5.1m。根据槽形钢梁的结构特点,在工厂完成板单元制造,然后运输到沈家湾岛预制场进行 10m 节段拼装和整孔梁段总拼装。

钢梁主要划分为顶腹板单元、底板单元(三块)、横隔板单元(包括实腹式及空腹式)等单元件,另外在 85m 及 90m 梁段两侧还布置有伸缩缝结构。

整孔分为若干个节段,且钢梁整体设有预拱,根据不同的预拱值在胎架上设置牙板来调节各个节段。节段定位时,依次与胎架上的基准线对线定位拼装,每一条环缝焊接前,需检查各个节段的尺寸、平面曲线及预拱值是否符合要求,然后才能开始焊接,且在下一道环缝焊接前需将前一道环缝焊接所产生的误差尽量消除,以满足整体尺寸的要求。环缝焊接完成并经无损检测合格后,安装底板及腹板的纵肋嵌补段,如图 5.5-9 所示。

a)底板单元

b)空腹式及顶腹板单元

图 5.5-8　钢梁构件

a)底板自动焊

b)整孔钢梁拼装

图 5.5-9　钢梁拼接

5.5.3.2　桥面板预制

桥面板预制共有 1740 块预制单元,其中中板 580 块、边板 1160 块,均采用 C60 高性能混凝土。预制场设有中板预制台座 28 个、边板预制台座 56 个。桥面板的预制均采用钢模,混凝土由设于预制场的混凝土工厂提供,采用吊斗进行混凝土浇筑施工。预制板板厚沿横桥向为变厚度,边板平面尺寸为 4500mm × 3295mm、4300mm × 3295mm、3400mm × 3295mm;中板平面尺寸为 4500mm × 8110mm、4300mm × 8110mm、3400mm × 8110mm。

桥面板预制台座如图 5.5-10 所示。在桥面板台座施工区域安装钢筋网片,然后浇筑混凝土。地坪之上施工条形基础,桥面板底模直接安装在此条形基础上。

为了保证密实度,采用 5~8cm 的低坍落度 C60 高性能混凝土。混凝土的运输采用平板车车载吊斗,混凝土灌注采用门式起重机悬挂吊斗边放料边移动方式连续灌注。每块预制板的浇筑一次完成,中间不设施工缝。混凝土斜向分层由一边向另一边推进浇筑,每层厚度不大于 25cm,采用插入式振捣棒振捣。预制板有在预应力锚固块的部位钢筋密集,要特别注意振捣密实。

a)基础

b)底模

图 5.5-10　桥面板预制台座

当混凝土灌注完毕,板面上覆盖土工布,初凝后对桥面进行洒水养护。洒水次数以混凝土表面保持湿润状态为度。一般白天以 1～2h 一次、晚上以 4h 一次。图 5.5-11a)为拆模后的桥面板。

a)拆模后的桥面板

b)桥面板凿毛

图 5.5-11　桥面板预制

预应力混凝土板待其预应力张拉完毕,非预应力预制板待其实际强度达到 40MPa 后,进行起吊移位。在预制板上按设计要求预埋吊钩,预制板的起吊采用四点均匀起吊。桥面板存放按 6 层考虑,由门式起重机起吊至存板台座上存放。预制板起吊和存放时,其吊点和支点位置偏差不大于 10cm,存放台座首先应抄平并选择合适的支承块。为了使叠置在一起的预制板间各支点受力均匀,要保证所有支承块在同一铅垂线上。预制板在存放时应标明编号、制作日期等,标记在规定的位置,以防各块板在吊装时混淆,如图 5.5-12 所示。

5.5.3.3　组合梁总拼

预制场共布置 3 个总拼台座,主要工序:横移槽形钢梁—降低钢梁高度同时调整竖曲线至设计线形—中板位置放样—安装中板—复测钢梁线形—边板支架进位并整体起顶定位—按线形对边板高程放样—安装底模—复测底模高程及线形—边板方位放样—安装边板—复测边板高程—边板安装高程调整及定位—安装钢筋及其他系统—浇筑湿接缝混凝土。组合钢箱梁总拼施工过程如图 5.5-13 所示。

a) 桥面板起吊

b) 桥面板存放

图 5.5-12 桥面板起吊与存放

a) 安装中板

b) 中板安装完成

c) 预制桥面板安装完成

图 5.5-13 组合钢箱梁总拼施工

5.5.4 拼装施工

一跨梁段完成制作后用台车沿横移滑道滑移至存梁区存放,之后移运到出海码头,利用运架一体浮吊机运输到墩位处并安装就位。在桥位处临时定位后,实行组合梁钢梁接缝横截面的焊接,并实施墩顶顶落梁工艺,浇筑墩顶处钢梁底板混凝土及桥面板现浇缝混凝土,完成钢梁与混凝土桥面板的第二次结合。最后铺装桥面并完成桥上全部工作。

5.5.4.1 运输与安装

主跨105m组合梁在台座上完成钢梁与混凝土桥面板结合后,横移至存梁台座上模拟墩顶架梁状态存梁,并进行相应的应力与线形测试。然后横移至纵移滑道上,并移至出海栈桥(图5.5-14),由起重船起吊梁体(图5.5-15),并下落与船体临时固定。起重船自航至待架桥跨位置,抛锚定位后将组合梁提升至所需高度,精确定位后落于墩顶临时支座上,完成一个预制梁段的安装。

图 5.5-14 待运预制梁

图 5.5-15 预制梁吊装

5.5.4.2 现场体系转换及合龙

每孔组合梁吊装时均落于墩柱临时支座上,墩顶采用三向可调千斤顶调整就位。之后进行组合梁钢梁接缝的焊接工作,待一联7孔梁全部焊接完成后,从跨中向两边实施支点升降操作,并进行双层组合段底板混凝土浇筑及顶板湿接缝混凝土浇筑施工(图5.5-16),待接缝混凝土达到规定的时间后,再将梁体回落到支座上,依次向组合梁桥面板施加压应力。顶落梁工作从中间(两个固定墩)向两边进行,一次完成2座桥墩处的顶落梁及桥面板结合等工作。

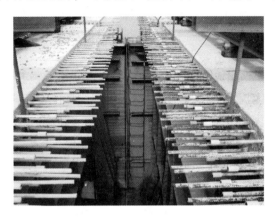

图5.5-16 墩顶现浇段

为保证两孔预制梁顺利对接,梁体底板、腹板、顶板和加劲肋对齐。钢箱梁在制造过程中从一侧边跨开始,采用前一孔梁的最后一个节段与下一孔梁的首节段进行匹配的方式,为全桥一联相邻两孔组合梁横截面准确对接提供保障。

具体操作步骤是,拟生产第一孔钢箱梁10m节段拼焊完成后,将相邻一孔组合梁10m节段板单元移上胎架,通过测量和对接控制成型、施焊,然后将完成拼焊的钢箱梁10m节段移下胎架,进行下道工序,在胎架上连续拼焊下一孔组合梁10m节段,直至该孔组合梁节段全部拼焊完成。重复上述步骤,完成一联各孔组合梁10m节段拼焊。

5.5.5 关键技术措施

5.5.5.1 钢梁预弯

采取整孔吊装、先简支后连续的施工方法,桥梁在结构自重作用下是简支梁受力体系,只有在二期恒载以及后续荷载作用下才是连续梁受力,这种施工方法使负弯矩的受力减小,同时增加了跨中正弯矩区的受力,使桥面板储备更大的压应力并扩大了受压区范围。这种施工方法方便了施工,减少了现场作业量,有效地利用了浮式起重机和预制场地资源,发挥了组合结构的受力优势。采用这种施工方法时主梁正弯矩区的受力较大,因此若采取适当措施改善主梁正弯矩区的结构受力,可以达到减少用钢量的目的。

采用整孔预制拼装的施工方法,为改善正弯矩区的结构受力提供了经济有效的方法。具体是通过在梁整孔预制阶段对支撑系统的布置设计,给钢梁底板施加一定的预压力。在一孔钢梁拼装完成以后,根据计算确定钢梁的支承条件,按一定要求铺设预制混凝土桥面板,桥面板结合前作为重量施加到钢梁上,则在钢梁横截面内产生与安装和成桥阶段受力相反的负弯矩,负弯矩的大小由台座预设的拱度线形或支撑条件决定。按照设定的步骤,安装预制桥面板、现浇接缝混凝土,完成桥面板与钢梁的结合从而形成共同作用的整体结构,之后再转换至简支状态。虽然最终结构所承受的弯矩剪力没有发生变化,但组合横截面内钢梁的应力发生了重分布,处于正弯矩区的钢梁下翼缘储备了压应力、上翼缘则储备了拉应力,显著改善了钢梁的受力状况。预制阶段支撑系统设置无须投入太多设备，也不会影响工期，只需事先对台座进行预设，并按一定顺序进行桥面板的施工，这是一种经济高效的方法。

为确定合适的预制阶段支撑系统设置方案，分成四种支撑反弯方案对105m主跨进行研究，分别为2点支撑、3点支撑、4点支撑、5点支撑，并将无反弯作为第五种方案进行对比。槽形钢梁在与混凝土桥面板结合前，截面上翼缘较弱，对钢梁进行预弯时，支点预设高差以上翼缘拉应力为控制条件，所需压重主要由预制桥面板提供。

计算步骤：在预制梁厂先完成主跨105m钢梁拼装，置于支点预设高差的台座上，安装预制桥面板并利用其重量对钢梁形成反弯，浇筑钢梁上翼缘现浇带与横向接缝混凝土，完成85m跨中段桥面板的结合施工，整孔起吊至桥位并落梁，呈简支状态。具体支撑情况见图5.5-17。

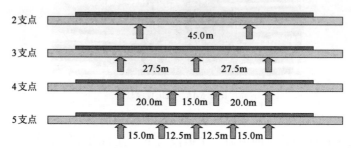

图5.5-17 支点布置示意图

四种支撑反弯方案及无反弯方案分别对应图5.5-18中F1~F5，且按照上述步骤进行计算出的钢梁与桥面板应力状况如图5.5-18所示。

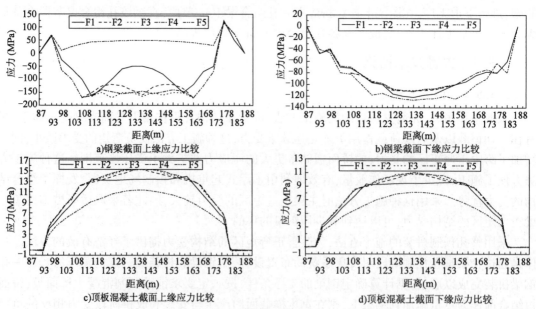

图5.5-18 应力比较图

根据图5.5-18的结果，不采用钢梁反弯措施时，钢梁上翼缘均处于受压状态，跨中压应力约为45MPa，采用钢梁反弯措施后85m结合段钢梁上翼缘均由压应力变为拉应力，4点支撑方案跨中拉应力约为145MPa，与不反弯的结果相差约190MPa；四种支撑方案相比，2点支撑过

264

于简化、不够精细,效果最差;4点支撑与5点支撑调节效果良好且非常接近;3点支撑效果与4点支撑或5点支撑效果差异略大,但已经具有较好的调节效果。

采用钢梁反弯措施后跨中桥面板压应力均有增加,桥面板上翼缘压应力最大约为15MPa,说明采用反弯措施时还需考虑桥面板承压能力。采用钢梁反弯措施时,在85m首次结合的桥面板中,最小能保持3~4MPa的压应力储备;不采用钢梁反弯措施时,压应力储备略有下降,为2~3MPa。

预制台座预设支撑对钢梁反弯,支点越多,对钢梁内力调节效果越好,综合调节效果与施工条件,本桥以4点支撑方案为优。本桥经优化后在制梁时采取钢梁反弯的技术措施,使钢梁底板拉应力减小了33MPa。

由以上分析可知:

①针对整孔预制吊装的总体施工方案,采取钢梁反弯措施可以有效减小钢梁下翼缘拉应力,使钢梁上翼缘大部分区段由压应力转变为拉应力,因此,可以显著改善成桥后的钢梁受力状况。

②预制台座预设支撑对钢梁反弯,支点越多,对钢梁内力调节效果越好,综合调节效果与施工条件,本工程以4点支撑方案为优,类似工程可根据首次桥面板结合长度在3~4支点范围做选择。

③钢梁反弯作用效果的大小,受其上翼缘拉应力限值控制,同时钢梁受力改善的代价是混凝土桥面板所受压力增加,因此,应考虑混凝土桥面板的制约作用。

④钢梁反弯措施改善了钢梁受力状况,钢梁下翼缘拉应力的减小、约80%区段呈现全截面受拉的应力状态,将显著降低腹板发生屈曲失稳的可能性,可以直接减少钢梁底板材料,间接减少腹板加劲材料。

以上探讨了组合结构桥梁利用在预制场整孔制作的条件,对钢梁实施反弯的内力调整行为的影响。结果表明,采取适当措施改善钢梁受力,对于降低工程造价的效果不容忽视,这是提高组合结构桥梁经济竞争力的有效手段之一。

5.5.5.2 墩顶双层组合技术

双层组合结构桥梁是上下翼缘均有混凝土板与钢梁结合形成整体截面共同受力的组合结构桥梁,下翼缘混凝土板一般仅加设在支点附近的范围。在这个范围内,钢梁下翼缘通常处于受压状态,加设混凝土板参与受压,最能发挥混凝土的材料性能特点,而且在该范围内自重的增加对支点及整个结构的弯矩产生的影响有限。

支点负弯矩区钢梁底板在大部分工况下处于受压状态,从强度和稳定角度出发都需要配备较厚的钢板,但这一部位又需要进行现场焊接,厚钢板的现场焊接质量难以得到有效的控制。在这个范围内,钢梁底板加设混凝土板参与受压,最能发挥混凝土的材料性能特点,而且在该范围内自重的增加对支点及整个结构弯矩产生的影响有限。双层组合梁桥是伴随组合结构桥梁向大跨连续方向发展而出现的,并成新的发展趋势之一,目前已经有很多工程实例。双层组合梁桥在组合钢桁梁、组合钢板梁等桥上都有应用。从国外连续组合梁桥的实践可以看到,大跨径桥梁普遍采用这一技术。

本桥如果单纯采用钢结构,也即厚钢板方案,根据计算,该区域底板厚度要达到56mm,还需要布置较强的底板纵向加劲肋,现场焊接质量不容易控制,而且较为复杂的加劲肋系统与支点实腹式横梁在构造上相互避让和通过,构造较为复杂。如果采用在负弯矩区一定范围内布置现浇混凝土板,使其与底板相结合的方案,即双结合方案,则混凝土板厚度为30～50cm,钢梁底板厚度可大大减薄,方便了现场焊接,并且简化了底板加劲肋系统。

钢梁底板与混凝土板的结合可以利用圆柱头焊钉连接件或者开孔板连接件的方式,但圆柱头焊钉连接件占据空间较大,钢筋布置不方便;若结合底板纵向加劲肋采用开孔板连接件,如图5.5-19所示,横向钢筋可以通过圆孔保持贯通,既保证了纵向加劲肋的连续性,又不需采用额外的组合连接构造,是一种较为适合的方式。

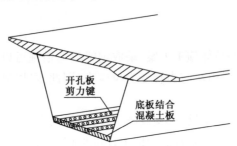

图 5.5-19　钢梁底板双层组合示意

5.5.5.3　支点升降法

对本桥有无支点升降进行计算分析,具体如下:

支点顶升与降落的顺序及各中间墩升降量经过计算比较确定,选定的方案中各墩的降落值小于顶升值,从中间向两侧各墩降落值依次为0.55m、0.40m、0.25m。跨中与支点截面应力情况见表5.5-1。

施工有无支点升降的有关计算结果　　　　表5.5-1

截面部位			无支点升降 （MPa）	有支点升降 （MPa）	变化值 （MPa）
桥面板	跨中	上缘	9.1	9.8	0.7
		下缘	6.9	7.6	0.7
	支点	上缘	-3.9	-0.3	3.6
		下缘	-3.2	-0.4	2.8
钢梁	跨中	上翼缘	99	106	7
		下翼缘	-126	-134	-8
	支点	上翼缘	-50	-126	-76
		下翼缘	71	75	4

由此可见,采用支点升降措施后,钢梁跨中截面上下翼缘的压应力与拉应力均略有增加,增加幅度分别为7.1%和6.3%,钢梁支点截面上下翼缘的拉应力与压应力也均略有增加,增加幅度分别为152.0%和5.6%。从图5.5-20可以看出,钢梁上翼缘拉应力增幅较高区段仅限支点处20m范围,原因在于该段钢梁在支点顶升时为纯钢梁。

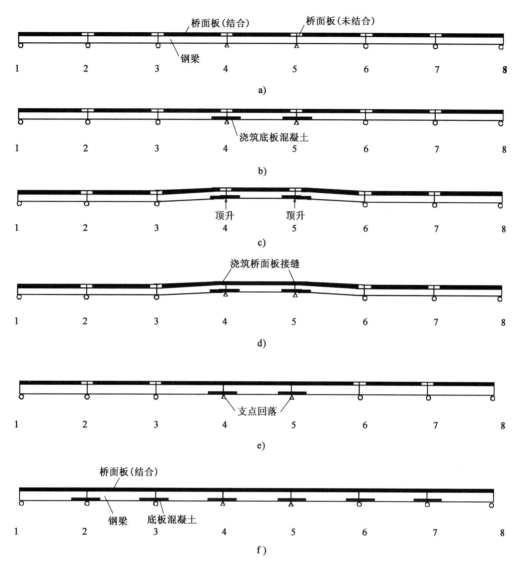

图 5.5-20 支点升降顺序示意图

采用支点升降措施后,混凝土桥面板跨中截面与支点截面均产生了压应力,其中跨中截面增加的压应力较少,而支点截面则增加了2.8~3.6MPa的压应力。支点升降法向桥面板施加压应力,对于负弯矩区在顶升后施工的桥面板是有效的,对于其他部位则效果甚微,原因在于这些部位经历了支点顶升与降落过程,作用力相互抵消,只在升降过程中结构刚度发生了略微的变化。

5.6 大悬臂组合钢箱梁桥(杭州市钱塘江九堡大桥)

5.6.1 工程概况

杭州市钱塘江九堡大桥是杭州市钱塘江上规划建设的十座大桥之一,越江桥梁全长

1855m。建成的九堡大桥如图5.6-1所示。九堡大桥道路等级为城市快速路,设置双向六车道,设计行车速度为80km/h,设计汽车荷载为城-A级。标准段桥面宽度为31.5m,全桥孔跨布置为55m+2×85m+90m(北侧引桥)+3×210m(主航道桥)+80m+9×85m+55m(南侧引桥),主航道桥与引桥分别采用大跨径连续组合拱桥与连续组合钢箱梁桥,是国内第一座全桥采用组合结构的大型越江桥梁。引桥采用大悬臂的整幅组合钢箱梁结构形式,桥面宽度31.5m居于同类桥梁前列。跨径85m的桥梁采用无临时墩顶推法施工方案,是国内同类桥梁的首次实践。

图5.6-1 九堡大桥全景图

在桥型方案选择过程中,对不同方案从结构合理性、施工难易程度、工程经济性、环境影响以及美学效果等方面进行了综合分析。对于跨径85m的桥梁结构,主梁可采用钢箱梁、预应力混凝土梁和钢-混凝土组合梁桥等方案。钢箱梁方案由于造价较高,铺装与维护成本较大,对本桥而言并不合适。钢-混凝土组合梁桥在施工和耐久性方面具有优势,根据发达国家的经验,若在设计中全面考虑施工条件并对结构进行精心的设计,在本桥跨径范围内与预应力混凝土连续梁桥相比,具有很强的技术和经济竞争力。本桥处于钱塘江强涌潮河段,组合钢箱梁采用双幅桥面时,上部结构单箱宽度在16m左右,这种宽度的组合梁技术成熟、应用广泛,但下部结构和基础也需要分幅设置,下部结构工程量及现场工作量大。另外,上部结构采用顶推法施工时,相应顶推工作也需要重复进行。考虑到钱塘江强涌潮环境下桥梁施工的特殊性,引桥方案需要最大限度地减小下部及基础规模,降低结构阻水率,减少水域施工工作量,简化施工工序。在桥宽31.5m的情况下,采用整幅桥面的组合钢箱梁方案,上下部结构合二为一,可最大限度地满足多方面的限制条件和技术需求,相比分幅建设方案更具技术经济优势。从施工方法看,桥梁的施工若按照常规方案,需在江上搭设临时墩并且进行大量现场操作等,施工难度大、造价高,对通航影响大,且质量、安全隐患多。而主跨85m组合钢箱梁的钢梁采用顶推法施工,待钢梁就位后再进行预制桥面板安装,不仅避免了大量水上作业,而且有利于加快工程进度、提高工程质量。因此,杭州钱塘江九堡大桥采用了新型组合结构桥梁形式,并采用无临时墩顶推施工工法。

组合结构桥梁结构体系与施工方法的多样性以及结构受力的特殊性,为工程师结合具体建设条件选择合理解决方案提供了发挥的空间。九堡大桥引桥采用了先进的理念、合理结构及施工方法,最终引桥单位面积用钢量为295kg/m²,单位面积造价为0.808万元/m²,低于同等跨径预应力混凝土箱梁,施工工期可节约近半年时间。九堡大桥的实践证明,合理开展组合梁的结构设计、选择合适的施工方法,克服既往一些工程钢材用量指标与施工费用偏高的问题,在梁式桥中组合结构桥梁完全具备技术经济优势。

九堡大桥引桥连续组合钢箱梁(南引桥见图5.6-2)位于主航道桥两侧,支承跨径组合为55mm+2×85m+78m+21.785m(北侧引桥)和21.785m+78m+9×85m+55m(南侧引桥)。引桥桥面宽度为31.5m,采用等高度单室钢-混凝土组合钢箱梁,桥中线处梁高为4.5m。引桥桥墩采用单体板式墩,承台均采用倒角矩形,标准85m跨桥墩每墩布置5根直径1.8m的钻孔灌注桩。

图5.6-2 南引桥全景图

组合钢箱梁横截面由混凝土桥面板与槽形钢梁通过连接件结合组成,槽形钢梁上缘腹板间宽度为13m,底板宽度为11.06m,如图5.6-3所示。在墩顶支点位置槽形钢梁内部由钢横隔板与混凝土结合形成组合横隔板,以承担支点反力和满足体外索的锚固之需。

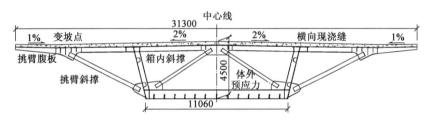

图5.6-3 组合钢箱梁横截面布置图(尺寸单位:mm)

桥面板采用C50混凝土,桥面板宽度为31.3m,横向分3块预制,内侧中板厚0.3m,外侧边板变厚范围为0.22~0.3m。在中间支点左右各10~12.75m范围内,钢梁底板设有混凝土板,成为双层组合结构。

组合钢箱梁纵向全长范围设有体外预应力钢束,规格为$\phi^s15.2-27$,标准横截面有6束预应力通过,在墩顶交叉锚固。

5.6.2 结构设计

5.6.2.1 钢梁

组合梁中的槽形钢梁,由纵向连续的顶板、腹板、底板、腹板加劲肋、底板加劲肋以及纵向间断设置的横隔系和横隔板等组成。横隔系由上缘直接支撑桥面板的横肋、槽形钢梁腹板和底板横肋以及箱内外斜撑杆组成,横隔系在桥梁纵向以4.25m的间距布置,在支点处这种空腹式横隔系由实腹式横隔板代替。槽形钢梁腹板和底板上的加劲肋分别为U形肋和板式肋，如图5.6-4所示。其中上翼缘板厚分别为42mm、48mm、56mm，由跨中至墩顶分节段依次变厚，上翼缘板宽为1200mm，墩顶处纵向10.5m范围内宽度加宽至1800mm，该局部采用Q420qD钢材，其余均采用Q345qD钢材；腹板板厚分别为24mm、28mm、32mm、36mm，斜率约1:4.06，采用Q345qD钢材；底板板厚分别为18mm、24mm、32mm、36mm，宽11.06m，采用Q345qD钢材。腹板不同区域根据受力需要在横隔系之间另设竖向加劲肋。在体外索转向位置，横隔系相应范围采用实腹钢板加劲构造，如图5.6-5、图5.6-6所示。在箱外两侧悬臂段设置了小纵梁，以增强钢梁外侧钢构架在桥面板铺设过程中的稳定性，并加强桥面板在运营阶段受力的均匀性。

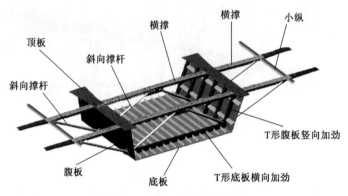

图5.6-4 槽形钢梁组成示意图

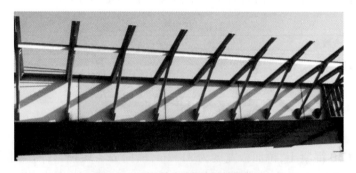

图5.6-5 顶推就位的组合钢箱梁外部

图5.6-6 顶推就位的组合钢箱梁内部

支点横隔板结合体外预应力索锚固、转向的受力需要,在对应支座位置上方、也是体外索转向块对应的位置,通过设置混凝土与横隔板结合形成组合横隔板。引桥端部位置由于密封需要,采用实腹式横梁。计算分析表明,组合钢箱梁类似于桁架系统的横隔系,各构件受力以拉压为主,承载效率高。即使对于上翼缘处的横肋,在桥面板安装阶段也是如此,只是在浇注接缝混凝土与桥面板结合后,在车辆荷载作用下才承受弯矩作用。不仅如此,约为桥面总宽的1/3的中心钢梁可以采用两道腹板的单室结构,这对于减少次要构件数量与构件尺寸非常有效。总之,这种大悬臂的组合结构形式,显著提高了材料的使用效率。成桥受力时,斜撑钢管是主要受力杆件,承受桥面板传递的压力荷载,设计对钢管及其接头在强度与刚度、连接构造抗疲劳性能以及施工方法等方面进行了详细考虑。整个系统受力路径明确合理,相对于传统的多腹板布置方式,大幅提高了钢结构使用效率,最大限度地减少了次要构件,桥梁外形美观,具有韵律感。

5.6.2.2 混凝土桥面板

混凝土桥面板(图5.6-7)采用C50(纤维)混凝土,采用分块预制、铺设到位后浇筑现浇缝的施工方法。桥面板横向由3块预制板组成(一块中板,两块边板),中板采用等厚度板,厚度为30cm,宽度为两道顶板内边缘间距加上搭接宽度,大部分为11.96m,钢梁上翼缘加宽处相应调整,纵向长度为3.81m,少量随横隔板间距调整而变化;边板采用变厚度板,厚度分别为22cm、26cm、30cm,宽度从顶板外边缘计至桥面边缘,以8.63m为主,少数有变化,纵向长度以3.81m为主。

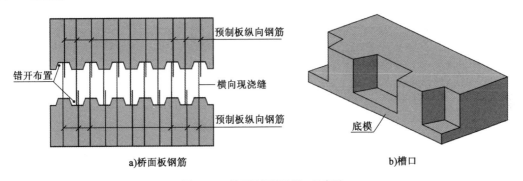

图5.6-7 桥面板钢筋及槽口示意图

小纵梁与桥面板的连接主要解决局部受力的问题,不是钢梁与桥面板之间纵向传力的主体,因此,在小纵梁设置群钉进行连接,以方便桥面板预制,每块边板设置群钉预留孔,预留孔平面尺寸为33×30cm,在与小纵梁群钉连接后,采用C50细石混凝土填注。

桥面板设有横向预应力。横向预应力钢束采用$\phi^s15.2$高强度低松弛钢绞线,标准强度为1860MPa,基本布置为$\phi^s15.2$-4@500mm;横向预应力钢束管道采用塑料波纹管,真空压浆工艺制作。

总体受力方面,若桥面板配置体内纵向预应力,很大的一部分会加到钢梁上,再考虑混凝土收缩、徐变等效应,体内纵向预应力钢束效率较低。体外索则不同,通过随结构弯矩分布的配索线形设置,在支点和跨中分别居于截面的上缘和下缘,不仅向负弯矩区桥面板施加了压应力,也调整和改善了钢梁的受力。局部受力表明,桥面板承受车轮荷载时,结构空间受力特性明显,并不能简单按照纵向或横向承重板对待,需根据空间计算结果指导桥面板配筋设计。桥面板最终按允许混凝土开裂、控制裂缝宽度的原则设计,桥面板体内配有横向预应力钢束、未配置纵向预应力钢束。

5.6.2.3 连接件

桥面板与钢梁之间通过圆头焊钉连接,圆头焊钉共有 $\phi 22mm \times 200mm$、$\phi 22mm \times 150mm$ 两种规格。其中:纵向上翼缘板焊钉规格为 $\phi 22mm \times 200mm$,纵向连续布置,基本间距250mm;横肋上翼缘现浇缝位置,为保证焊钉距离桥面板顶缘净距大于50mm,横肋上翼缘板配置了2种高度的焊钉,规格分别为 $\phi 22mm \times 200mm$、$\phi 22mm \times 150mm$。

中间支点双层组合段钢梁底板的连接件,以钢梁纵向加劲肋开孔的方式兼作开孔板连接件使用,在孔内设置横向钢筋,同时在开孔板之间设置焊钉连接件,以保证混凝土与钢梁底板间的连接性能。

5.6.2.4 墩顶双层组合

在中间支点附近10~12.75m范围内,在箱内底板上设置了0.35~0.60m厚度的微膨胀钢筋混凝土,通过底板上配置焊钉与开孔加劲肋的复合方式,形成底板钢-混凝土组合结构共同承担荷载作用,以有效减少钢底板厚度,改善墩顶截面受力性能。墩顶横截面布置图如图5.6-8所示。

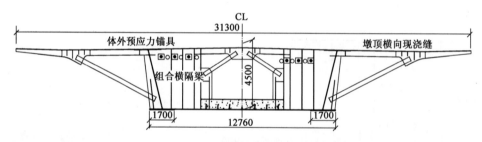

图5.6-8 墩顶横截面布置图(尺寸单位:mm)

结合墩顶支座受力构造及体外预应力索锚固,在支点横梁位置采用组合横隔板,以便将支座反力以及预应力均匀地传递到腹板、顶板部位,避免墩顶处钢结构构造与受力的复杂化,这样既利于施工又达到提高受力性能与降低造价的目的。

5.6.2.5 体外预应力

引桥组合钢箱梁布置规格为 $\phi^s15.2$-27 体外索,标准横截面有6束通过,在支点和跨中处分别布置在箱内靠上缘和下缘的位置,中间设有转向器。标准体外索长度约170m,在墩顶交叉锚固,如图5.6-9所示。每根体外预应力索保持在一个平面内,体外预应力钢束在各自平面内竖弯,弯转半径4~9m;体外预应力在墩顶下缘混凝土达到强度后张拉2束,桥面板施工完毕后张拉剩余4束。

配置体外预应力索的目的在于可以向负弯矩区桥面板施加压应力,提高桥面板抗裂性能,但并不在于完全避免负弯矩区桥面板的开裂。对于组合钢箱梁而言,可以利用预应力的高强性能,调整结构内力分布,减小负弯矩区桥面板的拉应力,调整和改善钢梁的受力,实现减少钢材用量以及改善结构性能的目的。体外预应力索作为可更换构件,也为结构耐久性提供了可靠方式,并且可以在桥面板维修甚至更换时协助进行内力调整。

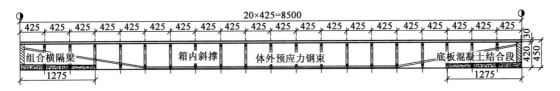

图 5.6-9 标准 85m 跨立面布置图(尺寸单位:cm)

5.6.3 构件预制

杭州市九堡大桥引桥结构横截面为整体槽形的钢梁。槽形钢梁整体上由顶板、腹板、底板、空腹式横梁、实腹式横梁、腹板加劲肋、底板加劲肋组成。空腹式横梁标准间距为 4.25m,空腹式横梁由 T 形腹板竖向加劲肋、T 形底板横向加劲肋,以及斜向撑杆等组成。

引桥连续梁标准跨径为 85m。85m 梁段共分为 9 个吊装分段,考虑公路运输和现场施工情况,将 9 个吊装分段在厂内进行板单元制造并预拼,将板单元运至工地后,再在现场总成预拼胎架上组装成吊装节段。85m 连续梁吊装节段划分见图 5.6-10,各梁段数量、长度及设计重量见表 5.6-1。

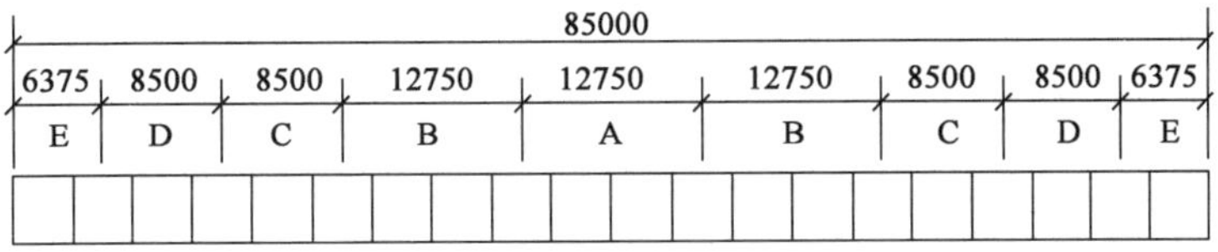

图 5.6-10 85m 连续梁吊装节段划分图尺寸单位:mm

85m 连续梁吊装节段统计表 表 5.6-1

梁段类型	A	B	C	D	E
数量	1	2	2	2	2
长度(m)	12.75	12.75	8.5	8.5	6.375
设计质量(t)	94.98	86.98	66.27	76.52	69.56

引桥混凝土桥面板在现场预制场制作。桥面板采用 C50 混凝土,桥面宽度为 31.5m,横向由 3 块变厚度预制板组成,内测中板变厚范围为 0.26~0.3m,支点厚度为 0.3m,结构中心线处厚度为 0.26m,外侧变厚范围为 0.22~0.3m,采用分三块预制、铺设到位后浇注现浇缝的方法,预制板至少存放 6 个月,以减少混凝土收缩徐变造成的不利影响;根据结构尺寸及配筋的不同,北引桥(55m+85m+85m+78m)共有 18 种类型 216 块。

桥面板现浇缝强度达到 100%时,进行横向预应力体系施工。钢绞线采用低松弛高强度预应力钢绞线,单根钢绞线直径Φ^{s}15.2mm。锚具采用 BM15 型群锚体系及配套产品。桥面板预制过程中,对于波纹管、锚垫板、预埋钢筋、吊钩等要求预埋准确。

5.6.4 拼装施工

引桥下部结构施工、钢结构板件制造与节段梁组装、桥面板预制可以按照进度要求分别开展。下部结构施工完成后，在两岸钢梁拼装平台上依照如下次序施工：吊装槽形钢梁节段—槽形钢梁组拼成大节段—钢梁顶推—吊装下一轮次槽形钢梁节段—重复钢梁顶推，最终完成尾端槽形钢梁节段的拼装并连续实施顶推直至钢梁到位。其中，每轮次组拼钢梁长度约为85m，顶推距离也为85m。在钢梁到位后，现场浇筑墩顶组合横梁及墩顶处钢梁下缘双层组合混凝土，并在达到强度后张拉第一批体外预应力索。之后按照设计规定的顺序，由岸侧向江心侧分批铺设预制桥面板、浇筑桥面板接缝混凝土。桥面板施工完成后，张拉第二批体外预应力索。最后完成桥面铺装等后续施工。

九堡大桥引桥钢梁采用步履式顶推设备进行顶推施工，顶推时在钢梁前端设有钢导梁，在85m跨中无须设置临时墩。顶推及桥面板施工过程中，结构自重完全由槽形钢梁承受，无须采取其他措施，体现了组合桥梁在施工中的优越性，既加快了施工进度、有利于质量控制，又有效降低了施工费用。

5.6.4.1 钢梁顶推施工

大跨径组合梁钢梁的顶推法施工，有别于常用的推动或拖动梁体在支点上滑移的方法，常用的施工方法往往需要对钢梁进行特别加强，才能满足施工时局部受力与稳定要求，这将导致钢梁的加强费用远高于采用新顶推工艺与设备所增加的费用。因此，顶推施工工艺与设备是组合梁桥获得良好经济性的关键技术之一。有鉴于此，设计时明确提出要以合理的顶推设备与工艺以及同步和平衡控制技术，保证结构受力安全可靠，顶推施工方案要满足无须对钢梁进行特别加强的条件。其目的在于通过采用先进的顶推设备与技术，使组合结构桥梁总造价最经济。

施工中采用步履式顶推设备（图5.6-11）及多点同步自平衡顶推工艺，顶推装置具备水平、竖向及横向三向千斤顶系统，分别完成前进、升降工作，对外产生的不平衡水平力很小，具备竖向调节、横向纠偏功能。竖向千斤顶可自动调节，以保证在结构预拱度和受力挠曲变化时，支点反力能够通过上支承座均匀施加到钢梁上。

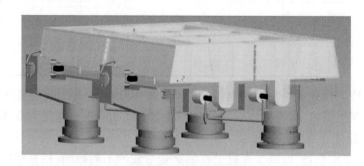

图5.6-11 步履式顶推设备

系统的控制通过控制器局域网，按照"位置同步，载荷跟踪"的控制策略，以各支墩顶升油缸支撑力为依据，以顶推油缸的顶推力和位移作为控制参数，实现力和位移（速度）的综合控制，确保顶推过程中各顶推装置同步工作。

这种新的顶推工艺有利于精确控制顶推状态,明确顶推节段结构受力行为,具有主动纠偏能力,可避免槽形钢主梁因顶推法施工增加加劲数量,较之传统的顶推方式有很大的经济效益。

5.6.4.2 桥面板铺设

预制桥面板施工采用负弯矩区桥面板滞后结合的施工方法(皮尔格法),该方法以减小支点处桥面板所受拉应力为原则并兼顾施工方便,确定预制桥面板铺设、结合的顺序。采用该施工方法后,桥面板在受力性能、可更换性、设计与施工相结合等方面体现出一些特殊的技术特点。

本桥的桥面板安装由岸侧向江心侧逐跨分批铺设(图 5.6-12、图 5.6-13),分批浇筑桥面板接缝混凝土,完成与钢梁的结合。桥面板运输、吊装系统具备在钢结构临时轨道及已铺设桥面板上行走的功能,标准跨桥面板分三批铺设完成,按照"跨中—1/4 跨—墩顶"顺序铺设和浇筑接缝混凝土。

图 5.6-12 施工过程中的桥面板安放

图 5.6-13 施工过程中的桥面板吊装

5.6.5 关键技术措施

5.6.5.1 双层组合结构

如前所述,该项目采用双层组合结构,附加的支点处钢梁下翼缘混凝土板具有增大结构刚度、减小钢板厚度、提高腹板抵抗局部屈曲能力等优点。对本桥而言,如果单纯采用钢结构,也即厚钢板方案,该区域钢底板厚度要达到 50mm,而且需要布置较强的底板纵向加劲肋,现场焊接质量不容易控制,而且较为复杂的加劲肋系统与支点实腹式横隔板在构造上相互避让困难,构造较为复杂。如果采用在负弯矩区一定范围内布置现浇混凝土板,并使其与底板相结合共同受力,则钢梁底板厚度则可以降低至 36mm,所需混凝土板厚度为 35~60cm,这方便了现场焊接,并简化了底板加劲肋系统。图 5.6-14 为底板采用的开孔板剪力键。

5.6.5.2 体外预应力

体外预应力是调整组合结构桥梁内力分配的措施之一,通过在合适的施工时间节点分批施加体外预应力,可以改善已有钢结构内力分布,减小墩顶钢梁上缘拉应力及跨中上缘压应力;在组合横截面施加体外预应力,不仅能改善钢结构应力分布,还能增加墩顶截面桥面板的压应力储备。体外预应力索不仅可以减小负弯矩区桥面板开裂风险,还可以实现减少钢材用量以及改善结构性能的目的。预应力的高强性能,使得这一措施还具有经济性。

a)底板剪力键布置　　　　　　　　　　b)节点处剪力键布置

图 5.6-14　开孔板剪力键应用实例

九堡大桥引桥的体外索全桥布置,横截面上共 6 索、规格为$\phi^s 15.2\text{-}27$,分两批张拉,在钢结构顶推到位后,张拉第一批体外预应力钢束,占钢束总量的 1/3,很明显改变了钢结构的应力分布,待桥面板施工完毕后,张拉第二批体外预应力钢束,占钢束总量的 2/3,改善了桥面板、钢结构的应力分布。图 5.6-15 为体外预应力索的跨中转向构造。

图 5.6-15　体外预应力索的跨中转向构造

5.6.5.3　桥面板安装顺序

预制桥面板施工采用负弯矩区桥面板滞后结合的施工方法——分步间断施工法(皮尔格法),如图 5.6-16 所示。

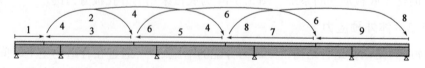

图 5.6-16　皮尔格法示意图

九堡大桥引桥的施工充分体现了"设计与施工紧密结合,通过施工措施优化、改善结构受力性能"的设计思想,该施工方法对连续组合梁来讲是一种既经济又合理的选择。

　　预制桥面板施工采用先跨中、后支点的施工顺序,可以有效地减小中间支点截面桥面板的拉应力,改善负弯矩区桥面板的受力性能。采用先钢梁顶推、后施工桥面板的施工方法,在施工期钢梁截面需要承受自身即桥面板的质量荷载,这在客观上为今后桥面板更换建立了基础,有效地减小了支点桥面板的恒载拉应力,改善了负弯矩区桥面板的受力性能。

6 预制构件连接技术试验研究

6.1 桥面板湿接缝连接技术试验研究

6.1.1 研究目的与内容

6.1.1.1 项目背景

上海龙东大道(罗山路-G1503)改建工程西起浦东新区内环线张江立交,东至 G1503 以西,全长 13.85km。本工程采用高架快速路+地面主干路形式敷设,高架快速路双向六车道,设计速度 80km/h;地面主干路双向六车道,设计速度为 50km/h。两侧设非机动车道及人行道(图 6.1-1)。

图 6.1-1 龙东大道主线高架桥标准段效果图

本工程采用预制装配法施工,预制装配率超过 90%。从设计方案到施工筹划各个环节,实现了标准化作业、机械化施工、信息化管理。节约 40% 施工工期、50% 劳动力需求、60% 场地需求以及 90% 现场混凝土浇筑,实现了全天候生产,既减少了劳动力占用,也降低了施工风险。

6.1.1.2 结构概况

主线标准段高架上部结构采用先简支后连续预应力混凝土小箱梁和桥面连续、结构简支预应力混凝土小箱梁。

小箱梁标准跨径为 30m,梁高为 1.6m,2~4 跨一联,25m 标准桥宽横向布置 6 片预制小箱梁,横向通过30cm湿接缝进行连接(图6.1-2)。下部结构采用带盖梁双柱式桥墩。盖梁为平头盖梁,结构高度为2.5m,顺桥向宽度为1.9m。立柱间距为4.7m,柱高13.5m以下的单根立柱截面尺寸为1.6m×1.6m。小箱梁、盖梁和立柱均采用预制装配法施工,承台采用现浇方式制作。

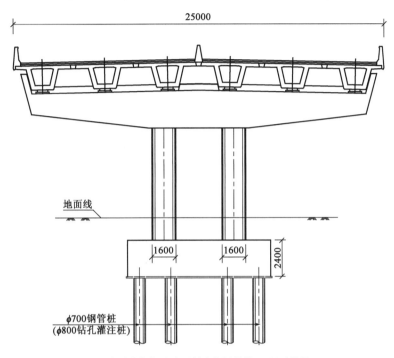

图6.1-2 主线高架标准跨预制小箱梁横截面(尺寸单位:mm)

传统的桥面板湿接缝连接一般采用钢筋焊接连接+现浇混凝土的方式(图6.1-3),现场工作量非常大,焊接质量难以保证,施工速度慢,人力资源消耗巨大,并且湿接缝宽度大,现场混凝土浇筑量大。

随着高性能材料和预制拼装技术的发展,小箱梁桥面板湿接缝连接方式较传统连接方式有了较大的改进,新的连接方式有:①环形钢筋交错布置(不焊接)+缝宽30cm超高性能混凝土(UHPC)(图6.1-4);②环形钢筋交错布置(不焊接)+缝宽30cm C80高性能纤维混凝土。

图6.1-3 传统小箱梁桥面板湿接缝焊接连接

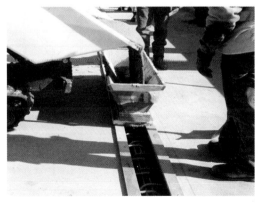

图6.1-4 环形钢筋交错布置湿接缝连接

与传统连接方式相比,这两种连接方式减少了现场钢筋焊接工作量和混凝土浇筑量,便于施工。

预制混凝土构件间的环箍接缝截面如图 6.1-5 所示。此种接缝一般用于预制桥面板间的连接,主要承受拉弯的组合作用。例如,在斜拉桥组合桥面的横向接缝中,作用在主梁上的横向风荷载和地震荷载可导致接缝处受拉,而作用在桥面的汽车荷载可导致此处受弯。上海市公路桥梁建设中最先应用此种接缝,上海市政总院与同济大学进行了大量试验。

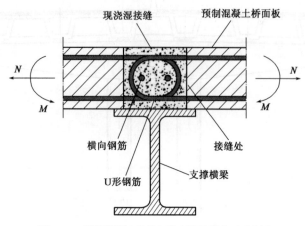

图 6.1-5　预制混凝土构件间的环箍接缝截面示意图

纯受拉状态下环箍接缝的破坏机理如图 6.1-6 所示。该机理由平面的斜向屈服线和分离屈服线组成。其中斜向屈服线沿相邻 U 形钢筋环形端部呈对角线发展,分离屈服线沿着 U 形钢筋端部向距离最近的接缝表面发展。屈服线体系将接缝混凝土分成若干部分,在荷载作用下它们将产生刚体位移。轴心拉力 N 作用在 n 方向,而横向钢筋与 t 方向平行。

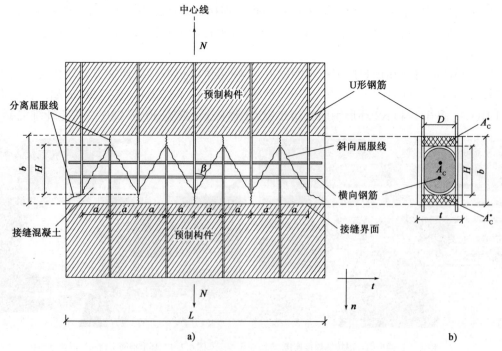

图 6.1-6　纯受拉状态下环箍接缝的破坏机理

在以上两种环形钢筋接缝基础上,龙东大道(罗山路-G1503)改建工程拟研发新型桥面板湿接缝连接方式:窄缝+钢筋交错布置(不焊接)+超高或高性能混凝土方式。此连接方式具有以下优势:安全耐久、经济合理、便于施工、钢筋不焊接、现场浇筑量小和工业化程度高。

6.1.1.3 研究目的

随着快速施工桥梁技术的完善与推广,预制混凝土构件接缝承载能力、耐久性及构造优化成为预制拼装桥梁研究的重点之一。U形钢筋搭接的现浇混凝土纵向接缝仍须解决以下主要问题:

①工程设计时,U形钢筋、直钢筋和弯钩搭接长度等尚无合适的计算方法,国内外的研究多直接参照末端带弯钩的钢筋搭接长度确定。文献资料显示,国内外对不同形状钢筋接缝承载能力的相关研究较少,主要计算方法可归纳为经验回归方法、拉压杆模型、塑性功模型三种,但相互间计算结果的吻合程度有待验证。

②U形钢筋和直钢筋搭接的接缝的正常使用性能尚无试验数据基础。由于界面材料不均匀及强度较弱,接缝界面通常控制构件的开裂特性。由于裂缝开展的影响因素较多,缺乏理论验算和构造对比的依据。

为了解决以上问题,寻求合适的桥面板湿接缝连接方式,特开展了桥面板湿接缝试验研究。

6.1.1.4 研究内容

针对钢筋现浇接缝的性能特点以及以往研究的不足进行一系列模型试验,主要研究内容为:

1)现浇不同浇筑材料接缝中不同形状钢筋的锚固性能

基于轴拉作用,研究桥面板接缝开裂过程中钢筋与不同浇筑材料间的内力传递规律、接缝的开裂区和未开裂区各材料的受力状况,探明不同浇筑材料中不同形状钢筋的锚固性能。

2)现浇不同浇筑材料接缝中不同形状钢筋的接缝受力性能

以钢筋形状、接缝材料、接缝宽度、钢筋横向布置、横向钢筋数量等构造参数为变量,研究接缝受力过程中开裂特性、应力重分布过程,揭示接缝破坏模态及传力机理。

6.1.2 试验方案

6.1.2.1 试件设计

1)试件参数选择

对于钢筋搭接的混凝土湿接缝,为保证接缝承载力与延性,判定受拉状态下后浇混凝土破坏与接缝钢筋屈服的界限是研究与设计的关键。影响钢筋接缝受力性能的因素有很多,试验主要考虑了以下5个因素:

(1) 接缝宽度。综合钢筋锚固长度、现浇混凝土工作量、预留接缝内工作空间等因素,试验设计了宽度从13cm至46cm不等的接缝构造。

(2) 接缝钢筋横向对拼间距。试验模拟几种钢筋横向对拼间距:同侧钢筋初始间距为20cm,拼装后两侧钢筋间距为10cm+10cm或5cm+15cm(钢筋偏位)。

(3) 接缝混凝土类型。试验采用C80、C80+钢纤维、C60及UHPC四种现浇混凝土类型。

(4) 横向钢筋数量。试验对钢筋搭接区域内核心混凝土柱采用了不同配筋率。

(5) 钢筋形状。试验采用的钢筋形状有180°弯钩钢筋、直钢筋、U形钢筋、焊接直钢筋。

2) 试件设计

试验共分为4个系列(39个试件):三个参数化试件系列,一个对比试件系列。系列一为高性能混凝土C80+钢纤维接缝(SFRC),钢筋带180°弯钩;系列二为UHPC接缝,直钢筋无弯钩;系列三为高性能混凝土C80接缝(HPC),钢筋带180°弯钩;系列四为对比试件。

每个试件两端设置外伸加载横梁,横梁内侧设置长度为300mm的传力段,横梁及传力段厚度均为400mm,预制薄板段长度为200mm,预制段预留主筋均为不同长度的直径为20mm的HRB400级普通钢筋。所有试件预制部分均采用C60混凝土。

(1) 系列一:高性能混凝土C80+钢纤维接缝(SFRC),钢筋带180°弯钩,共8个试件(图6.1-7)。

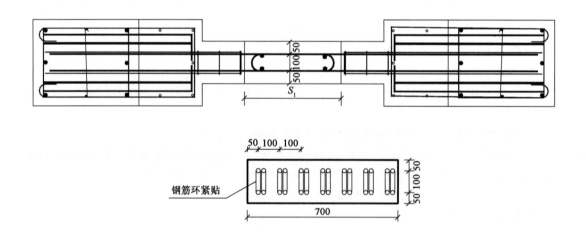

图6.1-7 试件构造(系列一)(尺寸单位:mm)

湿接缝宽度为23cm和28cm;接缝钢筋为180°弯钩钢筋正接布置,上下两个弯钩组成一个完整U形,接缝区域U形钢筋预留长度为20cm和25cm;同侧U形钢筋预留横向间距为20cm,钢筋拼接后横向间距为10cm+10cm和15cm+5cm;接缝混凝土材料为C80+钢纤维。试件详细参数见表6.1-1。

试件参数表（系列一） 表6.1-1

试件编号	参数				
	湿接缝宽度 S_1（mm）	钢筋外露长度 S_2（mm）	接缝特征	横向钢筋数量	钢筋间距（cm）
SFRC-J1	230	200	高性能混凝土C80+钢纤维,钢筋带180°弯钩	4	单侧20,交叉后10
SFRC-J1-2	230	200		4	单侧20,交叉后10
SFRC-J2	280	250		4	单侧20,交叉后10
SFRC-J2-2	280	250		4	单侧20,交叉后10
SFRC-J3	230	200		4	单侧20,交叉后15+5
SFRC-J3-2	230	200		4	单侧20,交叉后15+5
SFRC-J4	280	250		4	单侧20,交叉后15+5
SFRC-J4-2	280	250		4	单侧20,交叉后15+5

（2）系列二：UHPC接缝,直钢筋无弯钩,共12个试件（图6.1-8）。

湿接缝宽度为17cm、23cm和33cm；接缝钢筋为直钢筋,接缝区域直钢筋预留长度为14cm、20cm和30cm；同侧直钢筋预留横向间距为20cm,拼接后横向间距为10cm+10cm和15cm+5cm；接缝混凝土材料为UHPC。UHPC接缝材料技术要求和试件详细参数分别见表6.1-2和表6.1-3。

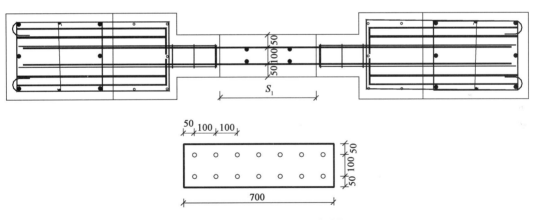

图6.1-8 试件构造（系列二）（尺寸单位：mm）

UHPC技术要求 表6.1-2

项 目	技术要求	检测依据
坍落扩展度（mm）	≥700	《普通混凝土拌合物性能试验方法标准》（GB/T 50080—2016）
1h坍落扩展度（mm）	≥650	《普通混凝土拌合物性能试验方法标准》（GB/T 50080—2016）
抗压强度（MPa）	≥140	《水泥胶砂强度检验方法（ISO法）》（GB/T 17671—1999）
抗折强度（MPa）	≥20	《水泥胶砂强度检验方法（ISO法）》（GB/T 17671—1999）
抗拉强度（MPa）	≥8	《环氧树脂砂浆技术规程》（DL/T 5193—2004）
弹性模量（GPa）	≥40	《活性粉末混凝土》（GB/T 31387—2015）

续上表

项　目	技术要求	检测依据
断裂能（kJ/m²）	≥20	CECS 13
收缩应变（με）	≤300	《普通混凝土长期性能和耐久性能试验方法标准》（GB/T 50082—2009）
氯离子扩散系数（×10⁻¹²）	≤0.1	《普通混凝土长期性能和耐久性能试验方法标准》（GB/T 50082—2009）

试件参数表（系列二）　　　表6.1-3

试件编号	参 数				
	湿接缝宽度 S_1（mm）	钢筋外露长度 S_2（mm）	接缝特征	横向钢筋数量	钢筋间距（cm）
UHPC-J3	170	140	UHPC，直钢筋	4	单侧20，交叉后10
UHPC-J3-2	170	140		4	
UHPC-J4	230	200		4	
UHPC-J4-2	230	200		4	
UHPC-J5	330	300		4	
UHPC-J5-2	330	300		4	
UHPC-J6	170	140		4	单侧20，交叉后15+5
UHPC-J6-2	170	140		4	
UHPC-J7	230	200		4	
UHPC-J7-2	230	200		4	
UHPC-J8	330	300		4	
UHPC-J8-2	330	300		4	

（3）系列三：高性能混凝土C80接缝（HPC），钢筋带180°弯钩，共12个试件（图6.1-9）。

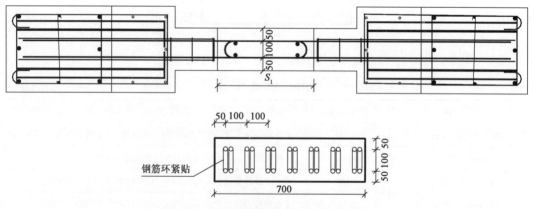

图6.1-9　试件构造（系列三）（尺寸单位：mm）

湿接缝宽度为23cm、28cm和33cm；接缝180°弯钩钢筋紧贴拼接成完整的U形，接缝区域U形钢筋预留长度为20cm、25cm、30cm；同侧U形钢筋预留横向间距为20cm，拼接后横向间距为10cm+10cm和15cm+5cm;接缝混凝土材料为C80(HPC)。试件详细参数见表6.1-4。

试件参数表(系列三) 表6.1-4

试件编号	参 数				
	湿接缝宽度 S_1(mm)	钢筋外露长度 S_2(mm)	接缝特征	横向钢筋数量	钢筋间距 (cm)
HPC-J1	230	200	高性能混凝土C80,钢筋带180°弯钩	4	单侧20,交叉后10
HPC-J1-2	230	200		4	
HPC-J2	280	250		4	
HPC-J2-2	280	250		4	
HPC-J3	330	300		4	
HPC-J3-2	330	300		4	
HPC-J4	230	200		4	单侧20,交叉后15+5
HPC-J4-2	230	200		4	
HPC-J5	280	250		4	
HPC-J5-2	280	250		4	
HPC-J6	330	300		4	
HPC-J6-2	330	300		4	

(4)系列四:对比试件系列,共7个试件(图6.1-10~图6.1-12)。试件详细参数见表6.1-5。

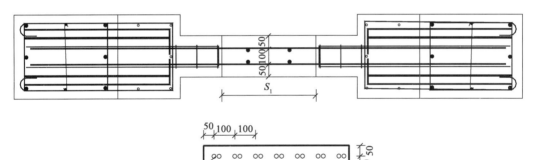

图6.1-10 对比试件1试件构造(系列四)(尺寸单位:mm)

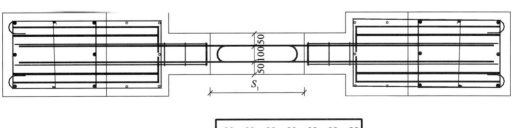

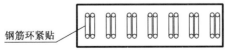

图6.1-11 对比试件2、3试件构造(系列四)(尺寸单位:mm)

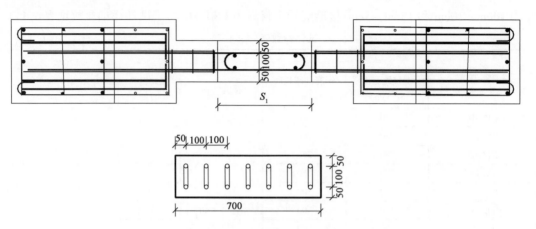

图 6.1-12 对比试件 4、5、6、7 试件构造(系列四)(尺寸单位:mm)

试件参数表(系列四)　　　　　　　　　　表 6.1-5

试件编号	参　　　数				
	湿接缝宽度 S_1 (mm)	钢筋外露长度 S_2 (mm)	接缝特征	横向钢筋数量	钢筋间距 (cm)
NC-J1	500	350	普通混凝土 C60，钢筋焊接	4	单侧 20 两侧钢筋位置对应横向钢筋 4 根
HPC-J7	230	200	带 180°弯钩无插销钢筋	0	单侧 20，交叉后 10
HPC-J8	280	250	带 180°弯钩无插销钢筋	0	单侧 20，交叉后 10
SFRC-J5	230	200	U 形钢筋	4	单侧 20，交叉后 10
HPC-J9	230	200	U 形钢筋	4	单侧 20，交叉后 10
NC-J2	280	250	普通混凝土 C60，U 形钢筋	4	单侧 20，交叉后 10
UHPC-J10	170	140	U 形钢筋	4	单侧 20，交叉后 10

6.1.2.2　试件制作

UHPC 原料及制作过程见图 6.1-13。

试件制作流程：

①绑扎钢筋笼；

②制作模板；

③浇筑并养护主体段混凝土；

④浇筑并养护湿接缝段混凝土。

图 6.1-13　UHPC 原料及制作过程

浇筑 UHPC 接缝见图 6.1-14。

图 6.1-14　浇筑 UHPC 接缝（UHPC 自密实且流动性良好）

6.1.2.3　加载与测试

1）加载装置

试验采用千斤顶分级顶升加载，加载系统如图 6.1-15 所示。试件下侧牛腿通过钢横梁及精轧螺纹钢锚固于地槽中。两个相同规格的千斤顶通过同一个油泵输出油压，以保证其受力相等。

2）加载制度

试件上侧通过两只 1000kN 液压千斤顶同步分级加载，接缝界面开裂或接缝界面钢筋屈服前以两侧千斤顶同时加载，加载速度为 30kN 一级，屈服后调为 50kN 一级，试件预计达到破坏前再调为 30kN 一级。每级加载时间约为 0.5min，持荷时间为 5min。规定达到下述条件之一时，试件达到破坏并停止加载：接缝处承载力下降超过 20%；接缝处纵筋断裂；接缝或预制段混凝土发生大面积碎裂或脆性撕裂。

3）测试内容

试验的主要目的是得到 U 形钢筋交错布置现浇接缝的破坏形态和相关受力性能，根据试件可能发生的现浇混凝土碎裂、U 形钢筋拉断等破坏，设计了以下测试内容。

（1）接缝区域受拉荷载。接缝区域受拉荷载为两侧千斤顶对应荷载传感器读数之和，即接缝所受总拉伸荷载。

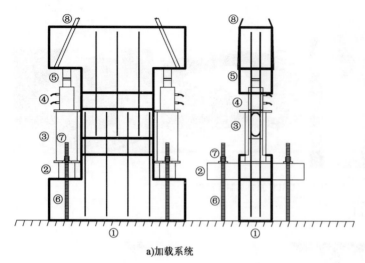

a)加载系统　　　　　　　　　　　　　　　　　b)现场加载照片

图 6.1-15　加载系统

①-地面；②-限位钢梁；③-刚体垫块；④-千斤顶；⑤-荷载传感器；⑥-精轧螺纹钢；⑦-地锚螺栓；⑧-防护吊带

(2) 接缝两侧相对位移。为实时监控接缝两侧受力及变形是否均匀，在试件顶端现浇缝宽度内均匀布置3个YDH-100型拉线式位移计(锚固于地面重物)(图6.1-16)，以测量接缝两侧相对位移。

(3) 接缝区域裂缝分布、长度及宽度。试验过程中，在每级荷载施加后的持载阶段(5min)观察墩柱中裂缝的开展情况，用DJCK-2裂缝测宽仪测量裂缝的宽度。记录试验全过程中各裂缝的初始位置、发展过程及开裂宽度。

(4) 接缝区域钢筋及混凝土应变。预制及现浇混凝土区域的应力分布及开裂后应力重分布规律决定接缝最终破坏模态及承载力。因此，在接缝界面两侧附近布置普通钢筋应变片；在接缝界面粘贴混凝土应变片以判定界面开裂荷载(图6.1-17)。以上应变数据采用DH3817动静态数据采集系统自动采集。

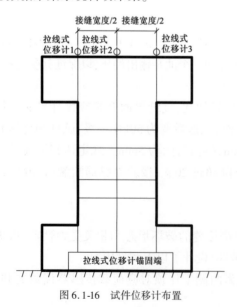

图 6.1-16　试件位移计布置

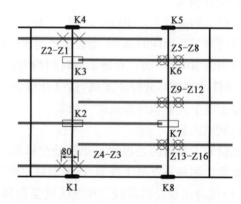

图 6.1-17　应变片布置示意

试验采用的应变片均为电阻应变片,普通钢筋及预应力钢筋应变片的型号为 BX120-3 AA,电阻值为 119.9Ω,灵敏系数为 2.06。受压区混凝土表面的应变片型号为 BX120-80 AA,电阻值为 119.9Ω,灵敏系数为 2.08。

6.1.3 试验结果与分析

为了尽可能全面地分析试验结果,选取了对研究上述接缝试件静力性能很重要的关键时刻:接缝开裂时刻①,对应开裂荷载 P_c;接缝主筋同时屈服时刻②,对应荷载 P_y(HRB400 钢筋实测屈服强度为 460MPa);试件最后的破坏时刻③,对应荷载 P_{max};接缝主筋同时达到极限强度时刻④,对应荷载 P_u(HRB400 钢筋实测屈服强度为 650MPa)。

6.1.3.1 系列一试验结果

系列一接缝试件为高性能混凝土 C80 + 钢纤维接缝(SFRC),钢筋带 180°弯钩,共 8 个。试件在各关键时刻受力性能见表 6.1-6。

系列一试件在各关键时刻受力性能汇总(SFRC 材料接缝)　　表 6.1-6

试件编号	参数						
	湿接缝宽度 S_1 (mm)	锚固长度 S_2 (mm)	钢筋间距 (cm)	P_y (kN)	P_u (kN)	P_{max} (kN)	P_c (kN)
SFRC-J1	230	200	单侧20,交叉后10	866.64	1224.6	952	110
SFRC-J1-2	230	200		866.64	1224.6	969	150
SFRC-J2	280	250		866.64	1224.6	837	190
SFRC-J2-2	280	250		866.64	1224.6	1064	76.8
SFRC-J3	230	200	单侧20,交叉后15 + 5	866.64	1224.6	940	130
SFRC-J3-2	230	200		866.64	1224.6	791	90
SFRC-J4	280	250		866.64	1224.6	941	150.8
SFRC-J4-2	280	250		866.64	1224.6	918	150

1)破坏过程及破坏形态

第一级荷载(单侧千斤顶加载至 6kN)抵消接缝上半部试件自重后,接缝全截面纵筋及混凝土处于较为均匀的受拉状态。接缝处 SFRC 与混凝土间的抗拉强度小于整体浇筑的普通混凝土,因此试件均首先在接缝界面处开裂,且该裂缝迅速贯通上下两处接缝界面。

随着荷载进一步增大,所有试件的 SFRC 中间开裂,同时均有钢筋达到屈服阶段,180°弯钩钢筋变形同时滑移向外顶,导致保护层被顶碎,试件顶升位移急剧增大,试验停止。清理破碎保护层混凝土后,发现核心混凝土相对完整(图 6.1-18)。

系列一试件破坏模式见表 6.1-7。

2)受力性能

(1)承载力。系列一试验结果显示,承载力与钢筋横向间距以及钢筋外露长度的关系:在钢筋横向间距 10cm + 10cm 正位布置情况下,10d(d 为钢筋直径)及以上的钢筋外露长度能够保证全部钢筋达到屈服强度;在横向 15cm + 5cm 偏位情况下,12.5d 的钢筋外露长度能够保证全部钢筋达到屈服的状态,10d 的钢筋外露长度能够保证钢筋基本处于全屈服的临界点。正位布置的试件承载力比偏位布置更大。

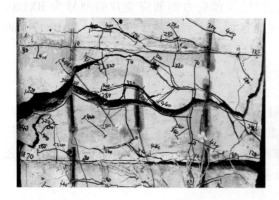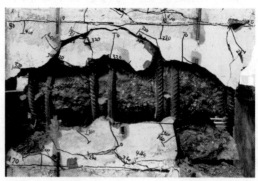

图6.1-18　SFRC典型试件破坏时刻开裂状态

系列一试件破坏模式汇总（SFRC材料接缝）　　　　表6.1-7

试件编号	参数				
	湿接缝宽度 S_1(mm)	锚固长度 S_2(mm)	钢筋间距 (cm)	钢筋 是否屈服	破坏特征(初始裂缝均在 两种材料交界面上)
SFRC-J1	230	200	单侧20， 交叉后10	屈服	SFRC中间碎裂,受力后弯钩 向外顶,顶碎保护层
SFRC-J1-2	230	200		屈服	SFRC中间碎裂,受力后弯钩 向外顶,顶碎保护层
SFRC-J2	280	250		部分屈服	一边保护层太小,而且偏心 受力,SFRC中间碎裂
SFRC-J2-2	280	250		屈服	SFRC中间碎裂,受力后弯钩 向外顶,顶碎保护层
SFRC-J3	230	200	单侧20， 交叉后 15+5	屈服	SFRC中间碎裂,受力后弯钩 向外顶,顶碎保护层
SFRC-J3-2	230	200		部分屈服	SFRC中间碎裂,受力后弯钩 向外顶,顶碎保护层
SFRC-J4	280	250		屈服	SFRC中间碎裂,受力后弯钩 向外顶,顶碎保护层
SFRC-J4-2	280	250		屈服	SFRC中间碎裂,受力后弯钩 向外顶,顶碎保护层

（2）变形延性。系列一试件平均顶升位移-荷载关系（图6.1-19）显示，由于横向钢筋的存在，在钢筋屈服之前，试件能够保持稳定的刚度，在SFRC保护层裂缝大面积开展时，试件荷载下降依然较慢，试件表现出一定的延性。

（3）开裂荷载。试件开裂时截面平均应力与C60混凝土抗拉标准强度2.85MPa之比均在50%以下，均值为32.8%，开裂后裂缝宽度增长较快。

3）试验小结

系列一试件均破坏于SFRC接缝内，破坏时180°弯钩钢筋变形同时滑移，顶破保护层混凝土,其受力过程:接缝界面开裂并贯穿——裂缝集中扩展于干湿界面——现浇 SFRC 开裂并迅速扩展——界面处主筋屈服——现浇 SFRC 破碎。主要结论如下:

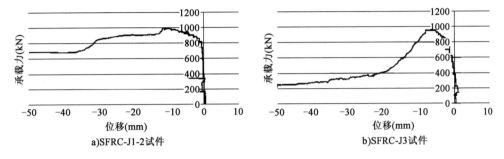

图 6.1-19 系列一顶升位移与荷载关系曲线

①钢筋横向 10cm + 10cm 正位布置情况下,10d 及以上的钢筋外露长度能够保证全部钢筋达到屈服强度。钢筋横向 15cm + 5cm 偏位布置情况下,12.5d 的钢筋外露长度能够保证全部钢筋达到屈服的状态;10d 的钢筋外露长度能够保证钢筋基本处于全屈服的临界点。

②钢筋横向正位布置的试件承载力比偏位布置更大。

③此系列接缝在荷载下降时能够随着位移的增大,荷载较缓慢地下降,表现出了一定的延性。

④试件开裂时截面平均应力与 C60 混凝土抗拉标准强度之比均在 50% 以下,均值为 32.8%,开裂后裂缝宽度增长较快。

6.1.3.2 系列二试验结果

系列二接缝试件为 UHPC 接缝,直钢筋无弯钩,共 12 个试件。试件在各关键时刻受力性能见表 6.1-8。

系列二试件在各关键时刻受力性能汇总(UHPC 材料接缝)　　表 6.1-8

试件编号	参数						
	湿接缝宽度 S_1 (mm)	锚固长度 S_2 (mm)	钢筋间距 (cm)	P_y (kN)	P_u (kN)	P_{max} (kN)	P_c (kN)
UHPC-J3	170	140	单侧20,交叉后10	866.64	1224.6	631	90
UHPC-J3-2	170	140		866.64	1224.6	628	110
UHPC-J4	230	200		866.64	1224.6	1190	102.2
UHPC-J4-2	230	200		866.64	1224.6	1059	110
UHPC-J5	330	300		866.64	1224.6	1092	191.6
UHPC-J5-2	330	300		866.64	1224.6	1120	150.8
UHPC-J6	170	140	单侧20,交叉后15 + 5	866.64	1224.6	592	90
UHPC-J6-2	170	140		866.64	1224.6	627	90
UHPC-J7	230	200		866.64	1224.6	1122	74.2
UHPC-J7-2	230	200		866.64	1224.6	912	110

续上表

试件编号	参 数						
	湿接缝宽度 S_1（mm）	锚固长度 S_2（mm）	钢筋间距（cm）	P_y（kN）	P_u（kN）	P_{max}（kN）	P_c（kN）
UHPC-J8	330	300	单侧20，交叉后 15+5	866.64	1224.6	1123	94.6
UHPC-J8-2	330	300		866.64	1224.6	1064	115

1）破坏过程及破坏形态

第一级荷载（单侧千斤顶加载至6kN）抵消接缝上半部试件自重后，接缝全截面纵筋及混凝土处于较为均匀的受拉状态。接缝处干湿混凝土间的抗拉强度小于整体浇筑的普通混凝土，因此试件均首先在接缝界面处开裂，且该裂缝迅速贯通上下两处接缝界面。

此后，现浇UHPC区域出现沿U形钢筋直线方向（竖向）裂缝；随后加载过程中湿接缝区域细小裂缝不断出现，几乎布满整个湿接缝区域，其中UHPC-J3、UHPC-J3-2、UHPC-J6、UHPC-J6-2试件UHPC中间横向裂缝逐渐贯穿，最终直钢筋滑移拔出，导致试件破坏（图6.1-20）；UHPC-J4、UHPC-J4-2、UHPC-J7、UHPC-J7-2破坏位置在材料交界面，破坏时交界面被拉开，部分钢筋拉断的同时另一部分钢筋也发生滑移，导致试件失效（图6.1-21）。UHPC-J5、UHPC-J5-2、UHPC-J8、UHPC-J8-2破坏位置在材料交界面以上的预制部分，最终钢筋拉断，导致试件失效（图6.1-22）。

图6.1-20 UHPC-J3试件破坏模式

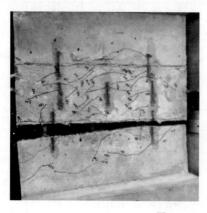 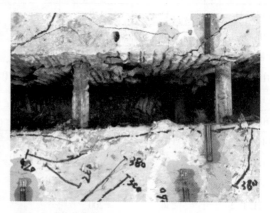

图6.1-21 UHPC-J7-2试件破坏模式

图 6.1-22 UHPC-J8 试件破坏模式

系列二试件破坏模式见表 6.1-9。

系列二试件破坏模式汇总（UHPC 材料接缝） 表 6.1-9

试件编号	参数				破坏特征（初始裂缝均在两种材料交界面上）
	湿接缝宽度 S_1（mm）	锚固长度 S_2（mm）	钢筋间距（cm）	钢筋是否屈服	
UHPC-J3	170	140	单侧20，交叉后10	未屈服	UHPC 中间横向撕裂,钢筋滑移
UHPC-J3-2	170	140		未屈服	UHPC 中间横向撕裂,钢筋滑移
UHPC-J4	230	200		屈服	UHPC 中间横向撕裂,主筋接近拉断
UHPC-J4-2	230	200		屈服	交界面处钢筋拉断
UHPC-J5	330	300		屈服	交界面处钢筋拉断
UHPC-J5-2	330	300		屈服	交界面处钢筋拉断
UHPC-J6	170	140	单侧20，交叉后15+5	未屈服	UHPC 中间横向撕裂
UHPC-J6-2	170	140		未屈服	UHPC 中间横向撕裂
UHPC-J7	230	200		屈服	交界面处部分钢筋拉断,部分钢筋滑移
UHPC-J7-2	230	200		屈服	受力偏心,四根钢筋拉断,两根钢筋滑移
UHPC-J8	330	300		屈服	交界面处钢筋拉断
UHPC-J8-2	330	300		屈服	交界面处钢筋拉断

2）受力性能

（1）承载力。系列二试验结果显示,同种横向布置工况下,在钢筋达到极限强度前,主筋搭接长度与承载力呈正相关趋势。同时钢筋横向 10cm+10cm 正位布置比 15cm+5cm 偏位布置的承载力略大。

此类构造下,$7d$ 钢筋外露长度不能使最终破坏时钢筋屈服;而 $10d$ 钢筋外露长度恰好为钢筋滑移拔出以及钢筋拉断的临界点;$15d$ 钢筋外露长度能够使钢筋拉断。

(2)变形延性。系列二试件平均顶升位移-荷载关系(图 6.1-23)显示,$7d$ 钢筋外露长度的试件在达到最大荷载后,由于钢筋滑移、UHPC 横向撕裂,荷载曲线突然较快下降,延性较差。$10d$ 和 $15d$ 钢筋外露长度的试件有明显的屈服强化阶段,荷载随着位移的增加依然能保持较大数值,其延性很好。

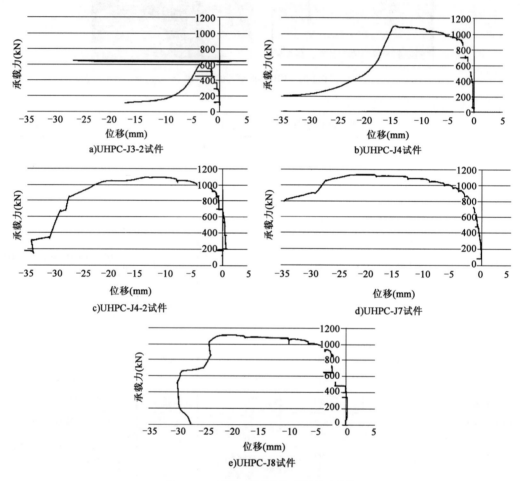

图 6.1-23　系列二顶升位移-荷载关系曲线

(3)开裂荷载。试件开裂时截面平均应力与 C60 混凝土抗拉标准强度 2.85MPa 之比均在 50% 以下,均值为 27.7%,开裂后裂缝宽度增长较为缓慢。

3)试验小结

系列二试验主要结论如下:

①同种横向布置工况下,在钢筋达到极限强度前,主筋搭接长度与承载力呈正相关趋势。$7d$ 钢筋外露长度不能使最终破坏时钢筋屈服;而 $10d$ 钢筋外露长度恰好为钢筋滑移拔出以及钢筋拉断的临界点;$15d$ 钢筋外露长度能够使钢筋拉断。

②钢筋横向 10cm + 10cm 正位布置比 15cm + 5cm 偏位布置的承载力略大。

③7d 钢筋外露长度的试件在达到最大荷载后,由于钢筋滑移、UHPC 横向撕裂,荷载曲线突然较快下降,延性较差;10d 和 15d 钢筋外露长度的试件,有明显的屈服强化阶段,荷载随着位移的增加依然能保持较大数值,其延性很好。

④试件开裂时截面平均应力与 C60 混凝土抗拉标准强度之比均在 50% 以下,均值为 27.7%,开裂后裂缝宽度增长较为缓慢。

6.1.3.3 系列三试验结果

系列三接缝试件为高性能混凝土 C80 接缝(HPC),钢筋带 180°弯钩,共 12 个试件。试件在各关键时刻受力性能见表 6.1-10。

系列三试件在各关键时刻受力性能汇总(HPC 材料接缝)　　　表 6.1-10

试件编号	参数						
	湿接缝宽度 S_1 (mm)	锚固长度 S_2 (mm)	钢筋间距 (cm)	P_y (kN)	P_u (kN)	P_{max} (kN)	P_c (kN)
HPC-J1	230	200	单侧20,交叉后10	866.64	1224.6	941	130
HPC-J1-2	230	200		866.64	1224.6	852	191.6
HPC-J2	280	250		866.64	1224.6	1009	190
HPC-J2-2	280	250		866.64	1224.6	929	190
HPC-J3	330	300		866.64	1224.6	997	232.2
HPC-J3-2	330	300		866.64	1224.6	965	168.6
HPC-J4	230	200	单侧20,交叉后15 + 5	866.64	1224.6	817	150.8
HPC-J4-2	230	200		866.64	1224.6	934	210
HPC-J5	280	250		866.64	1224.6	906	191.6
HPC-J5-2	280	250		866.64	1224.6	953	230
HPC-J6	330	300		866.64	1224.6	1051	212
HPC-J6-2	330	300		866.64	1224.6	1031	250

1)破坏过程及破坏形态

第一级荷载(单侧千斤顶加载全 6kN)抵消接缝上半部试件自重后,接缝全截面纵筋及混凝土处于较为均匀的受拉状态。接缝处 HPC 与混凝土间的抗拉强度小于整体浇筑的普通混凝土,因此试件均首先在接缝界面处开裂[图 6.1-24a)],且该裂缝迅速贯通上下两处接缝界面。裂缝开始在 HPC 接缝内大范围开展。

随着荷载进一步增大,HPC-J1-2、HPC-J4 试件部分主筋达到屈服状态,其余试件主筋全部屈服,HPC-J6 试件主筋由于偏心受力,主筋断裂一根。最后 180°弯钩钢筋变形后滑移拔出,顶碎保护层混凝土,核心混凝土产生斜向受剪开裂,导致试件失效[图 6.1-24b)]。

系列三试件破坏模式见表 6.1-11。

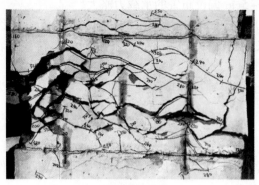
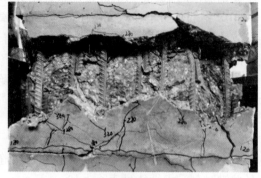

a) 接缝界面开裂　　　　　　　　　　　　b) 试件失效

图 6.1-24　HPC-J3 试件破坏时刻开裂状态

系列三试件破坏模式汇总（HPC 材料接缝）　　　　　　　　　　表 6.1-11

试件编号	参数				
	湿接缝宽度 S_1（mm）	锚固长度 S_2（mm）	钢筋间距（cm）	钢筋是否屈服	破坏特征（初始裂缝均在两种材料交界面上）
HPC-J1	230	200	单侧20，交叉后10	屈服	HPC 中间破碎，受力后弯钩向外顶，顶碎保护层
HPC-J1-2	230	200		部分屈服	HPC 中间破碎，受力后弯钩向外顶，顶碎保护层
HPC-J2	280	250		屈服	HPC 中间破碎，受力后弯钩向外顶，顶碎保护层
HPC-J2-2	280	250		屈服	HPC 中间破碎，受力后弯钩向外顶，顶碎保护层
HPC-J3	330	300		屈服	HPC 中间破碎，受力后弯钩向外顶，顶碎保护层
HPC-J3-2	330	300		屈服	HPC 中间破碎，受力后弯钩向外顶，顶碎保护层
HPC-J4	230	200	单侧20，交叉后15+5	部分屈服	HPC 中间破碎，受力后弯钩向外顶，顶碎保护层
HPC-J4-2	230	200		屈服	HPC 中间破碎，受力后弯钩向外顶，顶碎保护层
HPC-J5	280	250		屈服	HPC 中间破碎，受力后弯钩向外顶，顶碎保护层
HPC-J5-2	280	250		屈服	HPC 中间破碎，受力后弯钩向外顶，顶碎保护层
HPC-J6	330	300		屈服	交界面处钢筋拉断一根，HPC 中间破碎
HPC-J6-2	330	300		屈服	HPC 破碎，受力后弯钩向外顶，顶碎保护层

2)受力性能

(1)承载力。系列三试验结果显示,同种横向布置工况下,在钢筋达到极限强度前,主筋搭接长度与承载力呈正相关趋势。同时钢筋横向10cm+10cm正位布置与15cm+5cm偏位布置的承载力没有显现出明显相关趋势。

此类构造下,10d钢筋外露长度不能使最终破坏时钢筋全部屈服;而12.5d及以上钢筋外露长度能够使钢筋全部屈服,15d钢筋外露长度依然不能使钢筋全部达到极限强度。

(2)变形延性。系列三试件桥面板UHPC接缝试件平均顶升位移-荷载关系(图6.1-25)显示,10d钢筋外露长度的试件破坏比较突然,延性较差;而12.5d及以上钢筋外露长度的试件有明显的屈服强化阶段或者达到最大强度后荷载较为稳定阶段,因此延性较好。

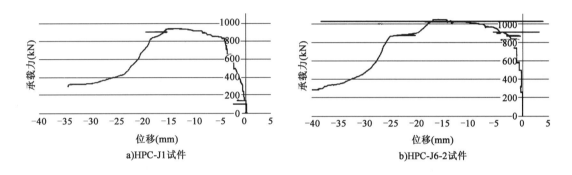

图6.1-25 系列三顶升位移-荷载关系

(3)开裂荷载。试件开裂时截面平均应力与C60混凝土抗拉标准强度2.85MPa之比均在65%以下,均值为49%,开裂后裂缝宽度增长较快。

3)试验小结

系列三试验主要结论如下:

①同种横向布置工况下,在钢筋达到极限强度前,主筋搭接长度与承载力呈正相关趋势。10d钢筋外露长度不能使最终破坏时钢筋全部屈服;而12.5d及以上钢筋外露长度能够使钢筋全部屈服,15d钢筋外露长度依然不能使钢筋全部达到极限强度。

②钢筋横向10cm+10cm正位布置与15cm+5cm偏位布置的承载力没有显现出明显相关趋势。

③10d钢筋外露长度的试件破坏比较突然,延性较差;而12.5d及以上钢筋外露长度的试件有明显的屈服强化阶段或者达到最大强度后荷载较为稳定,因此延性较好。

④所有试件开裂时截面平均应力与C60混凝土抗拉标准强度之比均在65%以下,均值为49%,开裂后裂缝宽度增长较快。

6.1.3.4 系列四试验结果

系列四接缝试件为对比试件系列,共7个。试件在各关键时刻受力性能见表6.1-12。

系列四试件在各关键时刻受力性能汇总   表 6.1-12

试件编号	参数						
	湿接缝宽度 S_1（mm）	锚固长度 S_2（mm）	钢筋间距（cm）	P_y（kN）	P_u（kN）	P_{max}（kN）	P_c（kN）
NC-J1	500	350	单侧20，两侧钢筋位置对应横向钢筋4根	1155.52	1632.8	1335	190
HPC-J7	230	200	单侧20，交叉后10，无横向钢筋	866.64	1224.6	506	310
HPC-J8	280	250	单侧20，交叉后10，无横向钢筋	866.64	1224.6	510	190.6
SFRC-J5	230	200	单侧20，交叉后10，横向钢筋4根	866.64	1224.6	926	210
HPC-J9	230	200	单侧20，交叉后10，横向钢筋4根	866.64	1224.6	840	270.6
NC-J2	280	250	单侧20，交叉后10，横向钢筋4根	866.64	1224.6	871	170
UHPC-J10	170	140	单侧20，交叉后10，横向钢筋4根	866.64	1224.6	1116	90

1) 破坏过程及破坏形态

第一级荷载(单侧千斤顶加载至 6kN)抵消接缝上半部试件自重后，接缝全截面纵筋及混凝土处于较为均匀的受拉状态。接缝处干湿混凝土间的抗拉强度小于整体浇筑的普通混凝土，因此试件均首先开裂于接缝界面，且该裂缝迅速贯通上下两处接缝界面。

随着荷载进一步增大，NC-J1 试件湿接缝内裂缝无规律大面积开展，最终钢筋拉断导致试件破坏(图 6.1-26)；HPC-J7、HPC-J8 试件裂缝均呈现波浪形，最终破坏面也呈波浪形；SFRC-J5、HPC-J9、NC-J2 试件裂缝在湿接缝内大量展开，最终保护层混凝土破碎，核心剪切破碎导致试件破坏(图 6.1-27)；UHPC-J10 试件 UHPC 内出现裂缝较少，最终材料交界面上的主筋断裂导致试件失效(图 6.1-28)。

系列四试件破坏模式见表 6.1-13。

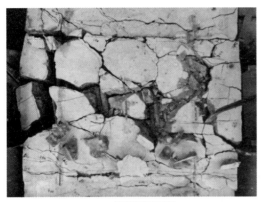 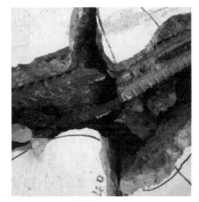

a)接缝界面开裂　　　　　　　　　　b)试件失效

图 6.1-26　NC-J1 试件破坏时刻开裂状态

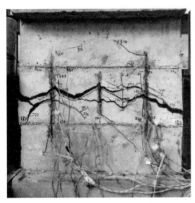 

a)接缝界面开裂　　　　　　　　　　b)试件失效

图 6.1-27　HPC-J9 试件破坏时刻开裂状态

 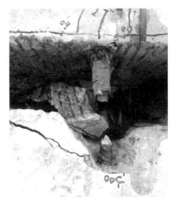

a)接缝界面开裂　　　　　　　　　　b)试件失效

图 6.1-28　UHPC-J10 试件破坏时刻开裂状态

系列四试件破坏模式汇总 表6.1-13

试件编号	参数				破坏特征（初始裂缝均在两种材料交界面上）
	湿接缝宽度 S_1（mm）	锚固长度 S_2（mm）	钢筋间距（cm）	钢筋是否屈服	
NC-J1	500	350	单侧20,两侧钢筋位置对应	屈服	后期偏心受力,钢筋拉断数根
HPC-J7	参考HPC-J1,无横向钢筋			未屈服	HPC中产生波浪形裂缝
HPC-J8	参考HPC-J2,无横向钢筋			未屈服	SFRC中产生波浪形裂缝
SFRC-J5	230	200	单侧20,交叉后10	屈服	核心混凝土剪切破碎
HPC-J9	230	200	单侧20,交叉后10	部分屈服	核心混凝土剪切破碎
NC-J2	280	250	单侧20,交叉后10	屈服	核心混凝土剪切破碎
UHPC-J10	170	140	单侧20,交叉后10	屈服	交界面处钢筋拉断

2）试验小结

（1）传统接缝形式。NC-J1试件所代表的传统接缝形式,其破坏时钢筋拉断,其承载力能够满足工程需求,但其接缝宽度为500mm,现浇量较大,且钢筋需要焊接,工艺繁杂。

（2）横向钢筋对承载力的影响。HPC-J1、HPC-J2和HPC-J7、HPC-J8为有无横向钢筋的对比试件,结果（图6.1-29）显示,在接缝宽度不能满足钢筋拉断的需求时,此类构造中横向钢筋能够显著提升试件的承载力,分别提升77%和90%;此外,试件的破坏形式也不一致,无横向钢筋的试件延性非常差,为脆性破坏。

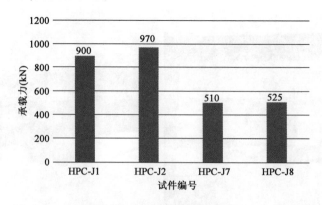

图6.1-29 有无横向钢筋承载力对比

（3）钢筋形状对承载力的影响。SFRC-J5、HPC-J9和SFRC-J1、HPC-J1为钢筋形状的对比试件,图6.1-30显示了U形钢筋和180°弯钩钢筋对承载力的影响。结果显示,在使用SFRC

材料的情况下,180°弯钩试件(SFRC-J1、HPC-J1)的承载力略大于U形钢筋试件(SFRC-J5、HPC-J9)。这可能是由于两个180°弯钩形成的U形环横向套箍面积更大,减小了试件受剪时的剪跨比,增大了核心混凝土的抗剪切能力,提高了试件承载力。

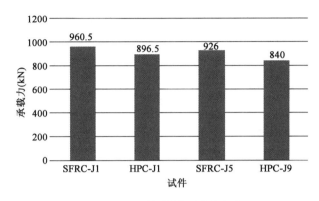

图6.1-30 钢筋形状与承载力关系

NC-J2为HPC-J2的对比试件,试件结果显示采用180°弯钩钢筋的HPC接缝承载力为969kN,采用U形环筋的C60试件的承载能力为871kN,前者承载力更大。

6.1.4 主要研究结论

6.1.4.1 结论与建议

①传统接缝承载力能够满足工程需求,但接缝较宽,现浇量较大,且钢筋需要焊接,工艺繁杂。

②HPC材料接缝,横向钢筋能够显著提升试件的承载力和延性。

③SFRC材料接缝,180°弯钩钢筋试件的承载力略大于U形钢筋试件。这可能是由于两个180°弯钩形成的U形环横向套箍面积更大,增大了核心混凝土的抗剪切能力,提高了试件的承载力。

④普通C60混凝土接缝钢筋能够达到屈服,但钢筋屈服后强度增长相对其他材料接缝略小些;与之相比,180°弯钩钢筋+HPC(C80)的组合能够较大提高接缝承载力。

⑤在HPC(C80)中加入钢纤维的SFRC能够提高接缝承载力。

⑥系列一180°弯钩钢筋+SFRC试件,接缝承载力与主筋搭接长度呈正相关,同时钢筋正位布置试件的承载力比偏位布置更大,建议此类型构造接缝宽度不小于30cm、钢筋搭接长度不小于25cm。当钢筋采用U形钢筋时,接缝宽度和钢筋搭接长度相同。

⑦系列二直钢筋+UHPC试件,接缝承载力与主筋搭接长度呈正相关,同时钢筋正位布置试件的承载力同样比偏位布置略大。建议此类型构造的接缝宽度不小于25cm、钢筋搭接长度不小于20cm。当钢筋采用U形钢筋时,接缝宽度建议不小于20cm、钢筋搭接长度不小于15cm。

⑧系列三180°弯钩钢筋+HPC试件,接缝承载力与主筋搭接长度呈正相关,接缝的承载力与主筋横向布置无明显相关性。建议此类型构造接缝宽度不小于30cm、钢筋搭接长度不小于25cm。当钢筋采用U形钢筋时,接缝宽度和钢筋搭接长度相同。

⑨普通C60混凝土U形钢筋构造的接缝也能够满足屈服条件,建议接缝宽度大于30cm、钢筋搭接长度大于25cm。

6.1.4.2 工程应用

上海龙东大道(罗山路-G1503)改建工程结合以上研究结论,主线高架小箱梁桥面板湿接缝采用U形钢筋等距交叉布置、不焊接+C80钢纤维混凝土或C60钢纤维混凝土形式(图6.1-31、图6.1-32);主线双T梁桥面板湿接缝采用直钢筋等距交叉布置、不焊接(图6.1-33)+UHPC形式。

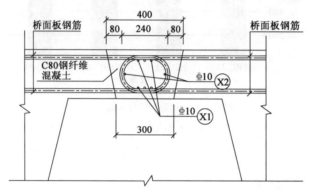

图6.1-31 U形钢筋等距交叉布置、不焊接+C80钢纤维混凝土(尺寸单位:mm)

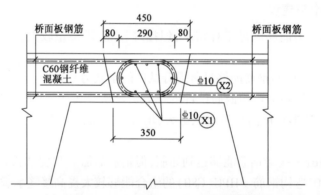

图6.1-32 U形钢筋等距交叉布置、不焊接+C60钢纤维混凝土(尺寸单位:mm)

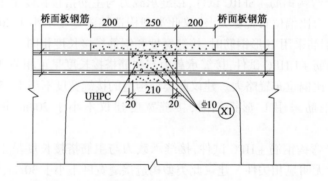

图6.1-33 直钢筋交叉、不焊接+UHPC(尺寸单位:mm)

6.2 灌浆金属波纹管锚固性能试验研究

6.2.1 研究目的与内容

6.2.1.1 研究目的

为保证桥梁预制拼装结构的使用性能、力学性能和结构安全要求。通过灌浆金属波纹管、钢筋黏结滑移力学行为的拉拔试验研究，对灌浆金属波纹管锚固连接构造的关键力学行为进行试验验证，为实际工程提供技术支持。

6.2.1.2 研究内容

①通过灌浆金属波纹管钢筋的拉拔试验，研究钢筋与高性能砂浆的黏结滑移力学行为。

②通过比较采用不同钢筋直径、锚固长度、对中等情况的试件试验结果，研究这些因素对钢筋锚固性能的作用与影响，为建立实际工程应用的设计参数提供基础性试验数据。

6.2.2 试验方案

6.2.2.1 概况

灌浆金属波纹管钢筋拉拔试验在初步拟定时，制定了55组试件，每组包含2个钢筋拉拔试件，分四个批次进行拉拔试验。

四批拉拔试验均采用单向拉拔，试件中钢筋包括HRB500和HRB400两种类型，波纹管涉及普通的镀锌金属波纹管和新型的压制成型波纹管，试件均采用C40混凝土并灌注抗压强度为100MPa的高强砂浆。其中普通波纹管即为桥梁工程中预应力筋管道成孔时常用的镀锌金属波纹管(图6.2-1)，新型的压制成型波纹管采用2mm厚的Q235钢管压制成型，波高3mm左右，如图6.2-2所示。相较于普通金属波纹管，其具有更高的强度、更大的相对肋面积和更

 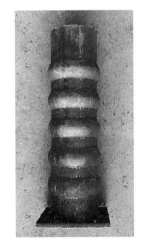

图6.2-1 普通的镀锌金属波纹管　　图6.2-2 新型的压制成型波纹管

好的整体性,能够更有效地避免加载过程中波纹管的撕裂,给砂浆提供更强的径向约束,为钢筋与灌浆料及波纹管与混凝土提供更好的黏结条件。

第一批拉拔试件均采用HRB400钢筋和普通的镀锌金属波纹管(表6.2-1)。第二、第三、第四批拉拔试件均采用HRB500钢筋和新型的压制成型波纹管(表6.2-2、表6.2-3、表6.2-4)。

第一批拉拔试件概况(单位:mm)　　　　　　　　　　　表6.2-1

试件编号	波纹管类型	钢筋直径	锚固长度	相对位移	壁厚	波纹管外径
1-1号	普通	36	30d	居中	0.35	80
1-2号	普通	36	30d	贴边	0.35	80
1-3号	普通	36	25d	居中	0.35	80
1-4号	普通	36	25d	贴边	0.35	80
1-5号	普通	28	25d	居中	0.35	70
1-6号	普通	28	25d	贴边	0.35	70
1-7号	普通	25	30d	居中	0.35	65
1-8号	普通	25	30d	贴边	0.35	65
1-9号	普通	40	25d	居中	0.35	80
1-10号	普通	40	25d	居中	0.35	80

注:d为钢筋直径。

第二批拉拔试件概况(单位:mm)　　　　　　　　　　　表6.2-2

试件编号	波纹管类型	钢筋直径	锚固长度	相对位移	波纹管内径	波纹管外径
2-1号	新型	36	35d	居中	61	75
2-2号	新型	36	35d	贴边	61	75
2-3号	新型	36	30d	居中	74	88
2-4号	新型	36	30d	贴边	74	88
2-5号	新型	28	35d	居中	46	60
2-6号	新型	28	35d	贴边	46	60
2-7号	新型	28	30d	居中	61	75
2-8号	新型	28	30d	贴边	61	75
2-9号	新型	25	35d	居中	46	60
2-10号	新型	25	35d	贴边	46	60
2-11号	新型	25	30d	居中	61	75
2-12号	新型	25	30d	贴边	61	75
2-13号	新型	14	35d	居中	46	60

注:d为钢筋直径。

6 预制构件连接技术试验研究

第三批拉拔试件概况（单位：mm）　　　　　表 6.2-3

试件编号	波纹管类型	钢筋直径	锚固长度	相对位置	波纹管内径	波纹管外径
3-1 号	新型	25	24d	居中	61	75
3-2 号	新型	25	24d	贴边	61	75
3-3 号	新型	25	24d	居中	46	60
3-4 号	新型	25	24d	贴边	46	60
3-5 号	新型	25	12d	居中	61	75
3-6 号	新型	25	12d	贴边	61	75
3-7 号	新型	25	12d	居中	46	60
3-8 号	新型	25	12d	贴边	46	60
3-9 号	新型	25	10d	居中	61	75
3-10 号	新型	25	10d	贴边	61	75
3-11 号	新型	25	10d	居中	46	60
3-12 号	新型	25	10d	贴边	46	60
3-13 号	新型	25	8d	居中	61	75
3-14 号	新型	25	8d	贴边	61	75
3-15 号	新型	25	8d	居中	46	60
3-16 号	新型	25	8d	贴边	46	60
3-17 号	新型	25	6d	居中	61	75
3-18 号	新型	25	6d	贴边	61	75
3-19 号	新型	25	6d	居中	46	60
3-20 号	新型	25	6d	贴边	46	60

注：d 为钢筋直径。

第四批拉拔试件概况（单位：mm）　　　　　表 6.2-4

试件编号	波纹管类型	钢筋直径	锚固长度	相对位移	波纹管内径	波纹管外径
4-1 号	新型	25	10d	居中	46	60
4-2 号	新型	25	10d	贴边	46	60
4-3 号	新型	28	10d	居中	46	60
4-4 号	新型	28	10d	贴边	46	60
4-5 号	新型	36	12d	居中	61	75

续上表

试件编号	波纹管类型	钢筋直径	锚固长度	相对位移	波纹管内径	波纹管外径
4-6 号	新型	36	12d	贴边	61	75
4-7 号	新型	25	15d	居中	61	75
4-8 号	新型	25	15d	贴边	61	75
4-9 号	新型	25	20d	居中	46	60
4-10 号	新型	25	20d	贴边	46	60
4-11 号	新型	28	12d	居中	46	60
4-12 号	新型	28	12d	贴边	46	60

注:d 为钢筋直径。

6.2.2.2 试件设计

试件加工制作时,每组的两个同类试件对称浇筑在同一试件中(图 6.2-3),即 1-1 号试件中所包含 1-1-1 号和 1-1-2 号两个相同样本,其余试件亦然。

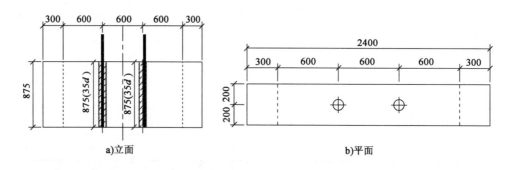

图 6.2-3 灌浆金属波纹管钢筋拉拔试件构造示意(尺寸单位:mm)

所有批次试件平面尺寸均为 2400mm×600mm(图 6.2-4),但高度按照锚固长度需要和浇筑制作便利性进行分组,试件最小高度为 640mm,最大高度为 1260mm。

试件中波纹管长度与钢筋锚固长度一致,大部分试件波纹管长度小于试件高度,少数试件中两数据相同。

灌浆波纹管试件所用混凝土的强度等级均为 C40,高强砂浆抗压强度为 100MPa。

四批试件配筋形式相同,主要由三种形式的钢筋组成(图 6.2-4),构成试件整体钢筋笼的 2、3、4、4′钢筋均采用直径 12mm 的 HRB400 热轧带肋钢筋;用于定位金属波纹管的构造短钢筋 5 采用直径 8mm 的 HPB300 热轧光圆钢筋。

试件采用对不同直径、不同锚固长度钢筋在波纹管内居中和贴边的拉拔模型。

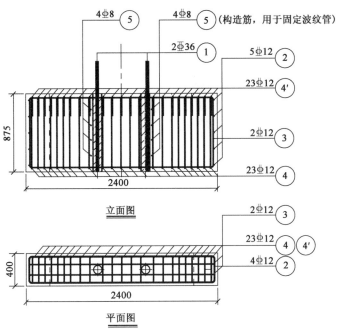

图 6.2-4 灌浆金属波纹管钢筋拉拔试件配筋设计(尺寸单位:mm)

6.2.2.3 试件制作

所有试件在预制场制作(图 6.2-5)。管道的压浆工艺、材料与设备等与实际工程一致。

a) 试件钢筋笼及模板

b) 试件浇筑

c) 混凝土终凝和钢筋定位安装

d) 试件拆模

图 6.2-5

e)高强度砂浆拌制

f)压浆

图 6.2-5　试件制作

6.2.2.4　加载及测试

灌浆金属波纹管钢筋拉拔试验的试验装置和实际安装情况如图 6.2-6 所示。其中,试件通过钢横梁和地脚螺栓锚固在反力地槽上。试件上部通过两副竖向反力架以及支撑在两副反力架上的大尺寸钢横梁来建立竖向加载系统。荷载由加载吨位为 1500kN、位移行程为 ±250mm 的电液伺服作动器(MTS 793 系列作动器)施加(图 6.2-6)。

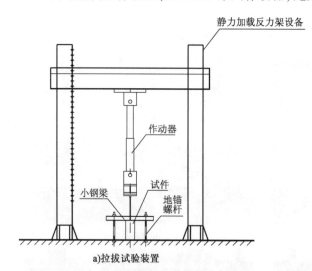
a)拉拔试验装置

b)拉拔试验实际安装情况

图 6.2-6　拉拔试验装置和实际安装情况

对于作动器与钢筋的连接构造,在试验设计时计划采用螺栓连接,即对钢筋加载端进行镦粗车丝[图 6.2-7a)],在加载时利用加载板卡住螺栓进行加载。在早期试验进行过程中,试件钢筋极易在螺栓区域或附近断裂,从而呈现出较小的极限荷载。因而在后续试验中改变了加载端的处理,采用如图 6.2-7b)所示的焊接方式,即在钢筋加载端焊接一块小钢板,在加载时利用加载板卡住小钢板进行加载。

拉拔试验中所有试件均采用单向拉拔加载直至破坏。试验中采用位移控制的方式进行分级加载,每级加载频率为 0.02Hz。各加载位移等级为 5.0mm、10mm、15mm、20mm、25mm、

30mm、40mm、50mm、60mm,而后按每级20mm递增直至钢筋拉断或拔出。每级位移加载到位时持载,进行破坏现象的观察和标记工作。

a) 钢筋镦粗车丝

b) 钢筋焊接

图 6.2-7　拉拔试件加载端处理

试验过程中测量的内容包括荷载、位移、应变三部分,所有试验数据均采用国产DH3817数据自动采集系统进行采集,采集频率为5Hz。

荷载通过电液伺服作动器施加,DH3817数据自动采集系统与作动器连接可直接采集荷载值。

位移测量主要在于监测钢筋位移和滑移量。其中作动器自身带有的位移采集系统可直接采集位移数据并传递给DH3817数据采集系统。而滑移量的监测则通过布置在钢筋出露段底部附近的位移计,测量钢筋与混凝土表面的相对位移(图6.2-8)。

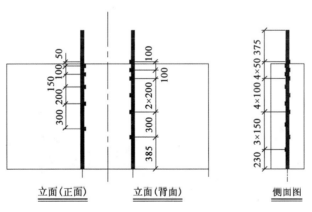

图 6.2-8　位移测量

应变的测量包括钢筋、波纹管的多个应变值的测量,所采用的应变片电阻值为119.9Ω,灵敏系数为2.060。鉴于拉拔试验中钢筋应变通常由锚固面往下先急剧减小再趋于平缓,故而沿钢筋纵向采取上密下疏的方式布置应变片。由于试件的锚固长度不同,应变片的数量有所差异。如图6.2-8所示,以最长的2-1号试件为例说明应变片布置方式:第一个应变布置在锚固面以上2.5cm处,其下3个应变片间距为5cm,再往下4个应变片间距为10cm,而后应变片按间距15cm往下布置。其余试件也遵照此方式进行布置,仅根据锚固长度相应减小下侧应变片数量。由于试验中采用压制成型的金属波纹管,刚度较大,可能承受相当的应力,故也布置有应变片。波纹管上应变片布置较少,每个波纹管仅布置三个应变片,上应变片布置在距锚固界面5cm处,中应变片布置在波纹管长度中心位置,下应变片布置在距底部5cm处。第二批试件在波纹管中部另外补充了一个测量环向应变的应变片。

6.2.3 试验结果与分析

6.2.3.1 拉拔试验现象

通过本项目的灌浆金属波纹管钢筋拉拔试验,研究钢筋与高性能砂浆的黏结滑移力学行为;通过比较采用不同钢筋直径、锚固长度、对中等情况的试件试验结果,研究这些因素对钢筋锚固性能的作用与影响。

1)典型损伤发展过程

灌浆金属波纹管钢筋拉拔试件的试验破坏现象有多种形式,试验试件在加载过程中体现出基本相近的损伤发展过程,以 3-12#-1 为例进行说明:首先在钢筋与砂浆界面产生径向或放射状的微裂缝[如图 6.2-9a)所示,为方便观察,微裂缝用粗线标示];与此同时在上侧界面产生放射状的裂缝[图 6.2-9b)];且逐渐扩展至试件侧面形成竖裂缝,并随着荷载的增加向下延伸[图 6.2-9c)];其后在竖裂缝两侧产生斜裂缝[图 6.2-9d)]。

a)钢筋与砂浆界面微裂缝

b)界面放射状裂缝

c)竖裂缝产生与发展

d)斜裂缝产生与发展

图 6.2-9 灌浆金属波纹管钢筋拉拔试件典型损伤发展过程

随着荷载的进一步增加,既有裂缝扩展加宽,损伤愈加严重。砂浆在形成微裂缝后,随着荷载的增加又有新的裂缝在表面形成,在表面的裂缝网形成后表层部分砂浆体随钢筋变形而鼓出,在试验后对这些砂浆碎石进行清理,可见深 2~3cm 的锥孔[图 6.2-10a)],锥体下方的高强度砂浆基本保持密实;混凝土界面最先向侧面方向形成放射状裂缝,而随着加载的进行,其他方向也会产生放射状的裂缝组,同时可能产生次裂缝[图 6.2-10b)];而试件侧面形成的竖裂缝和斜裂缝随着荷载的增加也发生明显的扩展和延伸,裂缝宽度也有明显增大的趋势[图 6.2-10c)、d)]。

a)砂浆锥孔

b)混凝土界面裂缝分布

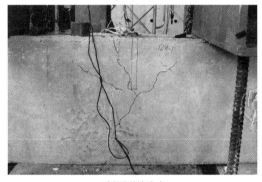

c)侧面裂缝分布一

d)侧面裂缝分布二

图 6.2-10 试件最终损伤

2)典型破坏模式

本试验中试件所采用锚固长度为 $6d$~$35d$,变化范围较大,钢筋-灌浆金属波纹管锚固体系存在着多个黏结界面,试验中出现了多种破坏模式。对试件的破坏情况进行统计,典型破坏模式主要有加载端破坏、加载区钢筋断裂、钢筋断裂、波纹管拔出、钢筋拔出、砂浆不完全拔出 6 类。以下对这 6 类破坏模式分别进行论述。

(1)加载端破坏。本试验在加载端的处理上先后采用了螺栓连接和焊接两种形式。试验中采用了强度较高的 HRB500 钢筋,需要通过螺栓或焊接传递较大的荷载,局部应力很大。该破坏模式在各批试件中均有出现,共计有 12 个试件在加载端发生破坏而导致无法继续加载,如 2-5#-1 出现螺纹磨平[图 6.2-11a)],2-6#-2 则发生焊缝的剪切破坏[图 6.2-11b)]。

显然这是一种由力主导的破坏模式,当螺栓或焊缝强度不足以承受荷载时会发生相应的破坏。后期的数据分析表明,12 个加载端失效的试件中,仅 3 个试件在钢筋屈服前破坏,其余 9 个试件的钢筋应力均已超过屈服应力实现强化,但在强化过程中加载端破坏,试件数据可部分采用。此外,由于荷载相对较小,试件损伤均较为轻微,未发现混凝土的鼓胀,钢筋-砂浆、砂浆-波纹管、波纹管-混凝土这三个界面也未观察到有明显的错动。

a)螺纹磨平　　　　　　　　　　　　　　b)焊缝剪切破坏

图6.2-11　加载端破坏

(2)加载区钢筋断裂。与加载端破坏相比,试验中发生加载区钢筋断裂更为常见。这些构件加载部位并未失效,但由于螺栓车丝和焊接钢板对加载区的附近钢筋有不同程度的损伤和削弱,因而钢筋最终在该区域断裂(图6.2-12)。

a)螺纹区断裂　　　　　　　　　　　　　b)螺纹区断裂裂口

c)焊接区断裂　　　　　　　　　　　　　d)焊接区断裂裂口

图6.2-12　加载区钢筋断裂

共计有28个试件的钢筋在加载端附近断裂,将2-3#-2[图6.2-12a)、b)]和3-13#-2[图6.2-12c)、d)]分别作为钢筋在螺纹区断裂和钢筋在焊接区断裂的典型,钢筋在这些区段断裂时,断口较为平整,没有明显的颈缩。后期的数据分析表明,除1-8#-1过早脆断外,其余以这种形式破坏的钢筋应力均已超过屈服应力实现强化,但强化至不同程度时发生断裂。其混凝土和砂浆损伤视试件具体参数和断裂时荷载不同而不同。

(3)钢筋断裂。钢筋断裂是拉拔试验常见的一种破坏模式,直观地表现出锚固构造强度高于钢筋母材强度,是对锚固构造性能良好的有效验证。

本试验中,锚固长度大于$12d$的试件均未发生锚固破坏,即锚固长度大于$12d$的试件除发生加载端失效和加载区钢筋断裂外,其余试件(共计48个)均以钢筋断裂形式破坏。

应变片的粘贴需要对钢筋部分表面进行抛光而使钢筋产生削弱,钢筋断裂的试件中有小部分试件断裂处集中在外露应变片位置[图6.2-13a)],但此处微小的削弱对钢筋性能影响并不大,大部分试件在钢筋中部断裂[图6.2-13b)]。

a)应变片处钢筋断裂　　　　　　　　b)钢筋中部断裂

图6.2-13　钢筋断裂

(4)波纹管拔出。波纹管拔出是钢筋-灌浆金属波纹管锚固构造锚固破坏模式的一种,共有16个试件发生波纹管拔出破坏,涵盖了$6d\sim12d$的锚固长度范围。

波纹管拔出发生在钢筋与砂浆之间具有牢靠的黏结、但混凝土对波纹管的约束与锚固不足的部位,伴随混凝土的劈裂破坏,波纹管及其内钢筋、砂浆被整体拔出。如图6.2-14所示,以3-18#-2试件为例说明其破坏情况。

试件两个侧面均有竖裂缝和斜裂缝发展,但由于进浆管的存在,两个侧面的损伤并不对称。加载过程中混凝土对进浆管形成竖向约束,使波纹管有向进浆管侧倾斜转动的趋势,导致混凝土裂缝在两个侧面有不同的发展形式,进浆管侧混凝土掀起程度明显小于另一侧[图6.2-14a)、b)]。继续加载后,进浆管发生屈曲甚至断裂,波纹管拔出,两侧混凝土均掀起[图6.2-14c)、d)]。试件破坏后,混凝土界面沿初期界面裂缝掀起[图6.2-14e)]。但钢筋-砂浆、砂浆-波纹管这两个界面未观察到有明显的错动,砂浆表面仅有少量微裂缝[图6.2-14f)所示,为方便观察,微裂缝用粗线标示],且仍保持较为密实的状态。

(5)钢筋拔出。钢筋拔出是钢筋-灌浆金属波纹管锚固构造锚固破坏的另一种模式,集中发生在锚固长度为$6d\sim8d$的试件上,包括3-15#~3-17#-1共计5个试件。

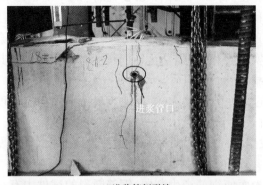
a)进浆管侧裂缝

b)进浆管对侧裂缝

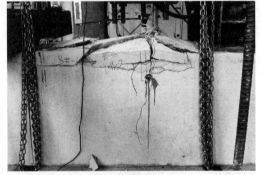
c)进浆管侧破坏情况

d)进浆管对侧破坏情况

e)混凝土界面鼓出

f)砂浆损伤情况

图 6.2-14 波纹管拔出

当钢筋从砂浆中拔出时,试件的波纹管与混凝土黏结良好,混凝土损伤相对轻微。以3-15#-1试件为例说明其破坏情况(图6.2-15)。混凝土界面存在多条放射状裂缝[图6.2-15c)],且以波纹管为中心呈现出中心对称。试件两侧面均有直裂缝和斜裂缝发展,但损伤程度明显小于波纹管拔出试件[图6.2-15a)、b)]。砂浆-波纹管、波纹管-混凝土这两个界面未观察到有明显的错动,仅表面少量砂浆发生鼓胀并随钢筋拔出,这些砂浆高 2~3cm[图 6.2-15d)]。试件清理后发现仅钢筋附近有砂浆碎屑和松动,其余仍保持密实。

(6)砂浆不完全拔出。砂浆不完全拔出也属于锚固破坏的一种形式,是本试验中罕见的破坏形式,仅发生在 3-17#-2 这一个试件上。

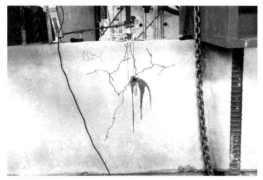
a)进浆管侧裂缝

b)进浆管对侧裂缝

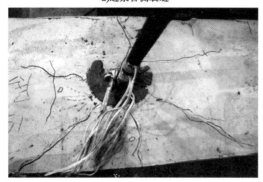
c)混凝土界面损伤

d)钢筋拔出与砂浆损伤

图 6.2-15　钢筋拔出

这种破坏模式是砂浆体劈裂、拔出和钢筋拔出的结合形式。试件的混凝土损伤相对较轻微,界面放射状裂缝和两侧面的直裂缝、斜裂缝均有发展但宽度较小[图 6.2-16a)、b)]。波纹管-混凝土界面未观察到有明显的错动,砂浆体在界面以下最小 3.5cm、最大 6cm 形成斜向断面,从波纹管中拔出,斜向断面下侧的钢筋从砂浆中拔出。砂浆锥台体、钢筋形成了该破坏模式下的拔出体[图 6.2-16c)、d)]。试验后发现仅在波纹管内砂浆表面和钢筋孔中发现砂浆碎屑和碎块,其余部分仍基本保持密实。

a)侧面裂缝

b)混凝土界面裂缝

图 6.2-16

c)拔出情况

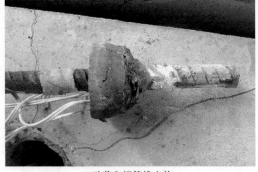
d)砂浆和钢筋拔出体

图 6.2-16　砂浆不完全拔出

6.2.3.2　各试件损伤破坏状况

由于拉拔试件较多,此处以试件侧面裂缝延伸长度作为指标,统计的试件损伤状况,结果见表 6.2-5 ~ 表 6.2-9。

试件损伤状况　　　　　　　　　　　　　　　　　表 6.2-5

试件编号	试件参数	破坏形式	竖裂缝延伸长度(cm)	斜裂缝延伸长度(cm)
1-1#-1	C36-30d-TD80-C	钢筋断裂	85	37
1-1#-2		钢筋断裂	73	23
1-2#-1	C36-30d-TD80-S	加载端失效	73	12
1-2#-2		钢筋断裂	75	12
1-3#-1	C36-25d-TD80-C	加载区钢筋断裂	61	9
1-3#-2		钢筋断裂	79	16
1-4#-1	C36-25d-TD80-S	钢筋断裂	21	—
1-4#-2		加载区钢筋断裂	38	—
1-5#-1	C28-25d-TD70-C	钢筋断裂	66	28
1-5#-2		加载区钢筋断裂	33	—
1-6#-1	C28-25d-TD70-S	加载区钢筋断裂	10	—
1-6#-2		加载区钢筋断裂	69	16
1-7#-1	C25-30d-TD65-C	钢筋断裂	7	—
1-7#-2		加载区钢筋断裂	4	—
1-8#-1	C25-30d-TD65-S	加载区钢筋断裂	—	—
1-8#-2		加载端失效	—	—
1-9#-1	C40-25d-TD60-C	钢筋断裂	84	38
1-9#-2		钢筋断裂	83	45
1-10#-1	C40-25d-TD70-C	加载区钢筋断裂	76	35
1-10#-2		加载端失效	82	33

第一批拉拔试件损伤及破坏汇总   表 6.2-6

试件编号	试件参数	破坏形式	竖裂缝延伸长度(cm)	斜裂缝延伸长度(cm)
1-1#-1	C36-30d-TD80-C	钢筋断裂	85	37
1-1#-2		钢筋断裂	73	23
1-2#-1	C36-30d-TD80-S	加载端失效	73	12
1-2#-2		钢筋断裂	75	12
1-3#-1	C36-25d-TD80-C	加载区钢筋断裂	61	9
1-3#-2		钢筋断裂	79	16
1-4#-1	C36-25d-TD80-S	钢筋断裂	21	—
1-4#-2		加载区钢筋断裂	38	—
1-5#-1	C28-25d-TD70-C	钢筋断裂	66	28
1-5#-2		加载区钢筋断裂	33	—
1-6#-1	C28-25d-TD70-S	加载区钢筋断裂	10	—
1-6#-2		加载区钢筋断裂	69	16
1-7#-1	C25-30d-TD65-C	钢筋断裂	7	—
1-7#-2		加载区钢筋断裂	4	—
1-8#-1	C25-30d-TD65-S	加载区钢筋断裂	—	—
1-8#-2		加载端失效	—	—
1-9#-1	C40-25d-TD60-C	钢筋断裂	84	38
1-9#-2		钢筋断裂	83	45
1-10#-1	C40-25d-TD70-C	加载区钢筋断裂	76	35
1-10#-2		加载端失效	82	33

第二批拉拔试件损伤及破坏汇总   表 6.2-7

试件编号	试件参数	破坏形式	竖裂缝延伸长度(cm)	斜裂缝延伸长度(cm)
2-1#-1	D36-35d-ND75-C	加载区钢筋断裂	73	35
2-1#-2		钢筋断裂	40	—
2-2#-1	D36-35d-ND75-S	加载区钢筋断裂	53	—
2-2#-2		加载区钢筋断裂	44	—
2-3#-1	D36-30d-ND88-C	加载区钢筋断裂	47	—
2-3#-2		加载区钢筋断裂	21	—
2-4#-1	D36-30d-ND88-S	加载区钢筋断裂	91	12
2-4#-2		加载区钢筋断裂	80	15
2-5#-1	D28-35d-ND60-C	加载端失效	6	—
2-5#-2		加载区钢筋断裂	3	—

续上表

试件编号	试件参数	破坏形式	竖裂缝延伸长度(cm)	斜裂缝延伸长度(cm)
2-6#-1	D28-35d-ND60-S	加载区钢筋断裂	2	—
2-6#-2		加载端失效	—	—
2-7#-1	D28-30d-ND75-C	加载区钢筋断裂	22	—
2-7#-2		加载端失效	18	—
2-8#-1	D28-30d-ND75-S	加载区钢筋断裂	10	—
2-8#-2		加载区钢筋断裂	16	—
2-9#-1	D25-35d-ND60-C	钢筋断裂	5	—
2-9#-2		钢筋断裂	8	—
2-10#-1	D25-35d-ND60-S	加载区钢筋断裂	4	—
2-10#-2		加载区钢筋断裂	—	—
2-11#-1	D25-30d-ND75-C	钢筋断裂	24	—
2-11#-2		钢筋断裂	15	—
2-12#-1	D25-30d-ND75-S	钢筋断裂	14	—
2-12#-2		钢筋断裂	5	—
2-13#-1	D14-35d-ND60-C	钢筋断裂	—	—
2-13#-2		加载区钢筋断裂		

第三批拉拔试件损伤及破坏汇总　　　　　　　　　　表6.2-8

试件编号	试件参数	破坏形式	竖裂缝延伸长度(cm)	斜裂缝延伸长度(cm)
3-1#-1	D25-24d-ND75-C	钢筋断裂	—	—
3-1#-2		钢筋断裂	45	—
3-2#-1	D25-24d-ND75-S	加载端失效	40	—
3-2#-2		加载端失效	3	—
3-3#-1	D25-24d-ND60-C	钢筋断裂	42	—
3-3#-2		加载区钢筋断裂	11	—
3-4#-1	D25-24d-ND60-S	钢筋断裂	41	—
3-4#-2		钢筋断裂	9	—
3-5#-1	D25-12d-ND75-C	钢筋断裂	52	18
3-5#-2		钢筋断裂	—	—
3-6#-1	D25-12d-ND75-S	钢筋断裂	45	22
3-6#-2		钢筋断裂	15	—
3-7#-1	D25-12d-ND60-C	波纹管拔出	50	54
3-7#-2		钢筋断裂	—	—

续上表

试件编号	试件参数	破坏形式	竖裂缝延伸长度(cm)	斜裂缝延伸长度(cm)
3-8#-1	D25-12d-ND60-S	钢筋断裂	38	—
3-8#-2		钢筋断裂	20	—
3-9#-1	D25-10d-ND75-C	钢筋断裂	40	—
3-9#-2		钢筋断裂	20	—
3-10#-1	D25-10d-ND75-S	钢筋断裂	44	19
3-10#-2		钢筋断裂	44	14
3-11#-1	D25-10d-ND60-C	钢筋断裂	40	20
3-11#-2		钢筋断裂	54	16
3-12#-1	D25-10d-ND60-S	钢筋断裂	47	23
3-12#-2		钢筋断裂	43	10
3-13#-1	D25-8d-ND75-C	钢筋断裂	50	20
3-13#-2		加载区钢筋断裂	23	—
3-14#-1	D25-8d-ND75-S	波纹管拔出	50	20
3-14#-2		波纹管拔出	45	33
3-15#-1	D25-8d-ND60-C	钢筋拔出	45	18
3-15#-2		钢筋拔出	42	11
3-16#-1	D25-8d-ND60-S	钢筋拔出	51	13
3-16#-2		钢筋拔出	45	12
3-17#-1	D25-6d-ND75-C	钢筋拔出	45	10
3-17#-2		砂浆不完全拔出	40	13
3-18#-1	D25-6d-ND75-S	波纹管拔出	38	48
3-18#-2		波纹管拔出	46	50
3-19#-1	D25-6d-ND60-C	波纹管拔出	41	54
3-19#-2		波纹管拔出	52	56
3-20#-1	D25-6d-ND60-S	波纹管拔出	44	43
3-20#-2		波纹管拔出	47	55

第四批拉拔试件损伤及破坏汇总　　　　表 6.2-9

试件编号	试件参数	破坏形式	竖裂缝延伸长度(cm)	斜裂缝延伸长度(cm)
4-1#-1	D25-10d-ND60-C	钢筋断裂	38	—
4-1#-2		钢筋断裂	47	17
4-2#-1	D25-10d-ND60-S	加载区钢筋断裂	55	22
4-2#-2		波纹管拔出	51	37

续上表

试件编号	试件参数	破坏形式	竖裂缝延伸长度(cm)	斜裂缝延伸长度(cm)
4-3#-1	D28-10d-ND60-C	钢筋断裂	48	37
4-3#-2		波纹管拔出	55	37
4-4#-1	D28-10d-ND60-S	钢筋断裂	49	40
4-4#-2		钢筋断裂	49	36
4-5#-1	D36-12d-ND75-C	加载端失效	59	37
4-5#-2		波纹管拔出	64	38
4-6#-1	D36-12d-ND75-S	波纹管拔出	61	24
4-6#-2		波纹管拔出	60	23
4-7#-1	D25-15d-ND75-C	加载端失效	—	—
4-7#-2		加载端失效	—	—
4-8#-1	D25-15d-ND75-S	钢筋断裂	44	23
4-8#-2		钢筋断裂	43	19
4-9#-1	D25-20d-ND60-C	加载区钢筋断裂	23	—
4-9#-2		钢筋断裂	13	—
4-10#-1	D25-20d-ND60-S	加载端失效	36	—
4-10#-2		钢筋断裂	—	—
4-11#-1	D28-12d-ND60-C	钢筋断裂	41	29
4-11#-2		加载区钢筋断裂	45	25
4-12#-1	D28-12d-ND60-S	波纹管拔出	49	40
4-12#-2		波纹管拔出	47	26

表 6.2-7 中竖裂缝长度和斜裂缝长度遵照图 6.2-17 所示的统计方法。

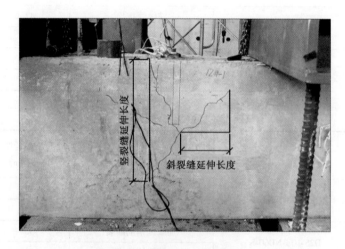

图 6.2-17 试件损伤统计方法图示

6.2.3.3 拉拔试验数据分析

1) 荷载-位移曲线

试验数据中荷载-位移曲线描述了试件总体的受力特性。由于试验过程中位移计与钢筋的夹持很不稳定,特别在钢筋屈服并伴有明显颈缩后,采集的滑移位移值可信度较低,无法代表真实的滑移响应。相对而言,作动器所采集的加载端位移值较为稳定可靠,故在本节中以加载端位移值作为横轴绘制各试件荷载-位移曲线(图6.2-18~图6.2-21)。

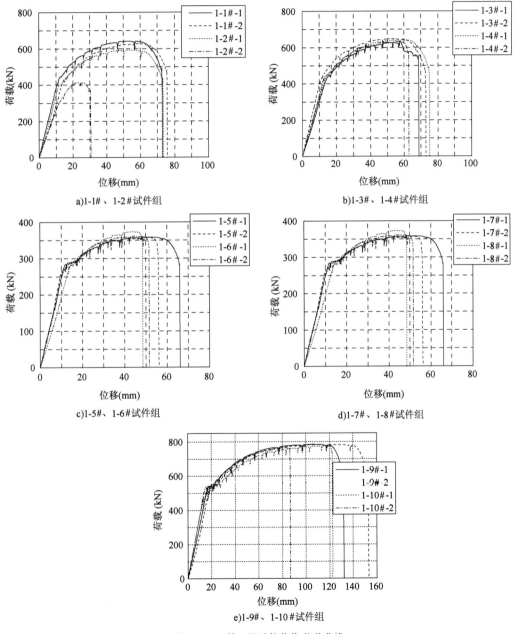

图6.2-18 第一批试件荷载-位移曲线

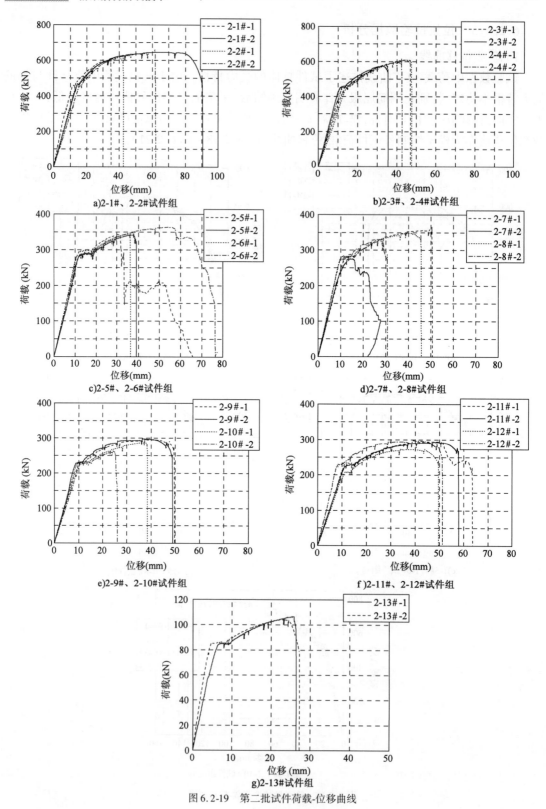

图 6.2-19 第二批试件荷载-位移曲线

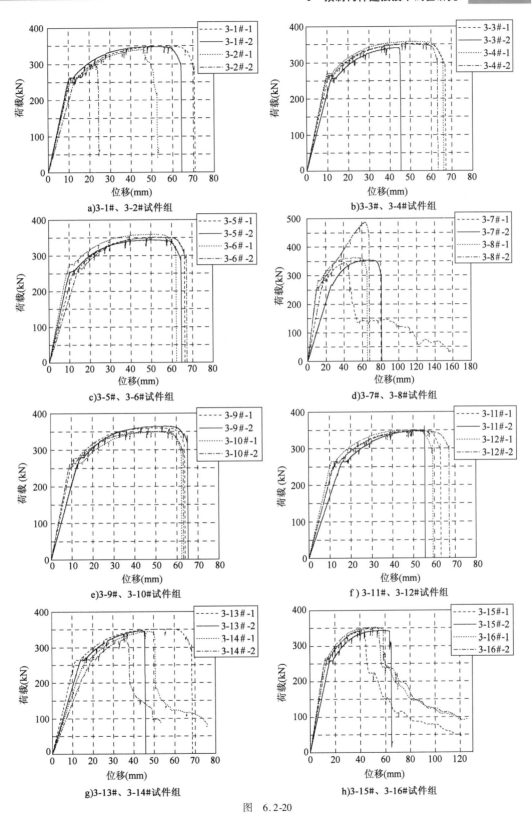

图 6.2-20

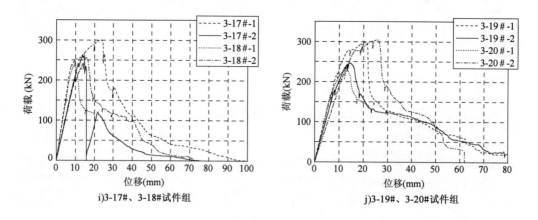

i) 3-17#、3-18#试件组　　　　j) 3-19#、3-20#试件组

图 6.2-20　第三批试件荷载-位移曲线

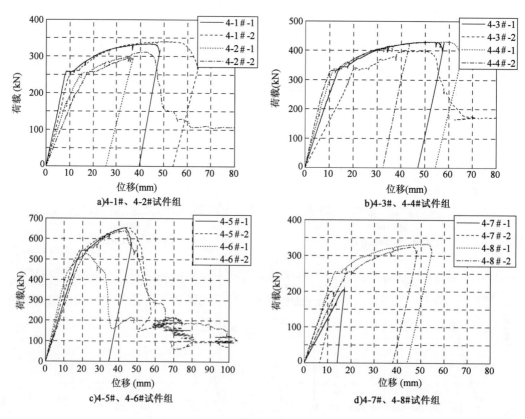

a) 4-1#、4-2#试件组　　　　b) 4-3#、4-4#试件组

c) 4-5#、4-6#试件组　　　　d) 4-7#、4-8#试件组

图 6.2-21

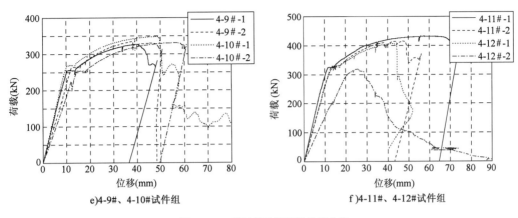

e) 4-9#、4-10#试件组　　　　f) 4-11#、4-12#试件组

图6.2-21　第四批试件荷载-位移曲线

2）特征强度

基于各试件的荷载-位移曲线和相应的数据，可得到试件的屈服荷载和极限荷载，进而计算出试验过程中钢筋的应力水平。试件荷载和钢筋应力详见表6.2-10～表6.2-13。

第一批拉拔试件荷载及钢筋应力　　　　　　　　　表6.2-10

试件编号	试件参数	破坏形式	屈服荷载（kN）	极限荷载（kN）	屈服应力（MPa）	极限应力（MPa）
1-1#-1	C36-30d-TD80-C	钢筋断裂	442.2	642.2	434.4	630.9
1-1#-2		钢筋断裂	401.5	628.3	394.4	617.3
1-2#-1	C36-30d-TD80-S	加载端失效	430.2	592.0	422.6	581.6
1-2#-2		钢筋断裂	—	416.1	—	408.8
1-3#-1	C36-25d-TD80-C	加载区钢筋断裂	441.4	630.4	433.6	619.3
1-3#-2		钢筋断裂	456.0	648.7	448.0	637.3
1-4#-1	C36-25d-TD80-S	钢筋断裂	451.7	641.5	443.8	630.2
1-4#-2		加载区钢筋断裂	429.3	632.8	421.8	621.7
1-5#-1	C28-25d-TD70-C	钢筋断裂	289.2	358.5	469.7	582.2
1-5#-2		加载区钢筋断裂	272.4	358.3	442.4	581.9
1-6#-1	C28-25d-TD70-S	加载区钢筋断裂	292.7	373.2	475.4	606.1
1-6#-2		加载区钢筋断裂	287.1	360.9	466.3	586.1
1-7#-1	C25-30d-TD65-C	钢筋断裂	227.2	298.0	462.8	607.1
1-7#-2		加载区钢筋断裂	229.3	307.2	467.1	625.8
1-8#-1	C25-30d-TD65-S	加载区钢筋断裂	—	194.3	—	395.8
1-8#-2		加载端失效	—	298.0	—	607.1
1-9#-1	C40-25d-TD60-C	钢筋断裂	537.6	785.0	427.8	624.7
1-9#-2		钢筋断裂	544.8	783.2	433.5	623.2
1-10#-1	C40-25d-TD70-C	加载区钢筋断裂	551.7	775.2	439.0	616.9
1-10#-2		加载端失效	541.3	765.2	430.8	608.9

第二批拉拔试件荷载及钢筋应力　　　　　　　表 6.2-11

试件编号	试件参数	破坏形式	屈服荷载（kN）	极限荷载（kN）	屈服应力（MPa）	极限应力（MPa）
2-1#-1	D36-35d-ND76-C	加载区钢筋断裂	458.0	597.2	450.0	586.7
2-1#-2		钢筋断裂	463.9	635.4	455.8	624.2
2-2#-1	D36-35d-ND75-S	加载区钢筋断裂	458.5	630.8	450.4	619.7
2-2#-2		加载区钢筋断裂	457.0	666.7	449.0	655.0
2-3#-1	D36-30d-ND88-C	加载区钢筋断裂	461.5	610.4	453.4	599.7
2-3#-2		加载区钢筋断裂	452.0	573.3	444.1	563.2
2-4#-1	D36-30d-ND88-S	加载区钢筋断裂	459.3	609.8	451.2	599.1
2-4#-2		加载区钢筋断裂	452.0	614.6	444.1	603.8
2-5#-1	D28-35d-ND60-C	加载端失效	307.4	342.8	499.2	556.7
2-5#-2		加载区钢筋断裂	283.2	341.7	459.9	554.9
2-6#-1	D28-35d-ND60-S	加载区钢筋断裂	286.5	345.2	465.3	560.6
2-6#-2		加载端失效	289.1	363.3	469.5	590.1
2-7#-1	D28-30d-ND75-C	加载区钢筋断裂	277.8	365.2	451.1	593.1
2-7#-2		加载端失效	274.8	274.8	446.3	446.3
2-8#-1	D28-30d-ND75-S	加载区钢筋断裂	279.8	348.5	454.4	566.0
2-8#-2		加载区钢筋断裂	280.2	330.6	455.0	536.8
2-9#-1	D25-35d-ND60-C	钢筋断裂	230.6	296.3	469.7	603.6
2-9#-2		钢筋断裂	228.7	298.5	465.9	608.1
2-10#-1	D25-35d-ND60-S	加载区钢筋断裂	232.6	286.7	473.8	584.0
2-10#-2		加载区钢筋断裂	227.8	263.3	464.0	536.5
2-11#-1	D25-30d-ND75-C	钢筋断裂	234.3	294.3	477.2	599.5
2-11#-2		钢筋断裂	227.6	293.5	463.7	598.0
2-12#-1	D25-30d-ND75-S	钢筋断裂	208.7	273.5	425.2	557.2
2-12#-2		钢筋断裂	229.1	297.8	466.7	606.6
2-13#-1	D14-35d-ND60-C	钢筋断裂	84.8	106.5	550.9	691.8
2-13#-2		加载区钢筋断裂	85.2	104.3	553.5	677.5

第三批拉拔试件荷载及钢筋应力　　　　　　　表 6.2-12

试件编号	试件参数	破坏形式	屈服荷载（kN）	极限荷载（kN）	屈服应力（MPa）	极限应力（MPa）
3-1#-1	D25-24d-ND75-C	钢筋断裂	261.7	349.1	533.1	711.1
3-1#-2		钢筋断裂	262.2	348.3	534.2	709.6
3-2#-1	D25-24d-ND75-S	加载端失效	256.7	339.6	522.9	691.9
3-2#-2		加载端失效	264.8	298.3	539.5	607.8

续上表

试件编号	试件参数	破坏形式	屈服荷载（kN）	极限荷载（kN）	屈服应力（MPa）	极限应力（MPa）
3-3#-1	D25-24d-ND60-C	钢筋断裂	265.4	352.2	540.6	717.6
3-3#-2		加载区钢筋断裂	256.3	341.1	522.1	694.9
3-4#-1	D25-24d-ND60-S	钢筋断裂	270.9	358.1	551.9	729.5
3-4#-2		钢筋断裂	265.6	350.4	541.0	713.8
3-5#-1	D25-12d-ND75-C	钢筋断裂	263.3	351.0	536.5	715.0
3-5#-2		钢筋断裂	255.7	343.7	521.0	700.2
3-6#-1	D25-12d-ND75-S	钢筋断裂	275.9	360.2	562.1	733.8
3-6#-2		钢筋断裂	264.4	351.1	538.7	715.3
3-7#-1	D25-12d-ND60-C	波纹管拔出	284.6	343.9	579.9	700.6
3-7#-2		钢筋断裂	267.8	353.3	545.5	719.8
3-8#-1	D25-12d-ND60-S	钢筋断裂	283.7	362.8	578.0	739.1
3-8#-2		钢筋断裂	260.0	487.6	529.7	993.3
3-9#-1	D25-10d-ND75-C	钢筋断裂	277.6	360.4	565.5	734.2
3-9#-2		钢筋断裂	279.5	365.0	569.3	743.6
3-10#-1	D25-10d-ND75-S	钢筋断裂	264.3	350.4	538.4	713.8
3-10#-2		钢筋断裂	263.7	350.0	537.2	713.0
3-11#-1	D25-10d-ND60-C	钢筋断裂	263.7	349.8	537.2	712.7
3-11#-2		钢筋断裂	263.9	361.1	537.6	735.7
3-12#-1	D25-10d-ND60-S	钢筋断裂	265.0	351.3	539.9	715.7
3-12#-2		钢筋断裂	260.2	346.9	530.1	706.6
3-13#-1	D25-8d-ND75-C	钢筋断裂	264.4	351.3	538.7	715.7
3-13#-2		加载区钢筋断裂	265.0	346.7	539.9	706.2
3-14#-1	D25-8d-ND75-S	波纹管拔出	265.9	344.5	541.8	701.7
3-14#-2		波纹管拔出	266.5	321.9	542.9	655.7
3-15#-1	D25-8d-ND60-C	钢筋拔出	262.6	343.5	535.0	699.8
3-15#-2		钢筋拔出	258.3	343.7	526.3	700.2
3-16#-1	D25-8d-ND60-S	钢筋拔出	266.3	353.0	542.5	719.1
3-16#-2		钢筋拔出	263.3	350.6	536.5	714.2
3-17#-1	D25-6d-ND75-C	钢筋拔出	250.7	300.4	510.8	611.9
3-17#-2		砂浆不完全拔出	—	260.9	—	531.6
3-18#-1	D25-6d-ND75-S	波纹管拔出	—	235.9	—	480.6
3-18#-2		波纹管拔出	—	257.0	—	523.6
3-19#-1	D25-6d-ND60-C	波纹管拔出	279.3	299.8	568.9	610.8
3-19#-2		波纹管拔出	—	246.7	—	502.5

续上表

试件编号	试件参数	破坏形式	屈服荷载(kN)	极限荷载(kN)	屈服应力(MPa)	极限应力(MPa)
3-20#-1	D25-6d-ND60-S	波纹管拔出	—	228.0	—	464.4
3-20#-2		波纹管拔出	277.6	304.8	565.5	621.0

第四批拉拔试件荷载及钢筋应力 表6.2-13

试件编号	试件参数	破坏形式	屈服荷载(kN)	极限荷载(kN)	屈服应力(MPa)	极限应力(MPa)
4-1#-1	D25-10d-ND60-C	钢筋断裂	257.8	333.5	525.1	679.5
4-1#-2		钢筋断裂	260.6	339.6	530.8	691.9
4-2#-1	D25-10d-ND60-S	加载区钢筋断裂	254.8	299.1	519.1	609.3
4-2#-2		波纹管拔出	257.8	311.3	525.1	634.2
4-3#-1	D28-10d-ND60-C	钢筋断裂	344.5	429.1	559.4	696.8
4-3#-2		波纹管拔出	338.2	398.7	549.2	647.5
4-4#-1	D28-10d-ND60-S	钢筋断裂	336.1	430.4	545.9	699.0
4-4#-2		钢筋断裂	331.9	423.0	539.0	687.0
4-5#-1	D36-12d-ND75-C	加载端失效	542.8	653.5	533.3	642.1
4-5#-2		波纹管拔出	541.7	655.6	532.2	644.1
4-6#-1	D36-12d-ND75-S	波纹管拔出	—	526.3	—	517.1
4-6#-2		波纹管拔出	551.7	640.2	542.0	629.0
4-7#-1	D25-15d-ND75-C	加载端失效	—	208.0	—	423.7
4-7#-2		加载端失效	—	201.3	—	410.1
4-8#-1	D25-15d-ND75-S	钢筋断裂	255.6	332.6	520.6	677.6
4-8#-2		钢筋断裂	254.8	324.6	519.1	661.4
4-9#-1	D25-20d-ND60-C	加载区钢筋断裂	255.6	327.2	520.6	666.6
4-9#-2		钢筋断裂	264.8	335.0	539.5	682.5
4-10#-1	D25-20d-ND60-S	加载端失效	270.0	348.2	550.0	709.3
4-10#-2		钢筋断裂	254.1	311.1	517.6	633.8
4-11#-1	D28-12d-ND60-C	钢筋断裂	324.5	431.7	526.9	701.0
4-11#-2		加载区钢筋断裂	330.6	414.5	536.8	673.1
4-12#-1	D28-12d-ND60-S	波纹管拔出	333.3	412.0	541.4	669.2
4-12#-2		波纹管拔出	—	325.2	—	528.1

同时,针对试件中发生锚固破坏的试件,可采用式(6.2-1)计算锚固长度范围内的平均黏结应力。

$$\bar{\tau} = \frac{P}{\pi d l_a} \tag{6.2-1}$$

式中，d 在混凝土的黏结滑移研究中为钢筋直径。本书中计算钢筋与砂浆间黏结应力时 d 采用钢筋公称直径；在计算波纹管与混凝土间黏结应力时，由于波纹管内外径相差较大，d 采用内径与外径的均值。

对于钢筋拔出的试件，钢筋与砂浆间黏结应力计算值统计见表6.2-14。计算结果表明，这些试件的钢筋应力均超过屈服应力，除 3-17#-1 试件外，其余试件应力较大且接近破坏，黏结应力集中在较小的范围，为 21.9~25.5MPa。

钢筋与砂浆间黏结应力 表6.2-14

试件编号	试件参数	极限荷载（kN）	钢筋应力（MPa）	黏结应力（MPa）
3-15#-1	D25-8d-ND60-C	343.5	699.8	21.9
3-15#-2		343.7	700.2	21.9
3-16#-1	D25-8d-ND60-S	353.0	719.1	22.5
3-16#-2		350.6	714.2	22.3
3-17#-1	D25-6d-ND75-C	300.4	611.9	25.5

对于波纹管拔出的试件，波纹管与混凝土间黏结应力的计算值统计见表6.2-15。计算结果表明，这些试件钢筋应力相差较大，黏结应力也有较大离散性，最小为5.7MPa，最大为12.2MPa。

波纹管与混凝土间黏结应力 表6.2-15

试件编号	试件参数	极限荷载（kN）	钢筋应力（MPa）	黏结应力（MPa）
3-7#-1	D25-12d-ND60-C	343.9	700.6	6.9
3-14#-1	D25-8d-ND75-S	344.5	701.7	8.1
3-14#-2		321.9	655.7	7.5
3-18#-1	D25-6d-ND75-S	235.9	480.6	7.4
3-18#-2		257.0	523.6	8.0
3-19#-1	D25-6d-ND60-C	299.8	610.8	12.0
3-19#-2		246.7	502.5	9.9
3-20#-1	D25 6d ND60 S	228.0	464.4	9.1
3-20#-2		304.8	621.0	12.2
4-2#-2	D25-10d-ND60-S	311.3	634.2	7.5
4-3#-2	D28-10d-ND60-C	398.7	647.5	8.6
4-5#-2	D36-12d-ND75-C	655.6	644.1	7.1
4-6#-1	D36-12d-ND75-S	526.3	517.1	5.7
4-6#-2		640.2	629.0	6.9
4-12#-1	D25-12d-ND60-S	412.0	669.2	7.4
4-12#-2		325.2	528.1	5.8

在黏结强度方面,选取国内外普通波纹管相关试验锚固破坏的数据,并按钢筋-浆料、波纹管-混凝土两种界面破坏模式进行分类和统计,将上述数据以散点图形式绘制在图 6.2-22 中。本试验绝大多数试件采用的是新型波纹管。从图中可以看出浆料强度、钢筋直径对钢筋与砂浆间黏结强度的影响,以及混凝土强度、波纹管直径对波纹管与混凝土间黏结强度的影响。

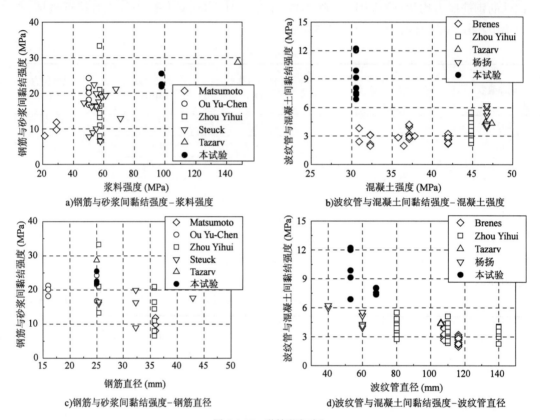

图 6.2-22 黏结强度对比

由图 6.2-22 可以看出,在钢筋-灌浆波纹管连接构造中,无论是钢筋还是波纹管,其黏结强度与黏结材料的强度均呈正相关,与直径均呈负相关。

本试验所得的钢筋黏结强度与既有研究较为接近,而波纹管黏结强度远高于同等条件下既有研究值。这说明在钢筋-浆料黏结界面,由于强度较高浆料的使用,新型波纹管的厚壁带来的强约束对钢筋黏结强度的提高有限。但新型波纹管的强度和刚度能够充分发挥横肋的咬合作用,在波纹管-混凝土黏结界面产生远高于既有研究的黏结强度,体现出钢管压制成型的波纹管能够较大程度地改善波纹管与混凝土间的黏结锚固。

对于钢筋-灌浆波纹管的锚固长度,目前的研究成果还较少。Brene 采用式(6.2-2)进行计算。

$$l_\mathrm{d} = \frac{\beta f_{s,\mathrm{cr}} d_\mathrm{b}}{3.74 \gamma \sqrt{f'_\mathrm{c}}} \tag{6.2-2}$$

Zhou Yihui 对 A706 钢筋和 Talley $S_2$4100 钢筋的锚固长度分别提出式(6.2-3)和式(6.2-4)。

$$l_d = \frac{1.423 f_y d_b}{f'_c} \qquad (6.2\text{-}3)$$

$$l_d = \frac{1.846 f_y d_b}{f'_c} \qquad (6.2\text{-}4)$$

本试验中,钢筋直径为 25mm,钢筋极限强度为 712.1MPa,混凝土圆柱抗压强度 f'_c = 30.57MPa,高强砂浆强度 f'_g = 97.9MPa,钢筋直径 $D25$,波纹管直径 D = 53mm 或 D = 68mm。假定黏结应力均匀分布,根据钢筋拉力与锚固力在两个界面的平衡方程[式(6.2-5)和式(6.2-6)],可以分别得到两个界面的锚固长度计算公式[式(6.2-7)和式(6.2-8)]。基于表 6.2-14 和表 6.2-15 中黏结强度,可对本章所述试件在钢筋屈服时所需的钢筋锚固长度和波纹管锚固长度进行计算。

$$\tau_g \cdot \pi d l_{bar} = f_y \cdot d^2 \pi / 4 \qquad (6.2\text{-}5)$$

$$\tau_c \cdot \pi D l_{duct} = f_y \cdot d^2 \pi / 4 \qquad (6.2\text{-}6)$$

$$l_{bar} = \frac{f_y}{4\tau_c} d \qquad (6.2\text{-}7)$$

$$l_{duct} = \frac{f_y \cdot d}{4\tau_g \cdot D} d \qquad (6.2\text{-}8)$$

基于本章试验条件,分别考虑浆料强度及混凝土强度的变化,可将 Brenes 等的公式所表述的锚固长度绘制在图 6.2-23 中,同时对本章试验结果进行标注。可以看出,Brenes 和 Zhou Yihui 的公式给出的锚固长度均为常数,在 $25d \sim 27d$ 之间,与本试验计算值相比具有较大的安全富余,见图 6.2-23a)。波纹管在混凝土中的锚固长度,见图 6.2-23b),与本试验相比均具有较大的安全富余。

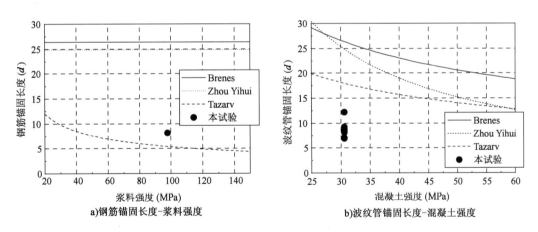

a)钢筋锚固长度-浆料强度　　b)波纹管锚固长度-混凝土强度

图 6.2-23 锚固长度与材料强度的关系

将 Brenes、Zhou Yihui 和 Tazarv 等给出的锚固长度随钢筋直径变化规律绘制在图 6.2-24 中,同时与本试验结果进行比较,其中图 6.2-24a)、图 6.2-24b)分别给出钢筋和波纹管锚固长度随钢筋直径变化的曲线。

从图中可以看出,在本试验所述灌浆与波纹管连接构造下,$12d$ 的锚固长度可以保证 $D25$ 钢筋可靠连接,同时考虑钢筋黏结应力变化和安全储备,在考虑延性或钢筋断裂的设计中建议

$D25$ 钢筋的锚固长度不宜小于 $20d$。对于实际工程中常用的大直径钢筋,可以通过 $d/(d+35mm)$ 值对锚固长度进行调整,由此计算得到 $D28$、$D36$ 钢筋的锚固长度宜不小于 $24d$。

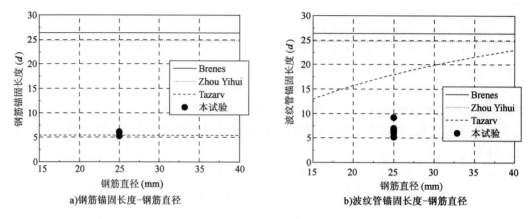

图 6.2-24 锚固长度与直径的关系

6.2.4 主要研究结论

针对灌浆金属波纹管锚固构造,通过四批次拉拔试件试验现象和试验数据的分析,得到以下结论:

①本试验中,大多数试件发生放射状裂缝和竖向裂缝,少数试件出现斜裂缝;除表面浮浆剥落和碎块鼓出,高强砂浆损伤较小,大多数试件破坏时砂浆基本完好。

②本次拉拔试验破坏现象中,属于灌浆金属波纹管钢筋拉拔真实破坏模式的有钢筋断裂、钢筋拔出、波纹管拔出和砂浆不完全拔出四种。其中波纹管拔出发生在 $6d\sim12d$ 的锚固长度范围,钢筋拔出集中发生在 $6d\sim8d$ 的锚固长度范围,仅一个试件发生砂浆不完全拔出。

③拉拔试验的典型荷载-位移曲线与钢筋本构相似,未发生锚固破坏的试件(即为钢筋拉断破坏)均与完整的钢筋本构曲线一样;发生锚固破坏的试件,前期与钢筋本构相似,破坏后强度急剧下降。

④在其余条件相同时,比较钢筋在波纹管中贴边与居中两种情况的破坏现象,可以看出,与居中相比,贴边并没有导致钢筋更易从波纹管中拔出。

⑤基于本试验所述材料和连接构造,实现可靠的连接,$D25$ 钢筋的锚固长度宜大于 $20d$,$D28$、$D36$ 钢筋的锚固长度宜不小于 $24d$。

6.3　7度区预制桥墩连接技术试验研究

6.3.1 研究目的与内容

6.3.1.1 研究目的

上海中环国定路匝道工程承台以上桥梁构件采用了预制拼装施工,工程首次采用灌浆金属波纹管锚固技术实现了承台-立柱-盖梁间的锚固连接,工程概况及结构设计见第 3.3 节。

以此工程为背景,拟开展7度区立柱抗震性能试验研究,通过拟静力试验,研究灌浆金属波纹管的预制立柱的损伤机理、破坏模式和整体的抗震性能,为实际工程提供技术支持。

6.3.1.2 研究内容

①开展3个立柱的拟静力试验,分别是现浇立柱及采用环氧胶接缝、高强度砂浆接缝和灌浆金属波纹管连接的预制拼装立柱。

②研究采用环氧胶接缝、高强度砂浆接缝和灌浆金属波纹管连接这两类构造的预制拼装立柱的损伤部位、损伤发展过程和最终破坏模式,并与现浇立柱进行比对;针对这两类构造的预制拼装立柱和现浇立柱对照,定量地从滞回曲线、骨架曲线、刚度、延性、耗能等方面详细分析比较试件的抗震性能指标。

③通过3个试验表观现象和力学特性的比较,对这两类预制拼装立柱的抗震性能进行总结,对其抗震设计提出建议,为结构设计提供参考。

6.3.2 试验方案

6.3.2.1 概况

立柱试件进行往复荷载下的拟静力试验,一方面可直接说明预制试件及连接部位本身的力学性能,另一方面为校正有限元数值分析模型提供基础的试验数据。拟定开展3个立柱试件的试验研究。

3个立柱试件所用混凝土材料相同,即预制立柱、承台均采用C40混凝土,主筋采用HRB500钢筋,箍筋采用HPB300钢筋,波纹管由2mm厚标准无缝钢管轧制成型(Q235钢),砂浆接缝采用强度为60MPa的高强无收缩灌浆料,环氧接缝采用SAMSON EP50 SBA节段拼接桥梁黏结胶(表6.3-1)。

试 验 方 案　　　　　　　表6.3-1

试件编号	试件缩尺比	试件构造特点	主要研究内容
0号	1:2.8	现浇单柱墩立柱试件	作为预制拼装桥墩立柱的对照
1号	1:2.8	金属波纹管预埋在承台的预制拼装单柱墩立柱试件的立柱与承台接缝采用高强砂浆(20mm厚)	实际工程中所采用构造形式的缩尺试验,研究损伤和破坏机理,分析总结抗震性能,进行工程验证
2号	1:2.8	金属波纹管预埋在承台的预制拼装单柱墩立柱试件的立柱与承台接缝采用环氧胶(2.5mm厚)	针对实际工程中所采用构造形式改进,探究其损伤和破坏机理,分析总结抗震性能,并与1号试件对比

6.3.2.2 试件设计

3个立柱试件采用相同的构造尺寸,如图6.3-1所示。立柱为圆截面,直径为500mm,净高2700mm,加载端尺寸为900mm×500mm×400mm,承台尺寸为1600mm×1600mm×600mm。试件加载中心到立柱底的距离为2900mm,剪跨比为5.8。

3个试件主要在接缝构造上存在差异,0号现浇试件在制作时整体浇筑,墩底与承台混凝土为整体,两个预制试件在制作时立柱与承台分开浇筑;1号砂浆试件在承台拼接处预留$D540mm \times 50mm$的凹槽,在拼接时于接缝处涂抹20mm厚的高强度砂浆;2号环氧接缝试件在承台拼接处预留$D540mm \times 30mm$的凹槽,在拼接时于接缝处涂抹2.5mm厚的环氧胶,以保证两个预制试件在拼接后于承台中的嵌入深度在2~3cm之间。

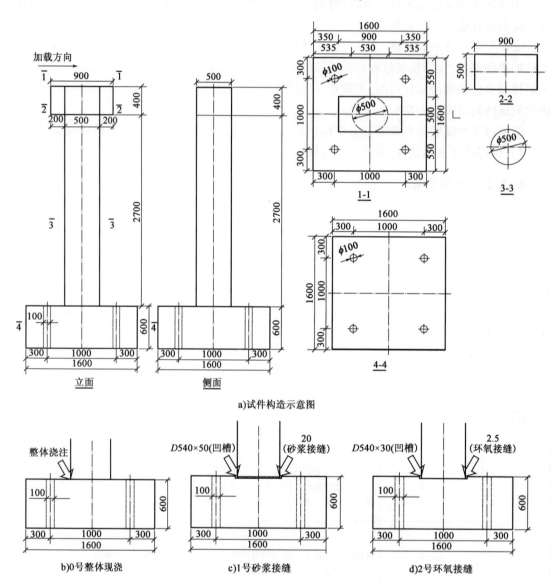

图6.3-1 试件构造(尺寸单位:mm)

试件墩身和承台均采用C40混凝土,纵筋采用HRB500钢筋,箍筋采用HPB300钢筋。预制拼装试件波纹管中灌注抗压强度为100MPa的高强砂浆,1号砂浆接缝预制拼装试件的接缝采用抗压强度为60MPa的高强度砂浆。

试件墩身配筋见图6.3-2,8根$\Phi 14mm$纵筋沿直径440mm的圆周均匀布置,纵筋配筋率为0.627%,箍筋采用$\phi 8mm$圆箍,间距为50mm,体积配箍率为0.743%,净保护层厚度为15mm。

预制拼装试件承台中预埋的波纹管,采用壁厚 2mm 的圆钢管压制成型,内径为 44mm,外径为 60mm,波高为 3mm,其中心位置与纵筋中心一一对应,灌浆金属波纹管外侧同样设有间距为 50mm 的Φ8mm 圆箍筋(图 6.3-3)。

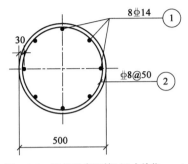
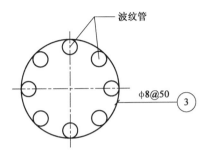

图 6.3-2　试件墩身配筋(尺寸单位:mm)　　　　6.3-3　预制试件波纹管布置(尺寸单位:mm)

6.3.2.3　试件制作

委托专门生产预制构件的单位根据提供的设计图纸加工制作立柱试件。

现浇试件的承台和墩柱钢筋笼整体绑扎,先行浇筑承台混凝土,待初凝后对界面进行凿毛处理,再立模浇筑墩柱。

预制拼装试件的施工流程如下:分别绑扎承台和墩柱钢筋并浇筑混凝土,拼装施工时,起吊立柱使预留钢筋插入承台预埋波纹管并校正立柱垂直度和高度,向立柱和承台接缝处涂抹高强砂浆(图 6.3-4)或环氧胶(图 6.3-5),放置立柱就位,而后向波纹管中灌注高强砂浆。待接缝处及波纹管内砂浆凝结,立柱拼装施工即完成,最后进行养护。

图 6.3-4　高强砂浆拼缝立柱　　　　　　　　　图 6.3-5　环氧胶拼缝立柱

6.3.2.4　加载及测试

立柱拟静力试验试件安装和加载装置,试件的承台通过 4 根地脚螺栓锚固在反力地槽上。试件上部通过两副竖向反力架以及支撑在两副竖向反力架上的大尺寸钢横梁构建竖向加载平台,以便平衡竖向荷载产生的反力(图 6.3-6)。竖向荷载由一台工作吨位为 50t 的油压千斤顶施加,千斤顶中心对准柱顶截面的形心位置。同时在千斤顶和钢横梁之间设置一个钢滚轮,以减小试验过程中千斤顶与钢横梁之间的摩阻力,避免对侧向荷载形成干扰。水平加载装置主要由电液伺服作动器和反力墙构成。电液伺服作动器为美国MTS793系列作动器,其推拉工作吨位为1500kN,位移行程为±250mm。电液伺服作动器反力由强大的混凝土反力墙承担。

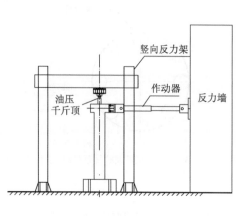

a)拟静力试验装置图示　　　　　　b)拟静力试验安装实况

图6.3-6　立柱拟静力试验装置

试验中竖向千斤顶荷载是对墩柱恒载轴压力的模拟,由于墩柱的轴压比对立柱的抗震性能有很大影响,需要考虑与原型立柱的等效,并在试验中准确模拟。原型立柱构造在该桥多个立柱中采用,恒载作用下单个墩柱轴压力范围为2800~3100kN,对应轴压比为6.5%~7.5%;缩尺模型试验中将竖向荷载确定为370kN,对应轴压比为7.0%,且对调整千斤顶荷载的过程进行实时监控,使其保持稳定。

试验中水平荷载采用单轴往复静力荷载(图6.3-7),荷载以位移控制的形式分级施加。每个荷载等级包括3个循环,各级加载位移幅值为2mm、5mm、10mm、15mm、20mm、25mm、30mm、40mm、60mm、80mm,其后以20mm的幅值递增。其中,第一级荷载的三个加载循环控制位移均为2mm;第二级荷载的前两个加载循环控制位移为5mm,第三个加载循环控制位移为2mm,即前一个荷载等级的最大控制位移;其后荷载等级加载制度与第二级荷载加载制度相似。各水平循环加载幅值如表6.3-2所示。当每级加载到第1个循环正负最大位移,以及3个循环加载结束时,持载一定时间,并进行破坏现象的观察和标记工作。加载直至试件的强度下降到最大强度的80%,加载结束。

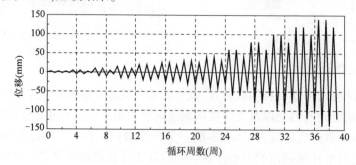

图6.3-7　水平荷载加载方案

水平循环加载幅值　　　　表6.3-2

加载级数	位移(mm)	加载级数	位移(mm)
1	2-2-2	8	40-40-30
2	5-5-5	9	60-60-40
3	10-10-5	10	80-80-60
4	15-15-10	11	100-100-80
5	20-20-15	12	120-120-100
6	25-25-20	13	140-140-120
7	30-30-25	……	每级按20mm递增

立柱拟静力试验过程中,实测项目从整体到局部有四项:荷载、侧向位移、截面曲率和钢筋应变。以上数据均采用国产DH3817数据自动采集系统进行采集,采集频率为5Hz。具体数据采集部位和方法分项描述如下。

1)荷载

荷载测量包括竖向荷载测量和水平荷载测量。竖向荷载测量是通过在地面上设置千斤顶并与试件加载千斤顶保持同等油压条件,从而通过测力传感器测量地面千斤顶的荷载值来得到试验试件的竖向荷载值;而水平荷载测量是通过作动器将水平力信号直接传递给DH3817动态数字采集系统记录。

2)侧向位移计布置

侧向位移计通过设置拉线式位移计测量包括承台、加载端在内5个位置的试件侧向位移,其布置如图6.3-8所示。承台位移测量是为了确保加载过程中承台与反力地坪之间不存在滑移,若位移计有读数,则需将墩顶位移量减去承台位移量才能得到实际墩柱的位移量,在试验过程中由于不停地旋紧地脚螺栓,承台位移量几乎为零。墩身位移测量可用于绘制墩身变形图,由墩底至墩顶间隔800mm共布置了3个位移计。尽管作动器可将其油压头位移传递给数据采集系统,试验中仍在加载端设置有1个位移计,用于消除加载转接头等试验构造的误差,并与作动器位移数据进行校对(图6.3-8)。

3)截面曲率测点布置

曲率是试验中截面的变形情况,目前尚无可以直接测量出特定截面曲率的仪器设备。在本试验中,竖向布置的位移计被用来测量一定范围内的截面相对转角,从而计算出该范围内的平均曲率(图6.3-9)。

曲率测量原理如图6.3-9a)所示,立柱在发生弯曲变形时,高度H范围内两侧位移计分别有h_1的伸长和h_2的缩短,两位移计沿试件加载方向距离为L,则该范围内的截面转角θ可用式(6.3-1)计算。当试件以弯曲变形为主时,截面曲率是转角沿高度方向的微商,见式(6.3-2)。当用于计算该范围内平均曲率时,微分公式[式(6.3-2)]可变形为式(6.3-3)的除法形式,式中H、L仅与测点布置有关,h_1和h_2为试验过程中位移计的采集值。

$$\theta = \frac{h_1 + h_2}{L} \qquad (6.3\text{-}1)$$

$$\phi = \frac{d\theta}{dH} \qquad (6.3\text{-}2)$$

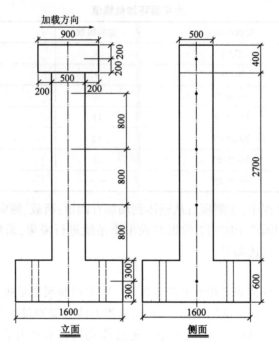

图 6.3-8 侧向位移测点布置(尺寸单位:mm)

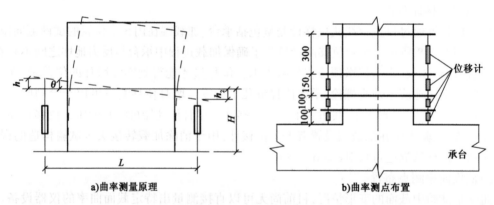

图 6.3-9 截面曲率测量图式

$$\bar{\phi} = \frac{\theta}{H} = \frac{h_1 + h_2}{HL} \tag{6.3-3}$$

试验中曲率测点布置如图 6.3-9b)所示。由于立柱试件在侧向荷载作用下曲率主要分布在墩底附近,在墩底往上 650mm 范围由密集到稀疏地布置了 4 组用于测量曲率的竖向位移计。

4)钢筋应变片布置

试验对立柱试件关键位置的纵筋和箍筋进行了应变测量,采用的应变片为电阻型应变片,型号为 BX120-3AA,电阻值为 119.9Ω,灵敏系数为 2.060,长度为 3mm,宽度为 2mm。应变片的粘贴工艺:钢筋打磨抛光—用丙酮清洗打磨面—用 502 胶水粘贴应变片—用 704 防水胶涂抹应变片表面—裹覆浸有环氧树脂的纱布—在室内放置 1d 以上。

试件钢筋应变片布置如图6.3-10所示。纵筋应变片沿高度方向布置在墩底以下125mm和墩底以上425mm范围内；在平面上，由于对称性，选取了一侧的钢筋进行应变片粘贴。纵筋应变片采用"*SL?"的形式编号，其中"SL"表示钢筋类型为纵筋，"*"表示应变片所在纵筋平面的位置，"?"表示应变片处于沿高度方向自下而上的位置。箍筋应变片则布置于距墩底以上最近的三圈墩柱箍筋上，同一箍筋上在不同位置粘贴了5个应变片。箍筋应变片采用"*Sh?"的形式编号，其中"Sh"表示钢筋类型为箍筋，"*"表示应变片在箍筋上的平面位置，"?"表示应变片处子箍筋沿高度方向自下而上的位置。

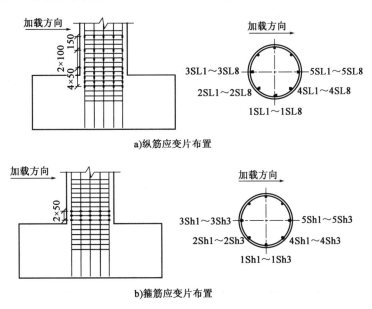

a) 纵筋应变片布置

b) 箍筋应变片布置

图6.3-10 钢筋应变片布置图(尺寸单位：mm)

6.3.3 试验结果与分析

6.3.3.1 立柱试验现象概况

1) 试件位置标示

在对试验现象和结果进行阐述前，先介绍本试验对于试件位置和损伤发展的标识方法，便于损伤位置和损伤级别的描述。

试验前将各试件表面用乳胶漆涂白，绘制网格线并进行编号。其中水平的网格线沿高度方向从墩底往上每隔10cm绘制一道，共18道，由底向上分别记为阿拉伯数字1、2、…、18；竖直的网格线沿平行于加载方向，将圆周分为8等份，环向间距为9.8cm，一侧记为大写英文字母$A、B、…、I$，另一侧记为小写英文字母$a、b、…、i$(图6.3-11)，并将各个视角按正对的英文字母命名。

2) 损伤分级

如表6.3-3所示的构件损伤五级分类方法，可用于桥梁结构震后损伤评定，建立构件性能数据库，从而进一步指导基于性能的抗震设计。本试验也采用这种分级方法，对试验过程构件性能水平进行分级讨论(表6.3-4)。

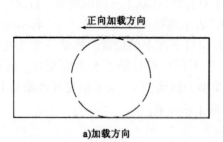
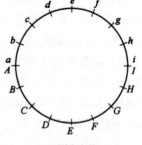

a)加载方向　　　　　　　　b)测点布置

图 6.3-11　立柱试件加载方向与测点布置

构件损伤级别　　　　　　　　　　　　　　　　表 6.3-3

损伤级别	损伤状态	损伤现象描述	可修复水平	社会经济性
I	一损伤	几乎不可见的发丝般裂缝	不需修复	正常运营
II	轻微损伤	可见的裂缝开裂	不需修复或小修	可运营
III	中等损伤	可见裂缝；保护层混凝土开始剥落	简单修复	仅可保证生命安全
IV	严重损伤	裂缝宽度很大；混凝土大范围剥落	需要大修	将近倒塌
V	局部失效/倒塌	可见的永久变形；钢筋屈曲、断裂；核心混凝土压碎	替换	倒塌

构件性能水平　　　　　　　　　　　　　　　　表 6.3-4

性能级别	性能目标	定性描述	定量描述
I	开裂	出现发丝般裂缝	裂缝几乎不可见
II	屈服	第一根纵筋理论屈服	裂缝宽度小于 1mm
III	出现塑性铰	出现非线性变形；保护层混凝土开始剥落；斜裂缝开展	裂缝宽度为 1~2mm；混凝土剥落区高度大于 1/10 截面高度
IV	塑性铰完全形成	形成较大宽度的裂缝；塑性铰区混凝土全部剥落	裂缝宽度大于 2mm；斜裂缝扩展超过 2/3 截面高度；混凝土剥落区高度大于 1/2 截面高度
V	强度退化	纵筋屈曲；箍筋断裂；核心混凝土压碎	核心混凝土裂缝宽度大于 2mm；实测混凝土膨胀率大于 5%；承载力降至最大荷载的 85% 以下

6.3.3.2　立柱试验现象

1)0 号现浇试件

0 号现浇试件(简称 0 号试件)加载过程中的损伤发展情况如图 6.3-12 所示(图中裂缝用

加粗线表示)。具体损伤级别和性能级别描述如下。

损伤级别Ⅰ:加载位移到10mm时,在墩底出现一条水平微小裂缝[图6.3-12a)],裂缝宽度在0.1mm以下,三次循环卸载后裂缝闭合。

损伤级别Ⅱ:加载位移到25mm时,应变片监测到纵筋达到屈服应变。此时试件从墩底至墩高约1.6m处有多条水平裂缝发展,裂缝间距为15~25cm,并已形成多条连通裂缝[图6.3-12b)]。此时主裂缝位于墩底上方15~20cm处,其宽度约为0.3mm,卸载后包括主裂缝在内的所有裂缝均闭合。

损伤级别Ⅲ:加载位移到40mm时,在墩高方向未继续向上发展水平裂缝,但既有裂缝继续延伸和连通,在墩底有斜裂缝开始发展[图6.3-12c)]。此时主裂缝宽度约为1.1mm,卸载后所有裂缝仍能闭合,尚未发现有混凝土剥落。

损伤级别Ⅳ:加载位移到80mm时,肉眼可轻易观察到主裂缝,裂缝宽度为3~3.5mm[图6.3-12d)]。卸载后主裂缝未闭合,裂缝宽度为0.28mm。此时墩底以上40cm范围内有斜裂缝分布,混凝土保护层少数位置有薄片鼓出,有剥落的趋势,但尚无明显的混凝土剥落现象。

损伤级别Ⅴ:加载位移到120mm时,试件承载力降低至最大荷载的85%以下,达到强度衰减级别。此时主裂缝宽度已达到4~5mm。墩底附近部分保护层混凝土剥落,大量混凝土浮浆鼓出,有继续剥落的趋势[图6.3-12e)]。但未观察到纵筋的屈曲断裂、箍筋断裂、核心混凝土碎裂等典型破坏特征。

a)损伤级别Ⅰ

b)损伤级别Ⅱ

c)损伤级别Ⅲ

d)损伤级别Ⅳ

e)损伤级别Ⅴ

图6.3-12 0号试件损伤发展情况

继续加载至140mm,保护层混凝土大量剥落,纵筋屈曲断裂。构件强度急剧衰减,试验加载停止。

0号试件最终的裂缝分布如图6.3-13所示。为便于观察,图中裂缝已用加粗线表示。试件破坏时,靠近墩底附近20cm范围内水平裂缝和斜裂缝发展丰富。靠近墩底附近20cm范围以上位置以水平弯曲裂缝为主,裂缝间距为15~20cm,在墩底以上1.0m区域虽然也有水平裂缝分布,但较为稀疏,裂缝间距为20~30cm。

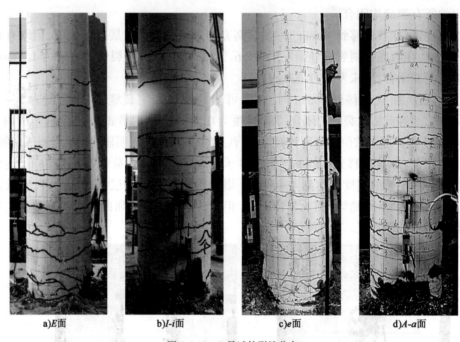

a)E面　　　b)I-i面　　　c)e面　　　d)A-a面

图6.3-13　0号试件裂缝分布

试验结束清除剥落和松动混凝土碎块后,试件墩底附近破坏情况如图6.3-14、图6.3-15所示。试件在加载两侧损伤不对称,存在施工缺陷的I-i面损伤较A-a面严重,保护层混凝土在墩底以上30cm范围内均有剥落,A-a面仅在20cm范围内剥落。0号试件混凝土碎裂区在侧面呈三角形,由上而下由表而里深入核心混凝土。除加载垂直方向的两根钢筋(即E面和e面)外,其余六根钢筋在混凝土剥落后均发生一定程度的屈曲,仅沿加载方向最外侧两根钢筋(即A-a面和I-i面)最终发生断裂。

2)1号砂浆接缝拼装试件

1号砂浆接缝拼装试件(简称1号试件)加载过程中的损伤发展情况如图6.3-16所示(图中用加粗线表示裂缝)。具体损伤状态和性能水平描述如下。

损伤级别Ⅰ:加载位移到10mm时,在墩底以上约14cm和32cm处各出现一条水平微小裂缝[图6.3-16a)],裂缝宽度在0.1mm以下,三次循环卸载后裂缝闭合。

损伤级别Ⅱ:加载位移到20mm时,应变片监测到纵筋达到屈服应变。此时试件从墩底至墩高约1.1m处有水平裂缝发展,裂缝间距为15~20cm,墩底附近的裂缝基本连通[图6.3-16b)]。此时主裂缝在墩底以上约14cm处,宽度约为0.26mm,卸载后包括主裂缝在内的所有裂缝均闭合。

6 预制构件连接技术试验研究

a) E 面墩底

b) $I-i$ 面墩底

c) e 面墩底

d) $A-a$ 面墩底

图 6.3-14　0 号试件墩底破坏情况

a) $I-i$ 面初始缺陷

b) 承台钢筋

图　6.3-15

c) I-i面钢筋屈曲断裂

d) A-a面钢筋屈曲断裂

图6.3-15 0号试件损伤破坏细节

损伤级别Ⅲ：加载位移到60mm时，墩高方向的水平裂缝向上发展至1.5m左右，既有裂缝也继续延伸和连通，在墩底有斜裂缝开始发展[图6.3-16c)]。此时主裂缝宽度为1~2mm，卸载后主裂缝未闭合，宽度为0.1mm，其余裂缝基本闭合，尚未发现有混凝土剥落。

损伤级别Ⅳ：加载位移到80mm时，肉眼可轻松观察到主裂缝，其宽度为2mm[图6.3-16d)]，卸载后宽度为0.25~0.3mm。此时墩底以上50cm范围内有斜裂缝分布，混凝土保护层少数位置有薄片鼓出，有剥落的趋势，但尚无明显的混凝土剥落现象。

损伤级别Ⅴ：加载位移到140mm时，试件承载力降低至最大荷载的85%以下，达到强度衰减级别。此时主裂缝宽度已达到7mm，墩底两侧均有保护层混凝土剥落，大量混凝土浮浆鼓出，有继续剥落的趋势[图6.3-16e)]。但未观察到纵筋屈曲断裂、箍筋断裂、核心混凝土碎裂等典型破坏特征。

继续加载至160mm，保护层混凝土有较多剥落，纵筋屈曲断裂。构件强度急剧衰减，试验加载停止。

a) 损伤级别Ⅰ

b) 损伤级别Ⅱ

c) 损伤级别Ⅲ

图 6.3-16

d) 损伤级别Ⅳ

e) 损伤级别Ⅴ

图 6.3-16　1 号试件损伤发展

1 号试件最终的裂缝分布如图 6.3-17 所示。为便于观察，图中裂缝已用加粗线表示。试件破坏时，靠近墩底附近 40cm 范围内水平裂缝和斜裂缝发展丰富，但由于诸多裂缝发展为混凝土剥落，导致裂缝标识缺失。靠近墩底附近 40cm 范围以上位置以水平弯曲裂缝为主，裂缝间距为 15~20cm，在墩底以上 1.0m 区域虽然也有水平裂缝分布，但未形成连通裂缝，间距约为 20cm。

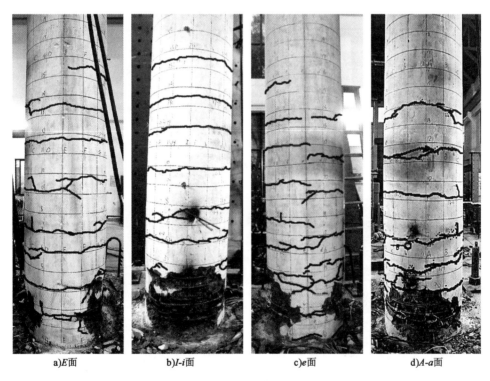

a) E 面　　　b) $I\text{-}i$ 面　　　c) e 面　　　d) $A\text{-}a$ 面

图 6.3-17　1 号试件裂缝分布

试验结束清除剥落和松动混凝土碎块后，试件墩底附近破坏情况如图 6.3-18、图 6.3-19 所示。试件在加载两侧损伤不对称，存在施工缺陷的 $I\text{-}i$ 面损伤较 $A\text{-}a$ 面严重，保护层混凝土在墩底以上 40cm 范围内均有剥落，$A\text{-}a$ 面仅在 30cm 范围内剥落。1 号试件混凝土碎裂区损伤最严重的范围在墩底以上16cm附近,向上、下两个方向呈45°角扩散。除加载垂直方向的两根钢筋(即E面和e面)外,其余六根钢筋在混凝土剥落后均发生一定程度的屈曲,无施工缺陷的A-a面侧仅外侧钢筋断裂,而有施工缺陷的I-i面最外侧钢筋和次外侧的一根钢筋均发生断裂。此外,直至试验结束未发现接缝有张开或砂浆压碎等损伤。

图6.3-18 1号试件墩底破坏情况

图6.3-19 1号试件损伤破坏细节

3)2号环氧接缝拼装试件

2号环氧接缝拼装试件(简称2号试件)加载过程中的损伤发展情况如图6.3-20所示(图

中裂缝用加粗线表示)。具体损伤状态和性能水平描述如下。

损伤级别Ⅰ:加载位移到10mm时,在墩底及距离墩底22cm高度处出现一条水平微小裂缝[图6.3-20a)],裂缝宽度在0.1mm以下。三次循环卸载后裂缝闭合。

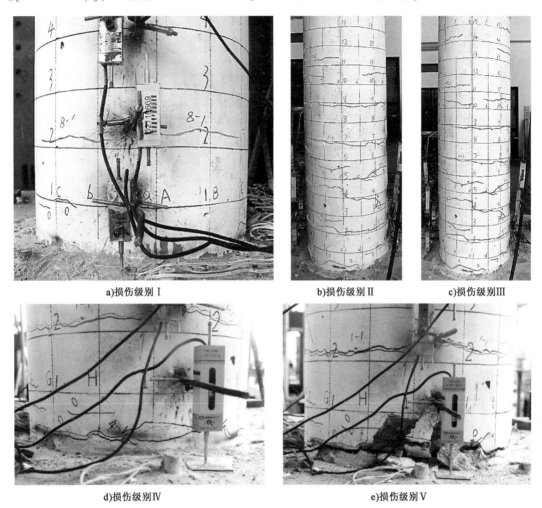

图6.3-20 2号试件损伤发展

损伤级别Ⅱ:加载位移到30mm时,应变片监测到纵筋达到屈服应变。此时试件从墩底至墩高约1.2m处有多条水平裂缝发展,裂缝间距为10~20cm,部分裂缝出现连通。同时距离墩底40cm处出现斜裂缝[图6.3-20b)]。此时主裂缝位于墩底上方约20cm处,其宽度约为0.9mm,卸载后包括主裂缝在内的所有裂缝均闭合。

损伤级别Ⅲ:加载位移到40mm时,在墩高方向未继续向上发展成水平裂缝,但既有裂缝继续延伸和连通,墩底斜裂缝继续发展[图6.3-20c)]。此时主裂缝宽度约为1.5mm,卸载后所有裂缝仍能闭合,尚未发现有混凝土剥落。

损伤级别Ⅳ:加载位移到60mm时,肉眼可轻松观察到主裂缝,其宽度为3~3.5mm[图6.3-20d)]。卸载后主裂缝未闭合,宽度为0.28mm。墩底以上40cm范围内斜裂缝发展不明显,墩底混凝土保护层少数位置有薄片鼓出,有剥落的趋势,但尚无明显的混凝土剥落现象。

损伤级别Ⅴ：加载位移到140mm时，试件承载力降低至最大荷载的85%以下，达到强度衰减级别。此时主裂缝宽度继续增大，已达到4~5mm。墩底附近部分保护层混凝土剥落 [图6.3-20e)]，但未观察到纵筋屈曲断裂、箍筋断裂、核心混凝土碎裂等典型破坏特征。

继续加载至160mm，保护层混凝土大量剥落，纵筋屈曲断裂。构件强度急剧衰减，试验加载停止。

2号试件最终的裂缝分布如图6.3-21所示。为便于观察，图中裂缝已用加粗线表示。试件破坏时，靠近墩底附近40cm范围内水平裂缝和斜裂缝发展丰富，但由于诸多裂缝发展为混凝土剥落，导致裂缝标识缺失。靠近墩底附近40cm范围以上位置以水平弯曲裂缝为主，裂缝间距为10~15cm，在墩底以上1.0m区域虽然也有水平裂缝分布，但未形成连通裂缝，间距约为20cm。

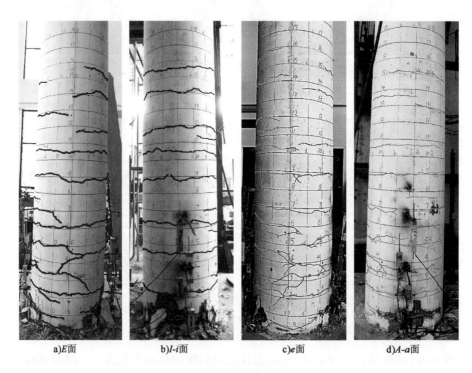

a) E 面　　　　b) I-i 面　　　　c) e 面　　　　d) A-a 面

图6.3-21　2号试件裂缝分布

试验结束清除剥落和松动混凝土碎块后，试件墩底附近破坏情况如图6.3-22、图6.3-23所示。试件在加载两侧损伤轻微不对称，I-i面损伤较A-a面严重，保护层混凝土在墩底以上40cm范围内均有剥落，A-a面仅在30cm范围内剥落。2号试件混凝土碎裂区损伤最严重的范围在墩底以上16cm附近，向上、下两个方向呈45°角扩散。除加载垂直方向的两根钢筋（即E面和e面）外，其余六根钢筋在混凝土剥落后均发生一定程度的屈曲，A-a面侧仅外侧钢筋断裂，I-i面最外侧和次外侧的一根钢筋均发生断裂。此外，直至试验结束未发现接缝有张开损伤。

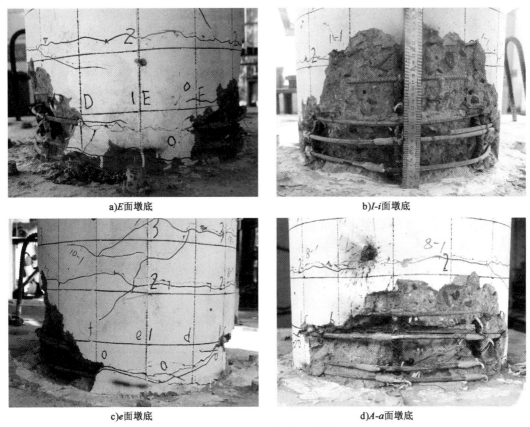

a) E 面墩底 b) I-i 面墩底

c) e 面墩底 d) A-a 面墩底

图 6.3-22 2 号试件墩底破坏情况

a) I-i 面钢筋屈曲断裂 b) 承台平面

图 6.3-23 2 号试件损伤破坏细节

6.3.3.3 试验损伤现象对比

由上述试件损伤发展过程及最终破坏情况可以看出，三个试件损伤发展和破坏模式较为接近，但也有一定的差异，试件损伤破坏现象比较如下。

①试件均在墩底以上截面形成塑性铰，并以保护层混凝土剥落、纵筋屈曲断裂的形式在该区域发生破坏，破坏形式为弯曲破坏。试件水平向的弯曲裂缝延伸高度均在 1.6m 左右，在墩底附近裂缝间距约为 15cm，远离墩底处裂缝间距约为 25cm；总体损伤发展情况相近，在加载

前期均为墩身裂缝的开展,混凝土的剥落在接近破坏时才会出现。

②试验中,预制试件拼接缝处、承台交界面处未发现张开或损伤,与现浇试件较为相似,验证了对承台挖槽、将拼缝埋置这一构造方法的有效性。

③0号现浇试件和1号砂浆接缝拼装试件由于制作过程中存在一定缺陷,单侧保护层厚度较小,导致损伤在墩身两侧累积得不对称,破坏时缺陷侧有更为明显的损伤。

④0号现浇试件和2号环氧接缝拼装试件塑性铰呈正三角形,塑性铰高度在20cm左右,混凝土碎裂区域由上而下由表而里深入核心混凝土;而1号砂浆接缝拼装试件塑性铰呈斜三角形,塑性铰高度为35cm左右,最严重的破坏发生在墩底以上16cm附近,向上、下两个方向呈45°角扩散。

6.3.3.4 试验数据分析

采用试验中作动器的实测水平荷载-位移数据绘制试件的滞回曲线,如图6.3-24所示。滞回曲线表征了拟静力试验中试件的总体抗震性能和行为。根据滞回环的形态可以判断试件的破坏机制,通过对滞回环各特征数据的分析和计算可以得到试件在延性、刚度、耗能、自复位等各项抗震性能参数。

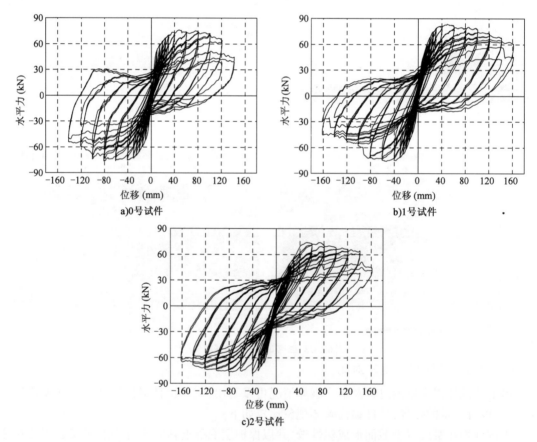

图6.3-24 试件滞回曲线

试件在较低荷载阶段,试件基本处于弹性阶段,滞回环集中且重叠;随着混凝土的开裂、钢筋的屈服,滞回环逐渐拉开呈现梭形;而后由于纵筋因受压屈曲、滑移等的捏缩效应,滞回环向弓形发展。整体而言,三个试件均为弯曲破坏。值得注意的是,0号试件和1号试件滞回曲线均表现出程度不一的正负不对称性,负向加载时强度衰减和退化较早,其主要原因在于两个构件的施工缺陷均位于负向加载的受拉侧,而试件由于纵筋率较低,力学行为主要受钢筋控制,保护层混凝土的不足将使钢筋屈曲性能劣化,从而使强度较早地下降。

骨架曲线是滞回曲线的包络线,由每个循环的峰值点连接而成。骨架曲线大体上与试件单调加载的荷载-位移曲线相似,只是由于循环损伤的累积,荷载略低于单调加载荷载值。骨架曲线能够直观地反映构件的初始刚度、最大荷载、屈服后刚度、位移延性等抗震性能指标。三个试件的骨架曲线如图6.3-25所示,同时将各个试件的损伤级别对应点标示在图中。

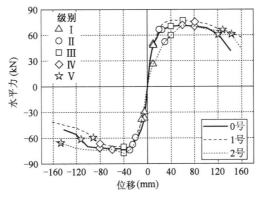

图6.3-25 试件骨架曲线

由图6.3-25可以看出,三个试件均体现出一定的正负不对称性;0号试件和1号试件由于初始缺陷在推得方向加载时体现出较早的强度退化;2号试件在正负两个加载侧刚度差异较大。因而对0号试件和1号试件只取正向包络线作为骨架曲线,对2号试件两个加载侧进行分开讨论。

根据骨架曲线可确定各试件的最大荷载P_{max},以最大荷载的85%确定试件的极限位移Δ_u和极限荷载P_u,采用通用屈服弯矩法得到屈服位移Δ_y、屈服荷载P_y、位移延性系数μ。各特征点参数整理如表6.3-5所示。

骨架曲线特征点参数　　　　表6.3-5

试件编号	P_y (kN)	Δ_y (mm)	P_{max} (kN)	P_u (kN)	Δ_u (mm)	μ
0号	57.5	16.4	71.11	60.4	120.9	7.4
1号	60.1	16.5	77.41	65.8	128.3	7.8
2号正向	55.6	34.7	71.66	60.9	142.9	4.1
2号负向	-67.8	-23.5	-77.32	-65.7	-146.8	6.2

由图6.3-25和表6.3-5可见,三个试验承载力很接近,1号砂浆接缝拼装试件和2号环氧接缝拼装试件均略高于0号现浇试件。三个试件骨架曲线形状相似,除2号试件正向加载刚度异常外,三个试件在加载前期具有相似的刚度。相比而言,1号试件和2号试件具有更大的变形能力和更平缓的强度衰减。在以2号负向为指标时,三个试件位移延性系数均大于6,0号试件和1号试件的延性系数相近,大于2号试件。尽管2号试件具有更大的变形能力,但屈服位移较大,因而表现出更小的延性系数。

6.3.3.5 试验骨架曲线对比结果

三个试件滞回曲线和骨架曲线形状相近,三个试件的承载力、前期刚度较为接近。现浇0号现浇试件、1号砂浆接缝拼装试件和2号环氧接缝拼装试件的水平承载力分别为71.1kN、77.4kN和77.3kN,极限位移分别为120.9mm、128.3mm、146.8mm,位移延性系数分别为7.4、7.8、6.2。0号试件和1号试件具有偏大的延性能力,2号试件屈服位移较大而体现出较小的位移延性系数。

试验数据分析表明,两种预制试件的承载力与现浇试件相近,总体位移能力相近;预制试件的位移能力略大于现浇试件,且位移延性系数均在6.0以上,可用于实际的桥梁建设中。

6.3.4 主要研究结论

在预制拼装立柱抗震性能研究试验中,采用拟静力试验方法对7度区现浇桥墩、采用环氧胶接缝及灌浆金属波纹管连接的预制拼装桥墩、采用高强砂浆接缝及灌浆金属波纹管连接的预制拼装桥墩进行研究,结果表明,两种预制拼装试件的承载力与现浇试件相近,总体位移能力相近,极限承载力不亚于现浇试件。

6.4 8度区预制桥墩连接技术试验研究

6.4.1 研究目的与内容

6.4.1.1 项目背景

呼和浩特市昭乌达路哲里木路改造提升工程,简称呼市南北高架工程,全长约9.2km,主线高架桥设置双向6车道。为了最大限度地降低桥梁施工对周边居民、交通和社会环境的影响,加快工程建设进度,工程主线标准段和平行匝道桥梁采用全预制拼装技术。工程所处地区地震基本烈度为8度,地震动峰值加速度$a=0.20g$,反应谱特征周期$T=0.4s$,属于高烈度地震区。

标准段上部结构为预制简支小箱梁,下部结构为预制倒T盖梁、立柱,以及现浇钻孔灌注桩和现浇承台(图6.4-1)。

高架桥预制立柱和承台、盖梁采用钢筋灌浆套筒连接技术。立柱顶、底伸出连接插筋与预制安装端套筒灌浆连接。预制立柱嵌入承台150mm。承台内及盖梁内套筒连接构造分别见图6.4-2及图6.4-3。

另外,本工程通过设置铅芯橡胶支座来达到减震、隔震目的,以改变结构的动力特性或减小动力作用,从而将桥梁结构在地震作用下的动力反应限制在容许的范围内,以确保桥梁结构在地震作用下的安全性、可使用性和舒适性。

6.4.1.2 研究目的

采用拟静力试验和振动台试验对具有钢筋灌浆套筒连接构造的预制拼装桥墩的抗震性能进行研究,具体研究内容包括损伤机理、延性变形和最终破坏模式等,同时将其与现浇混凝土桥墩抗震性能进行比较,为该构造的预制拼装桥墩连接技术在实际工程中的应用提供技术支持和基础性技术资料。

6 预制构件连接技术试验研究

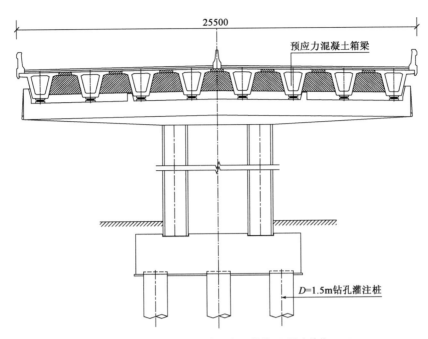

图 6.4-1　$B=25.5$m 主线小箱梁标准横截面(尺寸单位:mm)

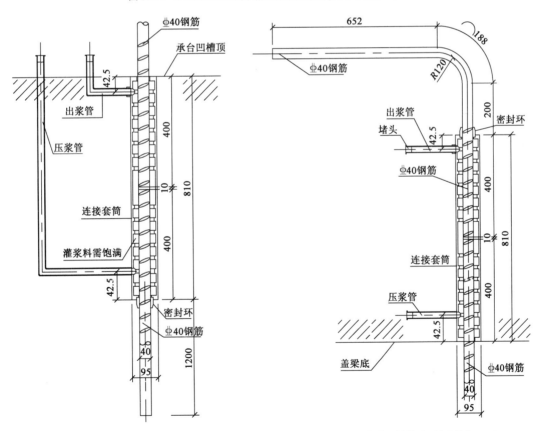

图 6.4-2　承台内套筒连接构造(尺寸单位:mm)　　　图 6.4-3　盖梁内套筒连接构造(尺寸单位:mm)

6.4.1.3 研究内容

1)拟静力试验和数值分析

①通过对承台内和墩身底部设置套筒的两个预制拼装桥墩及一个现浇桥墩共3个1:3缩尺试验模型进行拟静力试验,得到各自的滞回特性、延性变形、损伤和破坏机理等抗震性能;通过对比得到预制拼装桥墩的抗震性能特点,以及两种不同套筒设置位置的预制拼装桥墩各自的抗震性能特点。

②通过对一个缩尺比为1:2、套筒设置在承台内、钢筋采用原型尺寸的预制拼装桥墩进行拟静力试验,研究原型桥的抗震性能特点。

③在试验研究基础上,通过数值有限元模型对试验进行数值分析模拟,并与试验结果进行对比,为今后工程中理论分析提供参考依据。

2)振动台试验和数值分析

①通过对预制拼装桥墩及整体现浇桥墩且设置铅芯橡胶支座的简支梁桥振动台试验,研究预制拼装桥墩结构整体的抗震性能表现。

②通过对预制拼装桥墩及整体现浇桥墩且设置固定支座(不传递弯矩)的简支梁桥振动台试验(加载至桥墩破坏),研究预制拼装桥墩在地震作用下的损伤机理和破坏模式,对比两类桥墩的抗震性能,探究其是否满足预期的抗震性能要求。

③在试验研究基础上,通过数值有限元模型对试验进行数值分析模拟,并与试验结果进行对比,为今后工程中理论分析提供参考依据。

6.4.2 试验方案

6.4.2.1 拟静力试验

1)试件设计

拟静力试验共设计了4个立柱试件,其中3个试件选用1:3缩尺比(图6.4-4),1个试件选用1:2缩尺比(图6.4-5);4个试件的轴压比均为0.085。试验模型编号及构造情况如表6.4-1所示。

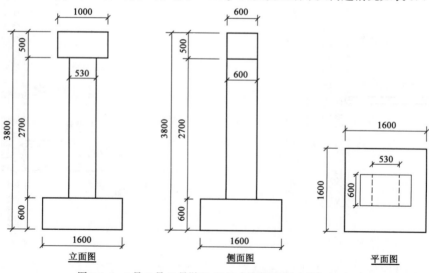

图6.4-4 1号、2号、3号墩(1:3)尺寸轮廓图(尺寸单位:mm)

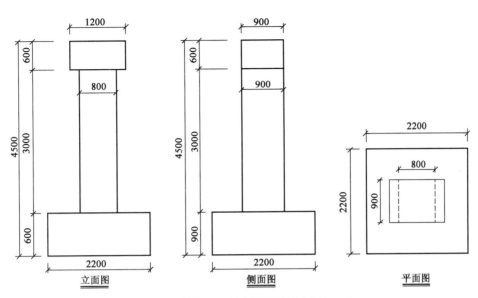

图 6.4-5　4 号墩(1∶2)尺寸轮廓图(尺寸单位:mm)

桥 墩 试 件 设 计　　　　　　　　　　　表 6.4-1

	立柱编号	试件缩尺比	立柱施工方法	恒轴力(kN)	立柱描述
拟静力试验	1 号	1∶3	现浇	600	常规现浇桥墩
	2 号	1∶3	预制	600	套筒置于承台内
	3 号	1∶3	预制	600	套筒置于墩身底部,底部扩大
	4 号	1∶2	预制	1370	套筒置于承台内,钢筋缩尺比为1∶1,立柱轮廓缩尺比为1∶2

综合考虑配筋率、施工要求等,1∶3 缩尺模型主筋直径取 20mm,箍筋直径取 8mm,墩身高 2.7m,墩顶、底箍筋间距取 50mm,墩身中部箍筋间距取 100mm(图 6.4-6);1∶2 缩尺模型主筋直径取 40mm,箍筋直径取 12mm,墩身高 3.0m,墩顶、底箍筋间距取 60mm,墩身中部箍筋间距取 120mm(图 6.4-7)。主筋采用 HRB400 钢,箍筋采用 HPB300 钢。

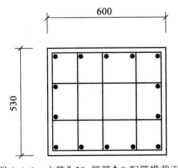

图 6.4-6　主筋⏀20,箍筋φ8 配筋横截面示意图(尺寸单位:mm)

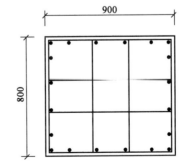

图 6.4-7　主筋⏀40,箍筋φ12 配筋横截面示意图(尺寸单位:mm)

2)试验加载

试验荷载分为竖向荷载和水平荷载。1 号～3 号小尺寸试件和 4 号大尺寸试件采用类似的加载装置,试件的底座通过地脚螺栓锚固在反力地槽上。试件上部通过两副竖向反力架以及支撑在两副反力架上的大尺寸钢横梁构建竖向加载平台,以施加竖向荷载。竖向荷载由两台工作吨位为100t的千斤顶施加,千斤顶的加载截面中心对准柱顶截面的形心位置,见图6.4-8、图6.4-9。

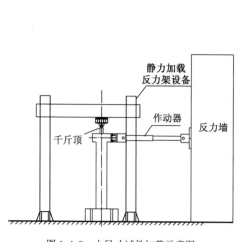

图6.4-8 小尺寸试件加载示意图

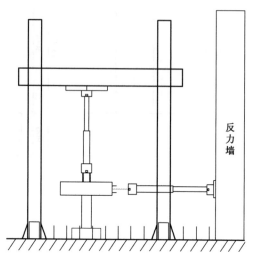

图6.4-9 大尺寸试件加载示意图

试件水平荷载加载采用位移控制加载。每级加载到最大位移时持载,进行破坏现象的观察和标记工作。加载直至试件的强度下降到最大强度的80%,加载结束。

试件加载每级做2次加载循环,加载幅值依次为2mm、5mm、10mm、15mm、20mm、25mm、30mm、40mm、60mm,其后以20mm的幅值递增至最大位移(图6.4-10)。1号~3号试件最大位移初步计算为266mm,预计加载到250mm,每级加载控制位移见表6.4-2;4号试件最大位移初步计算为193mm,预计加载到200mm,每级加载控制位移见表6.4-3。

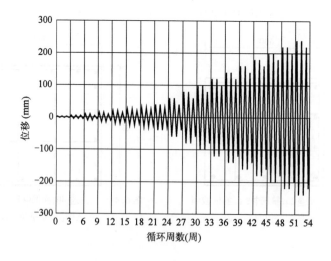

图6.4-10 1号~4号试件加载方案

1号~3号试件每级加载控制位移　　　　表6.4-2

加载级数	控制位移(mm)	加载级数	控制位移(mm)
1	2-2	11	100-100,持载3min
2	5-5	12	120-120,持载3min
3	10-10,持载3min	13	140-140,持载3min
4	15-15,持载3min	14	160-160,持载3min
5	20-20,持载3min	15	180-180
6	25-25,持载3min	16	200-200
7	30-30,持载3min	17	220-220
8	40-40,持载3min	18	240-240
9	60-60,持载3min	19	250-250
10	80-80,持载3min		

4号试件每级加载控制位移　　　　表6.4-3

加载级数	控制位移(mm)	加载级数	控制位移(mm)
1	2-2	9	60-60,持载3min
2	5-5	10	80-80,持载3min
3	10-10,持载3min	11	100-100,持载3min
4	15-15,持载3min	12	120-120,持载3min
5	20-20,持载3min	13	140-140,持载3min
6	25-25,持载3min	14	160-160,持载3min
7	30-30,持载3min	15	180-180
8	40-40,持载3min	16	200-200

试验测试项目有五项:①塑性铰区域的曲率分布;②塑性铰区域钢筋、箍筋的应变;③墩身关键位置位移;④水平荷载和竖向荷载;⑤各级加载的裂缝观察。

6.4.2.2 振动台试验

1)试验工况及试件设计

振动台试验开展了2座简支梁桥,含7个立柱试件的试验研究(图6.4-11),试验工况及试件设计见表6.4-4。

试验采用两座振动台同时进行,模型缩尺比取1:4。立柱采用矩形截面,尺寸为400mm×450mm,试件净高为2600mm,盖梁尺寸为2400mm×750mm×600mm,承台尺寸为1350mm×1350mm×500mm(图6.4-12)。1号及2号现浇桥墩在制作时整体浇筑,墩底与承台混凝土为整体构件;3号和8号试件的立柱与承台分开浇筑(表6.4-5)。立柱、承台均采用C50混凝土,主筋采用HRB400钢,箍筋采用HPB300钢,灌浆套筒长度取20d(d为被连接钢筋直径),套筒中灌注抗压设计强度为100MPa的高强砂浆,预制拼装试件接缝亦采用抗压设计强度为100MPa的高强砂浆。

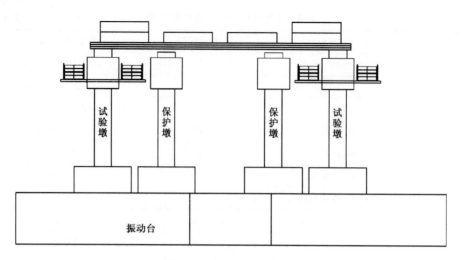

图 6.4-11 振动台试验模型图

振动台试验简支梁桥工况及试件设计 表 6.4-4

简支梁编号	试件缩尺比	简支梁桥	主要研究内容
1	1:4	桥墩为1号、2号两个现浇立柱	作为预制拼装墩简支梁桥的对照
2	1:4	桥墩为3号、8号两个钢筋灌浆套筒连接的预制拼装立柱,墩身-承台接缝采用100MPa的高强砂浆	通过实际工程中所采用构造形式的缩尺试验,研究损伤机理、破坏模式,分析抗震性能,进行工程验证

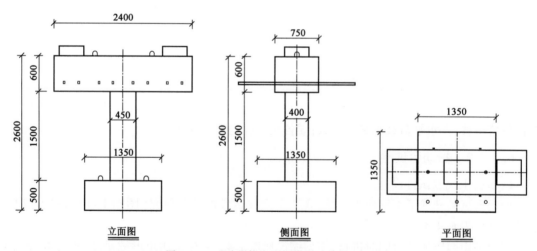

图 6.4-12 现浇墩构造示意图(尺寸单位:mm)

试件设计 表 6.4-5

立柱编号	试件缩尺比	立柱用途	立柱描述
1号、2号	1:4	现浇试验墩	盖梁中预埋8根钢条,用于放置盖梁质量块;承台中预留8个φ50孔洞用于连接振动台
3号、8号	1:4	预制试验墩	盖梁中预埋8根钢条,用于放置盖梁质量块;承台中预留8个φ50孔洞,用于连接振动台;其中3号立柱套筒位于承台内,8号立柱套筒位于墩底

358

续上表

立柱编号	试件缩尺比	立柱用途	立柱描述
5号、6号	1:4	现浇保护墩	盖梁中预埋12根螺杆,用于拟静力试验连接作动器;承台中预留8个φ50孔洞,用于连接振动台,另外还预留4个φ80孔洞,用于拟静力试验锚固;墩底预埋每个方向5根φ8的贯穿钢筋,用于墩底位移计连接
7号	1:4	预制保护墩	盖梁中预埋12根螺杆,用于拟静力试验连接作动器;承台中预留8个φ50孔洞,用于连接振动台,另外还预留4个φ80孔洞,用于拟静力试验锚固;墩底预埋每个方向5根φ8的贯穿钢筋,用于墩底位移计连接

试件墩身配置12根直径16mm纵筋沿截面周边布置,纵筋配筋率为1.34%,箍筋采用直径8mm钢筋,加密段间距为60mm,非加密段间距为120mm,体积配箍率为1.58%,混凝土净保护层厚度为35mm,如图6.4-13a)所示。预制拼装试件承台中预埋外径56mm的灌浆套筒,如图6.4-13b)所示,其中心位置与纵筋中心一一对应,套筒外侧同样设有间距为60mm的直径8mm箍筋。

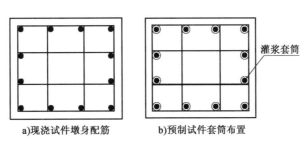

a)现浇试件墩身配筋　　b)预制试件套筒布置

图6.4-13　立柱配筋

2)试验加载

每个桥墩试件通过地脚螺栓锚固在振动台上,两个桥墩试件上部通过钢板相连,其上增加质量块用以模拟主梁质量。地震荷载由两台工作吨位为70t的主振动台施加(图6.4-14)。

图6.4-14　简支梁桥振动台试验

由地震动峰值加速度为$0.2g$,8度区地震调整系数E1、E2分别为0.61、2.0,得到地震调整系数E1、E2对应的水平向地震动峰值加速度分别为$0.122g$、$0.4g$。

本试验中共加载3种地震波,分别为由呼和浩特市南北快速路工程场地地震安评报告提供的人工波(简称E波)、El-Centro波及白噪声。试验过程中对E波进行分级调幅,形成多条振动台输入地震波,模拟桥梁在多个工况下的工作条件,输入方向仅沿纵向单方向输入。白噪声的加速度幅值采用0.10g,确保模型在白噪声作用下保持在弹性变化范围内。两次试验采用一套加载方案,如表6.4-6所示。

加 载 工 况 表　　　　　　　　　表6.4-6

工 况	地 震 波	PGA	备 注
A1	白噪声	0.1g	铅芯橡胶支座
A2	E2lv gpa1.0g	0.12g	
A3	E2lv gpa1.0g	0.2g	
A4	E2lv gpa1.0g	0.3g	
A5	E2lv gpa1.0g	0.4g	
A6	白噪声	0.1g	
A7	白噪声	0.1g	固定支座
A8	E2lv gpa1.0g	0.1g	
A9	E2lv gpa1.0g	0.12g	
A10	E2lv gpa1.0g	0.2g	
A11	El centro gpa1.0g	0.2g(El-Centro)	
A12	白噪声	0.1g	
A14	E2lv gpa1.0g	0.3g	
A15	El centro gpa1.0g	0.3g(El-Centro)	
A17	E2lv gpa1.0g	0.40g	
A18	白噪声	0.1g	
A19	E2lv gpa1.0g	0.50g	
A20	白噪声	0.1g	
A21	E2lv gpa1.0g	0.60g	
A22	E2lv gpa1.0g	0.70g	
A23	白噪声	0.1g	
A24	E2lv gpa1.0g	0.80g	
A25	E2lv gpa1.0g	0.90g	
A26	白噪声	0.1g	
A27	E2lv gpa1.0g	1.0g	
A28	E2lv gpa1.0g	1.0g	
A29	E2lv gpa1.0g	1.0g	
A30	白噪声	0.1g	
A31	E2lv gpa1.0g	0.9g	
A32	白噪声	0.1g	

振动台试验过程中,实测项目包括加速度、位移和钢筋应变。纵向位移通过设置拉线式位移计测量包括承台、墩身、支座、盖梁、主梁在内7个位置的试件纵向位移;对桥墩试件关键位置的纵筋、箍筋、套筒进行应变测量。

6.4.3 试验结果与分析

6.4.3.1 拟静力试验

1)试验现象

①2号桥墩试件(套筒置于承台内)的破坏现象(图6.4-15)与1号现浇桥墩试件(图6.4-16)类似,墩身裂缝沿墩身一定高度范围内均匀分布,墩身底部区域发生混凝土压碎,纵筋屈曲、断裂,箍筋外鼓,在墩底一定范围内形成塑性铰。此外,2号试件承台凹槽基本没有明显损伤,表明凹槽设置确保了墩身底与凹槽承台面的拼接缝不是薄弱部位。

a)加载前　　　　b)加载后　　　　　　　a)加载前　　　　b)加载后

图6.4-15　2号试件加载前、后　　　　图6.4-16　1号试件加载前、后

②3号桥墩试件(套筒置于墩身底部)的破坏现象(图6.4-17)表现为墩底拼接缝处形成主裂缝,墩身套筒顶部出现次主裂缝,在墩身套筒高度范围内没有裂缝出现;在水平往复加载作用下,裂缝张开-闭合主要集中在这两个裂缝处,墩底拼接缝边缘砂浆压碎,墩底接缝张开-闭合较大,形成一个类似的铰,由于套筒的存在,在墩身套筒高度范围内并未发生太多损伤,套筒顶部裂缝处张开-闭合,形成第二个类似的铰,整个墩身塑性变形多集中在这两个裂缝处。最终纵筋出现受压屈曲,并有钢筋断裂,立柱底和承台间的砂浆垫层压碎,柱底与承台间的接缝存在一个清晰的分界面,墩身底面和承台之间完全脱离。

③4号桥墩试件(图6.4-18)在初始加载作用下,墩身裂缝开展与现浇桥墩类似,裂缝沿墩身高度均匀分布,由于在拼装时存在偏心现象,墩身非加载面出现大量细小的X形斜裂缝;随着试件进一步加载,桥墩进入明显的塑性变形区域,墩身混凝土保护层部分开始剥落,围绕墩身周围的承台顶面出现大量混凝土裂缝,有隆起的趋势;后期进一步加载,墩身混凝土保护层剥落严重,承台顶面发生部分隆起破坏,这表明承台凹槽区域发生破坏,伴随着部分纵筋屈曲,套筒与承台中混凝土之间发生相对滑移,试件承载力急剧下降而终止试验。

a)加载前　　　　　　　b)加载后　　　　　　　　　　a)加载前　　　　　　　b)加载后

图 6.4-17　3 号试件加载前、后　　　　　　　　图 6.4-18　4 号试件加载前、后

④2 号桥墩试件后期损伤和破坏均主要发生在墩身底部塑性变形区域,拼接缝、承台顶面交界位置并未像 4 号桥墩试件在加载后期出现部分隆起,验证了对承台开槽、将拼缝嵌置这一构造方法的有效性,但凹槽高度范围的承台其他位置需注意适当配筋,防止其混凝土隆起。

⑤比较 2 号预制拼装桥墩试件与 1 号现浇桥墩试件,两者的滞回曲线(图 6.4-19)均呈梭

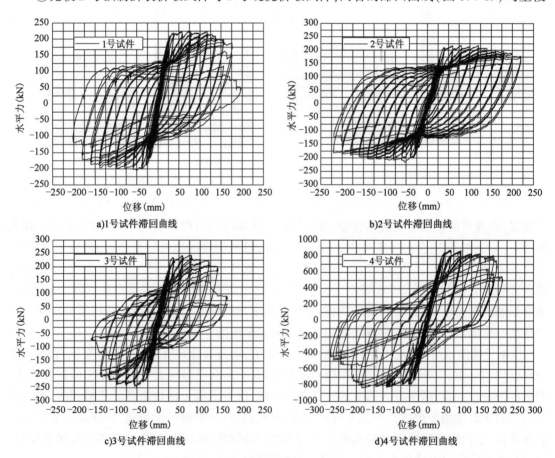

图 6.4-19　水平荷载-墩顶位移滞回曲线

形,且滞回曲线饱满程度接近,位移与水平荷载峰值亦相当,当试件强度尚未下降时,预制试件与现浇桥墩耗能能力及各方面性能相当。当结构发生一定损伤后,预制拼装桥墩与现浇桥墩的结构承载力均有所下降,但相比现浇桥墩,预制拼装桥墩依旧能够保持较好的耗能能力。

2) 试验结论

综合分析预制和现浇两类试件损伤发展及最终破坏现象,以及试验采集得到的位移、钢筋应变等数据,带凹槽、套筒连接构造的预制拼装桥墩试件各项指标均与现浇桥墩试件相近,由此可知预制拼装桥墩的抗震性能与现浇桥墩相当。但套筒放置位置对结构的破坏模式影响较大,当套筒置于承台中时,其破坏现象与现浇桥墩相似;当套筒置于墩身中时,墩身塑性铰区破坏模式与现浇桥墩不同,仅在接缝处、套筒顶部及上方墩身形成裂缝,套筒所在高度范围无裂缝形成。此外,从 4 号试件承台顶面发生的破坏来看,需要对凹槽周围承台顶面设置必要的竖向连接构造钢筋和水平环向约束钢筋,以加强承台顶面防开裂和隆起的能力。

此外,基于 OpenSees 平台,建立纤维有限元模型,模拟高性能混凝土桥墩在拟静力试验中的力学行为,分析得到各桥墩试件的滞回曲线和骨架曲线,与试验结果对比显示,两者基本接近,可以认为数值分析与试验结论是一致的。

6.4.3.2 振动台试验

1) 试验现象

试验前将各试件表面用乳胶漆涂白,绘制网格线并进行编号。其中水平的圆形网格线沿高度方向从墩底往上 5cm 一道,共 30 道,分别记为 1、2、…、30;左侧墩四个面分别标记为 A、B、C、D,竖线间距为 5cm,各位置编号如图 6.4-20 所示,右侧墩仅将大写转换成小写字母 a、b、c、d。

本试验结构分为设置铅芯橡胶支座和设置固定支座两种体系。在固定体系中,试验墩加载至破坏,以下分别对固定体系下的现浇桥墩和预制拼装桥墩的试验现象进行描述。

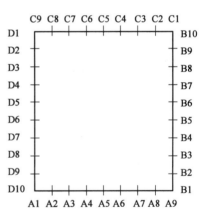

图 6.4-20 桥墩试件横向位置编号示意

振动台试件的裂缝会在试验结束后由于重力作用而闭合,且下述主要试验现象均为振动结束后观察到的现象。

现浇桥墩与预制拼装桥墩最终破坏后,将混凝土保护层清理以后,破坏形态如图 6.4-21 ~ 图 6.4-23 所示。

3 号预制拼装桥墩(套筒置于承台内)的破坏现象总体与现浇桥墩类似,均为墩底混凝土压碎,在墩底一定范围内形成塑性铰,而 8 号预制拼装桥墩(套筒置于墩身底部)的破坏表现为墩底接缝处边缘砂浆压碎,钢筋产生黏结滑移,墩底接缝范围内形成一个铰,致使桥墩刚度减小从而导致破坏,且底部墩身由于套筒的存在并未产生太多损伤,套筒顶部出现墩身从下往上的第一条裂缝。

a)D面

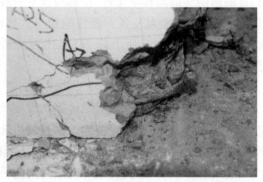
b)CD角

图6.4-21 现浇桥墩最终破坏形态

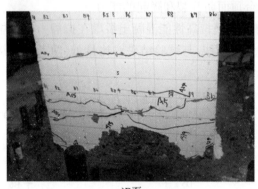
a)B面

b)CB角

图6.4-22 3号预制拼装桥墩最终破坏形态

图6.4-23 8号预制拼装桥墩(D面)最终破坏形态

加载至最后,对两座简支梁桥模型均进行了多次加速度峰值 $1.0g$ 的加载,两个现浇桥墩破坏程度相当,墩底向上 20cm 范围内混凝土破坏严重,钢筋明显屈曲,结构频率明显衰减,结构趋近倒塌;两个预制拼装桥墩破坏程度存在较大差异,3号预制拼装桥墩墩底破坏较严重,主筋外露,但未观察到有明显钢筋弯曲现象,8号预制拼装桥墩由于主筋产生黏结滑移,形成了摇摆体系。

2）试验结果与结论

（1）结构位移反应。不同地震水平下桥墩各个位置相对墩底的位移峰值如图 6.4-24 所示。

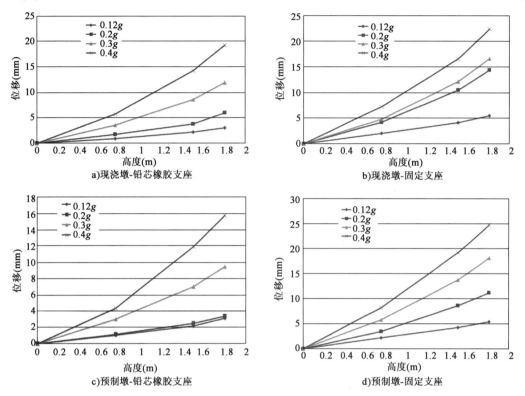

图 6.4-24　桥墩各个位置相对墩底位移值

采用铅芯橡胶支座后，在 E2(0.4g)地震荷载作用下，现浇桥墩的盖梁中心相对墩底的位移由 22.5mm 减小到了 19.0mm，而预制结构则由 25.0mm 减小到了 16.0mm，由于损伤程度不大，固定支座与铅芯橡胶支座的试验现象差别不大，仅裂缝有进一步开展，而盖梁与墩底相对位移的减小，较明显地反映了铅芯橡胶支座的隔震效果。

由预制拼装桥墩与现浇桥墩对比显示，在铅芯橡胶支座体系下，0.4g 地震荷载作用下预制拼装桥墩的盖梁中心相对墩底的位移为 16mm，而现浇桥墩为 19mm；在固定支座体系下，0.4g 地震荷载作用下预制拼装桥墩相对位移为 25mm，而现浇桥墩为 22.5mm。因此，预制拼装桥墩的抗震性能没有明显次于现浇桥墩。

（2）结构应变反应。图 6.4-25 展示了不同地震荷载作用下桥墩关键截面钢筋最大应变值变化情况。

对于铅芯橡胶支座体系，主筋应变最大值基本能保持在 2500$\mu\varepsilon$ 左右，由材料性能试验可知，此时钢筋基本处于弹性范围；而固定支座体系应变值则有较大幅度的增加，均增加至 3000$\mu\varepsilon$ 以上；现浇桥墩靠近承台顶位置的主筋各个水平位置的应变片纷纷产生残余应变，其应变均值达 5000$\mu\varepsilon$，均超出了钢筋的屈服应变。这反映了支座的隔震效果，从表观现象看，是否采用铅芯橡胶支座区别并不大，但是由振动过程中记录的应变响应可知，采用铅芯橡胶支座进行隔震可将钢筋控制在屈服范围以内，而不采用隔震体系时，钢筋将屈服。

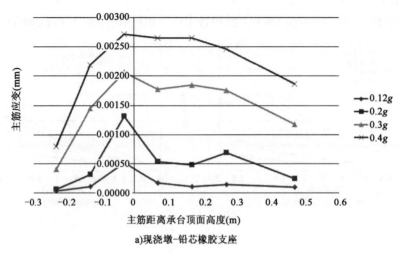

a) 现浇墩-铅芯橡胶支座

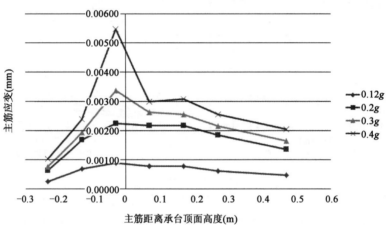

b) 现浇墩-固定支座

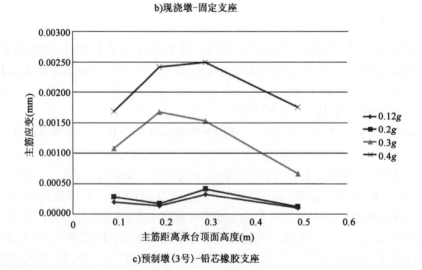

c) 预制墩(3号)-铅芯橡胶支座

图 6.4-25

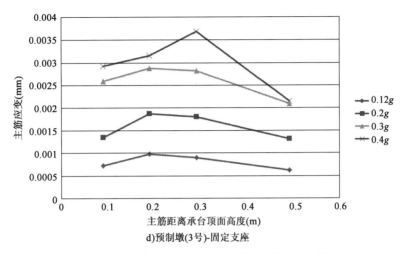

d) 预制墩(3号)-固定支座

图 6.4-25　不同地震作用下桥墩关键截面钢筋最大应变值

（3）基于 OpenSees 平台，建立纤维有限元模型，模拟高性能混凝土桥墩在振动台试验中的力学行为，分析得到全桥模型的结构频率、各桥墩试件的滞回曲线。与试验结果对比显示，两者基本接近，可以认为数值分析与试验结论是一致的。

6.4.4　主要研究结论

①拟静力试验表明，预制试件各项指标均与现浇试件相近，由此可知预制拼装桥墩的抗震性能与现浇桥墩相同。套筒放置位置对结构的破坏模式影响较大，当套筒置于承台中时，其破坏现象与现浇桥墩相似；当套筒置于墩身中时，墩身塑性铰区破坏模式与现浇桥墩不同，破坏现象表现为墩底拼接缝处形成主裂缝，墩身套筒顶部出现次主裂缝，在墩身套筒高度范围内没有裂缝出现。

②针对将灌浆套筒置于承台和墩身底部两种形式的预制拼装桥墩试件和现浇桥墩的简支梁桥开展的振动台试验研究表明，3号预制拼装桥墩（套筒置于承台中）的破坏现象与现浇桥墩类似，均为墩底混凝土压碎，在墩底一定范围内形成塑性铰；而8号预制拼装桥墩（套筒置于墩身底部）的破坏表现为墩底接缝处边缘砂浆压碎，钢筋产生黏结滑移，墩底接缝范围内形成一个铰，致使桥墩刚度减小从而导致破坏，且底部墩身由于套筒的存在并未产生太多损伤，套筒顶部出现墩身从下往上的第一条裂缝。

7 信息化技术应用

7.1 概 述

7.1.1 信息化技术发展形势

当今社会正处于信息化的时代,信息化技术的发展也是日新月异。在工程建设行业,经过美国、英国等国外企业的成功实践,信息化手段已经成为降低项目成本的最佳途径。我国的建筑业体量巨大,是国民经济重要支柱产业之一。2016年我国建筑业总产值达到19.36万亿,超过美国位居全球第一。但与此相对的是,我国建筑业信息化率约为0.03%,仅为国际平均水平0.3%的十分之一,还有较大的提升空间。因此,国内众多企业面对竞争愈加激烈的市场,也纷纷把目光投向了信息化技术。BIM(建筑信息模型)作为一种全新的理念和技术手段,以BIM技术为基础,融合其他信息化技术共同推动行业的发展,未来必定是行业信息化建设的重点。

同时,政府部门也在推出相关的政策引导和鼓励行业信息化建设:

2015年,交通运输部发布《对我国桥梁技术发展战略的思考》一文,提出研发基于BIM技术的桥梁设计、管养系统,以推动设计和养护管理技术的发展。

2016年,住房和城乡建设部印发《2016—2020年建筑业信息化发展纲要》,明确提出要增强BIM、大数据、智能化、移动通信、云计算、物联网等信息技术集成应用能力。

2017年,国务院办公厅印发《关于促进建筑业持续健康发展的意见》,提出要加快推进建筑信息模型(BIM)技术在规划、勘察、设计、施工和运营维护全过程的集成应用,实现工程建设全生命周期数据共享和信息化管理,为项目方案优化和科学决策提供依据,促进建筑业提质增效。

2018年,交通运输部发布《交通运输部办公厅关于推进公路水运工程BIM技术应用的指导意见》,提出要推进BIM技术在公路水运工程建设管理中的应用,加强项目信息全过程整合,实现公路水运工程全生命周期管理信息畅通传递,促进设计、施工、养护和运营管理协调发展,提升公路水运工程品质和投资效益。

上海市政总院积极响应国家政策,为了推动行业BIM技术的发展,依托自身BIM技术的实践经验,积极参与国家和地方BIM标准、指南的编制工作:总编《中国市政设计行业BIM技术丛书》,主编《中国市政设计行业BIM指南》《上海市交通行业BIM技术应用标准体系》等,参编《建筑工程设计信息模型交付标准》(国家标准)、《建筑工程设计信息模型分类和编码标准》(国家标准)、《市政道路桥梁建筑信息模型应用标准》(上海市地方标准)等。

7.1.2 BIM 在工程项目中的应用

7.1.2.1 定义

BIM(Building Information Modeling)是"建筑信息模型"的简称,源于 20 世纪 70 年代的美国。美国国家 BIM 标准(The National Building Information Modeling Standards Committee,简称 NBIMS)对 BIM 的定义如下:"BIM 是建设项目的兼具物理特性与功能特性的数字化模型,且是从建设项目的最初概念设计开始的整个生命周期里做出任何决策的可靠共享信息资源。实现 BIM 的前提是:在建设项目生命周期的各个阶段不同的项目参与方通过在 BIM 建模过程中插入、提取、更新及修改信息以支持和反映出各参与方的职责。BIM 是基于公共标准化协同作业的共享数字化模型。"

建筑信息模型不是简单地将数字信息进行集成,它还是一种数字信息的应用,并可以用于设计、建造、管理的数字化方法,这种方法支持建筑工程的集成管理环境,可以使建筑工程在其整个进程中显著提高效率、大幅降低风险。

7.1.2.2 应用策划

BIM 技术的应用是一个复杂的过程,涉及项目各个参与方的协同,不同的阶段数据流转和各个专业的配合。因此,为了达到应用效果,要结合具体工程的实际情况,进行 BIM 应用的策划,编写实施方案。BIM 应用的策划主要围绕以下几个方面进行。

(1)确定 BIM 应用内容。BIM 应用是按照项目阶段、各阶段应用点来实施的。因此 BIM 实施的第一步是要结合工程的实际情况(规模、专业、重难点等),制定 BIM 实施的目标,确定 BIM 的实施阶段和具体应用内容。

(2)组建 BIM 技术应用团队。BIM 的实施涉及项目的不同参与方(建设方、设计单位、施工单位、监理单位等),需要根据应用内容来组建 BIM 技术应用团队。对于团队中的单位,要明确单位负责人和参与人员。明确各项 BIM 应用内容的主体实施方和配合主体实施方的工作职责。制定团队的沟通、交流方法,比如例会制度、日常交流工作群、文件共享方式等。

(3)制定建模标准和模型审核流程。需要根据 BIM 应用的各项内容对模型的要求,制定建模标准。第一,确定建模的范围和专业;第二,根据专业的不同,确定建模的精度和拆分规则;第三,根据拆分规则制定模型构件的编码规则;第四,根据不同的构件特性和工程需要,确定构件的属性信息。模型创建完成之后,要制定一套模型审核流程,以减少模型的错误,提高模型质量。

(4)制定实施路线。BIM 的应用实施是一个系统性的工作,需要不同软件平台的协同配合。为保证顺利实施,需要根据应用内容制定实施路线。首先,对于建模,要根据不同的专业选择合适的建模软件,以保证建模的效率和质量;然后,对于各个应用点也要选取不同的 BIM 应用软件,确定建模软件与应用软件的模型交接方式;最后,要明确各个应用内容的成果交付形式以及该应用内容对于项目的反馈建议。

7.1.2.3 在工程各阶段应用

BIM 的应用是工程建设行业继 CAD 应用之后的第二次革命。而且,这场革命带来的改变会更深刻,涉及的面也会更广。BIM 技术的应用涉及工程的设计阶段、施工阶段和运维阶段。

1)设计阶段

工程设计是一个由三维到二维的过程,设计师脑海中想的是三维的工程模型,而具体的设计表达则要通过各种二维图纸来实现。这样就会带来一些问题:设计表达效率低;一些需要在三维空间中控制的设计指标复核流程烦琐;一些可以由工程模型直接确定的数据还需要另外核算;不同专业之间存在的设计冲突不易发现。而且,上述的一些问题对于复杂的工程结构而言会更加严重。

BIM 为上述问题的解决提供了技术手段:利用 BIM "所见即所得"的特征,可提高设计表达的水平;BIM 可以根据设计需要进行一些模拟实验和专业间协同,优化设计;以 BIM 技术为基础进行工程的三维设计,能克服传统二维设计的缺点,进一步提升设计的质量和效率。

现状场地模型创建与分析:为了降低工程投资,提高工程效益,设计要充分考虑现状场地的条件。因此,可以利用 BIM 技术建立现状场地模型(图 7.1-1)。模型可以利用高效快捷的实景建模方式完成:通过倾斜摄影获取工程区域内的图像,将图像导入专业的软件进行处理,自动生成高分辨的、带有逼真纹理贴图的三维模型。这种三维模型效果逼真,要素全面,测量精度高,是现实世界的真实还原。利用实景模型,可以直接快速地观察、测量、模拟设计需要的场地数据(如高程、距离、面积、坡度等),为设计提供数据支撑。

新建工程三维模型创建:根据工程专业的特点和设计阶段的不同选取合适的 BIM 软件平台。对于结构专业,如桥梁、地道等,可以先在软件中建立该工程的构件模板库,然后利用软件的相关功能进行批量化的处理,快速建立工程模型(图 7.1-2),提高工作效率。

图 7.1-1　现状场地模型　　　　　　图 7.1-2　工程模型

设计成果展示:利用 BIM 三维可视化的特点进行设计成果的展示,主要分为两个方面,一是整体工程设计方案的展示,整合现状场地模型与新建工程模型,进行设计的展示和方案的比选;二是对于一些复杂的结构,需要利用三维的空间模型进行展示。

工程设计检查与优化:首先,将工程各个专业的设计模型按照统一的工程坐标系统汇总到同一 BIM 软件平台上。然后基于各专业模型,应用 BIM 软件检查设计模型中各专业内和专业间的冲突和碰撞,比如道路和桥梁、桥梁下部结构与管线以及地道与管线等。其中,碰撞检测分为硬碰撞(构件与构件间发生实际空间接触)和软碰撞(构件与构件间没有发生实际空间接触,但是不满足设置的间距要求),利用软碰撞可以将设计规范要求的间距值代入软件,快速检查设计是否满足规范。图 7.1-3 所示分别是桥墩与道路行车道、桥墩承台与管线的碰撞。最后,将检测到的错误反馈到各个专业,进行设计优化,避免将设计错误传递到施工阶段,提高设计的质量。

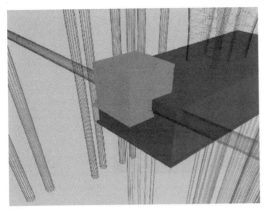
a)桥墩与道路行车道的碰撞

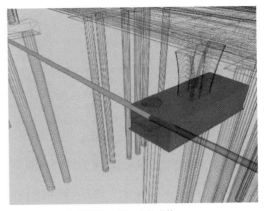
b)桥墩承台与管线的碰撞

图 7.1-3　工程碰撞检测结果

同时,利用冲突检测功能还可以对竖向的工程净高进行检查。传统的净高检查方式受到纵坡、横坡空间因素的影响,尤其是在变化复杂的节点进行净高检查会比较困难。在三维空间中,BIM 设计模型能够精确地表达出这些空间因素的变化。因此,利用 BIM 技术可以快速、准确地判断其是否符合工程的相关规范要求。

工程量统计:作为空间三维实体的设计模型,BIM 可以承载体积、面积、长度等信息,利用 BIM 平台的功能提取这些信息,并可将这些信息作为工程量(图 7.1-4)。相较于 CAD 人工手算工程量,利用 BIM 技术进行工程量统计可以提高效率和精度。

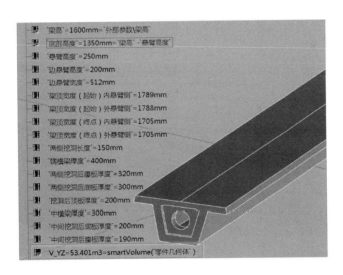

图 7.1-4　附加工程量参数的模板

工程设计信息提取:工程 BIM 创建所依托的坐标系是原始的工程坐标系,BIM 软件中模型构件的坐标就是实际工程中坐标。同时,选取的 BIM 软件精度较高,可以满足设计的要求。因此,在工程设计模型创建完成之后,可以直接利用模型批量提取需要的信息(图 7.1-5),比如墩台中心坐标、桩基坐标等,以提高工程设计信息提取的效率和准确性。

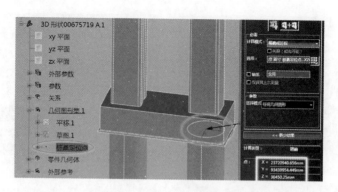

图 7.1-5　设计信息提取

模型二维出图：以三维的工程设计模型为基础，结合 BIM 软件出图模块的功能，按照二维设计的出图要求和流程对模型进行剖分，得到相应的剖视图和断面图，然后进行标注即可。利用该方法创建的图纸与对应的三维模型之间会保留关联关系，一旦 BIM 模型的构造尺寸发生改变，相应的二维图纸经过刷新后也会自动更新，这样就避免了人工逐一修改相关联的图纸，既可以提高工作效率，又可以避免人工出图造成的图纸更新错误。

2）施工阶段

施工方案模拟：根据工程施工方案的文件和资料，创建施工过程演示模型。该模型应表示工程实体和现场施工环境、施工机械的运行方式、施工方法和顺序、所需临时及永久设施安装的位置等。结合工程项目的施工工艺流程，对施工过程演示模型进行施工模拟（图 7.1-6）、优化，选择最优施工方案。尤其是对于工程局部复杂的施工区域，应进行重难点施工方案的模拟，提前检验施工安排的合理性，发现问题，以便于在方案实施前对施工安排进行优化。

图 7.1-6　施工方案模拟

施工管理平台：以 BIM 为基础集成施工过程中各种信息，建立施工管理平台（图 7.1-7）。通过标准化的项目管理流程，实现工程信息在各职能角色之间高效传递和实时共享，提高项目规范化管理的水平和质量。同时，项目建设信息以系统化、结构化方式进行存储，提高数据安全性以及工程数据资料的有效复用。

7 信息化技术应用

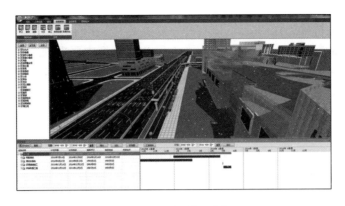

图 7.1-7　施工管理平台

BIM 平台主要围绕工程施工管理过程中的各项管理内容(如进度管理、质量管理、安全管理、文档管理等),通过需求调研分析的途径确定具体的管理功能。同时,BIM 平台在开发的过程中应该注意用户使用的便捷性、长期运行的稳定性、工程数据的安全性、数据格式的兼容性以及使用功能的扩展性。

3) 运维阶段

运维阶段是建筑全生命周期中时间最长、管理成本最高的重要阶段。BIM 技术在运维阶段应用的目的是提高管理的效率和水平,降低管理成本。以工程的运维管理方案为总体框架,搭建运维管理系统(图 7.1-8)。运维管理系统以竣工模型为基础,集成工程维护数据,比如设施基本信息、维护检查计划,实现工程的空间设施和应急管理。

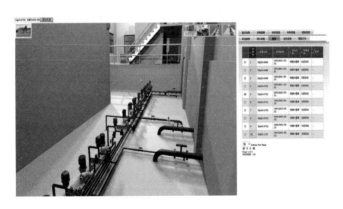

图 7.1-8　运维管理系统

7.1.3　BIM 在预制拼装桥梁的应用

近年来,随着 BIM 技术的发展以及国家政策的推广和支持,其作为一种新技术在桥梁工程方面的应用也日益广泛。同时,预制拼装结构也是桥梁工程领域正在大力推广使用的一种结构形式。2016 年 9 月,上海市住房和城乡建设委员会发布《上海市装配式建筑 2016—2020 年发展规划》,提出推进建筑信息模型技术在装配式项目中的应用,将 BIM 技术融入装配式建筑项目建设全过程。因此,有必要将二者进行结合,借助 BIM 技术进一步推动预制拼装桥梁的发展。

BIM在预制拼装桥梁工程的应用,既有和一般桥梁工程相同的应用点,又有一些由于预制拼装桥梁结构形式的特殊性而不同的应用:在工程BIM模型中要准确地反映一些和构件拼装相关的细节,比如套筒或者金属波纹管的排布和规格、砂浆垫层等;对预制构件在工厂中的制造工艺进行模拟;结合一些其他的信息化技术(如二维码、物联网等)和物流思想对构件从制造到吊装的整个过程进行信息化的跟踪管理;对重要节点的构件吊装施工方案进行模拟,检验施工方案的可行性并进行优化。

总体而言,预制拼装桥梁将结构构件化,将构件标准化,将制作工厂化,更适应于BIM技术的应用。

7.2 预制拼装桥梁BIM模型创建

7.2.1 构件模板库

三维工程模型是BIM技术应用的基础,而工程BIM模型是由一个个工程构件组成的,就像一个完整的机械结构由若干个零部件组成一样。因此,各个工程专业和单位在开展BIM技术应用的过程中都会根据研究或者项目的实际需要建立一些构件的BIM模板,在这个过程中便会形成构件模板库。对于预制拼装结构的桥梁,其机械行业的构件化、模板化思想更加深入。因此,要想将BIM应用到预制拼装桥梁工程中,就必须对该类桥梁的构件组成进行分析,结合相关的BIM软件平台,建立预制拼装桥梁构件的BIM模板库。

①如表7.2-1所示,对工程构件进行拆分,总结和归纳预制拼装桥梁的构件品种,如小箱梁、刚接板梁、盖梁、立柱等。

工程构件拆分方式　　　　表7.2-1

专　业	分　部	一级分项	二级分项
桥梁工程	上部结构	预制小箱梁(按跨拆分)	预制单片小箱梁
			现浇桥面板湿接缝
		预制空心板梁(按跨拆分)	预制单片空心板梁
			现浇桥面板湿接缝
		预制T形梁(按跨拆分)	预制单片T形梁
			现浇桥面板湿接缝
	下部结构	桥墩(按墩位拆分)	盖梁
			立柱
			桥台
			承台
			桩基

②分析确定构件的构造所需要的参数,尤其是构造比较复杂的构件的参数,会比较多,更需要系统地分析归类(图7.2-1)。

7 信息化技术应用

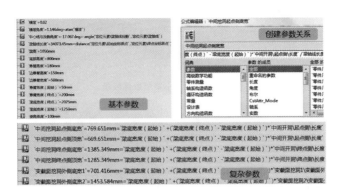

图 7.2-1　模板参数及参数约束关系

③构件的各个参数之间往往会存在一定的约束关系,以此来反映该构件的设计原则和思路,因此要在软件平台上建立参数之间的约束关系。而且,以这种思路建立的构件模板在正向设计工程中也可以很方便地使用。

④根据设计思路创建构件的三维实体模型,并且将参数与实体模型进行关联,形成参数化的构件模板。而且,预制构件的套筒或者金属波纹管以及砂浆垫层等参数也要反映到模板中,如图 7.2-2 所示。

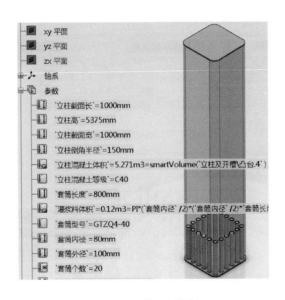

图 7.2-2　预制立柱模板

⑤根据构件的特性为构件添加一些其他的工程信息参数,如体积、面积、混凝土强度等级、套筒规格和个数等,这些信息将在后续的 BIM 应用中发挥作用,比如工程量的提取。

如图 7.2-3、图 7.2-4 所示分别为预制小箱梁单体模板和预制拼装桥梁构件组合模板库。

375

图 7.2-3　预制小箱梁单体模板

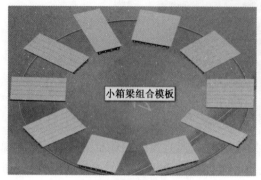

a)小箱梁组合模板

b)桥墩组合模板

图 7.2-4　预制拼装桥梁构件组合模板库

7.2.2　BIM 模型的建立

如图 7.2-5 所示,以预制拼装桥梁构件参数化工程模板为基础,以模板定位元素和模板参数表为驱动,利用 BIM 软件平台的知识工程语言将三者结合起来,实现工程 BIM 模型的创建。

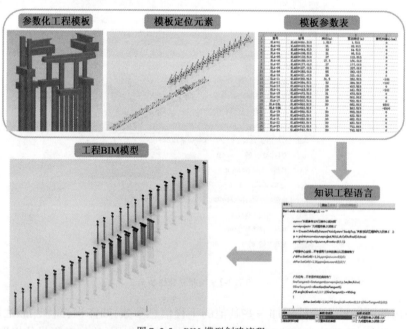

图 7.2-5　BIM 模型创建流程

以一条匝道的下部桥墩 BIM 模型的创建为例说明上述流程：

首先,根据匝道每个桥墩的结构形式依次在预制拼装桥梁构件模板库中选择对应的构件模板。

其次,依次确定每个桥墩实际的构造尺寸作为模板参数表。

再次,根据项目的桥墩定位方法,结合 BIM 软件平台的知识工程语言确定桥墩的定位元素。

最后,根据定位元素将桥墩模板放置到项目正确的位置,根据参数表赋予桥墩正确的构造,完成桥墩 BIM 模型的建立。

7.3 BIM 应用实例

BIM 作为一项新技术,对其的研究和应用最终还是为了能够解决工程中的实际问题,提高工程实施的质量和效率。下面就以三个预制拼装桥梁工程为实例介绍 BIM 在工程中的重点应用。

7.3.1 上海中环路内圈国定东路下匝道工程

如图 7.3-1 所示,该匝道工程位于上海市五角场中心,自中环路内圈五角场环岛"彩蛋"以东约 120m 处拼桥引出,与中环路并行至国定东路路口右转,沿国定东路路中布置,跨越规划安波路后接地。匝道工程全长约 520m,其中拼桥段约 200m,匝道段 300m。该工程的空间交通系统复杂,采用钢箱梁、叠合梁、预制小箱梁(包括连续和简支)的结构形式,立柱和盖梁均为预制结构,预制结构类型较多。

图 7.3-1 工程平面布置图

在设计阶段,建立工程的 BIM 模型,主要包括桥梁结构、标志标线、路灯、铺装等附属结构,进行项目方案的展示以及设计意图的准确表达。

1)项目方案展示

将 BIM 模型导入可视化展示平台中,结合现状模型进行三维展示,通过"所见即所得"的方式让相关人员对项目方案形成直观、准确的认识。同时,相关人员还能够及时地发现不合理之处并进行修改,提高设计的质量。如图 7.3-2 所示,通过模拟驾驶的视角,发现了某个标牌的位置设置不合理,并对其位置进行了调整。

图 7.3-2　标牌调整示意

2)设计意图表达

如图 7.3-3 所示,本项目桥墩中存在一种由圆变方的立柱形式,传统的二维图纸难以准确地表达设计意图。借助 BIM 技术,设计人员可以在三维空间中建立该立柱的准确模型,结合二维图纸辅助表达出设计意图。

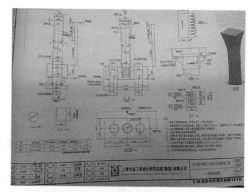

a)立柱模型　　　　　　　　b)施工图

图 7.3-3　BIM 模型辅助出图

在施工阶段,利用 BIM 模型进行构件的吊装模拟,优化吊装方案;利用基于 BIM 的施工管理平台进行项目管理,提高施工管理的水平。

3)预制拼装构件吊装模拟

构件吊装是预制拼装桥梁施工过程中的重点,尤其是该工程处于市区商业中心,复杂的条件限制了构件吊装的操作空间,加大了施工操作的难度。

利用该工程的三维桥梁构件、施工场地以及施工机械模型,结合基本的构件吊装施工方案进行吊装模拟。通过构件的吊装模拟,可以对现场运输路线、吊车走位,进行不同方案的模拟,提前发现方案存在的问题,进而优化方案中的一些参数,以确定工程构件吊装的最优方案,提高施工的质量和效率。如图 7.3-4 所示,本工程分别对钢箱梁、盖梁立柱的吊装进行了模拟。

a)立柱安装　　　　　　　　　　　　　　b)盖梁安装

图 7.3-4　构件吊装模拟

4)3D 扫描与预拼装

桥梁施工对钢结构的制造精度要求比较高,因此,钢结构梁段在制造完成后一般需要在工厂与相邻梁段进行预拼装,以检验制造的精度是否符合要求。3D 扫描技术可以快速、大量地采集空间点位信息,并且具有高精度、高密度、高效率和低成本等优点。通过该项技术可以快速建立实际空间中物体的三维影像,即构件的扫描点云模型(图 7.3-5)。

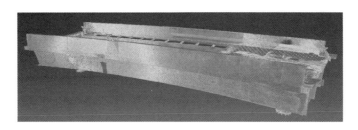

图 7.3-5　构件扫描点云模型

在该工程中,利用该项技术对钢结构梁段进行扫描,数据经过一系列的优化处理后可以得到如图 7.3-5 所示的数字化点云模型。利用不同梁段的点云模型可以做虚拟预拼装,如图 7.3-6 所示,获取关键位置的预拼装误差,检验构件的合格性。

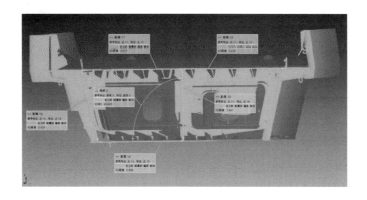

图 7.3-6　点云模型虚拟预拼装

5）项目施工管理平台

(1) 进度管理。该项目施工周期短,因此进度控制要求也比较高。将计划施工进度数据导入平台,与BIM模型结合进行施工计划的直观展示;在施工过程中将实际的施工进度数据录入平台中,将实际施工进度与计划施工进度进行对比(图7.3-7),使项目参与方能够直观、细致地掌握项目的进度,以便及时制定相应的措施。

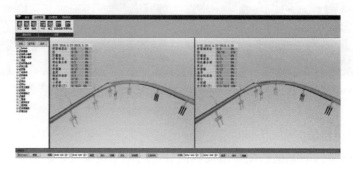

图7.3-7 进度管理双屏对比界面

(2) 预制构件管理。该项目的预制构件类型较多,对这些预制构件的管理也是施工过程中的一项重点工作。通过管理需求调研分析,平台中的预制构架管理主要有以下几项功能:对项目所有的预制构件进行分类统计(小箱梁、立柱、承台等),方便工作人员对构件进行管理;及时地反映预制构件的状态(未完成、运输中、已施工完成等),并且能够在平台的可视化窗口中通过颜色进行区分;外部的数据文件可以对预制构件状态进行更新(图7.3-8)。

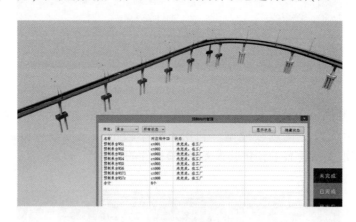

图7.3-8 预制构件状态显示界面

(3) 监测数据管理。项目的监测数据类型多样而且监测点位置分散,施工现场监测数据每天以纸质报告的形式更新,实际效果不直观,很难及时形成趋势的判断。因此,需要在施工管理平台中利用信息化的手段来管理工程的监测数据(图7.3-9)。

第一,是对工程各种监测仪器的管理,在工程实际位置建立监测仪器的模型,并通过颜色来区分类别。录入监测仪器的信息,与仪器的模型建立管理,以便交互查询仪器的基本情况。

第二,按照一定的格式将工程的监测数据批量快速地录入管理平台,利用可视化界面中的仪器模型交互查询,可以快速获取某一监测仪器的监测数据。

第三,根据需要绘制监测数据的变化曲线,使工作人员能够更直观地获取监测数据的变化趋势,指导工程的施工。

第四,设置检测数据的报警值,一旦监测数据出现异常,平台可以迅速反馈,更好地发挥监测工作的作用。

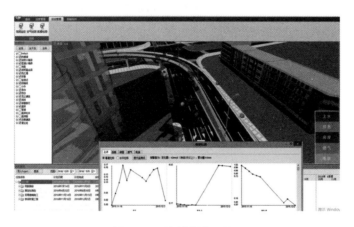

图 7.3-9 监测数据管理界面

(4)工程资料文档管理。工程在施工建设的过程中会产生大量的工程资料文档,如图纸、会议纪要、施工报告、现场图片等,对资料的管理造成了一定的困难。为了提高工作的效率,可以利用信息化的手段通过施工管理平台对这些资料进行管理(图 7.3-10)。

图 7.3-10 资料文档管理界面

7.3.2 上海浦东国际机场三期停车库匝道工程

如图 7.3-11 所示,该工程位于上海浦东国际机场,是在现状北进场路高架系统基础上进行的改扩建工程。该工程主要是为了满足长时停车库与主进场路之间快速便捷沟通的需求,提高长时停车库出入效率而建设的。该工程主要包括进出停车楼的两条匝道,全场约 1.7km,匝道中间均有落地段,并设置了闸机。该工程采用预制预应力后张刚接空心板梁和钢箱梁的结构形式,盖梁与立柱也采用预制装配结构。

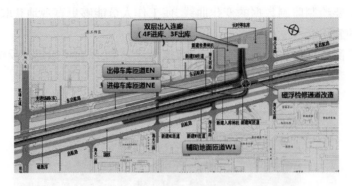

图 7.3-11　工程平面布置图

该工程对于 BIM 技术的应用重点在设计阶段,主要是利用 BIM 技术进行桥梁工程的正向设计研究。桥梁工程的设计有其自身长久以来形成的专业方法和流程,基于 BIM 的正向设计必须要以专业的流程为基础,结合 BIM 技术的优势来提高设计的质量和效率。图 7.3-12 为正向设计的整体流程。

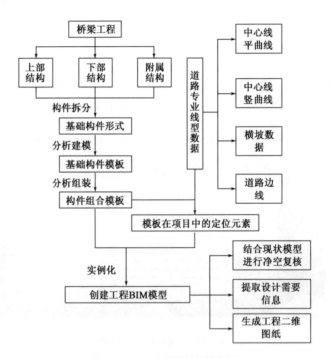

图 7.3-12　正向设计的整体流程

1)构件拆分及模板建立

构件拆分之后首要根据设计确定的结构形式在预制拼装桥梁构件模板库中进行匹配,如果模板库中不存在该工程需要的模板类型,则要按照 7.4 节所叙述的方法建立模板。

2)道路专业数据交接

通过对 BIM 软件平台的二次开发,将道路专业设计的线型数据(如平曲线、竖曲线等)直接导入 BIM 软件平台,以便后续桥梁专业设计使用。

3）模板定位元素创建

简单来说，模板定位元素就是用来确定模板在项目中实际的位置，又称为项目骨架。不同的预制构件模板，其定位元素的确定方法也不同。因此，该步骤是正向设计的一个难点，同时也是体现正向设计的一个重点。要对设计流程进行认真细致的分析，结合 BIM 软件平台上的一些功能方法和二次开发技术，研究出流程的实现方法。

4）工程 BIM 模型创建

结合工程模板和模板定位元素，利用 7.2 节所述方法即可创建工程 BIM 模型（图 7.3-13）。

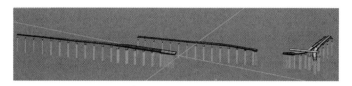

图 7.3-13　工程 BIM 模型

5）工程 BIM 模型应用一：限界复核

该项目新建的两条匝道均下穿现状地铁二号线，因此需要在下穿处进行限界复核。首先，选择适当的建模范围，建立地铁二号线的模型；然后，以道路骨架中创建的路面、两侧边线为基础，结合该工程的净空要求，建立用于净空复核的三维实体；最后，利用干涉模拟功能进行限界复核的操作，得到复核结果（图 7.3-14）。

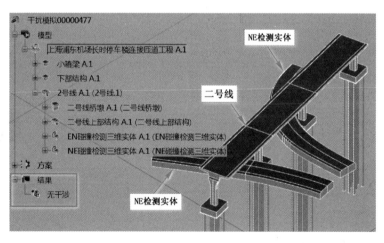

图 7.3-14　限界复核

6）工程 BIM 模型应用二：设计信息统计

设计信息主要包括工程量信息和位置信息（平面坐标以及标高）两个方面。这些信息均存在于工程 BIM 模型中，利用 BIM 软件平台的一些功能可以将上述信息批量提取出来，形成表单，作为设计成果。

7）工程 BIM 模型应用三：生成工程二维图纸

以三维的工程 BIM 模型为基础，结合 BIM 软件平台出图模块的功能，按照二维设计的出图思路对模型进行剖分，得到相应的剖视图和断面图，然后进行标注即可。此次生成的二维图纸主要包括总体布置图、桥型布置图、划板图、横截面布置图、刚接板梁构造图、盖梁构造图、桥墩构造图、落地梁构造图等(图7.3-15)。

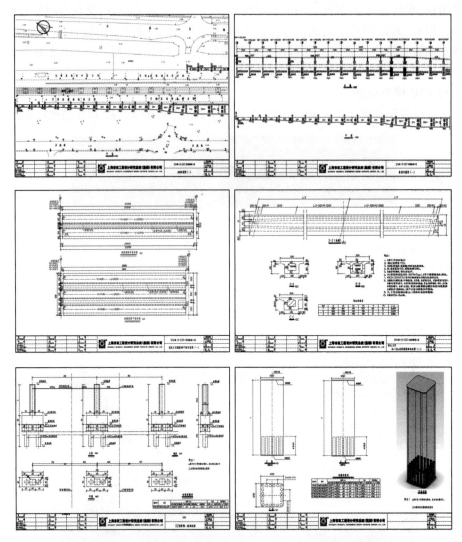

图7.3-15　CATIA生成工程二维图纸

7.3.3　上海龙东大道改建工程

本工程位于上海市浦东新区,是浦东新区尚未实施的唯一东西向规划快速路,是衔接中心城区到上海浦东机场的主要道路。本工程西起内环线张江立交,依次连通中环线、外环线,最后与郊环线G1501立交相接,全长约14km(图7.3-16)。估算总投资金额为73亿元。本工程作为张江科学城"五个一批"重点项目、上海市重大工程,已于2020年年底建成通车。

既有龙东大道为地面道路为双向6快2慢城市主干路,改建完成后车道规模为双向6快2慢的地面城市主干路+双向6车道的高架城市快速路(图7.3-17)。

该工程桥梁采用全预制装配技术,装配率高达90%,是上海市迄今为止装配体量最大的工程。该工程桥梁结构形式多样,采用预制混凝土小箱梁、混凝土双T形梁、混凝土空心板梁、钢-混凝土组合梁、钢箱梁等形式,立柱和盖梁均为预制结构(图7.3-18)。

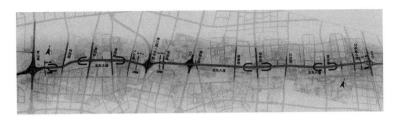

图7.3-16 工程总体布置图

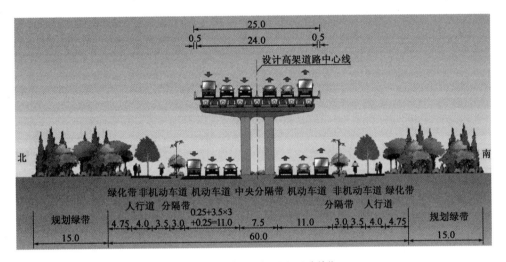

图7.3-17 工程横截面布置图(尺寸单位:m)

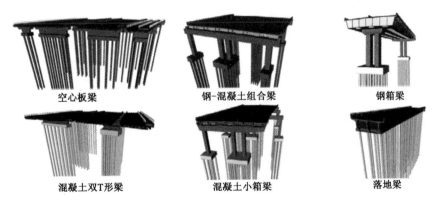

图7.3-18 桥梁结构形式

从设计到施工的 BIM 全过程应用技术方案如下。

1)BIM 应用路线制定

(1)制定技术流转框架。根据项目参与单位、部门、性质不同及项目特点制定本工程 BIM 应用管理框架(图7.3-19)。

(2)制定建模规则。结合设计、施工、管理对模型的细度要求,制定本工程建模规则(图7.3-20)。例如:QL_2AP95_XB_LZ_01(桥梁_2标 A 工区 P95 号墩_下部_立柱_01)。

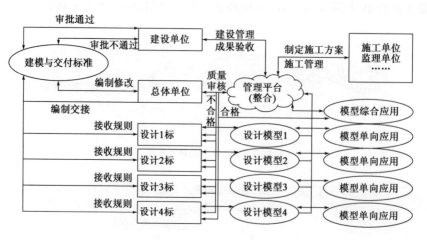

图 7.3-19　技术路线图

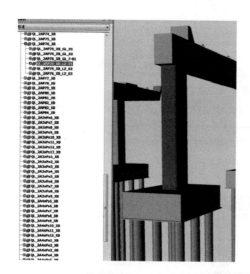

分类	构件内容	
上部结构	预制小箱梁	预制梁
		湿接缝
		顶部封锚
		现场横梁
	预制双T形梁	预制梁
		湿接缝
		现场横梁
	预制空心板	预制梁
		湿接缝
	钢-混凝土组合梁	预制桥面板
		湿接缝
		钢梁构件(参照钢箱梁)
	钢梁	顶板
		底板
		腹板
		横隔板
		加劲肋
		其他板件
下部结构	桥台	
	盖梁	预制梁
		湿接缝
	立柱	
	落地梁	

图 7.3-20　构件拆分及编码

（3）搭建设计模型。按建模规则搭建符合加工及管理精细度的设计模型（图 7.3-21）。

图 7.3-21　工程 BIM 模型

2)预制构件生产

设计模型导入项目BIM施工管理平台后,由施工总包向预制构件加工厂下达生产任务。构件生产过程中的计划、生产、验收等各个环节的信息均与BIM平台中的设计模型构件挂钩。

预制构件加工模拟如图7.3-22所示。

a)小箱梁模板　　　　　　　　　　b)立柱模板翻身

图7.3-22　预制构件加工模拟

预制构件加工过程监控如图7.3-23所示。

图7.3-23　预制构件加工过程监控

利用BIM技术对预制构件下单、生产、仓储、物流、安装全过程实行综合管理及可视化监控,构件的生产状态清晰明了(图7.3-24)。

3)构件信息二维码追踪管理

每个预制构件开始生产时系统会生成一个二维码,构件出厂时会将二维码统一喷涂在构件一侧。管理人员可以通过扫描二维码查询构件管理的所有信息,如构件生产概况、下单生产时间、计划生产时间、运输路线、关键工序验收情况等(图7.3-25)。

4)吊装施工管理

在施工过程中,通过对模型构件的进度、质量管理来实现BIM施工管理。构件的现场吊装及BIM平台预制构件质量管理详见图7.3-26、图7.3-27。

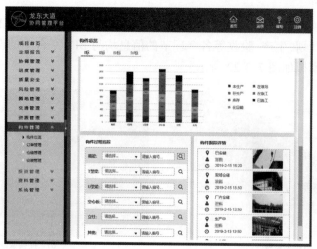

图 7.3-24　预制构件生产全过程管理 BIM 平台

图 7.3-25　预制构件二维码信息

图 7.3-26　预制构件吊装现场

7 信息化技术应用

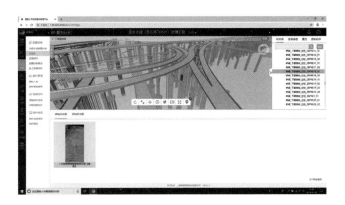

图 7.3-27　BIM 平台预制构件质量管理

本工程设计模型 100% 用于施工管理，BIM 应用与建设进度高度统一，建设单位及施工单位对 BIM 模型从设计沿用至施工的技术流程反馈评价极高。装配式的施工方式是本工程 BIM 技术全面实施落地的优势。

后 记

  工业化是人类社会发展的必然过程,建筑工业化则是社会工业化发展的必要组成部分。1974年,联合国出版的《政府逐步实现建筑工业化的政策和措施指引》中定义了"建筑工业化":按照大工业生产方式改造建筑业,使之逐步从手工业生产转向社会化大生产的过程。它的基本途径是建筑标准化、构配件生产工厂化、施工机械化和组织管理科学化,并逐步采用现代科学技术的新成果,以提高劳动生产率,加快建设速度,降低工程成本,提高工程质量。对于桥梁工程,工业化的主要特征是标准化设计、工厂化生产、装配化施工和信息化管理。桥梁建设正从现场建造方式向工业化建造方式转变,以达到节约资源、提高效率、降低能耗、保护环境的目的,实现"绿色发展"。跟随这一趋势,桥梁预制拼装技术将得到进一步的发展。

  设计标准化是桥梁工业化建造得以实现的基础,对后续施工环节影响很大。良好的标准化设计能有效提高施工效率、降低成本、提高质量。桥梁预制拼装设计将更加注重构件标准化和尺寸模数化。对于桥梁上部、下部结构常用构件,包括主梁、盖梁、立柱、桥台、防撞护栏等,在工程实践的基础上,提出标准化、系统化的构件系列,综合考虑桥梁总体布置、构件制造、安装工艺等因素来确定尺寸模数,使得构件生产形成规模经济效益,有效降低成本。

  设计与制造的协同更加紧密,设计除了考虑结构自身受力合理、性能优化外,更加注重对制造工艺的统筹考虑。钢筋的配置方式更加符合机械加工的要求,使构件钢筋笼自动化生产成为可能,大大节省钢筋加工环节的人工用量。构造设计更多地考虑模板工艺特点,提高模板通用性和重复使用次数。组合梁预弯、蒸汽养护等适合与工厂生产相结合的技术措施得到更多应用。

  通过设计带动,与标准化预制构件相配套的新技术、新工艺、新材料、新设备得到开发和应用。如超高性能混凝土将更多地应用到构件和连接节点中,材料性能指标和施工工艺将更加标准化;高强度型钢、变厚度钢板应用到组合结构中,节省了材料,简化了工序;耐候钢材料的应用,减少了钢结构的维护工作,提高了桥梁全寿命经济效益;工具式定型模板的使用更加普遍;智能化程度更高、适应不同环境条件的桥梁快速安装设备也进入研发与应用阶段等。

  在预制场,桥梁构件生产线自动化程度将得到提升。工位固定、模台流动流水生产线目前在建筑PC领域应用较多,桥梁构件因尺寸大、重量大,流水生产线应用很少。随着桥梁构件标准化设计的深入和设备能力的进步,桥梁构件流水生产线将得到更多应用。与模台固定的生产方式相比,流水生产线能减少占地面积、提高产能、节省人工用量。由于预制厂内的生产机械化、自动化程度逐步提高,不仅生产效率得到提高,而且能有效减小施工误差,提高施工质量。预制场将建立数字化自动加工系统以及构件、产品部品信息库,数字化加工系统可处理、提取构件的CAD图纸、BIM模型以及其他数据信息,调用部品库参数信息,实现钢结构、钢筋、模板等的自动或半自动下料、加工。建立预制加工管理系统和构件生产信息库,应用物联网技术(如二维码、电子标签、RFID)进行预制加工全过程管理,如材料采购、下料加工、生产进度管理、质量检查、成品管理等。

在现场装配施工方面,将发展一系列能够保证施工质量、加快施工速度、提高施工安全性、减少交通影响的技术。施工装备、精密测控、现场连接质量的无损检测技术将进一步得到提升。

在城市中心区域新建桥梁或老桥更新施工中,采用桥梁快速施工技术,将进一步降低施工对周边环境和既有交通的影响。

预制装配桥梁信息化技术应用将贯穿于设计、预制、施工、运维阶段,实现勘察设计、预制加工设计、加工生产、物流运输、施工建造、运维管理等环节的协同工作,建立信息化协同管理平台进行项目各阶段管理。信息化技术应用包括 BIM、互联网、物联网、移动通信、云技术、地理信息系统(GIS)等技术的集成。BIM 技术应用标准不断完善,对模型精细程度、模型单元组织方式、数据交互格式、信息传递方式、应用内容等提出具体要求。

为了在中国更好地推进桥梁工业化建造,需要进一步完善桥梁工业化政策和法律法规体系,构建桥梁预制拼装技术标准体系,制定符合工业化要求的桥梁预制拼装设计、施工、验收、运营养护技术规范标准,完善定额体系,以满足工程建设与运营的需求。

桥梁工业化建造需要一大批具备现代工程管理能力、专业技能及良好职业道德的人才。希望我国桥梁建设者与社会各界的共同努力,推动我国桥梁工业化不断发展。

参 考 文 献

[1] 邵长宇.梁式组合结构桥梁[M].北京:中国建筑工业出版社,2015.
[2] 邵长宇.大跨连续组合箱梁桥的概念设计[J].桥梁建设,2008(1):34-37.
[3] 李国平.混凝土桥梁绿色技术概论[C]//第十四届全国混凝土及预应力混凝土学术会议.2007:21-24.
[4] 李国平.节段式体外预应力混凝土桥梁的构造[C]//中国预应力技术五十年暨第九届后张预应力学术交流会论文.2006:78-84.
[5] 卢永成.上海长江大桥组合结构连续梁技术特点[C]//组合结构桥梁和顶推技术应用学术会议论文集.2010:9-15.
[6] 邵长宇.大跨度连续组合箱梁桥的发展与技术特点[C]//第十七届全国桥梁学术会议论文集.2006:205-211.
[7] 邵长宇.组合结构桥梁——国际发展与国内展望[C]//第十八届全国桥梁学术会议论文集.2008:91-97.
[8] 邵长宇.主跨105m连续组合箱梁桥设计构思[C]//第十七届全国桥梁学术会议论文集.2006:273-278.
[9] 李国平.预制节段式预应力混凝土梁接缝截面抗剪承载力计算方法[C]//第十一届后张预应力学术交流会.2011:128-134.
[10] Culmo M P. Accelerated bridge construction—experience in design,fabrication and erection of prefabricated bridge elements and systems[J]. Bridge Members,2011.
[11] Culmo M P,Seraderian R L. Development of the northeast extreme tee(NEXT) beam for accelerated bridge construction[J]. Pci Journal,2010,55(3):86-101.
[12] Roddenberry M,Servos J. Prefabricated/Precast bridge elements and systems(PBES) for off-system bridges[J]. Design Standards,2012.
[13] American Association of State Highway and Transportaion Officals. AASHTO LRFD bridgedesign speciafication[S]. 4th ed. Washignton D. C.,2007.
[14] Zhao X L,Ghojel J,Grundy P,et al. Behaviour of grouted sleeve connections at elevated temperatures [J]. Thin-Walled Structures,2006,44(7):751-758.
[15] Saiid M,Itani A. Behavior anddesign of precast bridge cap beams with pocket connections[C]//National Accelerated Bridge Construction Conference, Project Summary, ABCUTC,2014.
[16] Saiid M,Itani A. Evaluation of seismic performance of bridge columns with couplers and development of deisgn guidenences [C]// National Accelerated Bridge Construction Conference,Project Summary,ABCUTC,2014.
[17] Billington S L,Yoon J K. Cyclic Response of Unbonded Posttensioned Precast Columns with Ductile Fiber-Reinforced Concrete[J]. Journal of Bridge Engineering,2004,9(4):353-363.
[18] (美)小波尔特.波多尔尼,(法)J. M. 米勒尔.预应力混凝土桥梁分段施工和设计[M].北京:人民交通出版社,1996.

[19] 黄融.上海长江大桥关键技术与创新[M].北京:人民交通出版社,2011.
[20] 黄融.跨海大桥设计与施工·东海大桥[M].北京:人民交通出版社,2009.
[21] 徐栋.桥梁体外预应力设计技术[M].北京:人民交通出版社,2008.
[22] 刘红卫,冯海江.装配式梁桥设计[M].北京:科学出版社,2012.
[23] 葛耀君,苏庆田.钢桥[M].北京:人民交通出版社,2014.
[24] 刘玉擎.组合结构桥梁[M].北京:人民交通出版社,2005.
[25] 卢永成,邵长宇.长大公轨合建桥梁新技术[M].北京:中国建筑工业出版社,2015.
[26] 上海市政工程设计研究总院(集团)有限公司.中小跨径桥梁新结构的研发[R].2016.
[27] 上海市政工程设计研究总院(集团)有限公司.桥梁设计工程师手册[M].北京:人民交通出版社,2007.
[28] 上海市政工程设计研究总院(集团)有限公司.中国市政设计行业BIM指南[M].北京:中国建筑工业出版社,2017.
[29] 上海市政工程设计研究总院(集团)有限公司,同济大学,上海公路投资建设发展有限公司.上海国定东路预制拼装立柱关键技术试验研究[R].2017.
[30] 上海市政工程设计研究总院(集团)有限公司,同济大学.呼市昭乌达路哲里木路改造提升工程预制拼装桥墩抗震性能研究[R].2018.
[31] 上海市政工程设计研究总院(集团)有限公司,同济大学.桥面板接缝荷载试验[R].2019.
[32] 上海市政工程设计研究总院(集团)有限公司.桥梁预制拼装结构BIM关键技术研究与应用课题报告[R].2016.
[33] 上海市政工程设计研究总院(集团)有限公司.上海长江大桥工程(预留轨道交通空间)施工图设计文件[Z].2006.
[34] 上海市政工程设计研究总院(集团)有限公司.S3公路先期实施段新建工程施工图设计文件[Z].2006.
[35] 徐俊,王明晔,卢永成.高震区城市高架桥梁的全预制拼装设计方案[J].城市道桥与防洪,2017(12):52-55.
[36] 黄国斌,查义强.上海公路桥梁桥墩预制拼装建造技术[J].上海公路,2014(4):1-5.
[37] 李坚,陆元春.预制节段混凝土梁桥的设计与工程实践[J].城市道桥与防洪,2003(6):35-38.
[38] 严国敏.PC预制节段拼装桥梁的现况与其研究动向[J].国外桥梁,1998(1):50-53.
[39] 龚永泉,钟克刚,吴子凌.混凝土预制节段桥梁在香港[C]//第十五届全国桥梁学术会议论文集.2002:41-49.
[40] 史福明.节段拼装连续梁方案设计构思[J].世界桥梁,2004(1):15-18.
[41] 汪双炎.悬臂拼装节段梁剪力键模型试验研究[J].铁道建筑,1997(3):23-28.
[42] 徐栋.预制节段体外预应力桥梁的耐久性评述[J].同济大学学报,2003,31(11):1261-1265.
[43] 谢红兵.美国州际公路和运输工作者协会节段式混凝土桥梁设计和施工指导性规范(一)[J].国外桥梁,1993(4):297-315.

[44] 谢红兵.美国州际公路和运输工作者协会节段式混凝土桥梁设计和施工指导性规范（二）[J].国外桥梁,1994(1):59-79.

[45] 徐栋.体外预应力桥梁的应用和研究[C]//上海市公路学会第四届年会学术论文集.1999:115-120.

[46] 沈维芳,卢永成.上海中环线国定东路下匝道预制拼装桥梁技术[J].城市道桥与防洪,2017(9):68-73.

[47] 黄虹,许树壮,卢永成.上海长江大桥60m跨预制拼装主梁设计[J].世界桥梁,2009(增刊1):27-29.

[48] 姜海西,查义强,周良,等.城市桥梁墩柱预制拼装关键技术研究[J].上海建设科技,2016(1):5-13.

[49] 葛继平,梅德磊,闫兴非,等.预制拼装盖梁施工方式对比分析[J].应用技术学报,2018(1):56-62.

[50] 王志强,张扬宾,等.套筒连接的预制拼装桥墩抗剪性能试验[J].同济大学学报(自然科学版),2018(6):767-775.

[51] 徐艳.承插式预制拼装桥墩的最小合理承插深度[J].同济大学学报(自然科学版),2019(2):1706-1711.

[52] 吴平平.新型钢板组合梁结构桥梁的应用分析[J].城市道桥与防洪,2015(5):71-73.

[53] 罗扣,王东晖,张强.港珠澳大桥浅水区非通航孔桥组合梁设计[J].桥梁建设,2013,43(3):99-102.

[54] 王兴兴.钢混叠合梁在连续梁桥中的应用研究[D].重庆:重庆交通大学,2016.

[55] 张鸿.短线匹配法节段预制拼装桥梁新技术研究[J].公路,2011(2):76-82.

[56] 秦珩,钱冠龙.钢筋套筒灌浆连接施工质量控制措施[J].施工技术,2013(7):113-117.

[57] 陈礼忠,陈钰晶,章志.节段预制、悬臂拼装工艺在工程中的综合应用[J].世界桥梁,2009(增刊1):59-63.

[58] 中华人民共和国住房和城乡建设部.钢筋连接用灌浆套筒:JG/T 398—2019[S].北京:中国标准出版社,2020.

[59] Brenes F. J., Wood S. L., Kreger M. E.. Anchorage Requirements for Grouted Vertival-Duct Connectors in Precast Bent Cap Systems[R]. Report No. FHWA/TX-06/0-4176-1. Austin: Center for Transportation Research,2006.

[60] Matsumoto E. E., Waggoner M. C., Sumen G. et al. Development of A Precast Bent Cap System[R]. Report No. FHWA/TX-0-1748-2, Austin: Center for Transpotation Research, The University of Texas at Austin,2001.

[61] Ou Yu-Chen. Precast Segmental Post-Tensioned Concrete Bridge Columns for Seismic Regions[D]. Buffolo: University of New York,2007.

[62] Zhou Yihui. Seismic Performance of Stainless and Conventional Steel Energy Dissipation Bars in Precast Segmental Bridge Columns[D]. Buffolo: University of New York,2011.

[63] Steuck K. P., Pang J. B. K., Eberhard M. O. et al. Anchorage of Large-Diameter Reinforcing Bars Grouted into Ducts[R]. Report No. WA-RD 684.1. Seattle: Washingto State Transporta-

tion Center, 2009.

[64] Tazarv M., Saiidi M. S.. Next Generation of Bridge Columns for Accelerated Bridge Construction in High Seismic Zones[R]. Report No. CA14-2176, CCEER 14-06, Reno: Center for Civil Engineering Earthquake Research, 2014.

[65] 杨扬. 桥墩高性能水泥基材料钢筋粘结锚固研究[D]. 上海:同济大学,2015.